Entwicklungspotenziale von Weiterbildungsnetzwerken

Claudia Zaviska

Entwicklungspotenziale von Weiterbildungsnetzwerken

Eine empirisch-qualitative Studie am Beispiel der Landesinitiative HESSENCAMPUS

PETER LANG
EDITION

Bibliografische Information der Deutschen Nationalbibliothek
Die Deutsche Nationalbibliothek verzeichnet diese Publikation in der Deutschen Nationalbibliografie; detaillierte bibliografische Daten sind im Internet über http://dnb.d-nb.de abrufbar.

Zugl.: Marburg, Univ., Diss., 2014

D 4
ISBN 978-3-631-66316-5 (Print)
E-ISBN 978-3-653-05608-2 (E-Book)
DOI 10.3726/978-3-653-05608-2

Peter Lang Edition ist ein Imprint der Peter Lang GmbH.

Peter Lang – Frankfurt am Main · Bern · Bruxelles · New York · Oxford · Warszawa · Wien

Diese Publikation wurde begutachtet.

www.peterlang.com

Abstract

Die zentralen Themen dieser Arbeit sind interorganisationale Netzwerke und Kooperationen im Bereich der Weiterbildung/Erwachsenenbildung, die im Zuge aktueller bildungspolitisch-gesellschaftlicher Modernisierung sowohl an praktischer als auch an wissenschaftlicher Relevanz gewinnen. Vor dem Hintergrund gesellschaftlicher Veränderungstendenzen, die mit dem demographischen Wandel und der Forderung nach innovativen, flexiblen Organisations-/Kooperationsformen – bspw. in Form von bildungspolitischen Reformprogrammen und Organisationsfusionen – einhergehen, stellt sich die Frage nach dem Potenzial von bildungsbereichsübergreifender Kooperation und Vernetzung. Diese Arbeit beschäftigt sich mit der explorativen Fragestellung, welche Entwicklungspotenziale sich in aktuellen, verfestigten Weiterbildungsnetzwerken beobachten bzw. aus diesen ableiten lassen. Diese Frage wird am Fallbeispiel der Landesinitiative HESSENCAMPUS (HC), die stellvertretend für (bildungs-)politisch initiierte, diagonal-heterogene Kooperationsverbünde steht, erörtert. Der wissenschaftliche Mehrwert dieser Fallstudie besteht in einer Momentaufnahme eines dynamischen Entwicklungsprozesses, die untersuchte Landesinitiative befand sich im Untersuchungszeitraum (2010–2012) in einer hoch ‚sensiblen' Phase, d.h. im Übergang aus der Projekt-/Initiierungsphase in die Verstetigungsphase. Einen theoretischen Referenzrahmen für die Untersuchung bilden organisations- und netzwerktheoretische Bezüge, systemtheoretische Überlegungen und mikropolitisch fundierte Spieltheorien, die unter dem Fokus allgemeiner Gelingensbedingungen interorganisationaler, regionaler (Weiterbildungs-)Netzwerke diskutiert werden. Betrachtet man aktuelle Kooperationsprogramme, lose Netzwerke oder bilaterale Kooperationen, wird ersichtlich, dass organisationale Vernetzung neben vielfältigen Vorteilen, bspw. Synergieeffekte, Kostenersparnisse, Regionalisierung und gemeinsame Angebotsentwicklung, auch potenzielle Nachteile birgt (hoher Arbeitsaufwand, Interessenskonflikte etc.).

Zur Beantwortung der Fragestellung gilt es zunächst den Untersuchungsgegenstand zu skizzieren und diesen sowohl begrifflich als auch anhand organisational-struktureller Merkmale zu charakterisieren. Dafür wurde eine felderschließende Vorstudie in Form von leitfadengestützten Experteninterviews auf initiativenübergreifender Ebene durchgeführt, aus der heraus sich der Feldzugang zur vertiefenden Fallstudie eröffnete und eine aufgrund ihres hohen Widerstandspotenzials wissenschaftlich interessante HC-Landesinitiative ausgewählt wurde. Im Rahmen einer vertiefenden Fallstudie wurden die beiden qualitativen Methoden (teil-standardisiertes) Experteninterview und (offene, teilnehmende) Beobachtung gewählt. Die empirischen Ergebnisse wurden zunächst materialspezifisch, (sequenziell-)inhaltsanalytisch ausgewertet und anschließend materialübergreifend trianguliert und mit den (grundlagen-)theoretischen Überlegungen verzahnt. Dieses methodische Vorgehen ermöglicht eine mehrperspektivische Rekonstruktion und Analyse des komplexen Untersuchungsgegenstandes HC, woraus sowohl praktische als auch theoretische Implikationen abgeleitet werden konnten. Aus den Aussagen der Experten, d.h. Koordinatoren und Mitglieder der untersuchten Steuerungsgruppe, konnten die subjektiven Deutungshorizonte und Einstellungen der Netzwerkakteure (Positionierung im Verbund, Rollen und Aufgaben etc.) erfasst werden. Komplementär dazu bilden die Ergebnisse aus der Protokollanalyse einer internen, bilanzierenden Steuerungsgruppensitzung die operativen Regelkreise und Handlungsroutinen der Akteure ab (z.B. Logiken der unterschiedlichen Subsysteme). Nach einer allgemeinen Skizzierung und begrifflichen Abgrenzung der Landesinitiative HC, deren Einbettung in die spezifische(n) Bildungslandschaft(en) und Ableitung organisatorisch-struktureller Merkmale wurden die Akteurskonstellationen der internen Steuerungsgruppe untersucht. Als zentrale Ergebnisse konnten netzwerkimmanente Spannungsfeder (Kooperation vs. Konkurrenz, Vertrauen vs. Misstrauen, Legitimation vs. Kontrolle etc.) und systemische Operationsmodi (Kommunikation und reziproke Beobachtung), die in den unterschiedlichen Subsystemen wirksam sind, abgeleitet werden. WB-Netzwerke werden aus einer system- und spieltheoretischen Perspektive am Beispiel der Landesinitiative, nach der Diskussion der strukturellen/prozessualen Rahmen- und Gelingensbedingungen des HC, als komplexe Systeme und Spielarenen diskutiert. Die unterschiedlichen Handlungslogiken der beobachteten Akteure wirken sich insbesondere auf die Interaktionen zwischen dem Auftraggebersystem auf Landesebene und dem Auftragnehmersystem auf Projektebene aus. Innerhalb der auf Projektebene anzusiedelnden Steuerungsgruppe kam es aufgrund der unterschiedlichen Interessen der beiden Subsysteme des Bildungssystems, ‚Weiterbildung' und ‚Schule', zu diversen Widerstandsphänomenen und (organisationsinternen) Nutzenkonflikten, die eine produktive Zusammenarbeit und Verstetigung der untersuchten Initiative erschwerten.

Aus der Arbeit ergeben sich sowohl vielfältige Einzelerkenntnisse als auch generalisierbare Ergebnisse. Die Landesinitiative HC kann als ein komplexer, politisch-initiierter, bildungsbereichsübergreifender Kooperationsverbund charakterisiert werden, der sich im Vergleich zu losen Netzwerken und bilateralen Kooperationen durch eine (ausbaufähige) rechtliche Grundlage, hohe Formalisierung, verbindliche Kooperationsstrukturen und vordefinierte Handlungsspielräume auszeichnet. Die Frage, ob es sich beim HC um ein loses Netzwerk oder eine eigenständige Organisationsform handelt, kann nicht eindeutig aus theoretischer Perspektive beantwortet werden. Die strukturellen Merkmale von HC sprechen jedoch für eine autopoietische, alternative Organisationsform. Die Akteure repräsentieren im Vernetzungszusammenhang des HC jeweils ihre eigenen Herkunftsorganisationen mitsamt deren Handlungslogiken, Organisationskulturen, gesellschaftlichen Aufträgen und Werten. Wie am Beispiel der Fallstudie ersichtlich wird, ergeben sich in funktionsbereichsübergreifenden Netzwerken, in denen Vertreter aus unterschiedlichen (Sub-)Systemen zusammenarbeiten, potenzielle Konflikt- und Spannungsfelder, die es systematisch (bspw. in Form eines professionellen Netzwerkmanagements) zu bearbeiten gilt, damit erfolgreiche Kooperationen und die Nachhaltigkeit des Netzwerks gesichert werden können. Darüber hinaus konnten entsprechend der hypothesengenerierenden Funktion von qualitativen (Einzel-)Fallstudien theoretisch anschlussfähige Annahmen abgeleitet werden, die zur Anregung für weitere (inter-)disziplinäre Arbeiten im Bereich der (erwachsenenpädagogischen) Organisations- und Netzwerkforschung dienen sollen. Denkbar wären bspw. eine systematische Erfassung von WB-Netzwerken, die gezielt Organisationsentwicklungsmaßnahmen zur internen Steuerung ihres Netzwerks nutzen oder eine systematische Erfassung von Bildungspotenzialen und -erträgen auf Adressatenebene, die sich aus den entwickelten Bildungsangeboten (nach ihrer Implementierung) für die Zielgruppe ergeben.

Inhaltsverzeichnis

Abkürzungsverzeichnis

AG	Arbeitsgruppe
Anm. d. A.	Anmerkung(en) der Autorin
Bspw.	Beispielsweise
EB	Erwachsenenbildung
ebd.	ebenda/ebendort
BMBF	Bundesministerium für Bildung und Forschung
d.h.	das heißt
DIE	Deutsches Institut für Erwachsenenbildung
GfW	Gesellschaft für Wirtschaftskunde
HC/HCs	HESSENCAMPUS/HESSENCAMPI
HKM	Hessisches Kultusministerium
Hrsg.	Herausgeber
HWGB	Hessisches Weiterbildungsgesetzt
i.d.R.	in der Regel
IHK	Industrie- und Handelskammer
K	Koordinator
LLL	Lebenslanges(-begleitendes) Lernen
LGS	Leibniz Graduate School
LQW	Lernerorientierte Qualitätstestierung
OB	Organisationsberatung
OE	Organisationsentwicklung
NE	Netzwerkentwicklung
PwC	PrivateWaterhouseCoopers
QM	Qualitätsmanagement
RQZ	Regionales Qualifizierungszentrum Hessen
sfs	Sozialforschungsstelle Dortmund
SG	Steuerungsgruppe
SGL	Selbstgesteuertes Lernen
TOP	Tagesordnungspunkte
u.a.	unter anderem/n
u.U.	unter Umständen
u.w.	und weitere
vgl.	vergleiche
VHS/en	Volkshochschule/n
vs.	versus

WB	Weiterbildung
Z	Zeile
ZLL	Zentrum/Zentren Lebensbegleitenden Lernens
[ ]	anonymisierte Angaben (Regionen, Organisationen, Projekte etc.)

Abbildungsverzeichnis

1 Einleitung

„Überall geht ein früheres Ahnen dem späteren Wissen voraus" (Alexander v. Humboldt)

In Anlehnung an das Eingangszitat entwickelte sich dieses Forschungsvorhaben erst allmählich, sozusagen synchron durch eine Auseinandersetzung mit dem Untersuchungsgegenstand. Dem späteren Wissen ging ein frühes, theoretisches Ahnen voraus, sodass sich in dieser Arbeit ebenfalls ein wissenschaftlicher Entwicklungsprozess manifestiert. Gewisse anfängliche Vorannahmen und Überlegungen wurden nicht weiterverfolgt, neue Fragestellungen in Auseinandersetzung mit Theorie und Praxis ergaben sich und wurden vertieft, womit sich der thematische Schwerpunkt dieser Arbeit im Laufe des Forschungsprozesses herauskristallisierte.

Diese Arbeit lässt sich mit ihrem thematischen Bezug im Bereich der erziehungswissenschaftlichen Organisationforschung und der interdisziplinär angelegten Netzwerkforschung verorten. Spätestens seit Ende der 1990er Jahre hat sich die erziehungswissenschaftliche EB/WB als Teildisziplin der Erziehungswissenschaft zur „vierten Säule des Bildungssystems"[1] (Nuissl 2009, S. 405) bzw. als gesellschaftliches Teilsystem im „quartären Bildungssektor" (Schäffter 2003, S. 70) etabliert. Themen wie Organisation(en), informelles und organisationales Lernen, das Lernen Erwachsener sowie interorganisationale Netzwerke und Kooperationen haben in diesem Zuge einen enormen gesellschaftlich-politischen Bedeutungszuwachs erfahren. Organisationen und Netzwerke haben im Bereich der anwendungsorientierten Weiterbildung (WB) und im Bereich der empirischen, erwachsenenpädagogischen Kooperations- und Organisationsforschung (vgl. Dollhausen 2013, S. 13 ff.) an Relevanz gewonnen. Sowohl auf operativer, erwachsenpädagogischer (Praxis-)Ebene als auch auf regionaler Ebene werden Kooperationen und Netzwerke zunehmend durch staatliche, bildungspolitische Programme und Landesinitiativen (‚Lernende Regionen', ‚Lernen vor Ort', ‚HESSENCAMPUS' etc.) initiiert.

Beide Operationsformen – Kooperation und Vernetzung – stellen eine „Schlüsselaufgabe für Weiterbildungseinrichtungen" (Dollhausen/Mickler 2012, S. 144) dar, die zur Erweiterung von Handlungsfeldern, zur Sicherung von Marktpositionen/-zugängen und zur Entwicklung neuer Lernkulturen beitragen können. Darüber hinaus haben insbesondere staatlich initiierte, bildungsbereichsübergreifende, diagonale WB-Netzwerke, wie am Beispiel der Landesinitiative HC

1 Vgl. Strukturplans des Deutschen Bildungsrats (1970).

herausgearbeitet werden soll, einen Einfluss auf die (subjektiv-wahrgenommene) organisationale Handlungsfähigkeit der Akteure, die wiederum das Entwicklungspotential von WB-Netzwerken bestimmt. Netzwerke sind in der heutigen Gesellschaft omnipräsent, angefangen von Computernetzwerken über familiale und soziale Netzwerke bis hin zu komplexen, interorganisationalen Netzwerken und Kooperationen. Kooperative Bildungsarrangements können als interdisziplinäre Trendthemen der Weiterbildungs- und Erwachsenenbildungsforschung und angrenzender wissenschaftlicher Disziplinen (Soziologie, Kulturwissenschaft, Politikwissenschaft, Betriebswirtschaftslehre) bezeichnet werden. Aus Sicht der Erwachsenenbildung sei es wünschenswert sich interdisziplinär mit Netzwerken auseinanderzusetzen, „um den eigenen disziplinären Erkenntnisgewinn zu profilieren" (vgl. Jütte 2002, S. 326). Die Netzwerkforschung sei „ein Teil eines sehr viel umfassenderen Projekts der modernen Wissenschaften", wie das folgende Zitat verdeutlicht:

> *„Heute versuchen Wissenschaftler, die Teile über die Grenzen ihrer Spezialgebiete hinweg wieder zusammenzufügen: Makromoleküle zu Zellen, Neuronen zu Gehirnen, Arten zu Ökosystemen, Nährstoffe zu Lebensmitteln und Menschen zu sozialen Netzwerken. (…). Sie beschäftigen sich mit der Frage, wie und warum die Einzelteile zusammenpassen und nach welchen Gesetzen sie sich zu einem Ganzen fügen. (Der) Versuch die Struktur und die Funktion von sozialen Netzwerken sowie das Phänomen der Emergenz als Ganzes zu verstehen, ist daher Teil eines sehr viel umfassenderen Wissenschaftsprojekts."* (Christakis/Fowler 2009, S. 383f.).

Aktuell gehören funktionssystemübergreifende Netzwerkarbeit und interorganisationale Kooperation zum Tagesgeschäft von WB-Organisationen. Vernetzung und Kooperation sind nach Seitter (2013, S. 47) als ein „Institutionalisierungsmodus von Erwachsenenbildung" und als ein „Modus organisationaler Professionalisierung" zu verstehen. Die erwachsenenpädagogische Organisationsforschung fokussiert Fragen nach der internen Strukturierung und Prozessgestaltung von WB-Organisationen, ihrem Abhängigkeitsverhältnis zur Umwelt, ihren politisch-rechtlichen, finanziellen und programmatischen Rahmenbedingungen und ihren spezifischen Handlungsspielräumen (vgl. Dollhausen/Feld/Seitter 2013, S. 15) – die im Rahmen dieser Arbeit beispielhaft untersucht werden sollen.

Aktuelle Herausforderungen in der WB: Pluralität, Wirtschaftlichkeit und Entgrenzung

Kooperation und Vernetzung sind nach Schemmann und Seitter (vgl. 2010, S. 7) zwei „Megathemen", die sich aus den bildungspolitischen Diskussionen zum lebenslangen Lernen herausgebildet haben.[2] Das im Jahre 2000 entwickelte, europäische Memorandum zum lebenslangen Lernen (vgl. Kommission der Europäischen Gemeinschaften 2003) leitete einen Entgrenzungsprozess von WB-Organisationen in die Wege und forderte gleichzeitig die Emanzipation des Lernenden. In diesem Memorandum wurden Kriterien zu folgenden Aspekten als Leitmotive formuliert, die das lebenslange Lernen politisch begründeten: Qualifikationserwerb, Verbesserung und Entwicklung effektiver Lehr-/Lernmethoden, Regionalbezug und eine aktivierende Lernerorientierung zur Sicherung der gesellschaftlichen Teilhabe.

WB-Einrichtungen übernehmen eine wichtige gesellschaftliche Funktion und haben einen Paradigmenwechsel von einer Angebotsorientierung hin zu einer Nachfrageorientierung vollzogen. Synonym für das gesellschaftliche Teilsystem WB wird gerne die Metapher der Weiterbildungslandschaft verwendet, um die Pluralität von privaten, öffentlichen und gemeinnützigen WB-Einrichtungen/-trägern, die sowohl auf Landesebene als auch auf kommunaler Ebene strukturiert sind, zu verdeutlichen (vgl. Nuissl/Strobel 2012, S. 192). Die Teilnahme an WB ist sowohl hessen- als auch bundesweit – analog zu Weiterbildungslandschaft – sehr heterogen und ungleich verteilt. Die Anbieterlandschaft zeichnet sich ebenfalls durch das Spannungsfeld aus Homogenität und Heterogenität aus. Das Funktionssystem WB sei aktuell geprägt durch eine „Parallelität von expliziten und impliziten Bildungsaktivitäten auf unterschiedlichen Ebenen" (Schemmann/Seitter 2010, S. 55). Die vielfältigen WB-Organisationen konkurrieren auf einem breiten Weiterbildungsmarkt mit vielfältigem Angebotsspektrum um Teilnehmerzahlen und um eine Bezuschussung durch öffentliche Gelder (vgl. Meisel/Feld 2009). Aus dem Paradigmenwechsel von Lehren zum Lernen (‚shift from teaching to learning') und der Forderung nach selbstgesteuertem Lernen im Sinne von gesellschaftlicher Teilhabe entwickelt(e) sich eine neue Lehr-/Lernkultur. Diese zeichnet sich durch eine Teilnehmerorientierung, die Prozessgestaltung, selbstbestimmtes Aneignungslernen und (die Entwicklung) innovative(r) Lernangebote/-arrangements aus.

Ein gesellschaftlicher Trend ist die demographische Entwicklung der Bundesrepublik. Der verzeichnete Geburtenrückgang bei gleichzeitiger erhöhter Lebenserwartung führte zu einer unausgewogenen „Zentrum-Peripherie-Relation" (Schemmann/Seitter 2009, S. 107), d.h. einerseits zu prosperierenden,

2 Im Weiterbildungsbericht Hessen (vgl. Schemmann/Seitter 2010) werden folgende vier Untersuchungsdimensionen analysiert: Systemstruktur, Steuerung, professionelle Reflexionsstruktur und Teilnahmestruktur.

‚boomenden' Regionen, andererseits zu einer Abwanderung aus ländlichen, ‚schwachen' Regionen. Diese Entwicklung verlangt innovative Angebote und die Entwicklung generationsübergreifender, wohnortnaher, flexibel-intergenerativer Konzepte. Im Zuge dieser Finanzierungs- und Existenzsicherungsfragen, Angebotsredundanzen/-vielfalt und Intransparenz des Weiterbildungsmarktes werden system- und bildungsbereichsübergreifende (diagonale) Kooperationen und regionale (WB-)Netzwerke verstärkt gefördert. Durch diese sich aktuell neu formierenden (natürlichen entstehenden und initiierten) Institutionalisierungsformen wie politisch-initiierte, organisations- und bildungsbereichsübergreifenden Netzwerke und Kooperationsverbünden erhoffen sich die Initiatoren u.a. eine Steigerung der Wettbewerbsfähigkeit und die Entstehung von Synergieeffekten.

Die Pluralisierung der Weiterbildungslandschaft und Differenzierung des Funktionssystems WB (vgl. Nuissl/Strobel 2012) haben eine Orientierung des Bildungsmanagements an zwei entgegengesetzten Referenzsystemen zur Folge (vgl. Meisel/Feld 2009, S. 36): Zum einen die Orientierung an den individuellen Bedürfnissen der Zielegruppe(en) und am gesellschaftlichen Bildungsauftrag und zum anderen eine Konsum- und Produktorientierung. An letzteres Referenzsystem werden ökonomisch-begründete Qualifikationsanforderungen (betriebswirtschaftliche Grundlagen) gestellt. WB-Organisationen stehen in allen erwachsenenpädagogischen Teilbereichen vor den Aufgaben identitätsstiftende Leitbilder zu formulieren, (innovative) Bildungsangebote kunden- und nachfrageorientiert zu entwickeln und öffentlichkeitswirksam zu kommunizieren sowie interne Qualitätssicherungsinstrumente zu implementieren. Sie werden im Hinblick Einsparungsmaßnahmen und Budgetkürzungen zunehmend damit konfrontiert, sich alternative Finanzierungsquellen (z.B. Drittmittel oder temporäre Projektfinanzierung) zu erschließen, betriebswirtschaftliche Konzepte (Management-, Steuerungs-, PR- und Controllinginstrumente) einzusetzen und aktiv mit anderen systemidentischen und -differenten Organisationen zu kooperieren. Diese Entwicklungen können auf einen gesellschaftlichen Veränderungsdruck aus den unterschiedlichen Systemen zurückgeführt werden, wodurch die öffentliche WB selbst zum Gegenstand der Modernisierung wird. Aufgrund allgemeinen Einsparungen öffentlicher Gelder im Zuge der Finanz- und Wirtschaftskrise werden zudem neue qualifikatorische Anforderung (z.B. betriebswirtschaftliche Kenntnisse) an pädagogische Fach- und Führungskräfte in – öffentlich (ko-)finanzierten – WB-Organisationen gestellt. Dem neuen Selbstverständnis nach orientieren sich WB-Organisationen und -Mitarbeiter an ökonomischen Modellen zur Sicherung von Marktanteilen und müssen sich zukünftig verstärkt mit der Frage nach (alternativen) Finanzierungsmöglichkeiten beschäftigen.

Die Spannungsfelder von „Lebenslaufbezug und Regionalisierung, Regionalität und Temporalität, programmatisch-gesetzlicher Präskription und Deskription, horizontaler und vertikaler Öffnung“ (vgl. Schemmann/Seitter 2010, S. 107 f.) fordern darüber hinaus ein neues Selbstverständnis.

Wissenschaftliche Relevanz

Die erwachsenenpädagogische Organisations- und Netzwerkforschung beschäftigt sich als eine Teildisziplin der Erziehungswissenschaft sowohl mit grundlagentheoretischen Forschungsfragen als auch mit anwendungsorientierten Fragestellungen. WB-Netzwerke sind „privilegierte Untersuchungsfelder für zentrale erwachsenenpädagogische Fragestellungen“, die „ein hohes Erkenntnispotenzial“ bergen (Feld/Seitter 2013, S. 186). Aktuell wurden thematisch vielfältige, empirische (explorative und grundlagentheoretische) Forschungsstudien im Bereich kooperativer Bildungsarrangements im Rahmen eines kooperativen Forschungsarrangements – der Leibniz Graduate School für empirische Weiterbildungsforschung (LGS) – durchgeführt (vgl. Dollhausen/Feld/Seitter 2013). Feld und Seitter fassen die Artikel des Sammelbandes bilanzierend anhand einer systematisch-deskriptiven Ebenenverdichtung zusammen. Die Autoren verweisen auf den Temporalbezug der EB und definieren Kooperationen und Netzwerke als einen „dritten Raum jenseits der jeweiligen Herkunftsorganisation“, der eine kommunikative Rückkoppelung voraussetze (Feld/Seitter 2013, S. 187f.). Bildungseinrichtungen, die sich an kooperativen Verbünden und Netzwerken beteiligen, bewegen sich in komplexen Austausch- und Aushandlungsprozessen mit ihrer Umwelt. Interorganisationale Kooperationen fungieren zudem als organisationale Lernanlässe und erfordern ein innovatives, interorganisationales Kooperations- und Steuerungshandeln. Die Autoren schlussfolgern, dass sich kooperative Bildungsarrangements in permanenten Spannungsfeldern bewegen und (aufgrund ihrer Personenbezogenheit) einen „Professionalisierungsmodus erwachsenenpädagogischen Handelns“ (vgl. ebd., S. 198) auf verschiedenen Ebenen darstellen. Typische pädagogische Spannungsfelder in Bildungsorganisationen sind: Individuum und Organisation, Profession und Organisation oder Vertrauen und Kontrolle etc. Entlang dieser Spannungsfelder können Fragen nach der organisationalen Handlungsfähigkeit, nach der Einbettung von Organisationen in ihre Umwelten (Systemtheorie), nach dem Gelingen von Kooperation und Koordination in Organisationen und nach dem Zusammenhang von Organisationsdynamik und gesellschaftlichem Wandel theoretisch und empirisch bearbeitet werden (vgl. Larcher Klee 2009, S. 637) – dies ist ein Anliegen dieser Arbeit.

Die kurz skizzierten, gesellschaftlichen Entwicklungen (Flexibilisierung, demographischer Wandel, wirtschaftlicher Einfluss) prägen zunehmend Organisationen im Bereich der EB/WB (vgl. Kil 2003; Meisel 2006; Nuissl 2009). Insbesondere WB-Organisationen befinden sich in einem ständigen Wandel, der durch eine hohe Selbstorganisation, zunehmende Entbürokratisierung und hohe Komplexität gekennzeichnet ist (vgl. Weber 2002, Meisel/Feld 2009). Schäffter (2003, S. 59 f.) spricht von einer „organisationsbezogenen Wende"[3] in der EB, die es produktiv zu durchlaufen gelte. Traditionelles Denken in hierarchischen Strukturen und getrennten Abteilungen wird abgelöst durch trans- und interdisziplinäre Diskurse. Diese komplexen, organisationalen Strukturveränderungen können zugleich als Schlüssel zur Lösung neuer Anforderungen und als deren Problem betrachtet werden. Die Zukunftsfähigkeit von WB-Organisationen hängt u.a. von der Bearbeitung des erwachsenenpädagogischen, professionellen Organisationsverständnisses ab. Dieser gesellschaftliche Wandel (er-)fordert ein ‚Mitziehen' sowie die Entwicklung neuer, effizienterer Lehr- und Lernarrangements, Qualitätsstandards und Marketinginstrumente, um langfristig auf dem – sich unter verändernder Bedingungen und Umwelten formierenden – Weiterbildungsmarkt (fort-)bestehen und mithalten zu können. Nuissl (2009, S. 21) betont die Relevanz „strategischer Kooperation", die in Zeiten gesellschaftlicher Veränderungen und organisationaler Kontexte eine „Geschäftsfelderweiterung und Umorientierung des Aufgabenspektrums" einzelner Organisationen verlangt. Das Konzept des lebenslangen Lernens geht nach Dollhausen und Mickler (2012, S. 144) mit einer Kooperationsnotwendigkeit einher, die Autoren[4] konstatieren „ohne Kooperationen geht es nicht". Vernetzung und Kooperation wird in organisationalen Zusammenhängen einerseits positiv mit einem potenziellen Mehrwert versehen, neben Synergien und Wettbewerbsvorteilen werden in der Literatur insbesondere flexible Strukturen, flache Hierarchien, Freiwilligkeit der Zusammenarbeit und das hohe Innovationspotenzial hervorgehoben. Andererseits werden WB-Netzwerke als das Resultat einer „organisationsbezogenen Wende" (vgl. Meisel 2006) betrachtet und entstehen nicht immer auf freiwilliger oder ‚optimistisch-bejahender' Basis, wie zunächst angenommen wird. Oftmals sind sie das Ergebnis ökonomischen Kalküls, das auf Leistungsanforderungen seitens staatlicher Geldgeber

3 Nach einer „realistischen", „reflexiven", und/oder „qualifikatorischen" Wende in der EB.

4 Aus Gründen der besseren Lesbarkeit wurde die männliche Form gewählt, die weibliche Form ist inbegriffen.

(Drittmittelfinanzierung) und Vorgaben seitens entscheidungsbefugter Akteure (gesetzliche Anforderungen) zurückzuführen ist. Kooperationen ergeben sich aktuell mehr aus einer wirtschaftlichen Not heraus, als aus freiwilliger Motivation und ‚reinem Spaß'.

Wie bereits erwähnt, fordern europäische Entwicklungstrends im Zuge des lebenslangen Lernens (vgl. Meisel 2006; Kade/Nittel/Seitter 2007; Kade/Seitter 2009) und bundes-/länderspezifische Gesetzte „eine vertikale Vernetzung mit den anderen Bildungssektoren" (Meisel 2006, S. 132), d.h. bildungsbereichsübergreifende Kooperation zunehmend zwischen allen gesellschaftlichen (Sub-)Systemen. Die Vernetzungsaktivitäten lassen sich auf drei Ebenen lokalisieren (vgl. Dollhausen 2013): Vertikal-heterogene Vernetzung zwischen Organisationen unterschiedlicher Funktionssysteme (z.B. zwischen WB-Einrichtungen, Schulen und Unternehmen), horizontale Vernetzung zwischen strukturähnlichen Organisationen (z.B. Unternehmensnetzwerke) und integrative, politisch-initiierte Vernetzung mit strukturbildender Funktion (bspw. regionale Innovationsnetzwerke). Einzelne Pionierprojekte mit strukturbildender Funktion lassen sich auf nationaler und internationaler Ebene finden, bspw. das im Zuge des lebenslangen Lernens in Deutschland initiierte Projekt ‚Lernende Regionen' (vgl. Tippelt/Reupold/Strobel 2009; Emminghaus/Tippelt/Reupold 2009; Stahl/Schreiber 2003) oder die in dieser Studie untersuchte Landesinitiative ‚HESENCAMPUS' (HC).

1.1 Forschungsinteresse und Vorannahmen

Der Anfertigung dieses Arbeitsvorhabens ging ein großes Interesse für die Möglichkeiten und Grenzen von organisationalen Netzwerkphänomenen voraus, das zunächst einer theoretisch-analytischen Auseinandersetzung entsprang.

Entwicklungspotenzial – eine Begriffsklärung

Vorwegnehmend ist an dieser Stelle anzumerken, dass es keine eigenständige Definition dieses Begriffs oder gar (erziehungswissenschaftliche) ‚Potenzialtheorie' gibt. Etymologisch leitet sich das Wort Potenzial aus den lateinischen Begriff ‚potentia' ab und bedeutet ‚Stärke' oder ‚Macht' (umgangssprachlich auch Chance oder Möglichkeit etc.). Die naturwissenschaftliche Potenzialtheorie, in der Potenziale mathematisch-physikalische Kraftfelder (Gravitations- und Schwerefelder im Bereich der Aerodynamik) bezeichnen, lässt sich schwierig auf sozial- oder erziehungswissenschaftliche Fragestellungen übertragen. Ebenso wenig eignet sich die mathematisch-spieltheoretische Definition von Ordnungspotenzialen (gewichtete oder exakte Potenziale) zur Ermittlung von Potenzialen komplexer sozialer Systeme (wie Kooperationen und Netzwerke) für qualitativ-empirische Fragestellungen.

In betriebswirtschaftlich-psychologischen Personalauswahlverfahren werden die Entwicklungsmöglichkeiten der Fähigkeiten eines Mitarbeiters – i.d.R. in strukturierten Gesprächen – unter dem Gesichtspunkt einer strategischen Personalentwicklung bewertet. Der Entwicklungsbegriff umfasst eine zeitliche Dimension, die auf eine Zustandsverbesserung, Innovation, Weiterentwicklung, Entfaltung oder einen Ausbau vorhandener Potenziale, d.h. auf Ressourcen, Fähigkeiten oder ganze Organisationen/Netzwerke, abzielt. Umgangssprachlich und normativ betrachtet geht mit Entwicklungspotenzialen eine positive Entfaltung implizit angelegter Möglichkeiten einher, was einen unausgereiften Ist-Zustand impliziert, den es zur Erreichung eines idealen Soll-Zustandes zu entwickeln gilt. Aufgrund des fehlenden theoretischen, erziehungswissenschaftlichen Bezugs eines der zentralen Begriffe dieser Arbeit wurden zwei allgemeine Definitionen bemüht, die einen begrifflich-deskriptiven Bezugsrahmen bilden sollen:

• *Potenzial* = „Gesamtheit aller vorhandenen, verfügbaren Mittel, Möglichkeiten, Fähigkeiten, Energien" (vgl. Duden 2014a).
• *Entwicklungspotenzial* = „*Potenzial* für eine persönliche, wirtschaftliche oder technische Weiterentwicklung" (vgl. Duden 2014b).

Diese beiden Definitionen wurden für die Fragestellung dieser Arbeit durch den Kompetenzbegriff erweitert, Potenzial und Potenzialität können somit als eine Handlungsdimension der beteiligten Akteure betrachtet werden:

• Individuelles und organisationales *Potenzial* = *Fähigkeit* im Sinne von Leistungs-, Handlungs- und Entscheidungskompetenz) realistisch, situations- und lösungsorientiert mit *Umweltanforderungen* umzugehen;
• *Entwicklungspotenzial* = *zukünftige*, mögliche, zu entwickelnde Fähigkeiten (Leistungs-, Handlungs- und Entscheidungskompetenzen) und Ressourcen.

Die jeweiligen Netzwerkakteure verfügen im Idealfall über einen hohen Gestaltungsspielraum, sie können die Entwicklung des Netzwerks durch die vorhandenen (impliziten und expliziten) Potenziale (individuelle Fähigkeiten oder Ressourcen) beeinflussen. Das individuelle und kollektiv-organisationale Potenzial eines Mitarbeiters, einer Organisation oder eines Netzwerkes manifestiert sich demnach in der Fähigkeit (im Sinne von Leistungs-, Handlungs- und Entscheidungskompetenz) realistisch, situations- und lösungsorientiert mit Umweltanforderungen umzugehen. Die individuellen und kollektiv-organisationalen Entwicklungspotenziale beziehen sich auf zukünftige, noch zu entwickelnde Kompetenzen, die sich aus der Gesamtheit aller vorhandenen Ressourcen, Möglichkeiten und Energien zusammensetzen.

Wahl und Herausforderung des Untersuchungsgegenstandes

Als möglicher Untersuchungsgegenstand waren heterogene, strukturbildende Netzwerke im Bereich EB/WB denkbar, die sich in einem zeitlich determinierten, mehrdimensionalen Entwicklungsprozess (z.B. strukturelle Aufbau-/Verstetigungsphase) befinden. Die Wahl des Untersuchungsgegenstandes fiel auf die politisch-initiierte Landesinitiative HESSENCAMPUS (HC), die als ein WB-Netzwerk mit strukturbildender Funktion bezeichnet werden kann. Die Besonderheit des gewählten Falls besteht im dynamischen, komplexen Kooperationsgefüge der Initiative, die auf landespolitischer Makroebene (Auftraggebersystem), organisationaler Mesoebene (Netzwerksteuerung/-koordination) und Mikroebene (Adressaten) angesiedelt werden kann. Ebenfalls ausschlaggebend für die Fallauswahl war eine zeitlich-entwicklungsdynamische Komponente, die im Fall von HC durch eine begrenzte Projektförderung im Rahmen einer (ersten und zweiten) Aufbauphase gegeben war. Ein weiteres Kriterium stellte die wissenschaftliche Relevanz dar, die sich nach dem (potenziellen) Innovationsgrad des Netzwerks bemisst. Im Gegensatz zu inzwischen überforschten WB-Netzwerken und staatlich geförderten Projekten, bspw. dem Förderprogramm ‚Lernende Regionen', handelt es sich bei HC um ein verhältnismäßig empirisch wenig erschlossenes Strukturaufbauprogramm. Die Rahmenbedingungen des HC befinden sich in einem stetigen Wandel und unterliegen diversen politisch-institutionellen und individuellen Einflussfaktoren.

Die Herausforderung dieser Arbeit bestand im Umgang mit der Zeitlichkeit, die sich aus der Felddynamik und dem Temporalbezug der empirischen Fallstudie/des Falls ergibt. Der Untersuchungsgegenstand ist zum einen zeitlich durch die vorgegebene Förderlaufzeit (Gesamtlaufzeit der Initiative von 2007–2013/14) begrenzt und bewegt sich zum anderen in einem politisch relevanten Kontext, der sich permanent (bspw. durch Wechsel der Landesregierung, Gesetzesnovellierungen, Entwicklungen in der regionalen Bildungslandschaft) dynamisch verändert. Da die Daten im Zeitraum 2010–2012 erhoben wurden, fällt die Erhebungsphase mit der zweiten Aufbauphase des HC zusammen, d.h. die Ergebnisse korrespondieren nicht mit dem aktuellem Stand und der weiteren Entwicklung des HC nach Ende der Förderlaufzeit (in den Jahren 2013/14). Die Zeitdimension stellt nach Luhmann eine systemische Differenz dar, die ebenso wie andere Unterscheidungen (z.B. Differenzierung von System und Umwelt) zu behandeln sind (2006, S. 41): „Zeitunterscheidungen wie Vorher/Nachher oder

Vergangenheit/Zukunft sind auch Unterscheidungen". In der Ergebnisdarstellung wird versucht, der Differenzierung der Zeitdimensionen „Vorher/Nachher" gerecht zu werden. Die Darstellung der Ergebnisse aus den Experteninterviews und des Beobachtungsprotokolls erfolgt anhand einer deskriptiv-analytischen Entwicklungsgeschichte aus einer zugleich retro- und prospektiven Perspektive der Akteure heraus (Rekonstruktion der Genese und des Entwicklungsverlaufs vs. Konstruktion von Zukunftsszenarien). Die Fallstudie mündet in einer selbstinitiierten, reflexiven ‚Sonderveranstaltung' der untersuchten Steuerungsgruppe und stellt einen – aus damaliger Perspektive – vorläufigen, ergebnisoffenen Abschluss dieser Arbeit dar. Um die Zeitlichkeit zu überspringen und gleichzeitig zu wahren, werden die Ergebnisse an gegebener Stelle durch Fußnoten ergänzt, in denen der aktuelle Stand des untersuchten Falls HC erläutert wird. Ziel dieser Arbeit ist es nicht die gesamte Entwicklungsgeschichte der Landesinitiative von Anfang bis zum Ende zu rekonstruieren, sondern eine Entwicklungssequenz der Jahre 2010–2012 einer für die Landesinitiative besonders relevanten Phase (Ende der zweiten Aufbauphase) abzubilden, in der die Akteure vor der Herausforderung standen, den Übergang in eine Transfer-/Verstetigungsphase zu vollziehen und ihren HC in den Regelbetrieb zu überführen. Der rekonstruierte Zeitabschnitt (Initiierung- und Umsetzungsphase) ist aus wissenschaftlicher Sicht besonders interessant, da die Akteure Erfahrungen gesammelt und erste Ergebnisse (z.B. gemeinsame Bildungsangebote) produziert haben. Darüber hinaus haben sich interne Rollenmuster und Regelkreise verfestigt.

1.2 Zielstellung und Konzeption der Arbeit

Vor dem Hintergrund gesellschaftlicher Veränderungsprozesse und eines Vernetzungstrends in nahezu allen Funktionssystemen, insbesondere im Bereich der EB/WB, erscheint eine kritisch-reflektierte Auseinandersetzung mit Vernetzung und Kooperation unabdingbar. Dass es in WB-Netzwerken zu diversen Spannungen, Problemen, Hindernissen und Störungen kommen kann (vgl. Dollhausen/Feld/Seitter 2013) dürfte außer Frage stehen. Netzwerke und Kooperationen bergen neben einem oftmals moralisch aufgeladenen (vgl. Mickler 2011) Mehrwert auch neue Herausforderungen, bspw. im Umgang mit (externen) gesetzten, ggf. von der eigenen Organisationsstruktur abweichenden, Netzwerk-/Kooperationsstrukturen, normativen Vorgaben, Konkurrenz- und Widerstandphänomenen (vgl. dazu Mickler 2013; Franz 2014). Interessant ist an dieser Stelle, welche Potenziale in WB-Netzwerken vorhanden sind und wie interne Entwicklungsprozesse beobachtet (und perspektivisch angestoßen) werden können. Diese Arbeit befasst sich mit dem Entwicklungspotenzial von WB-Netzwerken, das mittels einer empirisch-qualitativen Untersuchung exploriert werden soll. Der Leitfrage nach dem Entwicklungspotenzial von WB-Netzwerken wird mittels einer qualitativ-empirischen Fallstudie am Beispiel der Landesinitiative HC nachgegangen. Diese steht stellvertretend für staatlich bzw. politisch initiierte, regionale, bildungsbereichsübergreifende (diagonale) Netzwerke und Kooperationsverbünde mit immanentem Entwicklungscharakter. Neben der empirisch-theoretischen Anschlussfähigkeit dieses Forschungsvorhabens an den erwachsenenpädagogischen und interdisziplinären Forschungsdiskurs soll diese Arbeiten einen anwendungsorientierten Beitrag leisten und theoretische Implikationen generieren. Ausgehend von der, bereits genannten, zentralen Fragestellung wurden folgende periphere Fragestellungen abgeleitet, anhand derer der Forschungsgegenstand mehrperspektivisch beleuchtet, deskriptiv strukturiert und kritisch reflektiert werden soll:

Abbildung 1: Zentrale und periphere Fragestellungen

Zentrale Fragestellung	• Welche Entwicklungspotenziale lassen sich in aktuellen, verfestigten Weiterbildungsnetzwerken[5] (am Beispiel des HESSENCAMPUS [HC]) beobachten?
Periphere Fragestellungen	• Wie können (auf Unverbindlichkeit, Flexibilität und Freiwilligkeit beruhende) WB-Netzwerke verbindlicher gestaltet werden? • Welche grundlegenden Motivationsfaktoren existieren für WB-Einrichtungen, um sich an Netzwerkaktivitäten zu beteiligen? • Welche Erfahrungen wurden bisher/werden aktuell mit OE-Maßnahmen gemacht und welchen Nutzen ziehen einzelne WB-Organisationen/-Netzwerke daraus für ihre eigene Organisation und ihre interne Organisations-/Personalentwicklung?

Durch die bewusst offene, zentrale Fragestellung wird beabsichtigt, den Untersuchungsgegenstand WB-Netzwerke am Beispiel des HC wertneutral auf unterschiedlichen Systemebenen und aus vielfältigen Perspektiven heraus zu

5 Anm. d. A.: Bei der untersuchten Landesinitiative HC handelt es sich um kein WB-Netzwerk im ‚klassischen' Sinne, sondern um eine alternative, hybride Organisationsform bzw. einen politisch initiierten Kooperations-verbund, der über ein loses Netzwerk hinausgeht.

betrachten. Methodisch fiel die Entscheidung auf die qualitative Methodentriangulation von Expertenbefragung und teilnehmender Beobachtung.

Das methodische Design wurde in zwei Phasen konzipiert: Nach einer explorativen Vorerhebung (1. Phase), die zur ersten Feldsondierung und Fallauswahl diente, wurden im Rahmen einer vertiefenden Fallstudie (2. Phase) in einem ausgewählten HC qualitative Experteninterviews durchgeführt und Sitzungen einer internen Koordinations-/Steuerungsgruppe beobachtet. Die empirische Untersuchung knüpft an theoretische und praxisfeldbezogene Überlegungen an, die zur Interpretation und theoretischen Verortung der Ergebnisse herangezogen werden. Da die Landesinitiative HC über ein loses Netzwerk hinausgeht und Vernetzung/Kooperation einerseits politisch-initiiert ist, andererseits freiwillig in Erwartung eines spezifischen Mehrwerts (z.B. Existenzsicherung, Imagesteigerung) eingegangen wird, galt es zunächst die Frage nach der Definition und Beschaffenheit des HC zu klären. Weiterhin war es notwendig, dessen Strukturen, Prozesse und typische Merkmale zu beleuchten sowie die subjektiven Motive, Erwartungen und Einstellungen der Akteure zu erheben. In einem zweiten Schritt wurden die erhobenen Daten anhand der zuvor herausgearbeiteten (system- und spiel) theoretischen Bezüge interpretiert und übergreifende Einflussfaktoren im Sinne von Gelingensbedingungen abgeleitet. Die Ergebnisse aus Expertenbefragung und teilnehmender Beobachtung wurden nach der gesonderten, materialspezifischen (inhaltsanalytischen) Auswertung in einem weiteren Schritt synthetisiert und in Bezug auf die theoretische Forschungsliteratur miteinander verzahnt.

Danksagung

An dieser Stelle möchte ich mich bei allen Personen bedanken, die mich während der Erstellung dieser Arbeit unterstützt, angeleitet und inspiriert haben. Wissenschaft baut auf Wissenschaft auf. Deshalb möchte ich allen Forschern, Kollegen, Mentoren und Freunden danken, die mich direkt über persönliche Gespräche oder indirekt über ihre Veröffentlichungen begleitet, inspiriert und irritiert haben. Prof. Seitter, dem Betreuer und Erstgutachter dieser Arbeit, danke ich für seine kritisch-konstruktive Unterstützung bei der Konzeption und Erstellung dieser Arbeit sowie für seine hilfreichen Denkanstöße. Prof. Meisel danke ich für die Übernahme des Zweitgutachtens und seine wertvollen Hinweise für die Reflexion der Arbeit. Allen voran möchte ich mich bei allen, an dieser Arbeit beteiligten, HC-Koordinatoren und Mitgliedern der Steuerungsgruppe des untersuchten HC bedanken, ohne die diese Arbeit nicht möglich wäre. Insbesondere möchte ich mich beim HC-Koordinator (mit dem Pseudonym Herr F.) des untersuchten HC für seine Offenheit gegenüber meinem Forschungsanliegen, die Einführung ins Untersuchungsfeld und die hilfreiche Unterstützung bei der Falldarstellung/-anonymisierung bedanken. Mein besonderer Dank gilt meiner Familie und meinen Freunden, die mir durch ihre Unterstützung die nötige Kraft, Ausdauer und Motivation vermittelten, die für ein solches Forschungsprojekt wichtig sind. Meinen Kolleginnen im Zentrum für Qualitätssicherung und -entwicklung (ZQ) der Johannes Gutenberg Universität (JGU) Mainz, Anna Cramme, Katharina Günther, Sina Altfeld und Tamara Zajontz danke ich für ihre Hilfe bei der redaktionellen Korrektur dieser Arbeit sowie für die vielen, schönen Mittagspausen im ZQ.

1.3 Gliederung der Arbeit

Die Arbeit gliedert sich in zwei Hauptteile, der erste Teil besteht aus einer theoretisch-begrifflichen (Kap. 2) und praxisfeldbezogene Einführung (Kap. 3). Im zweiten, empirischen Hauptteil dieser Arbeit werden das Methodendesign inklusive Datenerhebung, -auswertung und des Untersuchungsgegenstandes (Kap. 4) und die empirischen Ergebnisse aus der explorativen Vorstudie (fallübergreifend) und der vertiefenden Fallstudie (fallbezogen) in einer systematisierenden (einheitlichen) Gesamtübersicht präsentiert (Kap. 5, 6 und 7). Anschließend werden die – methodisch kombinierten – empirischen Ergebnisse der Arbeit synthetisiert und unter Rückbezug auf system- und spieltheoretische Bezüge bilanzierend-reflexiv zusammengefasst sowie Forschungsdesiderate abgeleitet (Kap. 8). Die einzelnen Kapitel der vorliegenden Arbeit bauen inhaltlich aufeinander auf, sowohl die Gliederung der Arbeit als auch die Ergebnisdarstellung und -diskussion der empirischen Untersuchung folgen einer Dramaturgie vom Allgemeinen (Theorie) zum Besonderen (empirischer Fall) und vom Besonderen wieder zurück zum Allgemeinen. Deduktiv-theoriegeleitetes Vorgehen wechselt sich im Forschungsprozess mit induktiv-empirischen Phasen ab.

Kapitel 2

Im nachfolgenden Kapitel werden die theoretischen Grundlagen für das Verständnis von Organisationen und interorganisationalen (WB-)Netzwerken gelegt. Da es sich bei Netzwerken um ein unklar umrissenes Phänomen handelt, werden nach einer definitorischen-begrifflich Einführung in den Organisationsbegriff, WB-Organisationen und -netzwerke fokussiert. In Hinblick auf die Interpretation der empirischen Ergebnisse werden insbesondere systemtheoretische Erklärungsansätze und mikropolitische Spieltheorien evident, die einführend dargestellt werden.

Kapitel 3

Nach der theoretischen Einführung werden im dritten Kapitel die aktuellen Herausforderungen, zentralen Merkmale, inklusive der Vorteile und Grenzen von WB-Netzwerken thematisiert und anhand aktueller Beispiele (‚Lernenden Region') verdeutlicht. Aus der praxisfeldbezogenen Auseinandersetzung mit regionalen WB-Netzwerken werden zentrale Gelingensbedingungen (Mehrwert und Grenzen) herausgearbeitet, die Rolle des Koordinators und der Aspekt der Nachhaltigkeit beleuchtet, die ebenfalls als ein Orientierungsrahmen zur Interpretation der empirischen Ergebnisse herangezogen werden.

Kapitel 4

Im vierten Kapitel werden das methodische Vorgehen (Methodentriangulation) begründet und die beiden methodischen Zugänge ausführlich erläutert sowie kritisch reflektiert. Nach einer ausführlichen Skizzierung und disziplinären Verortung der verwendeten Erhebungs- und Auswertungsmethoden (Experteninterview und teilnehmende Beobachtung) werden deren Vorteile, Grenzen und der Forschungsprozess reflektiert. Dabei wird das Untersuchungsfeld expliziert, die Fallauswahl begründet, der Feldzugang rekonstruiert sowie die Datenerhebung und -auswertung diskutiert. Die Explikation des methodischen Vorgehens, des Forschungsprozesses und des Untersuchungsgegenstandes dient zum einen der Transparenz der Arbeit, zum anderen der intersubjektiven Nachvollziehbarkeit der empirischen Ergebnisse.

Kapitel 5

Zur Exploration typischer Merkmale von WB-Netzwerken und zur subjektiv-definitorischen Bestimmung des Untersuchungsgegenstandes HC werden zunächst die Ergebnisse aus der explorativen Vorstudie (Expertenbefragung der HC-Koordinatoren) den Ergebnissen der Fallstudie vorangestellt. Zur Felderschließung werden der Untersuchungsgegenstand HC stärker konturiert, feldrelevante Themen (Entwicklungspartner und Teilprojekte), organisational-strukturellen Merkmale des HC und erste Gelingensbedingungen herausgearbeitet, auf die in der Fallstudie Bezug genommen wird. Von Interesse sind die Genese und Verortung des HC in der hessischen Weiterbildungslandschaft, organisatorisch-strukturelle Rahmenbedingungen (Zielsetzungen, programmatische Inhalte, Finanzierung etc.) und individuell-prozessuale Einflussfaktoren (wie Motivation, Vertrauen, Konkurrenz, Widerstand), die unter HC-übergreifenden Gelingensbedingungen subsumiert werden. Ziel der Ergebnisdarstellung ist es, die subjektiven

Deutungshorizonte der Experten (Koordinatoren) auf HC-übergreifender Ebene abzubilden.

Kapitel 6

Die Ergebnisse aus der Vorstudie werden im sechsten Kapitel durch die Ergebnisse der Expertenbefragung von HC-Steuerungsgruppenmitgliedern eines ausgewählten HC auf fallspezifischer, operativ-interner und strategischer Ebene vertieft. Äquivalent zur Vorerhebung werden die regionalen Spezifika des Falls, seine Einbettung in die Bildungslandschaft, die interne Aufgaben- und Rollenverteilung sowie die Prozesse (allgemeiner Entwicklungsverlauf, Interaktionen etc.) und Strukturen (Kommunikationsstrukturen, Akteurskonstellationen, Rahmenbedingungen) der internen HC-Steuerungsgruppe analysiert und weitere Einflussfaktoren aufgezeigt. Der Fall kristallisiert sich hierbei als ein WB-Netzwerk heraus, das sich in einem dynamischen Entwicklungsprozess befindet und in einer komplexen, städtischen Bildungsregion angesiedelt ist. Der HC stand zum Zeitpunkt der Erhebung vor der Herausforderung den Übergang aus der Projektumsetzungsphase in die Transfer- bzw. Verstetigungsphase zu bewältigen.

Kapitel 7

Anschließend werden komplementär zu den empirischen Ergebnissen der Expertenbefragungen (Kap. 5 und 6) im siebten Kapitel die Ergebnisse aus der Analyse des Beobachtungsprotokolls einer internen, reflektierenden HC-Steuerungsgruppensitzung dargestellt, in der ein interner Ziel-Ergebnisabgleich fokussiert und Zukunftsperspektiven entwickelt wurden. Aus der Beobachtung konnten fallimmanente Themen und Leitfragen (u.a. nach der Legitimation, Existenzsicherung und Widerstandsthematik) herausgearbeitet, spezifische Spannungsfelder (bspw. Autonomie vs. Symbiose) und Handlungslogiken auf Programm- und Projektebene (z.B. Kontrolle vs. Legitimation) abgeleitet werden. Insbesondere werden in diesem Kapitel die politisch vorgegebenen und von den Akteuren als unzureichend empfundenen ‚Spielräume' der untersuchten HC-Landesinitiative und die individuelle Nutzenthematik (Eigennutzen vs. Gemeinnutzen) als handlungsleitendes, kooperationsförderndes Prinzip erörtert.

Kapitel 8

Die empirischen Einzelbefunde aus der explorativen Vor- und der vertiefenden Fallstudie (Kap. 5–7) werden im achten Kapitel in Form einer Ergebnissynthese – bezugnehmend auf die theoretisch-begrifflichen und praxisfeldbezogenen

Vorüberlegungen (Kap. 2 und 3) – zusammengefasst. Dabei werden Schnittstellen herausgearbeitet, die einen differenzierten Zugang zum HC (fallübergreifend und -spezifisch) und zu Kooperations-/Netzwerkphänomenen im Bereich WB (feldrepräsentativ) eröffnen. Anhand der empirischen Ergebnisse werden Gelingensbedingungen, netzwerkimmanente Spannungsfelder und Antagonismen sowie Potenziale bildungsbereichsübergreifender, diagonaler WB-Netzwerke (am Bsp. des HC) aufgezeigt. Neben theoretischen und praktischen Implikationen für Professionelle im Bereich EB/WB ergeben sich aus dieser Arbeit system- und spieltheoretische Anknüpfungspunkte, die zur weiteren theoretisch-empirischen Auseinandersetzung mit Kooperation und Vernetzung anregen sollen.

2 Theoretische-begrifflich Annäherung

„Es gibt nichts praktischeres als eine gute Theorie“ (Kurt Lewin)

In diesem Kapitel werden zur theoretischen Einbettung der qualitativ-empirischen Studie beiden gesellschaftlichen Konstrukte Organisation und Netzwerk begrifflich verortet. Der Fokus liegt hierbei auf WB-Organisationen und -Netzwerken, deren spezifische Merkmale und Ausprägungen nachfolgend erläutert werden. Für diese Arbeit werden u.a. die sozialwissenschaftliche Systemtheorie bemüht und mikropolitisch-spieltheoretische Theorieansätze herangezogen, um ein differenziertes Bild von Organisationen und Netzwerken zu entwerfen. Nachfolgend werden die beiden Begriffe zunächst auf einer allgemeinen, theoretisch-begrifflichen Ebene definiert und anschließend aus system- und spieltheoretischer Perspektive betrachtet. Die beiden zentralen Phänomene (WB-)Organisationen und -Netzwerke werden in diesem und im nachfolgenden Kapitel aus einer praxisorientierten Perspektive anhand der folgenden Leitfragen[6] beleuchtet: (1) Was ist eine (WB-)Organisation? (2) Wie funktionieren (WB-)Organisationen? (3) Welche spezifischen Merkmale und Ziele weisen (WB-)Organisationen auf bzw. verfolgen diese? (4) Stellt ein interorganisationales (WB-)Netzwerk – in Abgrenzung zur Organisation und Kooperation – eine eigenständige Organisationsform dar? (5) Welche Netzwerkformen existieren? (6) Welcher Mehrwert wird (WB-)Netzwerken und Kooperation zugeschrieben?

2.1 Organisations- und netzwerktheoretische Bezüge

Die Organisations- und Netzwerkforschung hat sich in den letzten Jahren, v.a. in den letzten beiden Jahrzehnten (analog zur Praxis im Bereich WB), zunehmend zu einer Art interdisziplinärer ‚Trenddisziplin‘ entwickelt, die von Forschern mit vielfältigen Fragestellungen und methodologischen Orientierungen bearbeitet wird. Das Spektrum reicht von grundlagentheoretischen Arbeiten über quantitative Untersuchungen und empirische Netzwerkanalysen bis hin zu – zunehmend verbreiteten – qualitativen Forschungsdesigns. Aufgrund der Vielfalt der Lernorte, Bildungswege, (Forschungs-)Methoden und der thematischen Heterogenität erziehungswissenschaftlicher EB/WB konnte bisher kein disziplinärer Konsens hergestellt, geschweige denn ein eigenes

6 Zur Beantwortung dieser komplexen Fragen wäre mit Sicherheit eine gesonderte Arbeit zu verfassen, weshalb kein Anspruch auf Ganzheitlichkeit erhoben wird.

Methodenrepertoire generiert, werden. Deshalb orientiert sich die erwachsenenpädagogische Organisations-/Netzwerkforschung überwiegend, bspw. im Rahmen wissenschaftlicher Qualifikationsarbeiten, an Theorien und (grundlagen-)theoretischen Modellen ihrer Bezugswissenschaften (z.B. Betriebswirtschaftslehre, Psychologie, Bildungswissenschaft, Politologie und Soziologie) (vgl. Nuissl 2009, S. 409 ff.). Die Bandbreite erziehungswissenschaftlicher Organisationsforschung reicht von Theorien organisationalen Wandels (vgl. Kil 2003; Feld 2007; Schäffter 2001), Professionalisierungsdiskursen (Seitter 2013), handlungstheoretischen Bezügen, der Verwendung von Webers Bürokratiemodells, der Organisationkultur als theoretischem Rahmen (Neubauer 2003; Schein 2010) über Bezugnahmen auf gesellschaftspolitische Diskurse zum Thema ‚lebenslanges Lernen' (Jütte 2002) bis hin zu einer systemtheoretischen Betrachtung von Organisationen (Baecker 2011; Luhmann 2006; Schäffter 2003; Siebert 2003). In dieser Perspektivenvielfalt liegt einerseits die Stärke erwachsenenpädagogischer Organisationsforschung begründet, andererseits erschwert diese einen Überblick über die bundesweite Forschungslandschaft und die Genese einer einheitlichen Organisations- und Netzwerktheorie (vgl. Zech/Dehn/Tödt 2010).

2.1.1 Organisationen – eine erste begriffliche Klärung

Der etymologische Ursprung des Organisationsbegriffs (= Organ oder Werkzeug) liegt im französischen Sprachgebrauch und wird vom Verb organisieren (ordnen, gestalten, planmäßig aufbauen) abgeleitet. Der Organisationsbegriff beinhaltet sowohl strukturelle (Organisation als soziales Konstrukt) als auch prozessuale Aspekte (organisieren als Prozess), demnach kann zwischen dem organisieren (Organisation als Tätigkeit) und der Organisation (als soziales System), das in einem kulturellen Kontext zu verorten ist und eine grundlegende gesellschaftliche Funktion erfüllt, unterschieden werden. Organisationen verfügen i.d.R. über eine eigene Rechtsform und eine Struktur- und Prozessdimension (vgl. Payer 2009, S. 24). Sie zeichnen sich durch eine Zielorientierung aus, bestehen aus den Handlungen ihrer Mitglieder, die regelgeleitet und arbeitsteilig koordiniert werden, sind dauerhaft angelegte, soziale Phänomene und grenzen sich von ihrer Außen- bzw. Umwelt ab. Diese Grenze zwischen organisationalem Außen- und Innenverhältnis und formalisierten Mitgliedschaftsregelungen, die das Verhalten der Organisationsmitglieder steuern, bestimmt darüber, wer zur Organisation gehört und wer nicht bzw. wer Bestanteil einer differenten Außenwelt ist (vgl. 2.2.1). Die folgende Definition von Gebert fasst diese Merkmale pointiert zusammen: Organisationen sind „gegenüber ihrer Umwelt offene Systeme, die zeitlich überdauernd existieren, spezifische Ziele verfolgen, aus Individuen/Gruppen zusammengesetzt sind, eine bestimmte Struktur aufweisen und durch Arbeitsteilung und eine Hierarchie von Verantwortung gekennzeichnet sind" (Gebert 1987, zitiert nach Rosenstiel 2005, S. 255).

Gablers Wirtschaftslexikon (vgl. Springer Gabler 2013) definiert Organisation als „formales Regelwerk eines arbeitsteiligen Systems", in dem sich die beiden organisatorischen Regelungen „Spezialisierung" und „Koordination", die durch arbeitsteilige Prozesse effizient strukturiert werden, wechselseitig bedingen. Spezialisierung kann entweder nach Funktion (Abteilungen wie Produktion, Verwaltung Forschung und Entwicklung), nach Objekt (Einsetzmaterialien, Zwischen- und Endprodukte), nach Raum (bspw. Filialorganisation) oder in Form einer ein- oder mehrdimensionalen Mischform der Spezialisierungsarten erfolgen. Die organisatorische Koordination sorgt zum einen für den reibungslosen Ablauf der Arbeitsprozesse (Vermeidung von Doppelarbeit, Verteilung knapper Ressourcen, einheitlicher Wissenstransfer), zum anderen hat sie die Aufgabe, die Arbeitsaktivitäten auf ein Ziel auszurichten. In dieser Begriffsklärung werden allerdings informelle, organisatorische Prozesse nicht berücksichtigt und darauf hingewiesen, dass es keine eindeutige Definition von Organisation gibt bzw. dass diese von der organisationstheoretischen Betrachtungsweise abhängt.

In einer weiteren, begrifflichen Annäherung nach Castells (2001, S. 198 f.), der den Begriff der Netzwerkgesellschaft prägte, werden Organisationen systemisch interpretiert und deren Zielkomponente betont: Organisation wird hier als „ein System von Mitteln, das um den Zweck des Erreichens spezifischer Ziele herum strukturiert ist" definiert. Aus systemtheoretischer Perspektive sind Organisationen „kollektive oder korporative soziale Systeme, die entsprechend Probleme lösen sollen" (Larcher Klee 2009, S. 638). Payer bezeichnet Organisationen als eine „historische Erfolgsgeschichte (…), um Ziele zu verwirklichen, die die Möglichkeiten des Einzelnen bei weitem übersteigen" und „die Evolution der Gesellschaft in Schwung" (2009, S. 25) halten. In den letzten beiden Jahrzehnten haben Organisationen aufgrund nachhaltiger Veränderungen im Zuge des gesellschaftlichen Wandels (Konkurrenz- und Innovationsdruck, Markt- und Staatsversagen etc.) jedoch ihre Grenze der Funktionsfähigkeit erreicht. Sie haben aktuell einen Bedeutungsverlust zu verzeichnen und sind mit ihrer Existenzsicherung konfrontiert. Diese Entwicklung macht alternative Organisations- und Steuerungsformen wie interorganisationale Netzwerke und Kooperationen erforderlich.

In der Organisationsforschung wird weiterhin zwischen den beiden sozialen Phänomenen Organisation und Institution unterschieden, die umgangssprachlich oftmals synonym verwendetet werden (vgl. Kuper/Thiel 2009, S. 484 ff.): Institutionen sind bspw. die Ehe, die Kirche, die Universität und die

Schule oder – abstrakter – das Bildungssystem. Diese gelten als Träger gesellschaftlich-normativer Vorgaben und sozialer Rollen, die einen sozialisierenden Einfluss auf Individuen haben. Die individuellen Verhaltensweisen verfestigen sich zu Gewohnheiten, werden gesellschaftlich anerkannt und führen zur Institutionalisierung der jeweiligen Handlungsorientierungen und zu institutionellen Ordnungen, die sich in gesellschaftlichen Strukturen manifestieren. Das Bildungswesen mit seiner staatlichen Zuständigkeit für Schulen, seiner Trennung von öffentlicher und privater Verantwortung und seiner institutionalisierten Professionalisierung pädagogischer Berufe kann somit als eine Institution bezeichnet werden. Organisationen sind hingegen „typische Einrichtungen moderner Gesellschaften" und ein „Phänomen menschlicher Vergesellschaftung" (vgl. ebd., S. 490), die eine gesellschaftlich-integrative Funktion aufweisen. Nach Weber sind moderne Organisationsformen „irrationale, kommunizierende, und auch intelligente und lernende soziale Systeme, die nie gänzlich vorhersehbar und programmierbar sind" (2002, S. 9). Klarheit und Orientierung sind schwer zu finden in dem ‚Dschungel' der vielfältigen Organisationsformen, ihren unterschiedlichen Marktsegmenten und Mischformen, die sich zwischen institutionell verfestigten und in flexiblen Formationen bewegen. Meisel und Feld (2009, S. 37 f.) unterscheiden zwischen einem institutionellen[7], einem instrumentellen[8] und einen tätigkeitsbezogenen[9] Organisationsbegriff. Organisation sei immer dann notwendig, wenn die Ressourcen einer einzelnen Person nicht mehr ausreichen, um ein bestimmtes Ziel zu erreichen. Dabei gilt es, bei einem möglichst geringen Ressourcenverbrauch einen größtmöglichen Ziel-/Leitungsertrag zu gewinnen.

Weitere Ordnungsschemata von Organisationen sind die Organisationsstruktur und das Organigramm. Unter der Organisationsstruktur ist der strukturelle Aufbau und Ablauf von internen und externen Arbeits- und Handlungsabläufen, Zuständigkeitsregelungen sowie Entscheidungswegen zu verstehen. Bei Organisationsstrukturen wird nach dem Einliniensystem (klare Weisungsbefugnis von oben nach unten), dem Mehrliniensystem (mehrere höhere Weisungsinstanzen, z.B. Arbeits- und Fachbereiche), dem Stabliniensystem (Verknüpfung von Einlinien- und Mehrliniensystem), der Matrixorganisation (Kreuzung zweier Kompetenzsysteme, gemeinsame Weisungsbefugnis) und dem Netzwerk (alternative

---

7 Sozio-technischer Zugang, in dem es eine klare Abgrenzung zur Umwelt durch formale Strukturen gibt: Organisation als soziales System, das eine Organisation „ist".

8 Funktionaler Zugang, in dem mittels zweckorientiertem Handeln Ziele innerhalb eines Systems erreicht werden; der Betrieb „hat" eine Organisation (Managementform).

9 Organisationen entstehen durch den Tätigkeitsprozess ihrer Mitglieder.

Organisationsform)[10] differenziert. Darüber hinaus wird zwischen der Aufbau- und Ablauforganisationen unterschieden. Die Aufbauorganisation dient als Gestaltungsinstrument und wird in der formalen Organisationsstruktur sichtbar (Arbeitsaufteilung, Kompetenzbereiche etc.). Die Ablauforganisation koordiniert zeitliche und räumliche Arbeitsprozesse (Arbeitszeiten, Raumbesetzung etc.), damit ein bestmögliches, intendiertes Ergebnis erzielt werden kann – d.h. die Ablauforganisation sorgt für den reibungslosen Ablauf der (Arbeits-)Prozesse. Das Organigramm[11] hat die Funktion, die Komplexität in Organisationen durch eine Eingrenzung der Arbeitszusammenhänge – zugleich unter Wahrung von Flexibilität – zu reduzieren. Zur optimalen Zielerreichung werden in Organisationen i.d.R. ausreichend große Handlungsspielräume gewährleistet, die eine flexible Anpassung an externe Umwelteinflüsse ermöglichen. Formalisierte Hierarchien sind trotz vielfältiger Formalisierungsgrade (bspw. tendenziell flache Hierarchien in WB-Organisationen) ein integraler, koordinierender Bestandteil von Organisationen.

2.1.2 Spezifika von Weiterbildungsorganisationen

Nach der vorhergehenden, kurzen Erläuterung des Organisationsbegriffs anhand unterschiedlicher Definitionen, welche die Bandbreite der theoretischen Zugänge verdeutlichen sollten, werden nachfolgend WB-Organisationen fokussiert. Ein theoretischer Exkurs in die Spezifika dieses Organisationstypus erscheint sinnvoll, da sich die im empirischen Teil dieser Studie untersuchte Landesinitiative HC hauptsächlich aus (Weiter-)Bildungsinstitutionen/-Organisationen zusammensetzt. WB-Organisationen sind eng in das Arbeits- und Privatleben von Individuen und in das Netz gesellschaftlicher Organisationsformen eingebettet. Sie unterscheiden sich hinsichtlich ihres spezifischen Ziels bzw. ihres gesellschaftlichen Auftrags, ihrer inhaltlichen Ausrichtung und ihrer Zielgruppenadressierung – jedoch nicht grundlegend – von Organisationen

10 Hierbei gilt allerding abzuwägen, ob Netzwerke unter den Organisationbegriff gefasst werden können oder ob sie eine eigenständige (alternative) Form der Aufgabenteilung und Arbeitsbewältigung darstellen.

11 Das Organigramm (auch Organisationsdiagramm) bezeichnet einen organisationalen Struktur-/Stellenplan, der die Ablauforganisation einer Organisation mitsamt seiner Organisationseinheiten (Abteilungen etc.) systematisch-strukturiert abbildet. Organigramme können horizontal oder vertikal angeordnet werden und hierarchische Strukturen transpatent abbilden. Sie haben jedoch den Nachteil, die organisationsimmanente Komplexität (informelle Regeln, Organisationskultur etc.) nicht vollständig abbilden zu können.

anderer gesellschaftlicher Funktionssysteme (z.B. Politik oder Wirtschaft). WB-Organisationen[12] gelten als bürokratische, soziale, pädagogische Einrichtungen, die eine Scharnierfunktion zu anderen gesellschaftlichen Funktionssystemen einnehmen und zwischen unterschiedlichen Gesellschaftssystemen (z.B. Schule, Arbeitsmarkt und Unternehmen) vermitteln können. Sie zeichnen sich durch spezifische organisationale Rahmenbedingungen, Vorgaben, Prozesse, organisationskulturelle Aspekte und Handlungsspielräume aus. Dabei befinden sie sich in einem reziproken Abhängigkeitsverhältnis zu ihren Umwelten und sind u.a. auf das Vertrauen ihrer Klientel angewiesen. WB-Organisationen können unterschiedliche Organisationsformen/-strukturen annehmen. Bildung ist das grundlegende Spezifikum und zugleich eine inhaltliche Ausrichtung von WB-Organisationen, die keine materiellen Produkte (im herkömmlichen Sinne) herstellen, sondern vielmehr (Bildungs-)Dienstleitungen in Form von Qualifizierungs-, Beratungs- und Bildungsangeboten produzieren. Sie können u.a. Bildungsmöglichkeiten/-zugänge eröffnen und berufliche Qualifizierung, individuelle Emanzipation, gesellschaftliche Teilhabe und Integration ermöglichen. Der individuelle Lerner ist gleichzeitig Adressat von Bildungsangeboten und Produzent von Bildung, da er den Bildungsprozess (mit-)gestaltet. Die Bildungseinrichtung trägt dabei die (Haupt-)Verantwortung für den Bildungserfolg, indem sie durch zielgruppengerechte Lehr-/Lernarrangements die individuelle Motivation und die Lernaktivität des Lernenden fördert. Der Lernerfolg bemisst sich demnach nach einer optimalen Lernumgebung, einer unterstützenden Lernbegleitung/-beratung und der Eigenaktivität des Lernenden (vgl. Meisel/Feld 2009).[13] Die vier Merkmale Strategie, (langfristig ausgerichtete) Struktur, Kultur und Ressourcen (vgl. Abb. 2) beeinflussen (ermöglichen und determinieren) maßgeblich die Organisationsidentität und sichern die „Überlebens- und Leistungsfähigkeit der Organisation" (vgl. ebd., S. 49).

---

12 (Hoch-)Schulen gelten aufgrund ihrer zweckrationalen Ausrichtung, ihrer hierarchischen Arbeitsteilung, der relativen Autonomie der Mitglieder (Lehrer und wiss. Personal), ihrer Verwaltungsstrukturen sowie ihres spezifischen gesellschaftlichen Bildungsauftrags als komplexester, sozialer Organisationstypus.

13 Im Zuge des lebenslangen Lernens erfolgte eine Erweiterung des Lernbegriffs: von einem statischen Begriffsinhalt zur Klassifizierung in formales, non-formales und informelles, lebensbegleitendes Lernen.

Abbildung 2: Einflüsse auf die Identität von WB-Organisationen[14]

Die organisationale Struktur besteht aus der Organisations- und Rechtsform, dem Organigramm, internen Mitgliedschaftsregelungen und Weisungsbefugnissen. Unter Ressourcen werden Sachmittel, Personal, Räume/Gebäude sowie Finanzierungsstruktur(en) und Wissensbestände gefasst. Die Dimensionen Vision, Leitbild, Ziel, Funktions- und Arbeitsbereich, Angebotsprogramm und Zukunftsmanagement können Bestandteile der Organisationsstrategie sein und bestimmen die Geschäftsstrategie einer Organisation. Die Strategien sind handlungsleitend und organisationsgestaltend. Die strategische Vision hat bspw. einen erheblichen Einfluss auf das Denken, die Motivation, die Identifikation und die Orientierung der Organisationsmitglieder, außerdem kann sie zur Außenwirkung beitragen. Das strategische Leitbild einer Organisation spiegelt die Systemidentität wieder und gibt Auskunft über die spezifische soziale und fachliche Orientierung (interne/externe Arbeitsstrukturen etc.). Die organisationskulturellen Merkmale von WB-Organisationen beziehen sich auf Werte, Normen, Kommunikations- und Machtstrukturen sowie Rollenbeschreibungen

14 Erstellt nach Meisel/Feld (2009, S. 49).

(oder auch auf nicht kommunizierte, latente Ängste). Diese vier Merkmale können nicht separiert betrachtet werden und bedingen einander gegenseitig, bspw. können ohne ausreichende Ressourcen keine Bildungsangebote/-programme generiert werden.

2.1.3 Interorganisationale Netzwerke – eine begriffliche Klärung

Wie eingangs erwähnt, haben Organisationen ihre Funktion und Leistungsfähigkeit (zum Teil) bereits eingelöst, sodass neue, alternative Organisationsmodelle wie interorganisationale Netzwerke und Kooperationen evident werden. Insbesondere die einleitend geschilderten politischen Trends und Entwicklungen im WB-Bereich evozieren neue Koordinierungsformen und Anpassungsmechanismen von und in WB-Organisationen. Im nachfolgenden Unterkapitel werden zunächst die organisationstheoretischen Grundlagen durch netzwerktheoretische Bezüge und Definitionen erweitert. Nach einem Exkurs in die sozial- und erziehungswissenschaftliche Netzwerkforschung werden der Netzwerkbegriff in Abgrenzung zum Organisations- und Kooperationsbegriff erläutert. In einem zweiten Schritt werden (diagonale) interorganisationale WB-Netzwerke, die der Gegenstand dieser Arbeit sind, spezifiziert. Netzwerke sind in modernen Gesellschaften allgegenwärtig, die vielfältige Verwendung des Netzwerkbegriffs wirkt zum Teil unübersichtlich und beliebig. Netzwerke und Kooperationen sind kein neues Phänomen. Auch wenn aktuelle Trends und Vernetzungsaktivitäten dies suggerieren, existieren Netzwerke bereits seit Jahrzehnten, wenn nicht gar seit Jahrhunderten von Jahren in Form von organisierter Arbeitsteilung.[15]

Vorwegnehmend ist anzumerken, dass der sozialwissenschaftliche Netzwerkbegriff relativ inhaltsleer ist und die thematisch angrenzende Kooperationsforschung ebenfalls über keine einheitlichen, theoretisch-methodischen Forschungsdesigns verfügt (vgl. Jütte 2002; Helmcke 2008). Bisher existieren keine einheitliche (erziehungswissenschaftliche) Netzwerkforschung, sondern lediglich einzelne disziplinäre und interdisziplinäre Forschungsansätze, bspw. die Netzwerkanalyse (vgl. Jansen 2003).[16] Jede Disziplin beleuchtet dabei unterschiedliche Forschungsschwerpunkte. Die Betriebswirtschaftslehre untersucht Unternehmens- und Produktionsnetze, die Politikwissenschaft befasst sich mit politischen Netzen und Machtstrukturen. Soziologische und anthropologische

15 Netzwerke gab es bereits um 1356 in Form der Hanse (ca. 70 Städte) zum Zweck des Seehandels.

16 Ein Pionier und zentraler Vertreter der Netzwerkforschung ist der Soziologe Georg Simmel.

Ansätze beschäftigen sich mit der Analyse sozialer (Alltags-)Beziehungen und egozentrierten Netzwerken. Die Psychologie betrachtet soziale Netzwerke als Unterstützungsformen, die u.a. zur Bewältigung von Krisen und Krankheiten beitragen können. Diese Aufzählung ließe sich noch weiter ausführen.[17] Deshalb wird in den nachfolgenden Unterkapiteln – analog zu den organisationtheoretischen Bezügen – kein Anspruch auf Vollständigkeit erhoben.

Begriffliche Annäherung

In erster Linie sind Netzwerke ein analytisches Konstrukt und haben ihre Herkunft im technischen Bereich (z.B. Schienennetze, Telefonnetze, PC-Netze etc.). Der Netzwerkbegriff hat sich allmählich auf „Nachbarschafts-, Wirtschafts-, Wissenschafts- und Gesundheitsnetzwerke" oder auch auf deviante Phänomene wie „Schleuser- und kriminelle Beschaffungsnetzwerke" (vgl. Bommes/Tacke 2011, S. 25) ausgeweitet. Im Zuge des gesellschaftlichen Wandels von der Organisations- zur Netzwerkgesellschaft (vgl. Castells 2001) hat sich der Netzwerkbegriff zu einem beliebig einsetzbaren, emotional aufgeladenen Universalbegriff etabliert. Der Netzwerkbegriff wird in unterschiedlichen Kontexten verwendet und entweder – positiv konnotiert – mit Nähe, Vertrauen und Synergie oder – negativ konnotiert – mit „Bedrohung, Illegalität und Destruktivität" (vgl. Payer 2009, S. 23f.), z.B. den „Old Boys Networks" (Oakley 2000), assoziiert. Netzwerke können als eine eigenständige „gebündelte" Organisationsform und ein „globaler Trend" (vgl. Schubert 2008) bezeichnet werden, der sich seit den 1990er Jahren (ausgehend von Wirtschaftsunternehmen) zunehmend auf den WB-Bereich ausdehnt.

Nach Minderop und Stolzbacher (2007) sind WB-Netzwerke keine schnell zu vergessenden Modeerscheinungen, Schäffter (2004) warnt hingegen vor einer Inflationierung des Netzwerkbegriffs zu einem Modewort. Weiche Faktoren wie Kultur, Vertrauen und Kommunikation entscheiden letztlich (neben strukturell-prozessualen Aspekten wie Finanzierung und gesetzlichen Rahmenbedingungen etc.) über den Netzwerkerfolg. Die Grenze zwischen Netzwerken als Mythos bzw. Modeerscheinung und Netzwerken als einer eigenständigen (alternativen) Organisationsform ist fließend. Es gibt ebenso viele „potenzielle Fehlerquellen,

---

17 Bereits Anfang des 20. Jh. gab es erste Forschungsarbeiten, in denen Wechselwirkungen zwischen Individuen und Gesellschaft untersucht wurden. Die relativ jungen Forschungsfelder der Netzwerkanalyse sind im deutschsprachigen Raum nicht weit verbreitet (vgl. Stegbauer 2010).

Fallen und Risiken" (Weber 2002, S. 10f.) wie Vorteile, sodass Netzwerke eher einen Lernprozess und keine Standardlösung darstellen. Nach Nuissl und Strobel (2012, S. 211 f.) sind interorganisationale Netzwerke und Kooperationen – die sowohl positive als auch nicht intendierte, negative Wirkungen entfalten können – im Zuge organisationaler Entgrenzungstendenzen zu einer Selbstverständlichkeit geworden, die es durchaus kritisch zu hinterfragen gelte.

Netzwerkdefinitionen

Den Begriff der Netzwerkgesellschaft prägte der Autor Manuel Castells durch sein gleichnamiges Buch. Diese Modernisierungstendenzen betreffen Arbeitsarrangements und individuelle Identitätsbildungen gleichermaßen: „Unsere Gesellschaften sind immer mehr um die bipolaren Gegensätze zwischen dem Ich und dem Netz herum strukturiert" (Castells 2001, S. 3). Netzwerke verfügen über eine latente Strukturierungskraft bei der gleichzeitigen Sicherung von Flexibilität und dezentralisierten Strukturen, woraus vielfältige, globale, wirtschaftliche Verflechtungen entstehen können. Vernetzung wird als eine Modernisierungsstrategie (vgl. Castells 2001; Jütte 2002) und eine Reaktion auf Prozesse der Arbeitsteilung betrachtet. Aus ökonomischer Perspektive werden Netzwerke mit großen Hoffnungen und Potenzialen verbunden, wodurch das Versagen staatlicher Steuerungsfähigkeit und (supra-)nationaler Interventionsstrategien behoben werden könne (vgl. Jütte 2002, S. 22).

Netzwerke werden allegorisch als „ein abgegrenztes Set von Knoten und Kanten" (Jansen 2003, S. 13) definiert, die durch zwischen ihnen verlaufende Bänder (bzw. Netzwerklinien = Beziehungen) verbunden sind. Durch die Verbindungslinien können auf analytischer Ebene Kooperations- und Wettbewerbsstrukturen abgebildet und untersucht werden. Die zentralen und peripheren „Knoten" repräsentieren jeweils die Akteure (Personen oder Organisationen), die Linien symbolisieren die (Art und Qualität der) Beziehungen zwischen den Akteuren. Diese sozialwissenschaftliche Netzwerkallegorie charakterisiert den „dynamischen und offenen Systemcharakter der gegenwärtigen Organisationsstrukturen in der Gesellschaft" (Schubert 2008, S. 8). Netzwerke stellen demnach eine konzeptionelle Antwort auf moderne Komplexitätserfahrungen dar. Sie stehen zum einen in einem Bedeutungszusammenhang mit strukturellen, gesellschaftlichen Notlagen, zum anderen generieren sie innovative Zugänge, d.h. sie eröffnen neue Perspektiven auf bewährte Strukturen und alternative Gestaltungsmöglichkeiten (vgl. Schäffter 2004). Die folgende Netzwerkmetapher eignet sich zur Illustration des Netzwerkphänomens und soll einen ersten begrifflich-bildlichen Zugang eröffnen:

„Also ein Netzwerk ist ein Schiff auf einem Meer. Es hat einen Kapitän. Es läuft eben nicht gradlinig wie andere Verkehrsmittel, z.B. ein Zug. Es gibt keine vorgefertigte Schiene, auf dem Papier gibt es vielleicht einen Kurs. Aber es kommen Stürme, Wellen, Möwen und Haifische. Der Leuchtturm geht kaputt, das Navigationssystem fällt aus ... Also ein Netzwerk ist ein schwer zu dirigierendes Schiff. Das Bild fand ich immer sehr schön. Das konnte ich bei meiner Arbeit auch gut gebrauchen, wenn ich vermitteln wollte was Netzwerke sind und was sie brauchen. Der Netzwerkmanager ist nicht unbedingt der Kapitän, aber es ist möglich, dass er es ist. Es kommt auf die Struktur des Netzwerks an. Aber zumindest ist er der erste Offizier." (Wohlfahrt 2006b, S. 36)[18]

Ein Netzwerk besitzt i.d.R. einen Koordinator, der im Vergleich zur Leitung einer hierarchisch und arbeitsteilig strukturierten Organisation, die Aufgabe hat „das Schiff" bzw. Netzwerk durch ein unberechenbares „Meer" unter Berücksichtigung aller Eventualitäten („Stürme, Wellen, Möwen und Haifische") zu navigieren. Er steht vor der Herausforderung seine „Mannschaft", d.h. Kooperationspartner, sicher in den nächsten Hafen bzw. ans Ziel zu bringen. Aus dieser Schiffsmetapher lässt sich ableiten, dass es sich bei einem Netzwerk um ein höchst sensibel, auf äußere Einflüsse reagierendes und „schwer zu dirigierendes" (steuerndes) Phänomen handelt. Insbesondere komme es auf die Flexibilität der Struktur(en) an, die als allgemeine Rahmenbedingungen gefasst werden können. Bei diesen handelt es sich allerdings weniger um formale, vertraglich geregelte Vorgaben, Aufgabenbeschreibungen und Mitgliedschaftsregelungen, vielmehr bilden die Netzwerkakteure die interne Struktur ab. Deshalb ist das Netzwerk – analog zu einem Schiff – auf die reibungslose Zusammenarbeit aller Mitglieder, die jeweils wichtige Teilaufgaben übernehmen, angewiesen, um ein bestimmtes Ziel zu erreichen.

Die folgende Definition von Fangerau und Halling (2009, S. 7) verweist auf die Komplexität, Verworrenheit und Verstrickung, die mit Netzwerken einhergehen können: sie sind ein „Gegenstand mit dem man etwas fängt, ein Gefüge in das man sich verstrickt, eine Struktur die sich selbst verknotet, oder aber auch eine Formation, die zusammenhält, verbindet, ordnet und strukturiert." Diese Definitionen hebt die strukturelle Dimension von Netzwerken hervor, denen eine verbindende, strukturierende und bündelnde Funktion zugesprochen wird und in denen mikropolitische Aspekte an Bedeutung gewinnen. Formalisierte Regelungen, vordefinierte Rollenmuster und Aufgabenbeschreibungen scheinen hier aufgehoben zu sein. Zugespitzt formuliert, produzieren Netzwerke ihre Struktur im Prozess der Netzwerktätigkeit selbst und formieren sich ständig neu.

---

18 Das Zitat stammt aus einer Befragung im Rahmen eines NRW-Qualifizierungsprogramms für Netzwerkarbeit.

Ein Netzwerk kann aus systemtheoretischer Perspektive weiterhin als ein „System aus mehreren Elementen, die untereinander Verbindungen aufweisen und einen Tausch von Informationen, Material und Werten ermöglichen" beschrieben werden (Wohlfahrt 2006b, S. 45). Vernetzung kann entweder auf personaler Ebene, interorganisational zwischen Organisationen oder zwischen gesellschaftlichen Systemen stattfinden.

Netzwerkstrukturen und -merkmale

Interorganisationale Netzwerke basieren auf Kooperationen bzw. auf Beziehungen und sind auf einen längeren Zeitraum angelegt, sie ermöglichen die Erreichung gemeinsam festgelegter Ziele und generieren i.d.R. einen Mehrwerts für die beteiligten Organisationen (vgl. Reupold/Strobel 2009). Interorganisationale Netzwerke zeichnen sich durch eine komplementäre Arbeitsteilung, eine gemeinsame Vision, eine Netzwerkkoordination, eine hohe Integrationsdichte und Kommunikationsintensität aus. Sie werden als eine alternative Organisationsform bezeichnet, die ‚klassischen' Organisationen überlegen und sehr leistungsfähig sind.

Netzwerke können in lokale, regionale, temporäre, informelle, strategische und virtuelle Netze (vgl. Nuissl 2006, S. 29) gegliedert sowie in thematische Subnetze unterteilt werden (vgl. Jütte 2002). In sozialwissenschaftlichen Theorien wird zwischen einem institutionellen und sozialen Netzwerkbegriff unterschieden (vgl. Schemmann 2006).[19] Organisationale Netzwerke bestehen aus vier zentralen Grundelementen (vgl. Nuissl 2006): Zielen, (Kooperations-)Partnern, Inhalten und Formen. Die Ziele beziehen sich i.d.R. auf die strategische Ausrichtung des Netzwerks, auf eine Verbesserung der Marktfähigkeit und auf die politische Legitimität. Die Ziele werden dabei so gelegt, dass beide Faktoren gesichert und gesteigert werden können. Bei den Netzwerkpartnern wird zwischen typidentischen Partnern (z.B. Kooperationen zwischen WB-Einrichtung), typübergreifenden Partnern (z.B. Kooperationen zwischen Schule und Hochschule) und komplementären Partnern (bspw. Kooperationen zwischen WB-Einrichtung und wirtschaftlichen Betrieben) unterschieden. Unter Netzwerkinhalten werden Informationen, Bedarfsanalysen, Qualitätssicherungsmodelle, Öffentlichkeitsarbeit, Angebotsentwicklung, Beratung und Adressatenorientierung gefasst. Das Element Form bezieht sich auf die Art und Weise der (meist bi- oder

---

19 Auf soziale Personennetzwerke oder auch egozentrierte Netzwerke wird an dieser Stelle nicht näher eingegangen, da diese Arbeit interorganisationale bzw. institutionelle Netzwerke fokussiert.

trilateralen) Kooperations-/Kommunikationsbeziehungen. Weitere Merkmale von Netzwerken sind: strukturelle Offenheit, Freiwilligkeit, Unverbindlichkeit, reziproke Abhängigkeit der Kooperationspartner, Nutzenorientierung, ausgeglichene (nicht hierarchischen) Machtverhältnisse sowie Erfahrungs- und Informationsaustausch.

Windeler (2001, S. 43f.) unterscheidet zwischen hierarchisch und heterarchisch regulierten Organisationsstrukturen von Unternehmensnetzwerken, zu denen WB-Netzwerke gezählt werden können. In hierarchisch regulierten Netzwerken existiert ein festes Gefüge von Über- und Unterordnung. Hier werden die Aktivitäten durch einen identifizierbaren, akzeptierten Netzwerkkoordinator reguliert, der lediglich über einen eingeschränkten Handlungsspielraum verfügt. In heterarchisch strukturierten Netzwerken (z.B. Projektnetzwerke) werden die Netzwerkstrategien hingegen durch den Koordinator definiert und gesteuert. Er entscheidet über die Art, den Inhalt und die Umsetzung der jeweiligen Strategie, selektiert die Mitglieder und Märkte, überwacht die Netzwerkevaluation und stimmt diese mit den Akteuren ab. WB-Netzwerke sind eher heterarchisch orientiert und besitzen meist eine geringe hierarchische Strukturierung. Die Akteure befinden sich in einem gegenseitigen Abhängigkeitsverhältnis, besitzen keine Sanktionsmöglichkeiten und orientieren sich verstärkt an regionalen Leitbildern.

Exkurs in die sozial- und erziehungswissenschaftliche Netzwerkanalyse

Obgleich die Netzwerkanalyse in der empirischen Studie nicht zum Einsatz kommt, erscheint ein kurzer Exkurs, v.a. im Hinblick auf mögliche Desiderate, an dieser Stelle relevant. Die Netzwerkanalyse[20] richtet den Fokus auf Struktur- und Beziehungsaspekte und verdeutlicht den Zusammenhand von Individuum und Gesellschaft.[21] Die soziologische Netzwerkanalyse stellt ein exaktes, quantitatives, mathematisch-statistisches Erhebungsverfahren und gleichzeitig eine Theorieperspektive dar (vgl. Jansen 2003, S. 13). Gängige Methoden der Netzwerkanalyse sind nach Jütte (2002) qualitative Interviews, ethnographische Verfahren, standardisierte Befragungen, Fallstudien, informelle Gespräche und Dokumentenanalysen (Programme, Protokolle, Onlineauftritte etc.). In den

20 Das ökonomische Paradigma der Transaktionskostenanalyse nach dem Ökonomen Oliver Williamson (1990) wird, mitsamt ihres Erklärungsmodells der Trias von Markt, Hierarchie und Netzwerk, häufig zur Netzwerkanalyse herangezogen. In den Sozialwissenschaften erscheint der ökonomische Erklärungsansatz (Zweck-Mittel-Kalkül) begrenzt, bisher hat sich kein eigener theoretischer Ansatz herausgebildet.

21 Diese Perspektive soll im empirischen Teil dieser Arbeit (Kap. 7) aufgegriffen werden.

USA sind diese Methoden weit verbreitet. Die Ergebnisse der Untersuchungen dienen u.a. als Wahlprognosen und als Erklärungsmodelle für soziale Ungleichheit (soziale Mobilität). Die Netzwerkanalyse (vgl. Helmcke 2008) ermöglicht es, Kooperations- und Konkurrenzbeziehungen (zwischen Individuen oder Organisationen) zu erfassen und aus einer Nah- und Binnensicht heraus zu beobachten bzw. zu rekonstruieren. Die Akteure werden durch Knoten (engl. node) dargestellt. Beziehungen (engl. ties, bspw. in Form von Mitgliedschaften oder Kapitalbeteiligungen) werden durch Verbindungslinien, sogenannte Kanten (engl. edge oder relation), gekennzeichnet. Die Akteure werden als nicht isolierte, soziale Personen charakterisiert, deren Beziehungen in zwei Formen eingeteilt werden: (1) Transitive Beziehungen, die in positiv verbundene (kooperative) und negativ verbundene (kompetitive) Beziehungen untergliedert werden, und (2) multiplexe Beziehungen zwischen Organisationen, womit geschäftliche als auch private Beziehungen gemeint sein können. In allen Beziehungsformen wird der Grad der Transitivität (Verbindungsintensität) untersucht, ein hoher Grad an Transitivität erhöht den Einfluss eines Akteurs innerhalb des Gesamtnetzwerks, d.h. die Handlungen eines Akteurs sind wirksam und effektiv. Intransitive Beziehungen, d.h. „schwache Beziehungen", (week ties) haben demgegenüber eine eher geringe Wirkung, wobei Granovetter (1973) auch von der Stärke schwacher Beziehungen spricht. Auf dieses Paradox soll jedoch an dieser Stelle nicht näher eingegangen werden.

Der Unterschied zwischen der strukturellen Analyse und anderen sozialwissenschaftlichen Forschungsmethoden (z.B. Surveyforschung) besteht in ihrer relationalen Ordnung von Personen, Organisationen und Netzwerkelementen, die graphisch dargestellt werden können. Bei der Netzwerkanalyse stehen nicht individuelle, personenbezogene Merkmale, sondern relationale Elemente im Zentrum: „Nicht das Individuum als solches, sondern seine Beziehungen zu anderen und seine Einbettung in eine Struktur interessiert" (Jansen 2003, S. 18). Dabei können wechselseitige Abhängigkeiten beobachtet werden, aus denen sich eine spezifische Sozialstruktur herausbildet. Eine Grundannahme vieler Theoretiker ist, dass Individuen keine oder nur wenig Möglichkeiten haben aus strukturellen Zwängen auszubrechen (struktureller Determinismus). Demnach bestimmt die Sozialstruktur die Aufstiegsmöglichkeiten eines Individuums und produziert wiederum weitere Strukturen, die seine Handlungsmöglichkeiten determinieren. Inzwischen hat sich eine Art „gemäßigte strukturelle Analyse" (vgl. ebd.) durchgesetzt. Die Sozialstruktur bildet sich prozessartig heraus und „ergibt sich als Blick auf strukturelle Netzwerke" (vgl. ebd. S. 22). Soziale Netzwerke prägen die Handlungsmöglichkeiten von Individuen und Gruppen und bestimmen die Zugangsmöglichkeiten zu Ressourcen und zu potenziellen Kooperationen.

Aus der erziehungswissenschaftlichen Perspektive (vgl. Jütte 2002) ist die Netzwerkanalyse ein sensibilisierendes Konzept zur Analyse strukturelle Zusammenhänge und Interdependenzen in einem Gesamtnetzwerk. Jütte definiert ein analytisches Dreiebenen-Modell, anhand dessen (organisationale) Netzwerke untersucht werden können: (1) Individuelle Ebene (Merkmale einzelner Akteure); (2) Ebene der sozialen Interaktion (Austauschprozesse zwischen den Akteuren); (3) Ebene der Struktur (z.B. Akteurskonstellationen). Jansen (2003) entwirft ein ähnliches Modell: auf mikropolitischer Akteursebene werden die Positionierung einzelner Akteure innerhalb eines Netzwerks ermittelt und Fragen nach dem Prestige, Macht- Autonomiegrad, der Zentralität und des individuellen Nutzens innerhalb eines Netzwerks für einzelne Akteure fokussiert. Auf der Gruppenebene werden die Fragen nach dem Vernetzungsgrad von Gruppen/Cliquen und ihrer Positionierung (Rollenanalyse) sowie den internen Informationsflüssen untersucht. Nach Schäffter (2004) eignet sich die soziologische Netzwerkanalyse (aufgrund ihres ethnologischen Verständnisses) hervorragend als Untersuchungsinstrument für pädagogische Fragestellungen und Praxisinterventionen.

Organisation vs. Netzwerk

Für ein näheres Verständnis von interorganisationalen Netzwerken ist es sinnvoll, diese mit Organisationen zu vergleichen. Wohlfahrt (2006b, S. 9–18) hat spezifische Herausforderungen von Netzwerkarbeit herausgearbeitet und zentrale Merkmale von Netzwerken und Organisationen gegenübergestellt. Ein wichtiger Unterschied zwischen Netzwerken und Organisationen liegt in der Gestaltung der Zusammenarbeit und im Umgang mit Fluktuation. Beides ist in Netzwerken fluider als in Organisationen. Die Netzwerkmitglieder gehen i.d.R. freiwillig win-win-Kooperationen ein und erbringen einen Großteil der Arbeit in (vorarbeitender) Eigenleistung, während Organisationen auf etablierte Geschäftsbeziehungen (mittels Vertragsbindungen) setzen. In Netzwerken müssen sich Geben und Nehmen in einer Balance befinden, damit alle Mitglieder davon profitieren können. In Netzwerken ergeben sich aufgrund der freiwilligen Kooperation, wie bereits angedeutet, höhere Fluktuationsraten als in Organisation, die hingegen über eine stärkere Mobilitätsbarriere (durch formalisierte Einstellungs- und Kündigungsverfahren) verfügen. Die Rechtsform ist in Netzwerken meist gesamtschuldnerisch-bürgerschaftlich, sozusagen gleichmäßig auf allen Schultern verteilt. Die Aspekte Kommunikation, Vertrauensbildung und Verhandlung spielen in Netzwerken eine wesentliche Rolle, da sie auf Freiwilligkeit beruhen und i.d.R. nicht rechtsverbindlich sind.

Der Umgang mit Heterogenität ist für Netzwerke wichtiger als für Organisationen. Insbesondere in heterogenen, diagonalen Netzwerken können Vorurteile und Interessenskonflikte zu Schwierigkeiten und Verzögerungen führen. Gezielte Methoden des Konfliktmanagements sind deshalb für einen produktiven Umgang mit Heterogenität grundlegend und gelten als eine der schwierigsten Herausforderung für Netzwerke. In Organisationen sind auch Konfliktpotenziale vorhanden, diese gefährden die Gesamtstruktur jedoch weitaus weniger aufgrund ihrer festen organisationalen Struktur und formalen Regelungen. Dies betrifft auch strukturelle und prozessuale Aspekte, bspw. die Art und Weise der Entscheidungsfindung, die in Netzwerken dynamisch ausgehandelt werden muss. In Organisationen sind die Entscheidungsprozesse eher formalisiert. In Netzwerken müssen Entscheidungen mit der Ursprungsorganisation besprochen, rückgekoppelt und regelmäßig im Netzwerk reflektiert werden. Dies führt häufig zu zeitaufwendigen Reibungsverlusten und zu einer Verlangsamung der Entscheidungsprozesse im Gesamtnetzwerk. Im Gegensatz dazu, gibt es in Organisationen klare, hierarchisierte Entscheidungsbefugnisse. Unabhängig von aktuellen Projekten und Aufträgen werden Sanktionsmechanismen gegen Regelverstöße in Netzwerken ausgehandelt, in Organisationen sind diese hingegen bereits vorhanden und gelten universell. Die Aufgaben- und Rollenverteilung sowie die Festlegung einer geeigneten Netzwerkstruktur (äquivalent zu Organisationsstruktur) wird ebenfalls mit allen beteiligten Akteuren vereinbart. Hierzu werden Arbeitskreise, Foren oder Gremien festgelegt, die zielgerichtetes Arbeiten ermöglichen. In Organisationen sind zentrale Aufgaben- und Rollenverteilungen hingegen durch klare Zuständigkeiten und Befugnisse festgelegt, die Arbeitsabläufe sind formalisiert und werden im Organigramm dokumentiert. Netzwerke sind im Vergleich zu Organisationen und inter- und intraorganisationalen Kooperationen eine Sozialform, die sich zwar deutlich hinsichtlich ihres Formalisierungsgrades und ihrer Flexibilität unterscheidet, gleichzeitig können daraus neue Mischformen entstehen, die ein „breites Diagnose- und Gestaltungspotenzial" (Payer 2009, S. 37) eröffnen. Inwiefern sich Netzwerke und Kooperationen voneinander unterscheiden wird nachfolgend erörtert.

Netzwerk vs. Kooperation

Schäffter (2004) grenzt Kooperationen und Netzwerke klar begrifflich voneinander ab. Kooperation lässt sich als eine auf Freiwilligkeit basierende Form der interorganisationalen, zweckorientierten Zusammenarbeit von Organisationen definieren, die auf horizontaler, vertikaler oder diagonaler Ebene stattfindet.

Nicht jede Kooperation führt zur Vernetzung, die über bilaterale Beziehungszusammenhänge hinausgeht, Netzwerke hingegen generieren Kooperationsbeziehungen. In Netzwerken ist der Nutzen für die Akteure aufgrund des vielfältigen, teils unübersichtlichen Beziehungsgeflechts meist nicht direkt kalkulierbar. Die Nutzenerwartungen können in bilateralen Kooperationsbeziehungen hingegen schneller und direkter nachvollzogen werden. Demnach sind Investitionen in Form von materiellen und immateriellen Ressourcen in Netzwerken risikobelasteter als in Kooperationen. Netzwerke sind durch ihre zukünftige Nutzenerwartung und die Vielfalt von Kontakten beziehungsorientiert motiviert. Ebenfalls klar abgegrenzt werden kann der Netzwerkbegriff vom Begriff der Gruppe (max. 25 Personen), der wiederum von Dyaden abzugrenzen ist. Netzwerke können jedoch Gruppenbildungsprozesse ermöglichen und zur Triaden-/Gruppenbildung genutzt werden. Intra- und interorganisationale Kooperationen finden häufig in Form von Projekten statt, zeichnen sind durch „gemeinsames Handeln von mindestens zwei Personen zum Zweck einer besseren Zielerreichung“ aus und unterliegen „handfesten Kosten-Nutzen-Überlegungen“ (Payer 2009, S. 28f.).

Dresselhaus (2006) grenzt den Netzwerkbegriff ebenfalls vom Kooperationsbegriff ab, im Zuge erweiterter Kooperationsformen drohen sowohl der Kooperationsbegriff als auch der Organisationsbegriff zunehmend aufzuweichen. Bei Kooperation handelt es sich (ähnlich wie bei Netzwerken) um gewisse Beziehungskonstellationen. Im Gegensatz zu Netzwerken zeichnen sich Kooperationen durch einen längeren Zeitraum der Zusammenarbeit, klarere Grenzen und Strukturen sowie klar definierte Ansprechpartner und Verantwortlichkeiten aus. Im Gegensatz zu Kooperationen sind Netzwerke grenzenlos, sie kennen „weder Grenzen noch Formalitäten“ und „sind stattdessen mit hochgradig komplexen Problemen konfrontiert“ (vgl. ebd., S. 31). Formale Mitgliedschaften sind in Netzwerken latent, polykontextural und viel schwerer zu fassen als in Organisationen und Kooperationen. Eine ähnliche Abgrenzung zieht Nuissl (2006), der Netzwerke als eine Weiterentwicklung von Kooperation (bi- oder trilaterale Kommunikationen) definiert. Der wesentliche Unterschied liegt dabei in der Zielorientierung, Steuerung und Art der Kommunikation dieser Phänomene. Während Kooperationen über ein klar definiertes, vereinbartes Ziel verfügen, haben Netzwerke veränderbare, auf Reflexion angelegte Ziele, die durch den Ein- und Austritt der Netzwerkpartner beeinflusst werden. Demnach sind die Ziele von Netzwerken offener und dynamischer als die von Kooperationen. In Kooperationen kommunizieren die Akteure i.d.R. über direkte bi- oder trilaterale Beziehungen mittels Verhandlungen. In Netzwerken kommunizieren die Akteure in Form von Gruppenberatungen, die durch bi- und trilaterale

Gespräche vorbereitet, unterstützt und nachbereitet werden. Kooperationen profitieren hierbei von einer direkten Vermittlung und Verbindlichkeit, Netzwerkakteure kommunizieren verhältnismäßig langsamer. Kooperationen werden durch gezielte Vereinbarungen und eine Überwachung ihrer Einhaltung gesteuert. Im Gegensatz dazu erfolgt die Steuerung von Netzwerken durch ein spezifisches Netzwerkmanagement oder eine übergeordnete, partizipativ orientierte Netzwerkinstanz (z.B. einen Koordinator).

Dollhausen und Mickler (2012, S. 33) betrachten Kooperation hingegen als eine „Managementaufgabe in der Weiterbildung" und nehmen keine begriffliche Trennung vor. Die Autorinnen subsummieren (WB-)Netzwerke unter die folgenden drei Kooperationsarten: strategische Allianzen (länderübergreifende Kooperation zur Sicherung von Markt- und Wettbewerbsvorteilen), organisatorische Zusammenschlüsse (verpflichtende Kooperationen, bspw. Unternehmensfusionen, „Global Player" oder Trägerverbünde im WB-Bereich) und Netzwerke als lose gekoppelte Beziehungsgeflechte von eigenständigen Akteuren. Netzwerke im Bereich WB verfügen – im Vergleich zu rechtlich-fundierten Zusammenschlüssen – über einen geringen Formalisierungsgrad, ermöglichen mittel- bis langfristige Kooperationen und unterstützen die selbstorganisierte Verfolgung gemeinsamer Ziele und Aufgaben (vgl. ebd., S. 39f.). In Netzwerken werden die Regulierungsmechanismen Kooperation, Vertrauen, Selbstverpflichtung, Verlässlichkeit und Verhandlung (vgl. ebd., S. 40) in unterschiedlichen Intensitäts- und Institutionalisierungsgraden wirksam und die Frage nach der Bestimmung des spezifischen Nutzens für die beteiligten Akteure evident (vgl. ebd., S. 45).

Nach Weber (2004) bilden Kooperationen eine Grundlage für die lokale und regionale Netzwerkenzwicklung. Dafür sind Austauschprozesse, Verhandlungen und schnelle Interessensabstimmungen ebenso notwendig wie Kompromissbildungen und abgeklärte Durchsetzungsstrategien. Die Akteure können ihre Ziele und Vereinbarungen diskursiv aushandeln (vgl. ebd., S. 257). Die Grundvoraussetzung für kooperative Netzwerkarbeit besteht in einem (strategischen) Interessenskonsens der Akteure. Netzwerke entstehen demnach durch wechselseitige Produktions- und Erwartungshaltungen und generieren potenzielle Anschlussmöglichkeiten. Die Stabilität von Netzwerken gründet auf einer gegenseitigen Erwartungshaltung, Interessensverbünden, (verbindlichen) Interaktionsbeziehungen und internen Verhaltensregeln. Netzwerke und Kooperationen basieren auf internen und externen Vertrauensbeziehungen, die einen verbindlichen und zuverlässigen Austausch von Informationen gewährleisten. Der Faktor Vertrauen stellt dabei ein eigenständiges Regulationsinstrument dar (vgl. 3.2.3).

2.2 Systemtheoretische Überlegungen

Zur weiteren theoretischen Fundierung interorganisationaler (WB-)Netzwerke und zur Interpretation der empirischen Ergebnisse wird die Theorie sozialer Systeme nach Luhmann (1984) herangezogen.[22] Die Systemtheorie eignet sich mit ihrer Fokussierung auf die Wechselbeziehungen zwischen sozialen Systemen, Teilnehmern und Umwelt – insbesondere im Hinblick auf das Konzept der gesellschaftlichen Differenzierung, losen Kopplung, doppelten Kontingenz und wechselseitigen Beobachtung – zur Analyse von Wirkmechanismen und Handlungsdynamiken in Kooperationen und (WB-)Netzwerken. Nach einer groben Skizzierung der System-Umwelt-Differenz und der Autopoiesis werden der systemtheoretische Begriff der Komplexität, das Prinzip der strukturellen Kopplung und der Operationsmodus der Beobachtung erläutert. Anschließend werden WB-Netzwerke als sozial-gesellschaftliche Funktionssysteme diskutiert.

Die allgemeine Systemtheorie hat ihren Ursprung in den 1950er Jahren, wobei mehrere systemtheoretische Ansätze nebeneinander bestehen und der Versuch eine interdisziplinäre Systemtheorie zu gründen bisher gescheitert sei (vgl. Baecker 2011). Als der Begründer der allgemeinen (strukturell-funktionalen) Systemtheorie gilt der Soziologe Talcott Parcons, der mit seinem bekannten – durchaus kritisch diskutierten – AGIL-Schema[23] sozialer Systeme den systemtheoretischen (Struktur- und Bestands-)Funktionalismus fundierte. Weitere Vertreter der sozialwissenschaftlichen Systemtheorie sind Niklas Luhmann, Helmut Willke und – im Bereich der EB – Josef Olbrich. Den Ausgangspunkt systemtheoretischer Überlegungen führt Luhmann auf politisch-wirtschaftliche Modelle bzw. die Metapher des Gleichgewichts („Balance of trade") im 17. Jh. und die darin implizierten Zustände von Stabilität und Störung zurück. Luhmann unterscheidet in seiner Systemtypologie Maschinen, Organismen, soziale und psychische Systeme. Soziale Systeme, die sich aus Kommunikationen

22 An dieser Stelle ist anzumerken, dass die systemtheoretischen Überlegungen sozusagen eine spezifische Betrachtungsweise für die Beschreibung von sozialen System wie Organisationen und Netzwerke darstellen. Diese Perspektive ist eine neben vielen und soll an dieser Stelle nicht verabsolutiert werden, sondern dient als ‚eine' geeignete Theorie zur Interpretation der empirischen Ergebnisse dieser Arbeit.

23 Parsons (2005) differenziert soziale Systeme nach den folgenden vier Teilsystemen mit jeweils unterschiedliche Funktionen: A (Adaptation), G (Goal Attainment), I (Integraion) und L (Latent Pattern Maintenance).

psychischer Systeme (Bewusstsein) zusammensetzen, differenziert er nach Interaktionen im Sinne von Handlungen und Organisationen. Bei sozialen und psychischen Systemen handelt es sich um offene Systeme, die sich mittels Kommunikation (soziale Systeme) und Bewusstsein (psychische Systeme) mit ihrer Systemumwelt in einer dynamischen Austauschbeziehung befinden. Nach Luhmann stellt Kommunikation die kleinste Einheit sozialer Systeme dar, durch die zwei oder mehrere Akteure gekoppelt werden. Luhmann überträgt die Systemtheorie auf Organisationen und definiert diese als „nichtkalkulierbare, historische Systeme, die sich selbst erzeugt haben" (Luhmann 2006, S. 9) und sich durch die Operation der ‚Entscheidung' von anderen Systemen unterscheiden.

Vorwegnehmend ist anzumerken, dass der Netzwerkbegriff bei Luhmann nur peripher und ohne größere Relevanz auftaucht. Netzwerke bezeichnen keinen neuartigen Systemtyp, sondern sind auf organisationaler Ebene zu verorten. Sie haben u.a. die Funktion, die Komplexität und die strukturelle Überforderung von Organisationen beim Umgang mit einer komplexen Umwelt zu reduzieren (Kämper/Schmidt 2000, S. 235). In Luhmanns Theorie sozialer Systeme werden Netzwerke v.a. im Zusammenhang von informeller Organisation und Kommunikations-/Entscheidungsprozessen (nach dem Unterscheidungskriterium formal/informal) thematisiert: „Denn der Begriff des Netzwerks ist nicht schon durch formale Organisation definiert, sondern eher durch eine Art Vertrauen, dass sich auf erkennbare Interessenslagen und wiederholte Bewährung stützt" (Luhmann 2006, S. 25).

2.2.1 Systemtheoretische Begrifflichkeiten

Nachfolgend werden die systemtheoretischen Begrifflichkeiten System-Umwelt-Differenz, Autopoiesis, Komplexität und strukturelle Kopplung erläutert, anhand derer die empirischen Ergebnisse interpretiert werden. Auf den Operationsmodus der reziproken Beobachtung wird im Zusammenhang mit der Komplexität von WB-Netzwerken eingegangen (vgl. 2.3.3).

System-Umwelt-Differenz und Autopoiesis

Die Theorie des offenen Systems wurde in den 1970/80er Jahren durch das Konzept des operational geschlossenen Systems revidiert und um den Aspekt der gegenseitigen Abhängigkeit von System und Umwelt erweitert. Ein soziales System ist prinzipiell indifferent und relativ autonom in Bezug auf den Input und Output (aus) seiner Umwelt. Es bestimmt selbst, welche Umweltfaktoren einen Einfluss auf es ausüben und welchen Output (Leistung etc.) es an seine Umwelt abgibt (vgl. Baecker 2011, S. 46ff.). Bis zur Hälfte der 1970er Jahre wurde davon ausgegangen, dass die Umwelt nicht zur Organisation gehöre, sondern sie wurde als objektiv gegeben vorausgesetzt. Seitdem hat sich die Systemtheorie zum Konzept der Selbstreferenz weiterentwickelt. Die moderne Systemtheorie besagt, „dass die Differenz von System und Umwelt im System selbst produziert und reproduziert werden muss" (Luhmann, 2006, S. 36). Organisationen entstehen gerade durch diese Unterscheidung zwischen System und Umwelt: Organisationen unterscheiden sich von anderen Arten der Systembildung durch die „besondere Art und Weise (...), in der Organisationssysteme die Differenz von System und Umwelt erzeugen" (vgl. ebd. S. 37f.). Die Konzepte der (strukturellen) Geschlossenheit, der operativen Rekursivität, der Selbstreferenz und der Zirkularität – im Sinne des Selbstbezugs – sind in diesem Modell Bedingungen für die Offenheit sozialer Systeme: „Geschlossenheit in diesem operativen Sinne ist die Voraussetzung für die Offenheit von Systemen" (vgl. ebd., S. 54).

Das Modell der operativen Geschlossenheit sozialer Systeme wurde aus dem Begriff der Autopoiesis abgeleitet, den der Neurobiologe und Philosoph Humberto Maturana prägte. Autopoiesis bezeichnet die Selbstproduktion lebender Organismen bzw. den Prozess der Selbsterschaffung und -gestaltung eines (sozialen) Systems. Nach Luhmann (vgl. 2006, S. 51f.) handelt es sich bei autopoietischen Systemen um operativ geschlossene, autonome Systeme. Autopoise lasse keine Gradualisierung zu, ein System sei operativ geschlossen und könne demnach nur „im Kontext eigener Operationen operieren" (vgl. ebd., S. 52). Willke (2006, S. 69) verdeutlicht das Abhängigkeitsverhältnis zwischen System und Umwelt wie folgt: „Ein autonomes System ist mithin ein System, das auf der Grundlage autopoitischer Selbsterneuerung spezifische, durch seine Leitdifferenz und seinen Operationsmodus vorgezeichnete Umweltbeziehungen unterhält". Ein soziales System erzeugt sich durch Selbstorganisation/Autopoiesis, es bleibt auf Ebene seiner Operationen autonom und zieht eigene Grenzen. Durch diese Abgrenzung kann es von seiner Umwelt unterschieden und beobachtet werden. Innerhalb eines sozialen Systems können Anschlüsse generiert werden, durch die sich das System – im Sinne der operativen Geschlossenheit – auf sich selbst beziehen kann. Ein soziales System bildet eine sich strukturell, in den eigenen Prozessen steuernde, Einheit und entsteht, wenn eine Operation, eine Handlung oder eine Kommunikation anschlussfähig sind (vgl. Baecker 2011, S. 74). Eine Verbindung zur Systemumwelt geschieht entweder über Kommunikation oder über Bewusstsein. Die systeminternen Strukturen werden dabei autopoietisch aufgebaut und können nicht importiert werden. Mittels Kommunikation können soziale Systeme erster und zweiter Ordnung entstehen, sofern sie eine eigene Systemidentität mit Spezialkommunikationen herausbilden.

Komplexität

Ähnlich wie bei Organisationen, ist die strukturelle Komplexität ein zentrales Merkmal von Netzwerken, d.h. die Beziehungen in Netzwerken sind auf mehreren Ebenen angesiedelt, reziprok, schwach formalisiert, hochgradig komplex, dynamisch und längerfristig angelegt. Die Umwelt ist komplexer als das System. Der Komplexitätsbegriff ist interdisziplinär-universell und bezieht sich auf den/die „Grad der Vielschichtigkeit, Vernetzung und Folgelastigkeit eines Entscheidungsfeldes" (Willke 2006, S. 23). Die System-Umwelt-Beziehungen können sachliche, soziale, zeitliche, operative oder kognitive Komplexitätsdimensionen beinhalten. Durch das Nebeneinander von Kooperation und Konkurrenz lassen sich keine klaren Trennlinien zwischen den Akteuren ziehen. Die Herausforderung besteht für die Akteure darin, ihre unterschiedlichen, partiellen Interessen so zu koordinieren und miteinander zu verbinden, dass übergangsfähige, veränderliche Prozesse und Strukturen entstehen (vgl. Weber 2004). Sowohl Netzwerk- als auch organisationstheoretische Ansätze mit betriebswirtschaftlichem Fokus versuchen Komplexität mittels gezielter Maßnahmen zu regulieren und betrachten diese als einen nicht intendierten Nebeneffekt. Eine alternative Perspektive bieten soziologisch-systemtheoretische Ansätze, die nicht versuchen Komplexität aufzulösen, sondern so zu strukturieren, dass Organisationen und Netzwerke unterschiedliche Reduktionen wählen und somit auf Umweltreize reagieren können. Komplexität kann sich vorteilhaft auf WB-Organisationen auswirken, da sie den spezifischen Merkmalen des Subsystems WB entspricht (vgl. Kuper 2004). Daraus ergeben sich für soziale Systeme entsprechend komplexe Anforderungen an Interventions-/Steuerungsinstrumente: „Je komplexer die sozialen Systeme, desto mehr müssen Eigendynamik und Wechselwirkungen berücksichtigt werden und desto weniger sind monokausale Erklärungen und Steuerungen Erfolg versprechend." (Siebert 2003, S. 12).

Strukturelle Kopplung

Der Begriff der strukturellen Kopplung, den Luhmann in seiner Theorie sozialer Systeme aufgreift, geht ebenfalls auf Maturana zurück und bezeichnet den Prozess der Koppelung von Systemstrukturen. Diese bauen auf generalisierten Verhaltenserwartungen auf, ohne dass die Differenz der Systeme unterlaufen wird. Die operative Geschlossenheit ist eine Voraussetzung für die strukturelle Kopplung sozialer Systeme. Luhmann greift den Begriff der Interpenetration (Baecker 2011, S. 254ff.; Luhmann 1986, S. 286ff.) auf, der die Kopplung von Teilsystemen bezeichnet, wodurch (bspw. in diagonalen Netzwerken) Überschneidungsbereiche generiert werden können. Das Phänomen der strukturelle Kopplung von Funktions- oder

Subsystemen bezieht sich auf eine wechselseitige, momenthafte Aktualisierung der Systemstruktur und trägt zur Netzwerkbildung unterschiedlicher Systeme oder Teilsysteme bei, deren Funktion primär in der Abstimmung zwischen autonomen Funktionssystemen liegt. Netzwerke sind aus dieser Perspektive ein Strukturphänomen zur Koordination organisationalen Entscheidens, das auf organisationaler Ebene anzusiedeln ist.

Strukturelle Kopplung bezieht sich auf das Paradox der Gleichzeitigkeit von Abhängigkeit und Unabhängigkeit innerhalb eines sozialen Systems. Dieses kann andere Systeme durch Pertubation[24], die eine Resonanzfähigkeit des Systems voraussetzt (im Sinne einer wahrgenommenen Störung), irritieren und somit auf seine Systemumwelt einwirken. Das betroffene System reagiert auf Pertubationen mit Strukturveränderungen bzw. -anpassungen. Soziale Systeme entwickeln, in Form eines internen Selektionsvorgangs, Erwartungen im Sinne von Möglichkeiten, Typen und Schemata und produzieren Informationen, die intern verarbeitet werden. Diese Informationen können nur über die Vermittlungsmechanismen Kommunikation und Bewusstsein (sowie Beobachtung) in die Umwelt auf ein anderes System übertragen werden. Durch die strukturelle Kopplung haben psychische Systeme die Möglichkeit Organisationen zu beeinflussen, da die Entscheidungs- und Organisationsstruktur eng gekoppelt sind (vgl. Simon 2007, S. 16). Übertragen auf (WB-)Netzwerke können bspw. Entscheidungen des Bildungssystems (z.B. einer VHS) von den beiden (Sub-)Systemen, privat-wirtschaftliche WB oder Schule, mittels Kommunikation, Bewusstsein oder – wie nachfolgend näher erläutert wird – mittels Beobachtung beeinflusst werden.

2.2.2 Organisationen und Netzwerke aus systemischer Sicht

Schäffter (2003, S. 63) betrachtet Organisationen aus systemtheoretischer Perspektive als ein komplexes, arbeitsteiliges System, in dem die „verschiedenen Fachkompetenzen zu einer komplexen Verknüpfungsstruktur zusammenspielen“. Analog dazu sind interorganisationale Netzwerke in ihrer Gesamtheit zu betrachten und spiegeln die spezifischen, organisationsinternen Einzelperspektiven wider. Organisation grenzen sich, wie bereits eingehend erläutert, durch formale Mitgliedschaftsregelungen von ihrer Umwelt ab und sind intern durch Kommunikationsnetze gegliedert, die durch ein Regelsystem geordnet werden. Organisationen dienen zur Komplexitätsreduktion und haben die Funktion

24 Irritationen sind Umwelteinflüsse, die ein System von außen beeinflussen, anstoßen und irritieren – allerdings nicht direkt beeinflussen oder verändern – können.

Kommunikationen in Entscheidungen umzuwandeln. Im Hinblick auf die System-Umwelt-Differenzierung erfolgt diese Komplexitätsreduktion durch eine Abgrenzung zur sozialen Umwelt, durch eine autopoietische Reproduktion und durch selbstreferenzielle Operationen (d.h. interne Entscheidungen). Die organisationalen Entscheidungen werden nach dem entsprechenden Selbstverständnis der jeweiligen Organisation getroffen und nach außen hin vertreten – wobei die internen Strukturgesetzlichkeiten relevante Entscheidungskriterien darstellen.

Die organisationalen, handlungsleitenden Regelsysteme bestehen aus internen, formalen und informellen Regelungen. Die formalen Regeln, bspw. Mitgliedschaftsbedingungen, die Satzung und die rechtlich verankerte Geschäftsordnung, sind top down gesetzt und bestimmen den offiziellen Verhaltenskodex der Organisationsmitglieder. Die informellen Regelungen hingegen entstehen ungeplant von innen heraus (bottom up) und manifestieren sich in den routinierten Dienstwegen, den Kommunikationsstrukturen und den Beziehungsmustern der Mitglieder. Außerdem existieren latente Regeln, die unbewusst verfestigt sind und sich wie formale und informelle Regeln – je nach Handlungskontext, Organisationskultur und Mitarbeiterzusammensetzung – sowohl produktiv als auch kontraproduktiv auf die Motivation und Leistung der Organisationsmitglieder auswirken können (vgl. Zech/Dehn/Tödt 2010). Die Organisationsstrukturen orientieren sich an einer definierten Erwartungsstruktur. Die Akteure verhalten sich entsprechend der Regelungen ihres Teilsystems, wobei die ‚Spielfelder' je nach Systemtyp variieren: „Schulen mit verbeamtetem Personal können sich andere interne Spielfelder leisten als Profifußballvereine" (vgl. ebd., S. 16).

Netzwerke sind von den Begriffen System, Organisation und Interaktion zu trennen. Grenzüberschreitende Kooperationen und Netzwerke erfordern ein hohes Maß an Offenheit, die Fähigkeit zur Übernahme fremder Perspektiven und eine Verständigungsorientierung. Die relevanten Funktionen von Netzwerken liegen in der Kommunikation über systemgrenzen hinweg, der Koordination unterschiedlicher Funktionsbereiche, der Überbrückung kultureller Barrieren und der Verknüpfung unterschiedlicher Perspektiven (vgl. Weyer 2000). In sozialen und organisationalen Netzwerken, die selten über Verträge, Kooperationsvereinbarungen und klare (Mitgliedschafts-)Regelungen verfügen, existieren vielfältige, vergemeinschaftete und individuelle Zwecke nebeneinander. Im Vergleich zu Organisationen, deren systemtheoretische Differenzierung sich aus der formalen Mitgliedschaft ergibt, beziehen sich interorganisationale Netzwerke primär auf die Unterscheidung von Organisation und Interaktion. Die Interaktion unter Anwesenden trägt zur Netzwerkbildung bei und ist zugleich ein relevantes Differenzierungskriterium (vgl. Kämper/Schmidt 2000, S. 211). Netzwerke werden deshalb als eine Form und das Resultat der strukturellen Kopplung von Organisationen betrachtet.

Nach Teuber stellen Organisationen und vertraglich begründete Kooperationsbeziehungen im Sinne von Formalisierungen autopoietischer Sozialsysteme zweiter Ordnung dar. Netzwerke werden hingegen als eine autopoietische „dritte Ordnung" – jenseits von Organisation und Vertrag – betrachtet (vgl. Teubner 1992, S. 195), die ein „merkwürdiges Zwischending zwischen Organisation und Markt" oder auch eine „hybride Organisationsform" (vgl. ebd., S. 189 f.) bilden. Im Sinne komplexer Emergenzphänomene[25] kompensieren organisationale Netzwerke ein akutes Markt-/Organisationsversagens und das prekäre Verhältnis von Varietät und organisationaler Redundanz (z.B. Anbietervielfalt im Bereich WB). Sie stellen „eine Reaktion auf (die) strukturelle Überforderung von Organisationen beim Umgang mit einer komplexen Umwelt" dar und entstehen, wenn „Mitglieder unterschiedlicher Organisationen in Interaktionen Entscheidungen vorbereiten und damit Strukturänderungen in den beteiligten Organisationen möglich werden lassen." (Kämper/Schmidt 2000, S. 235). Bisher liegt noch kein theoretisch stringentes und empirisch für die Systemtheorie anschlussfähiges Konzept für Netzwerke vor. Bei organisationalen Netzwerken handelt es sich um eine „spezifische Form der Verkopplung organisationsinterner Strukturen" (ebd., S. 227). Systemtheoretisch betrachtet ist keine organisationale Grenzziehung zwischen Umwelt und Netzwerk möglich, da Netzwerke strukturell offen sind für potenzielle Kooperationen (vgl. Payer 2009, S. 39). Im Gegensatz zu anderen Systemen lassen sich Netzwerke nicht steuern und verfügen über keine Schließungs- oder Differenzierungsmechanismen, sodass von einer Unabgeschlossenheit von interorganisationalen Netzwerken gesprochen werden kann. Der Begriff Vernetzung bezeichnet die „Art und (den) Grad der wechselseitigen Abhängigkeit zwischen Teilen sowie zwischen Teil und Ganzem" (Willke 2006, S. 23), sodass es sich beim Netzwerkphänomen um „Quasi-Systeme" ohne feste Strukturen und Regelungen handelt.

Nach Bommes und Tacke (2011) ist die Systemtheorie für Netzwerke aufgrund der operativen Geschlossenheit sozialer Systeme ungeeignet, da die Netzwerkbildung eine strukturelle Differenzierung voraussetzt und über die reflexive Kombination von möglichen sozialen Adressen[26] – im Sinne von

---

25 Emergenz = Auftreten von etwas Neuem im Evolutionsprozess, das mehr ist als die Summe seiner Teile.

26 Adressen (Anschrift, E-Mail-Adresse, Telefonnummer etc.) sind polykontextual, selektiv, kontextabhängig und prinzipiell funktional mobilisier-/aktivierbar (vgl. Bommes/Tacke 2011, S. 31 ff.).

Polykontexturalität – konstruiert wird. Die sozialen Adressen formulieren Erwartungen und generieren weitere Kontaktmöglichkeiten durch die Weiterleitung sozialer Adressen, die nach Granovetter (1973) in „strong ties“ und „weak ties“ differenziert werden können. Ein soziales Netzwerk besteht diesem Ansatz nach aus einer Vielzahl von möglichen Adressen, die „aus der Verknüpfung der in sozialen Systemen produzierten und stabilisierten Kontakte“ entstehen (Holzer 2008, S. 157). Moderne Gesellschaften zeichnen sich durch eine große Menge und hohe Diversität an möglichen Kontakten aus. Die Verknüpfungsoptionen von Knoten und Verbindungen sind nahezu unendlich, wenn man von der Unabgeschlossenheit sozialer Netzwerke bzw. sozialer Adressen und deren Polykontexturalität (Anschlussfähigkeit) ausgeht. Die potenziellen Kontaktmöglichkeiten werden als Sozialkapital gebündelt und reflexiv miteinander verknüpft, es gilt: „je mehr Struktur und Geschlossenheit in einem Netzwerk entsteht, umso mehr verspielt es sein Beziehungskapital“ (Payer 2009, S. 30). Im Umkehrschluss bedeutet das, je offener und flexibler ein Netzwerk ist, desto höher ist sein Beziehungskapital. Ein Netzwerk hört dann auf zu existieren, wenn keine Adressen mehr aktiviert werden können. Aufgrund der hohen Anschlussfähigkeit und der reziproken Leistungserwartungen kann eine Adresse (und somit die Beziehung) prinzipiell jederzeit wieder reaktiviert werden.

Organisationen und Netzwerke liegen entweder innerhalb oder quer zu den Grenzen von Funktionssystemen (Wirtschaft, Politik, Erziehung etc.) und können sich im Rahmen der begrenzten strukturellen Möglichkeiten gesellschaftlicher Systeme darstellen und legitimieren. Erst im Zuge aktueller, mit Öffnungsprozessen einhergehender, Entwicklungen, ist Vernetzung über systemische Grenzen hinweg möglich geworden: „In der modernen, funktional differenzierten Gesellschaft können Netzwerke innerhalb von Funktionssystemen oder quer zu deren Grenzen bestehen“ (Holzer 2008, S. 155). Soziale Netzwerke können nach Tacke (2011, S. 112 f.) heterogene Leistungen verknüpfen und die Sinnkontexte gesellschaftlicher Funktionssysteme überbrücken. Sie sind gleichzeitig von anderen gesellschaftlichen Systemen abhängig. Soziale Adressen lassen sich nicht nur einem System zuordnen, sondern sind in ihren Verknüpfungsmöglichkeiten unendlich, was die Komplexität sozialer Netzwerke maßgeblich erhöht. Ab einer gewissen Netzwerkgröße müssen demnach Handlungen und Kommunikationen miteinander verknüpft werden, nicht mehr vorrangig Adressen. Die Variabilität von Netzwerken beschreibt Holzer wie folgt (2008, S. 162): „Netzwerke sind Formen sozialer Ordnungsbildung über reflexive Kontakte, die sich innerhalb und zwischen Systemen herausbilden (…). Mit gesellschaftlichen System/Umwelt-Verhältnissen verändern sich die Möglichkeiten der Netzwerkbildung“.

2.2.3 Weiterbildungsnetzwerke als komplexe Systeme

Die erziehungswissenschaftliche, systemtheoretische (Netzwerk-/Kooperations-)Diskussion orientiert sich zunehmend an Luhmanns Theorie. Die EB kann als ein Teilsystem des Erziehungssystems bezeichnet und von anderen sozialen Systemen wie Politik und Wirtschaft abgegrenzt und strukturell an andere Funktionssysteme gekoppelt werden.[27] Durch die hohe Anschlussfähigkeit an die Teilbereiche Wirtschaft, Arbeitsmarkt und Sozialpolitik läuft dieses Teilsystem Gefahr, von seiner Umwelt instrumentalisiert zu werden. Das Subsystem EB setzt sich aus folgenden weiteren (Unter-)Subsystemen zusammen (vgl. König 2005): 1) dem Teilnehmersystem, 2) dem Auftraggebersystem, 3) dem Leitungssystem und 4) dem Veranstaltungssystem. Diese Subsysteme zeichnen sich sowohl durch Systemdifferenzen und verschiedene Aufgaben als auch durch einen Austausch mit anderen gesellschaftlichen Funktionssystemen aus. Sie sind prinzipiell an die jeweiligen, internen (Sub-)Systeme anschlussfähig.

WB-Organisationen und -netzwerke können ebenso wie Organisationen aus anderen Funktionssystemen als autopoietische, komplexe, soziale Systeme betrachtet werden, die sich von ihrer Umwelt (anderen Organisationen und Funktionssystemen) abgrenzen. Die jeweilige WB-Organisation bildet dabei das Paradox eines in sich geschlossenen und strukturell offenen, sozialen Systems. Interorganisationale Kooperation setzt wiederum Erwartungen an die Bildung eines neuen, komplexen Beziehungs- und Austauschmusters und eine (überlebens-)notwendige Reflexionsleistung (bzgl. des Selbst- und Aufgabenverständnisses) der kooperierenden Organisation voraus. Die Teilnahme an Netzwerken bedeutet einen Komplexitätsaufbau (u.a. durch organisationale Selbst- und Rollenbeschreibungen) und fordert die kooperierende Bildungsorganisation heraus, ihre organisationale und individuelle Handlungsfähigkeit durch eine Erhöhung

27 Aus systemischer Perspektive kann eine Gesellschaft in Teilsysteme gegliedert werden (Wirtschafts-, Bildungs-, Gesundheits-, Rechtssystem usw.). Bspw. handelt es sich beim Erziehungssystem um ein von Menschen gemachtes System, das eine Eigendynamik entwickelt und sich als autonomes, funktional-differenzierendes System formiert. Die Analysegegenstände des Bildungssystems sind: Funktion, Leistung, Reflexion, Relation zu anderen Systemen und Selbstbezug. Relevante Themen dieses Systems sind u.a. (Bildungs-)Übergänge, die Nutzung von Bildungsangeboten, die Bildungsbeteiligung und soziale Mobilität (vgl. Kuper/Thiel 2009). Das Bildungssystem hat die primäre Aufgabe, Individuen mittels Bildungs- und Qualifizierungsangeboten handlungs- und leistungsfähig zu machen.

der eigenen Komplexität auszubauen (Feld/Seitter 2013, S. 190 f.). Daraus können diverse Herausforderungen im Sinne von systemimmanenten Irritationen wie Verstetigung, Widerstand, Aushandlung oder Konkurrenz entstehen.

Schäffter (2003, S. 63fff.) betrachtet erwachsenenpädagogische (WB-)Organisationen als arbeitsteilige Systeme, die sich durch ein Zusammenspiel verschiedener Fachkompetenzen und sich wechselseitig ergänzender (Einzel-)Positionen entwickeln. Die Aufgaben des Subsystems WB sind u.a. die Wissensvermittlung und die Generierung neuen Wissens. Sinnstiftung ist aus systemtheoretischer Perspektive eine lebenslange Aufgabe, die im (Weiter-)Bildungssystem als „schöpferischer Akt durch Lernen" interpretiert wird (Siebert 2003, S. 19). Schäffter entwirft drei Operationskreise von WB-Organisationen, die eine „kognitive Orientierungshilfe" bieten und „Handlungsfelder der WB-Praxis" bezeichnen (2003, S. 68ff.):

1. Ordnungspolitischer Operationskreis: bezeichnet den Regelkreis und Entscheidungsrahmen der „Institutionalform WB" auf politisch-administrativer Programmebene, der einen hohen Einfluss auf den organisationspolitischen und alltagweltlichen Operationskreis hat. Die Koppelung zu anderen gesellschaftlichen Teilsystemen erfolgt direkter und schneller, als innerhalb des ordnungspolitischen Operationskreises.
2. Organisationspolitischer Operationskreis: gilt als intermediärer Regelkreis von Organisationsvarianten auf Ebene der (Weiter-)Bildungseinrichtungen mit betriebsförmiger Organisationsstruktur; hier gibt es Bemühungen um Autonomie und Einflussnahme gegenüber den – determinierenden und ermöglichenden – ordnungspolitischen Operationen (Entscheidungen, Regulatoren und Vorgaben).
3. Alltagsweltlicher Operationskreis: bezieht sich auf die biographische und milieubezogene Strukturierung (Aneignungsstrukturen und Lernmilieus) und beinhaltet alle Varianten der Selbstorganisation auf Adressatenebene. Dieser Operationskreis hat aufgrund von Individualisierungsprozessen ebenfalls einen Einfluss auf ordnungspolitische Entscheidungen und kann zu einer (Neu-)Formierung alltagsweltlicher Praxis führen.

Diese Operationskreise stellen jeweils in sich geschlossene und zugleich strukturell gekoppelte Funktionssysteme mit eigenen Relevanzmustern und Entwicklungslogiken dar, die sich komplementär zueinander verhalten. Sie weisen eine spezifische Entwicklungsgeschichte auf und symbolisieren mögliche Problemfelder von WB-Organisationen. Der Theorieansatz geht von „Strukturbrüchen als komplementären Kontrastflächen" (Schäffter 2003, S. 77), Trennungen und systemintegrativen Spannungsfeldern aus. Die Verknüpfungsleistung der

Akteure (WB-Mitarbeiter) liegt u.a. in der Überschreitung der Systemgrenzen dieser Operationskreise.

Interorganisationale Vernetzung stellt, wie bereits angerissen, ein alternatives soziales System dar, innerhalb dessen die Mitglieder die Organisationskultur ihrer jeweiligen Herkunftsorganisation repräsentieren und prozesshaft eine spezifische, organisationüberreifende Netzwerkkultur entwickeln. Nach Wohlfahrt (2006a) sind Netzwerke eigensinnige Systeme, die durch Komplexität, Prozesshaftigkeit und vielfältige organisationskulturelle Ausprägungen gekennzeichnet sind. Sie stellen einen Nährboden für selbstorganisierte/-gesteuerte Tendenzen dar. Die individuelle Organisationskultur manifestiert sich in den Ideen, Grundwerten, Riten, Ritualen, Mythen, Symbolen, Sprache(n), Leitbildern, Denkgewohnheiten und Tabus. Die Netzwerkmitglieder stehen hierbei vor der Herausforderung eine neue eigene Netzwerkkultur zu schaffen, die einerseits als Erweiterung der eigenen Organisationskultur dient, andererseits eine identitätsstiftende Wirkung – im Sinne einer übergeordneten Ordnungsinstanz – bietet. Eine weitere Herausforderung besteht für WB-Netzwerke v.a. im Umgang mit ihren netzwerkimmanenten Spannungsfeldern, bspw. das von organisationaler Autonomie und Abhängigkeit in Relation zur Umwelt. Trotz oder gerade aufgrund ihrer strukturellen Öffnung stehen WB-Organisationen vor der Aufgabe Kooperationen mit anderen Organisationen einzugehen. Dabei passen sie ihre Operationen auf die jeweiligen Umweltanforderungen und Erwartungen an, wodurch sie langfristig überlebensfähig werden und sich selbst reproduzieren können. Dabei können sich mögliche Integrationsprobleme und ambivalente Zustände ergeben, die auf drei Systemreferenzen des Netzwerks zurückgeführt werden können (vgl. Schubert 2008, S. 29): (1) auf die Beziehungen zum umfassenden Gesamtsystem, (2) auf die Beziehungen zu anderen Teilsystemen (Netzwerken) und (3) auf Beziehungen zu sich selbst (Binnenvernetzung).

(WB-)Netzwerke im Modus wechselseitiger Beobachtung

Eine weitere, systemtheoretische Operation nach Luhmann ist Beobachtung[28]. Der Beobachter ist nicht Teil des sozialen Systems bzw. steht außerhalb, er kann jedoch durch ein „Reentry“[29] (auch „Re-entry“) in das System, das er beobachtet,

---

28 Nach Luhmann sei die moderne Welt nur noch polykontextural zu beschreiben, da jede beobachtende und beschreibende Operation durch andere Operationen/Beobachtung zweiter Ordnung beobachtet und beschreiben werden könne (vgl. Luhmann 2006, S. 43).

29 Eng.: Wiedereintritt, Wiedereinführung.

eintreten. Nach Luhmann (vgl. Baecker 2011, S. 137) stellt der Beobachter, dessen Aufgabe es ist, zu differenzieren und zu bezeichnen, selbst ein System dar und kann dementsprechend zur Umwelt des beobachteten Systems gezählt werden. Daraus ergibt sich eine paradoxe Situation in einem doppelten Sinne: Der Beobachter beobachtet Operationen, muss jedoch zugleich selbst operieren können. Dabei kann der Beobachter unterschiedliche Teilbereiche sozialer und psychischer Systeme zusammenfassen und die operative Selektierung der Systeme überwinden. Durch den systemischen Operationsmodus Beobachtung wird der Umweltkontakt aufrechtgehalten. Bspw. beobachten Organisationen wie andere Organisationen beobachten, indem sie den Markt beobachten oder sie beobachten wie andere Organisationen einen selbst beobachten. Beobachtungen im Rahmen von Netzwerken und Kooperationen sind jedoch nur bei Interaktionen unter Anwesenden möglich: „Es sind immer Beobachter, die andere Beobachter beobachten und unterstellen, dass sie von diesen auch beobachtet werden" (Simon 2007, S. 21). Hierbei wird die Differenzierung anwesend vs. abwesend evident. Feld und Seitter (2013) interpretieren Kooperation und Vernetzung aus systemtheoretischer Perspektive als prozessorientierte, aktivierende, lern-/bildungsermöglichende Operationen, die sich als „verschachtelte, komplexe Fremdbeobachtungsprozesse" manifestieren und reziproke Umweltbeobachtungen (Reentry) evozieren (vgl. Feld/Seitter 2013, S. 195). In horizontalen, vertikalen und diagonalen (WB-)Netzwerken gelten nach Seitter (2013) die jeweils beteiligten Kooperationspartner als Repräsentanten ihrer eigenen Herkunftseinrichtung, die unterschiedliche Organisationskulturen, disziplinäre Habitusformen, Sprachgewohnheiten, Verstehenskontexte etc. repräsentieren. In Kooperationen und Netzwerken treffen dementsprechend vielfältige Realitätsdeutungen, non-formale Regeln, Traditionen und Werte-/Deutungsmuster aufeinander, die es miteinander in Einklang zu bringen gilt. Die kooperierenden Organisationen nehmen eine intermediäre „Mittlerfunktion" ein und operieren in „interorganisationalen Zwischenräumen" (vgl. Seitter 2013, S. 45 f.). Kooperationen und Netzwerke eröffnen durch wechselseitige Fremd- und Selbstbeobachtung und die gleichzeitige Einnahme einer doppelten Innen- und Außenperspektive einen „dritten" Kommunikations-/Interaktionsraum (Tertiarität), der vielfältige Beobachtungspotenziale eröffnet. Dies kann für die beteiligten Kooperationspartner zu einer Komplexitätserhöhung und einer Perspektivenveränderung (Selbstwahrnehmung) auf die eigene Organisation führen.

Kade und Seitter (2009) untersuchen Formen von Erfahrungen mit Wissen und versprachlichter Kommunikation in Organisation (z.B. Mitarbeitergespräche, Zielvereinbarungen, Wissensmanagement) und unterscheiden zwischen individueller und kollektiver Selbstbeobachtung. Organisatorisches Handeln sei aktuell durch „Ungewissheit, Unsicherheit und Nicht-Antizipierbarkeit" (ebd., S. 145) gekennzeichnet. Selbst- und Fremdbeobachtung stelle einen zentralen Modus zur Strukturierung von erfahrener Wirklichkeit dar. Die Institutionalisierung von Selbstbeobachtung sei eine zentrale Voraussetzung für Professionshandeln und den Umgang mit Wissen in Organisationen. Demnach kann Beobachtung in Kooperations- und Vernetzungskontexten zum organisationalen Selbstverständnis und zur Professionalisierung der Herkunftsorganisation beitragen. Eine ähnliche Interpretation nimmt Dollhausen (2013) vor: Netzwerke sind wechselseitig abhängige Beziehungsgeflechte zwischen strukturähnlichen oder heterogenen Akteuren, die eine strukturbildende Funktion besitzen und organisationale Lernanlässe anregen. WB-Einrichtungen koordinieren „grenzüberschreitende Handlungszusammenhänge" (vgl. ebd., S. 22 ff.) und bilden ihre internen Strukturen und ihr spezifisches Selbst-/Aufgabenverständnis prozessual in Relation zu den anderen Netzwerkakteuren durch reziproke Selbst-/Fremdbeobachtungsprozesse. Dies erfordert wiederum eine Anerkennung des wechselseitigen Abhängigkeitsverhältnisses. Organisationen sichern sich ihre selbstreferentielle Reproduktion durch vielfältige Umweltbeobachtungen, die einerseits zum internen Struktur- und Komplexitätsaufbau, andererseits zur Generierung von Lernanlässen beitragen (können).

Zusammenfassend lässt sich festhalten, dass sich diagonale, funktionssystemübergreifende WB-Netzwerke aus autopoietischen, sozialen (Sub-)Systemen (Organisationen) zusammensetzen, die mittels struktureller Kopplung sowie den genannten Operationsmodi (Kommunikation und Beobachtung) in einen zweckgerichteten Austausch treten. In Vernetzungskontexten werden die Differenzierungskriterien ‚formell–informell' und ‚anwesend–abwesend' evident. Eine zentrale Herausforderung besteht für die Akteure in der systemübergreifenden Integration der unterschiedlichen Funktion-/Operationskreise und in der Entwicklung einer Netzwerkidentität.

2.3 Spieltheoretische Überlegungen – Mikropolitik, Konkurrenz und Spiel

Wie bereits einleitend erwähnt, bilden spieltheoretische Bezüge ergänzend zu den systemtheoretischen Überlegungen ein weiteres Gerüst zur Interpretation der empirischen Ergebnisse. Im folgenden Teilkapitel werden die, für diese Arbeit zentralen, mikropolitischen Begrifflichkeiten wie Kooperation und Konkurrenz sowie spieltheoretische Analogien (Spiele, Strategien, Regeln etc.) erläutert.

Neben der beschriebenen Organisationsdefinition (vgl. 2.1.1), die harte Merkmale wie formale Regelungen, Effizienzkriterien, Spezialisierungen und hierarchische Koordination fokussiert, existieren informelle, weiche Strukturen und Regelungen, die sich in der Organisationskultur manifestieren. Aus organisationskultureller Perspektive sind die weichen Faktoren für den Erfolg einer Organisation (mit-)ausschlaggebend, bspw. die soziale Qualifikation und individuellen Kompetenzen der Leitung und Mitarbeiter, die interne Stellenbesetzung und das Betriebsklima. Organisationskultur ist ein implizites Phänomen, das eine Orientierung der Mitglieder an gemeinsamen Werten und ein einheitliches, kohärentes organisatorisches Handeln voraussetzt. Sie vermittelt Sinn und Orientierung in einer komplexen Welt und prägt das Selbstverständnis einer Organisation bzw. der Mitglieder. Die Organisationskultur wird i.d.R. weder bewusst wahrgenommen und gelernt noch reflektiert, sondern sie ist das Ergebnis eines Sozialisations- und Lernprozesses, d.h. sie entwickelt sich durch Anpassung im Umgang mit den internen und externen, organisationalen Bedingungen und Traditionen.[30] Eine Organisation wird aus organisationskultureller Sicht als eine spezifische Kultur verstanden, demnach können alle Phänomene in Organisationen (verbale Äußerungen, Interaktionen, schriftliche Artefakte) als „Ausdruck spezifischer Überzeugungen und Werte interpretiert werden“ (Rosenstiel, S. 228). Die Organisationskultur dient sowohl als Orientierungsinstrument für individuelles Verhalten als auch zu Integration neuer Mitglieder, sie wirkt unterstützend auf die internen Arbeitsprozesse und Entwicklung von (Bildungs-)Angeboten.

Die interne formale und informelle Machtverteilung und Mikropolitik in Organisationen (vgl. Neuberger 2006; Crozier/Friedberg 1993; Küpper/Felsch 2000) prägen die Organisationskultur ebenso wie das offizielle Organigramm mitsamt seiner Organisationsstruktur(en). Nach Neuberger (2006) ist das Bedeutungsspektrum des Begriffs Mikropolitik sehr weit gefasst, synonym wird auch der Begriff „organizational politics“ verwendet. Der Begriff Mikropolitik (auch: Politik in Organisationen oder organisationsinterne Politik) geht auf Tom Burns zurück. Ihm zufolge wird politisches Handeln identifizierbar, wenn in Konkurrenzsituationen Andere als Ressource (Zugänge zu Umweltsektoren) zur Verbesserung oder Festigung ihrer organisationsinternen Position genutzt werden. Neuberger (vgl. ebd., S. 9) betrachtet Mikropolitik als Gegenpol zur organisatorischen Ordnung. Mikropolitik kann sich in folgenden Verhaltensweisen äußern: selbstdienliches, eigennütziges, informelles Verhalten; Einflussnahme/-versuche; Konflikt und Ungewissheit; von Organisationen geduldetes und den Organisationszielen

30 Nach Schein (2010) gibt es drei organisationskulturelle Bereiche: (1) Basisannahmen (nicht bewusste Überzeugungen); (2) Normen, Standards und Werte (Verhaltensrichtlinien) und (3) Artefakte (Basisannahmen).

entgegengesetztes, konkurrierendes Verhalten zur Erlangung individueller Macht und Verfolgung eigener Interessen. Darunter fällt individuelles Handeln, das den organisationalen Zielen Anderer entgegengesetzt ist, entzweiend oder konkurrierend wirkt, d.h. jede Handlung, die mutmaßlich zum Nachteil Anderer wirkt oder auf Machterlangung und -erhaltung ausgerichtet ist.

Mikropolitik sei eine Bedingung für das Funktionieren von Organisationen und „kein Störfall" (vgl. ebd., S. 40), vielmehr diene Mikropolitik zur kreativen Nutzung von organisatorischen Spielräumen (vgl. ebd., S. 149). Neben den genannten nachteiligen Effekten fördert Mikropolitik die langfristige Überlebensfähigkeit von sozialen Systemen sowie die interne Koalitionsbildung und deren Beziehungsintensität. Außerdem stellt sie die Handlungsfähigkeit von sozialen Systemen her und hat eine Ventilfunktion für die individuellen Enttäuschungen und Frustrationen der Organisationsmitglieder. Zudem kann Mikropolitik einem Demokratisierungseffekt haben und eine Zielrealisierung ermöglichen, die auf formalem Weg nicht möglich wäre. Neuberger unterscheidet zwischen positiv- und negativ-bewährten Taktiken[31], die sich nicht leicht von alltäglichen Handlungsweisen abgrenzen lassen (vgl. ebd., S. 42f.). Negativ bewertete Taktiken manifestieren sich in Intrigen, Schuldzuweisungen, Druckausübung, jemanden bloßstellen oder kompromittieren, drohen, angreifen, ignorieren, einschleimen, heimlichen Absprachen, bewusster Ausgrenzung etc. Positiv bewertete Taktiken sind begeistern, an höhere Werte appellieren, charismatische Inspiration, Gegner durch Kooperation neutralisieren, Beziehungen pflegen, Gefallen erweisen, Konfrontation abbauen, gutes Image aufbauen etc. Diese Auflistung verdeutlicht die Bandbreite mikropolitischen Handelns in Organisationen und die Vielfalt von mikropolitischen Verhaltensweisen, eine Wertung in polarisierende, gute und böse Taktiken soll an dieser Stelle vermieden werden. Subjektive Faktoren und individuelle Vermittlungsmodi prägen demnach die Mikro- und Machtpolitik in Organisationen. Die Akteure passen ihr Verhalten (in Organisationen) dem Kontext und sich an die gegebenen, organisationsinternen, organisationalen (Spiel-)Regeln und Strategien der Mitglieder an.

---

31 Jones und Bocken (2008, S. 316 f.) unterscheiden fünf mikropolitische Taktiken: (1) Vergrößerung der Unentbehrlichkeit (Nichtsubsituierbarkeit; hohes Fachwissen etc.); (2) Zunahme von Zentralität (z.B. Gefälligkeiten leisten und einfordern); (3) Umgang mit machtvollen Führungskräften (‚Kontakte pflegen'); (4) Bildung und Gestaltung von Koalitionen (Netzwerke) und (5) Beeinflussung von Entscheidungsprozessen.

2.3.1 Kooperation vs. Konkurrenz

Kooperation und sein Gegenspieler Konkurrenz sind zwei Phänomene, die sowohl in Organisationen als auch in inter- und intraorganisationalen Netzwerken allgegenwärtig sind, und in der Alltagspraxis „stillschweigend als Kooperationen wahrgenommen" werden (Dresselhaus 2006, S. 31). Nach Jütte (2002) führt eine kooperative Arbeitsteilung in der Theorie zu einem Gesamtnutzen für das Netzwerk – in der Praxis ist dies allerdings eher eine Ausnahme. Kooperation ist i.d.R. auf eine bestimmte Ziel- und Zweckmäßigkeit hin ausgerichtet und vom Verhalten der einzelnen Personen, Gruppen oder Organisationen abhängig. Konkurrenz bezeichnet als Pendant zum Kooperationsbegriff, vereinfacht ausgedrückt, Beziehungen, die auf Gegnerschaft und Wettbewerb gründen.

Nach Burns (zitiert nach Windeler 2001) Theoriekonzept des Wettbewerbs bringen ökonomische Akteure, zu denen auch WB-Organisationen gezählt werden können, drei Kapitalformen ein: Finanz-, Human- und Sozialkapital. Die letzte Kapitalform gilt als eine besonders, da sie mehrere Besitzer haben und auf realen Märkten (Geschäfts-)Möglichkeiten eröffnen kann. Das soziale Kapital generiert sich aus den direkt-primären und den indirekt-sekundären Kontakten. Demnach entscheidet soziales Kapital in letzter Konsequenz bei ungefähr gleich qualifizierten Konkurrenten über den Erfolg einer Organisation. Eine Einflussquelle ist in diesem Zusammenhang die Kontrolle von Informationen. Wettbewerbsvorteile können durch das Ausnutzen von strukturellen Löchern („strctural holes") erworben werden, indem bspw. ein Akteur von relevanten Informationen ausgeschlossen wird. Negatives Kapital äußert sich für die einzelnen Akteure/Kollektive in strukturellen Zwängen und Barrieren (vgl. Jansen 2003). Der Akkumulationsprozess von sozialem Kapital läuft unbewusst ab, es wird zwar ohne Zusatzkosten produziert, kann jedoch nicht intentional hergestellt kann, sondern strategisch optimiert werden.

Anders als bei Konkurrenzen innerhalb einer Organisation, kommt es bei organisationalen Netzwerken nicht zu vertikalen Hierarchiekonflikten, sondern zu Interessenkonflikten zwischen der Peripherie und dem Zentrum – innerhalb der verschiedenen Subnetze. Kooperation kann sich in Form eines „vitalen Wettbewerbs" (vgl. Schäffter 2004, S. 34) durchaus positiv auf die einzelnen Akteure und beteiligten Institutionen auswirken und dem Gesamtnetzwerk ein spezifisches Profil verleihen. Werden Konkurrenzen innerhalb des Netzwerks allerdings (zu) demotivierend und belastend, löst es sich spontan auf, da kein Nutzen mehr für die Akteure besteht und dem Netzwerk die bindende Grundlage einer klassischen Organisation fehlt. Kooperationsbeziehungen sind neben dem fairen Austausch oftmals auch von Eigennutzen,

Konkurrenzverhältnissen, Versuchen gegenseitiger Spionage, Kontrolle und Einflussnahme geprägt. Die gegenseitige Kontrolle der Akteure dient zur Eingrenzung von Ungewissheitszonen (vgl. Crozier/Friedberg 1993) und beinhaltet zugleich eine reziproke Machtkomponente.

2.3.2 Mikropolitische Spiele: Strategien, Regeln und Züge

Jede Organisation verfügt über eine gewisse Anzahl von Spielen, die sich in ‚eingespielten' Routineabläufen, Verhaltensweisen und ungeschriebenen Regeln manifestieren. Spieltheorien werden u.a. zum Verständnis interorganisationaler Beziehungen herangezogen, wodurch das strategische Vorgehen der einzelnen Organisationsmitglieder nachvollzogen werden kann. Im Laufe der Zeit verfestigen sich (formale/informelle) hierarchische Strukturen in Organisationen, die oftmals nicht als solche zu erkennen sind. Systemisch betrachtet erzeugen sich diese Strukturen und Regeln autopoietisch selbst (vgl. 2.2.1) und erfordern in der Praxis einen Blick von außen (Beobachtung zweiter Ordnung). Neuberger (2006) greift die Differenzierung von Spielregeln (polity), Spielstrategien (policy) und Spielzüge (politics) auf (siehe Abb. 3):

Abbildung 3: Polity, Policy und Politics[32]

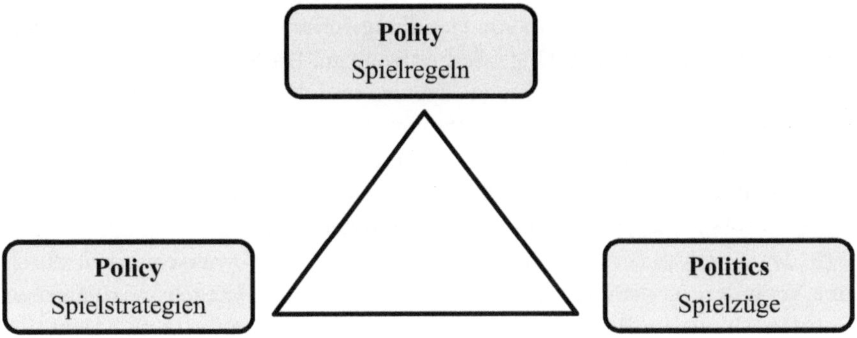

Spielregeln stellen die basalen Ordnungsprinzipien dar, die eine Rahmenordnung für die strategischen Ausrichtungen, die Aktivitäten der Akteure (Spielstrategien) und die Umsetzung der Spielregeln (polity) bilden. Die Spielzüge (politics) der Akteure manifestieren sich auf den jeweiligen mikropolitischen Handlungsebenen im operativen Alltagsgeschäft. Die drei mikropolitischen Ebenen befinden sich

32 Quelle: Neuberger 2006, S. 28.

in einem wechselseitigen Bezug zueinander. Auf allen Ebenen gibt es zugleich Freiheitsgrade, Entscheidungsspielräume und (externe) Zwänge.

Das Spielkonzept von Crozier und Friedberg (1993), das sich aus der mathematisch-wirtschaftlichen Spieltheorie ableiten lässt, eignet sich als theoretisches Konstrukt für (mikro-)politisches Handeln in Organisationen. Die jeweiligen Spielregeln konstruieren das Spiel, sie entscheiden über die Verhaltensmuster und Vorgehensweisen, die auf die Erreichung der Spielziele ausgerichtet sind. Die individuellen Spielzüge der Akteure (Umsetzung der Strategie) orientieren sich an den persönlichen Möglichkeiten und an den spezifischen Rahmenbedingungen. Alle Organisationsmitglieder sind Akteure, die an dem Spiel teilnehmen. In diesem Spielmodell wird der soziale Akteur (Individuum oder Gruppe) als prinzipiell autonom definiert, die organisatorischen Ziele sind offiziell gesetzt, sie geben die (Spiel-)Regeln und die entsprechenden Verhaltensweisen bzw. die (Spiel-)Strategien vor. Jeder Akteur verfügt demnach über einen gewissen Freiheits- und Handlungsspielraum, der gleichzeitig eine Ungewissheitsquelle für seine Gegenspieler darstellt. Jeder Spieler versucht eine Gewinnstrategie zu verfolgen, die ihm den größtmöglichen Handlungsspielraum einbringt. Durch die bewusste Teilnahme am mikropolitischen Spiel und die Wahl einer (vorgegebenen) Strategie tragen die Spieler[33] zur Erreichung des Gesamtziels einer Organisation bei. Bei der Strategiewahl orientiert sich jeder Spieler am maximalen Gewinn von Handlungsfreiraum und strebt eine Verringerung seiner persönlichen Ungewissheitszone an. Die Spieler versuchen systematisch ihren eigenen Spielraum zu schützen und den des Gegenspieles mittels mikropolitischem Zwang oder Einsatz von Ressourcen (= Reichtum, Prestige, Autorität) zu verringern und zu kontrollieren. Aufgrund des reziproken Charakters der Spiele besteht die Möglichkeit des Widerstands: B kann verweigern und somit As Handlungsspielraum einschränkten. Eine weitere mögliche Strategie des Gegenspielers liegt in der Manipulation der Vorhersehbarkeit durch eine Veränderung der strukturell bedingten Interaktion (Regeln) – zu eigenen Gunsten. Crozier und Friedberg (vgl. ebd.) differenzieren in ihrem Machtmodell drei grundlegende Beziehungsformen:

(1) *instrumentelle Beziehungen* beziehen sich auf vertragliche Regelungen, die explizit oder implizit auf Grundlage von Verhandlungen zwischen den verschiedenen Akteuren austariert werden (Mittel zur Interessensdurchsetzung sind z.B. Zwang oder ideologische Manipulation);

33 In der Spieltheorie wird von ‚Spielern' gesprochen, womit auch Akteure und Mitglieder gemeint sind.

(2) *nicht-transitive Beziehungen* bezeichnen die Verbindung von Machtbeziehungen zwischen geeigneten Personen;
(3) *gegenseitige, aber unausgewogene Beziehungen* basieren auf Gegenseitigkeit und beinhalten ein gleichberechtigtes Tauschverhältnis[34], unter unausgewogenen Beziehung sind im Umkehrschluss ungleiche Bedingungen im Tauschverhältnis zu verstehen.

Eine weiteres (spieltheoretisch angelehntes) Konstrukt beschreibt Caillois, der vier Formen von Spielen unterscheidet (vgl. Callois 1982, In: Gebauer/Wulf 1998, S. 198; Neuberger, zitiert nach Küpper/Ortmann 1988, S. 65 f.): (1) Agon (Wettkampf; Spiele mit formalen Regeln), (2) Alea (Zufall; Glückspiele mit Zufallsgewinn), (3) Mimikry (Maske; fiktive Rollen-/Schauspiele) und (4) Ilinx (Rausch; exzessive Spiele). Alle Spielformen können in pervertierter Form auftreten. In diesem Fall wird aus einem motivierenden Wettkampf (Agon) List und Gewalttätigkeit, aus einem Glücksspiel (Alea) Börsenspekulation oder reiner Aberglaube. Allen Spielarten liegt ein hohes Innovationspotenzial zugrunde, indem Veränderungen erprobt werden können bevor sie wieder zu neuen Regeln werden. Außerdem dient die Strukturierung durch Normen und Regeln in Organisationen der Schutzfunktion für Schwächere. Demnach sollte die Spielmetapher nicht als „Lobpreisung von Chaos, Anarchie und Konflikt" (Neuberger, zitiert nach Küpper/Ortmann 1988, S. 68), sondern als innovationsfördernd verstanden werden.

Im diesem Zusammenhang steht das psychologische Konzept der „Schismogenese", das auf Gregory Bateson (1988) zurück geht und zur Erklärung sozialer Verhaltensmuster herangezogen wird. Dieses Konzept lässt sich auch auf organisationale (Kooperations-)Beziehungen übertragen, da sich Interaktionen durch eine dynamische, spielerische Komponente auszeichnen und den beiden Prinzipien ‚Ausgleich und Abgrenzung' folgen. Es werden zwei Grundformen der Schismogenese unterschieden: Bei der symmetrischen Schismogenese herrscht Gleichheit der Handlungspartner, beide verfolgen das gleiche Ziel. Bei der komplementären Schismogenese hingegen sind die Ziele, das Verhalten und die Wahrnehmung grundsätzlich unterschiedlich, sodass ein Akteur entweder das Spiel dominiert oder sich den Spielregeln des Anderen unterordnet. Das Konzept der Schismogenese soll an dieser Stelle lediglich kurz angerissen werden, es wird in der Ergebnissynthese (Kap. 8) näher erläutert. Insbesondere die

34 Friedberg (vgl. 1995, S. 127) unterscheidet zwischen ökonomischem Tausch (monetäre Ressourcen/Dienste) und politischem Tausch (Verhandlung von Regeln und Bedingungen).

Ergebnisse aus der durchgeführten Beobachtungsprotokollanalyse (vgl. Kap. 7) werden spieltheoretisch, vor dem Hintergrund mikropolitischer Mechanismen und Begrifflichkeiten, organisationaler Interaktionsdynamiken und Batesons Konzept der Schismogenese, interpretiert.

2.4 Zwischenfazit I – theoretische Fokussierung

Nachfolgend werden die zu Beginn des Kapitels aufgeworfenen Fragen (vgl. 2.1) nach der Definition, Funktion und den Merkmalen von Organisation und interorganisationalen Netzwerken aufgegriffen. Obwohl keine eindeutige Definition von Organisationen konstatiert werden kann, liegt dem empirischen Teils dieser Arbeit (Kap. 5–7) folgendes Organisationsverständnis zugrunde: Organisationen zeichnen sich – in Abgrenzung zu Institutionen (Schule, Kirche, Ehe)[35] – durch eine Ziel- und Zweckorientierung, eine Prozess- und Strukturdimension, eine vertikale Differenzierung, eine Arbeitsteilung, eine Ablauf-/Aufbauorganisation sowie eine eigene Rechtsform aus. Organisationen als kontinuierliche, formalisierte Systeme verfügen über eine spezifische Organisationskultur und ermöglichen arbeitsteiliges, zweck- und zielgerichtetes Arbeiten. Sie befinden sich in permanenten Austausch- und Anpassungsbeziehungen mit einer differenten, durch Mitgliedschaftsregelungen klar abgegrenzten, Umwelt.

WB-Organisationen haben eine gesellschaftliche Stabilisierungsfunktion und befinden sich als soziales (Funktions-)System (neben anderen Systemen) in einem gesellschaftlichen Entwicklungs-/Wandelungsprozess, womit eine Auflösung tradierter Strukturen, Hierarchien und Zuständigkeiten einhergeht. Auf die Frage, welche spezifischen Merkmale WB-Organisationen aufweisen, lässt sich konstatieren, dass öffentliche, staatlich subventionierte oder private WB-Einrichtungen i.d.R. – wie andere Organisationstypen (z.B. Wirtschaftsunternehmen) auch – spezifische Ziele verfolgen, eine Struktur- und Prozessdimension besitzen und eine eigene Organisationskultur herausbilden. Sie unterscheiden sich von anderen Organisationen aufgrund ihres Bildungsauftrags und nehmen eine intermediäre Vermittlungsfunktion zu anderen gesellschaftlichen (Bildungs-)Teilsystemen (wie Schule, Ausbildung, Arbeitsmarkt) ein.

---

35 Beide Begriffe werden insbesondere in der Ergebnisdarstellung, der Leserfreundlichkeit halber, synonym verwendet (Schulen auch als Bildungsorganisationen bezeichnet).

Wie eingangs erwähnt, gibt es keine erziehungswissenschaftliche Netzwerkdefinition, die einen Anspruch auf Vollständigkeit erheben könnte. Diese interdisziplinäre Offenheit führt einerseits zu einer Übertragbarkeit in nahezu alle Fachdisziplinen, andererseits kann dies auch zu einer Unübersichtlichkeit des Netzwerkphänomens führen. Die Frage, ob ein interorganisationales Netzwerk eine eigenständige Organisationsform darstellt, kann nicht simpel mit ja oder nein beantwortet werden, sondern hängt von der begrifflichen Differenzierung ab – wobei in der Praxis auch Mischformen existieren. Nach Reupold und Strobel (2009) werden interorganisationale Netzwerke als eine alternative Organisationsform bezeichnet, wonach sich die Frage nach der organisationalen Eigenständigkeit von Netzwerken mit ja beantworten ließe. Netzwerke und Kooperationen zeichnen sich durch eine geringe Formalisierung, flache Hierarchie, latente Strukturierung und zeitliche Begrenzung aus. Die zentralen Merkmale von Netzwerken sind ihre strukturelle Offenheit, Freiwilligkeit und Unverbindlichkeit (bei gleichzeitiger reziproker Abhängigkeit), die Verfolgung eines gemeinsamen Ziels und eine hohe Innovationsbereitschaft. Ein wichtiger Unterschied zwischen Netzwerken und Organisationen besteht in der Gestaltung der gewinnorientierten Zusammenarbeit und im Umgang mit Fluktuation. Aufgrund der prinzipiellen Freiwilligkeit und des (eher) geringen Formalisierungsgrades ergeben sich in Netzwerken tendenziell höhere Fluktuationsraten als in Organisationen. Die Netzwerkakteure lassen sich im Gegensatz zu Organisationsmitgliedern nicht instrumentell steuern, sondern lediglich anregen und durch Umwelteinflüsse irritieren (vgl. Schäffter 2004).

Resümiert man die systemtheoretischen Überlegungen (vgl. 2.3.), können Netzwerke als soziale (Funktions-)Systeme und „hybride Mischformen" (Teubner 1992; Seitter 2013) betrachtet werden, die sich von ihrer Umwelt abgrenzen. Sie können zwischen dem eigenen System und ihrer Umwelt unterscheiden und erzeugen ihre spezifischen Operationen (Handlungen) autopoietisch. Demnach sind sie auf operativer Ebene autonom, treten mit ihrer Umwelt mittels Kommunikation und Beobachtung in Kontakt und passen sich zur Existenzsicherung an die Erwartungen ihrer Umwelt an. WB-Netzwerke lassen sich systemtheoretisch dem Subsystem WB/EB zuordnen, das wiederum in (Unter-)Subsysteme (Teilnehmersystem, Auftraggebersystem, Leitungssystem und Veranstaltungssystem) gegliedert werden kann und zugleich ein Bestandteil des gesellschaftlichen Funktionssystems ‚Bildung' ist. Interorganisationale Vernetzung bildet ein neues soziales System, in dem die Kooperationspartner ihre jeweilige Herkunftsorganisation repräsentieren (vgl. Seitter 2013) und die Herausforderung zu bewältigen haben, eine organisationüberreifende Netzwerkkultur zu entwickeln. Organisationale Vernetzungsaktivitäten implizieren einen Komplexitätsaufbau und können – je nach den strukturellen Vorgaben, Strukturen und Rahmenbedingungen – mit einer Erhöhung oder Einschränkung der individuellen Handlungsfähigkeit (der Akteure) einhergehen.[36]

Zusammenfassend lässt sich sagen, dass Netzwerke im Gegensatz zu Organisationen, die über institutionalisierte Strukturen verfügen, weitaus offener und flexibler für interne Aushandlungsprozesse sind. Die jeweiligen System-, Leistungs- und Strukturziele müssen in Netzwerken konkretisiert und in einem ständigen Kommunikations- und Verständigungsprozess (unter Berücksichtigung der einzelnen Interessen) ausgehandelt und ggf. neu definiert werden, da sich die Ziele im Laufe des Prozesses ändern können (Temporalbezug). Anhand der skizzierten organisations-/netzwerktheoretischen und system-/spieltheoretischen Bezüge sollen im empirischen Teil dieser Arbeit die folgenden Leitfragen beantwortet werden:

Handelt es sich bei der Landesinitiative HC um ein loses WB-Netzwerk, eine eigenständige Organisationsform oder eine Hybridform (aus Organisation und Netzwerk)?

Welche organisatorisch strukturellen Rahmenbedingungen (Umwelt und regionale Bildungslandschaft) beeinflussen die Landesinitiative HC?

Welche(s) Aufgaben, Ziele und Selbstverständnis verfolgen/haben die Akteure und wie positionieren sich in der jeweiligen Bildungslandschaft?

36 Diesen Aspekten, insbesondere der strukturellen Kopplung von sozialen (Sub-)Systemen (Auftraggeber und Auftragnehmer) sowie den beiden Operationsmodi Kommunikation und Beobachtung, wird im Rahmen der vertiefenden Fallstudie nachgegangen.

3 Praxisfeldbezogene Überlegungen

„Es ist nicht genug zu wissen, man muss auch anwenden“ (Johann Wolfgang von Goethe)

Nachdem im vorausgehenden Kapitel Organisationen und interorganisationale Netzwerke theoretisch-begrifflich gefasst wurden, sollen diese nun aus einer praxisorientierten Perspektive näher skizziert werden. Nachfolgend werden, nach einer kurzen historischen Zusammenfassung der Genese von WB-Netzwerken in der Praxis, die Spezifika und Typen von regionalen WB-Netzwerken erläutert und aktuelle Regionalisierungstendenzen beispielhaft am Programm ‚Lernende Regionen‘ skizziert. Anschließend werden zentrale Gelingensbedingungen von WB-Netzwerken und Kooperationen im Sinne von Mehrwert und Grenzen sowie kooperationsförderliche Aspekte (Nachhaltigkeit, Vertrauen, Rolle des Koordinators und Netzwerkmanagement) herausgearbeitet.

3.1 Interorganisationale, regionale Weiterbildungsnetzwerke

Es gibt verschiede Formen und Ausprägungen von Netzwerken, die oftmals nicht ausreichend differenziert sind. Wie eingangs erwähnt, existieren sowohl Personennetzwerke ohne institutionellen Hintergrund als auch lose Netzwerke als Zusammenschluss von Organisationen. Von Interesse sind im Rahmen dieser Arbeit interorganisationale, diagonale Netzwerke und Kooperationsverbünde. Die Funktionen interorganisationaler Netzwerke sind Tausch von relevanten Ressourcen, Informationen, Bildung von Koalitionen etc. Sie sind nicht rechtsverbindlich, ihre Mitglieder verpflichten sich i.d.R. mittels eines Kooperationsvertrags zur Zusammenarbeit. Der moderne Netzwerkbegriff weitete sich seit den 1990er Jahren zu einem „homonymen interdiskursiven Begriff mit metaphorischem Anteil“ (Wohlfahrt 2006a, S. 13) aus und wurde in den letzten Jahren vermehrt auf den WB-Bereich übertragen.

3.1.1 Die Genese von Weiterbildungsnetzwerken

Das „kooperative System“ der WB habe sich zunehmend zu Netzwerken mit hohem Vernetzungspotenzial erweitert (vgl. Jütte 2002). Der Vernetzungsgedanke entstand bereits im Zuge der öffentlichen Gemeinwesensarbeit in den 1960er Jahren (Vorläuferphase), zu dieser Zeit gab es bereits erste Professionalisierungstendenzen im Bereich der sozialen Arbeit (Stadtteilarbeit). Während der 1970er Jahre (erste Phase) gab es erste partizipatorische Planungsansätze in Bezug auf das Ziel, die EB/WB zum gleichberechtigten Teil des deutschen Bildungssystems zu erklären. Eine zentrale Rolle in der öffentlich-bildungspolitischen Diskussion spielten die Begriffe Kooperation und Koordination (vgl. ebd.). Auf institutioneller Ebene wurde versucht, diese beiden Formen auf ‚kleinerer Ebene' zu implementieren, bevor Handlungsempfehlungen für größere Kooperationen und Netzwerke abgeleitet werden konnten.

Während der 1980er Jahre (zweite Phase) gab es erstmalig professionelle Vernetzungstendenzen in Form von Koordination und Kooperation öffentlicher Einrichtungen und freier Träger. Dabei wurde das „Postulat einer Zusammenarbeit unter den sozialen Dienstleistungseinrichtungen" (Schubert 2008, S. 19) zum Leitbild erhoben. Kooperation wurde als Ausgleich zum Marktversagen herangezogen. Diese damals neue Form der Marktorientierung erforderte eine gezielte Koordinierung und neue Steuerungsmechanismen. Thematisch prägte der Konkurrenzbegriff – als Pendant zum Kooperationsbegriff – die öffentliche Diskussion und die operative Ausrichtung von WB-Einrichtungen. Dies hatte eine Tabuisierung der Konkurrenzthematik und die Entstehung eines angepassten „wettbewerbsbezogenen kooperativen WB-Systems" zur Folge. Diese Entwicklung evozierte neue Umgangsweisen mit dem paradoxen Verhältnis von Kooperation und Konkurrenz sowie die Forderung nach „Transparenz, Qualitätskriterien und Beratung" (Jütte 2002, S. 17). Ende der 1980er Jahre entstanden erste Konzepte zur Regionalentwicklung.

In den 1990er Jahre (dritte Phase), der sogenannten „Regionalisierungs-/Vernetzungsphase" (vgl. ebd.), zeichneten sich erste integrative Kooperations-/Vernetzungstendenzen ab, die eine Stärkung regionaler Potenziale intendierten (bspw. die ‚Lernenden Regionen'). Thematisch konnte ein erneutes Aufkommen des Kooperationsbegriffs verzeichnet werden. Des Weiteren habe sich seit den 1990er Jahren mit einer zunehmenden Verbreitung von Netzwerkstrukturen eine erwachsenenpädagogische, theoretisch und empirisch fundierte Netzwerkforschung etabliert (vgl. Dollhausen 2013). Interorganisationale Netzwerke und Kooperationen werden seitdem politisch initiiert und mit „Problemlösungsvorsprüngen und Innovationsmöglichkeiten" (vgl. ebd., S. 16f.) assoziiert. Sie zeichnen sich durch system- und organisationübergreifende Strukturen und heterogene Akteure aus. Die Bildungsministerkonferenz forderte im Jahr 2001 eine Vernetzung bestehender Angebote der einzelnen WB-Träger, daraufhin entstanden Netzwerke auf horizontaler und vertikaler Ebene. Es etablierten sich neue Steuerungsmodelle, deren praktische Umsetzung von der Aktivierung der Bewohnerschaft zur Kooperation bis hin zur Koordination lokaler (Nachbarschafts-)Dienste reichten.

Aktuell – zu Beginn des 21. Jh. – werden Netzwerke und Regionalisierung als ein Gegentrend und eine als komplementäre Reaktion auf Globalisierungsprozesse interpretiert. Insbesondere für kleine und mittlere Unternehmen sowie staatlich subventionierte Bildungsorganisationen sind Vernetzungsaktivitäten überlebensnotwendig geworden. Inwiefern dabei das wirtschaftliche Kalkül gegenüber authentischer Motivation und Kooperationsbereitschaft überwiegt bleibt offen. Aktuell zeichnen sich zwei durchaus paradoxe, gegenläufige und zugleich parallele Tendenzen heraus, einerseits Vernetzung in Form von Internationalisierung, andererseits in Form von Regionalisierung. Die politischen Schlagworte wie lernende Region, Bildungslandschaft und Kulturregion setzen sich zunehmend durch. In Netzwerken haben sich inzwischen professionelle und strategische Kooperationsformen etabliert, diese werden auch zukünftig gesellschaftliche Handlungs- und Funktionsbereiche prägen (vgl. Wohlfahrt 2006a). Castells verdeutlicht den Zusammenhang zwischen Ort, Innovation, Produktion (Bildungsangebote) und Anwendung (Beratungsangebote) wie folgt: „Die geschichtliche Erfahrung scheint darauf hinzuweisen, dass, allgemein gesprochen, die Transformation von Gesellschaften desto schneller von statten geht, je enger die Beziehung zwischen den Orten der Innovation, Produktion und Anwendung neuer Technologien ist“ (Castells 2001, S. 40).

3.1.2 Spezifika von Weiterbildungsnetzwerken

WB-Netzwerke stellen neben Qualifizierungsnetzwerken, Kooperationsverbünden und Innovationsnetzwerken einen spezifischen Typus von organisationalen Netzwerken im Sinne einer Kooperationsplattform dar, die einen Austausch von Informationen, Werten und Ressourcen ermöglicht. In WB-Netzwerken werden Angebot und Nachfrage aufeinander bezogen, die kooperierenden Einrichtungen planen und implementieren bspw. gemeinsam Bildungsangebote (vgl. Dresselhaus 2006, S. 14). Die Ziele von WB-Netzwerken sind u.a. der Aufbau einer Infrastruktur und eine geeignete Positionierung auf dem (über-)regionalen Weiterbildungsmarkt, die Erhöhung der Bildungsnachfrage und die Etablierung der eigenen Organisation in der hiesigen Bildungslandschaft.

Dollhausen erstellt, wie bereits in der Einleitung kurz angerissen wurde, eine systematisierende Typologie von WB-Netzwerken. Anhand von strukturellen Merkmale (2013, S. 17–22) differenziert die Autorin zwischen „Netzwerke(n) mit strukturähnlichen Akteuren, heterogene Netzwerke [und] Netzwerke(n) mit strukturbildender Funktion“. Der erste Typus umfasst vorteilsgenerierende, betriebswirtschaftliche Unternehmensnetzwerke (wie strategische Allianzen oder Verbundprojekte) und zeichnet sich durch horizontale Netzwerkstrukturen zwischen ähnlichen Akteuren im Bereich der WB aus (z.B. regionale Vernetzung von VHSen). In heterogenen Netzwerken hingegen kooperieren (Bildungs-) Einrichtungen aus unterschiedlichen gesellschaftlichen Funktionssystemen (z.B.

WB-Einrichtungen und Behörden, Schulen und/oder Unternehmen), die sich in einem „funktionalen Abhängigkeitsverhältnis" und „wechselseitigen Legitimationsverhältnis" befinden und u.a. ein hohes Innovationspotenzial (bspw. zur Entwicklung von Bildungsangeboten) aufweisen. Dieser Vernetzungstypus erwächst aus der systemspezifischen Notwendigkeit von WB-Organisationen heraus, sich zu vernetzen. Bei Netzwerken mit strukturbildender Funktion handelt es sich hauptsächlich um wirtschaftlich oder politisch initiierte, regionale (Innovations-)Netzwerke, durch die entsprechende Strukturen aufgebaut werden sollen.[37] Dollhausen resümiert, dass sich (Weiter-)Bildungsorganisationen in unterschiedlichen Vernetzungskontexten bewegen, aus denen heraus sich vielfältige, organisatorische Entwicklungsherausforderungen ableiten lassen.

Erwachsenenpädagogische Aktivierung in Form von Kooperation und Vernetzung gehören nach Seitter (2013) sowohl aus einer historischen Perspektive heraus (als „historische Konstante") als auch aktuell zum „normalen Arbeitsalltag" von WB-Einrichtungen. Sie seien von unterschiedlichen, komplexen Interaktionsbeziehungen geprägt (Abstimmung, Synchronisierung und Ausbalancierung)[38]. Seitter differenziert zwischen horizontaler, vertikaler und diagonaler Vernetzung, aus der sich spezifische Herausforderungen von Kooperationsbeziehungen auf struktureller Ebene ergeben (vgl. ebd., S. 42f.):

- *Horizontale Vernetzung* (Zusammenarbeit zwischen Einrichtungen mit dem gleichen Bildungsauftrag, z.B. zwischen WB-Einrichtungen) birgt das Spannungsverhältnis von Kooperation und Konkurrenz, hier wird eine produktbezogene Absprache und Positionierung im gleichen Arbeitsfeld beabsichtigt.
- *Vertikale Kooperation* (bildungsbereichsübergreifende Zusammenarbeit, bspw. zwischen (Hoch-)Schulen und WB-Einrichtungen) befasst sich mit bildungspolitisch relevanten Themen (z.B. Bildungsübergänge oder Umsetzung des lebenslangen Lernens). Die zentrale Herausforderung besteht hier in der Profilierung des individuellen Beitrags und der Positionierung im Gesamtnetzwerk.
- *Diagonale Kooperation* bedeutet funktionsbereichsübergreifende Zusammenarbeit zwischen Bildungseinrichtungen und Organisationen, die nicht dem Bildungsbereich angehören (Ämter, Verwaltungen, Betriebe etc.). Bildungs-

37 Bei der untersuchten Landesinitiative HC handelt es sich um ein Netzwerk mit strukturbildender Funktion.

38 Seitter (vgl. 2013, S. 39f.) beschreibt drei unterschiedliche Modi kooperativ-professionellen Handelns und leitet aus diesen diverse professionelle Aktivitäten auf operativer Ebene ab. Auf allen didaktischen Ebenen finde „alltägliche, mitlaufende Praxis" statt, die ständig aktualisiert und durch spezialisierte Aufgabenteilung organisiert werden sollte.

bezogene Aufgaben und Produkte werden hier komplementär aus anderen Funktionsbereichen geleistet.

Alle drei Kooperationsmodi haben die Funktion, neben einer aktiven „Organisationsstrategie, -struktur und -kulturentwicklung", eine „innerprofessionelle (kursiv im Orig.) Zusammenarbeit" zu generieren (vgl. ebd., S. 41). Zusammenfassend lässt sich konstatieren, dass professionelle WB-Netzwerke ausgehend von ersten Aktivitäten in den 1960/70er Jahren, zunehmend jedoch seit den 1990er Jahren, an Bedeutung gewonnen haben und sich aktuell in vielfältigen, regionalen Vernetzungsformen manifestieren. Diese werden nachfolgend ausführlicher dargestellt.

3.1.3 Regionale Weiterbildungsnetzwerke

Im Bereich der WB lassen sich unterschiedliche gesellschaftliche Netzwerkebenen ausfindig machen, auf denen Organisationsnetzwerke angesiedelt sein können: Stadtteilebene, kommunale Ebene, regionale Ebene, nationale Ebene und internationale Ebene. Im Folgenden werden ausschließlich WB-Netzwerke auf regionaler/kommunaler Ebene fokussiert. Der Begriff Region kann unterschiedlich definiert werden (vgl. Nuissl 2006; Faulstich 2003, S. 123):

- aus territoriale Perspektive nach Raumgrößen, Einzugsgebieten oder Pendlerströmen;
- nach soziokulturellen Merkmalen (z.B. Sprache, Familie, Welt-/Wertvorstellungen);
- anhand eines administratives Zugangs nach Gebietskörperschaften oder Verwaltungseinheiten (wie Kreise/Städte oder Kammern und Arbeitsämter);
- nach strukturellen Faktoren wie Wirtschafts-/Bevölkerungsstruktur, Arbeitsmarktdaten und Bildungsinfrastruktur;
- oder funktional themen- und problembezogen, z.B. nach Bildungsangeboten.

Unter einer Region ist jede Form räumlicher oder ideologisch-politischer Orte zu verstehen, an denen man sich körperlich bewegen oder mental verorten (bspw. in politischen Parteien) kann (vgl. Bretschneider/Nuissl 2003). Regionale Standorte können neben Betrieben, öffentlichen oder privaten Bildungseinrichtungen und Verwaltungen, auch Verkehrsnetze, Sprachen, Geschichte(n) und Kultur(en) sein. Eine weitere Abgrenzung für Regionen bilden historisch-kulturelle Grenzen, die sich aus sprachlichen Besonderheiten und kulturellen Wurzeln ableiten lassen (z.B. im Saarland und in Luxemburg). Weiterhin gibt es eine defizitorientierte Kategorisierung von Regionen, die sich im Begriff der strukturschwachen Region manifestiert. Diese Regionen zeichnen sich durch eine verhältnismäßig schwache Infrastruktur, eine hohe Abwanderungsquote, eine tendenziell hohe Arbeitslosigkeit und spärliche Bildungsangebote aus. In Deutschland sind diese Regionen in ländlichen Gebieten, den neuen Bundesländern und Stadtteilen mit einem hohen Migrationsanteil zu finden. Global gesehen handelt es sich um Regionen der ‚dritten Welt', die bildungspolitisch schwach aufgestellt sind und einer gezielten Entwicklung bedürfen.

Seit Ende der 1980er Jahren lassen sich regionale Initiativen zur partnerschaftliche Zusammenarbeit und Kooperation unter Wettbewerbsbedingungen beobachten. In der Praxis kooperieren Akteure aus unterschiedlichen gesellschaftlichen Bereichen (Regierungen, lokalen Verbänden/ Organisationen, Behörden, Schulen, Hochschulen, Forschungszentren etc.), wodurch die Qualität und Nachhaltigkeit des Netzwerks gestärkt werden kann. Das Konzept des regionalen Lernens entstand Mitte der 1990er Jahre im Zuge bildungspolitischer Diskurse. In diesem Zuge wurden bildungspolitische Problemlagen und deren potenzielle Lösungsfragen stärker als bisher unter regionalen Steuerungsaspekten und programmatischen Gesichtspunkten diskutiert (vgl. Nuissl 2006, S. 24f.). Regionalisierung lässt sich als eine Entwicklungsstrategie zur Bearbeitung regionaler Problemlagen und zugleich als eine Reaktion auf den öffentlichen, politisch-administrativen Problemdruck interpretieren. Durch die gezielte Aktivierung regionaler Potenziale sollen der regionsspezifischen Weiterbildungsbenachteiligung entgegenwirkt, die mangelnde Infrastruktur (z.B. ländliche Regionen mit hoher Arbeitslosigkeit) ausgebaut und regionale Strukturen gestärkt werden (vgl. Wohlfahrt 2006a). Der Schlüssel zum Erfolg liegt nach Bretschneider und Nuissl in einer „dynamischen Interaktion von Akteuren" (2003, S. 38). Dabei werden Lernwege aufgezeigt, Lernanreize gesetzt und informelle Lernalternativen eröffnet, die zu einer erhöhten Mobilität auf dem regionalen Beschäftigungsmarkt führen sollen. Zentrale Entwicklungsinstrumente, die sich lernförderlich auf die gesamte Region als Wirtschaftsstandort auswirken können, sind: (Innovative) Lehr-/Lernarrangements, Lehrpersonal, Bildungsorganisationen, Betriebe und Kulturzentren. Regionalisierung/-entwicklung ist potenziell auf alle Politikfelder (z.B. Bildungspolitik) übertragbar.

Regionale Netzwerke zeichnen sich durch räumliche Nähe, zentrale Koordinationsmechanismen, dichte Beziehungsgeflechte und reziproke Beziehungen aus. Die Kontaktchancen sind jedoch nicht gleichmäßig verteilt und hängen von soziodemographischen Faktoren (wie Alter, Herkunft, Beruf etc.) der Akteure ab. Ein tief verwurzeltes Gemeinschaftsgefühl und eine regionale Identität sind für den Aufbau tragfähiger Beziehungen von Vorteil. Die Entwicklung von Vertrauensbeziehungen und gemeinsamen Deutungsmustern ermöglicht die Weitergabe impliziten Wissens. Die Besonderheiten regionaler

Netzwerke bestehen zum einen in der intermediären Zusammensetzung des Netzwerks (akteursbezogen), zum anderen in der regionalen (raumbezogenen) Identität der Akteure (vgl. Wohlfahrt 2006a).

Die regionale Leistungs- und Lernfähigkeit einer Organisation wird durch regionale Kommunikations- und Kooperationsnetzwerke und die Bereitstellung kollektiver Wissensbestände gesteigert. Lernende Regionen sind nur dann erfolgreich, wenn die institutionellen Rahmenbedingungen optimal auf die jeweilige Bildungs-/Anbieterlandschaft abgestimmt sind, d.h. vielfältige Anschlussmöglichkeiten offenhalten. Regionales Lernen stellt demnach einen kumulativen, auf regionale Entwicklungsbedarfe reagierenden, Prozess dar (vgl. Heidenreich 2000). Nach Scholz (2003) ist Innovation eine grundlegende Voraussetzung für die Wettbewerbsfähigkeit einer Region und für die Bewältigung globaler Veränderungen. Soziale Innovationen[39] erfordern eine gewisse Stabilität, auf deren Grundlage neue Ideen und Konzepte entwickelt werden können. Daraus leitet sich ein Spannungsverhältnis zwischen prosperierenden Städten und peripheren, ländlichen Gebieten mit hoher Abwanderungsrate ab. Lern- und Bildungsnetzwerke spielen insofern eine entscheidende Rolle, als dass sie einerseits aktiv Veränderungsarbeit innerhalb einer Region leisten, andererseits die regionale Bildungslandschaft in Bewegung halten. Der Lerner, Bürger oder auch Adressat bestimmt letztlich die Nachfrage der Lernangebote und hat einen Einfluss auf die Entwicklung einer Region: „Der Mensch ist regional betrachtet ein Entwicklungsfaktor“ (Bretschneider/Nuissl 2003, S. 37).

Regionalisierung am Beispiel der ‚Lernenden Region‘

Teilweise synonym verwendet steht Regionalisierung in einem engen Zusammenhang mit dem Begriff der ‚Lernenden Region‘. Diese verfolgt das Ziel, das Innovationspotenzial von Regionen durch funktionsbereichsübergreifende Vernetzung freizusetzen. Die Eigenschaften von lernenden Regionen, in denen personale und organisationale Netzwerke gebündelt werden, sind nach Gnahs (2004, S. 198f.) u.a. die Entwicklung einer/s eigenen Identität/Leitbildes, Beratungsoffenheit, Modellcharakter, eine pragmatische Ziel- und Ergebnisorientierung und Partizipationsmöglichkeiten. In lernenden Regionen werden einzelne WB-Netzwerke gebündelt, wobei neben der Größe auch die Qualität der Struk-

39 Soziale Innovationen beziehen sich auf Produkte, Dienstleitungen und Konzepte, die einen nachhaltigen Nutzen für die jeweilige Zielgruppe erbringen. Diese gelten dann als marktfähig, wenn sie sich auf dem Anbietermarkt etabliert haben (vgl. Zentrum für soziale Innovation Wien (ZSI)).

tur und die Beteiligung der Akteure für den Erfolg des Netzes entscheidend sind.[40] Nach Schäffter (2004) bieten regionale Vernetzungsinitiativen einzelnen Bildungsanbietern die Möglichkeit, ein positives Leitbild zu entwickeln, eine Infrastruktur des lebenslangen Lernens zu bilden sowie trägerübergreifende Kooperationsstrukturen und regionale Unterstützungsstrukturen aufzubauen. Regionale Netzwerke sind themen- oder adressatenbezogen ausgerichtet, entwickeln neue Angebote und können durch gezielte Öffentlichkeitsarbeit eine große Breitenwirkung erzielen. Das Konzept der Lernnetzwerke kombiniert Regionalentwicklung (Entwicklung regionaler Kulturen durch Innovation und Qualifikation) mit Bildungspolitik. Typische regionale Netzwerke im Bereich der EB/WB sind bspw. vom Bund und den Ländern geförderte Projekte (z.B. ‚Lernen vor Ort'/‚Lernende Regionen').

Das im Jahr 2001 gestartete Programm ‚Lernenden Regionen' (2005–2007 Durchführungs- und Vertiefungsphase) gilt mit über 80 landesweiten Netzwerken aktuell als das größte, umgesetzte Programm zum lebenslangen Lernen (vgl. Tippelt/Reupold 2009; Nuissl 2006; Jütte 2002). Die Innovationsschwerpunkte dieses Programms liegen in der „Bündelung und Vernetzung von Aktivitäten und Akteuren" (Jütte 2002, S. 17), in der Weiterentwicklung bestehender Bildungsberatungsagenturen sowie in der Entwicklung regionaler Lernzentren und eines Übergangsmanagements. Zentrale Leitgedanken des Programms sind die Stärkung des selbstgesteuerten Lehrens und Lernens, der Abbau von Chancenungleichheiten, die Erhöhung der Beteiligung des lebenslaufbezogenen Lernens v.a. bildungsferner Bevölkerungsgruppen, die Vernetzung/Kooperation von Bildungsanbietern und die transparente Verzahnung unterschiedlicher Bildungsbereiche (vgl. Meisel/Feld 2009). Die Intention der lernenden Region ist es, eine *lernende* Region im wörtlichen Sinn zu schaffen, in der die beteiligten Bildungseinrichtungen mitsamt deren Bildungsprozessen mit anderen Akteuren im regionalen Raum (Betrieb, Verwaltung, Kultur, Politik) verknüpft werden, um Entwicklungspotenziale zu entfalten, Synergieeffekte zu erzielen und Bildungsressourcen zu bündeln. Der zentrale Entwicklungsfokus liegt dabei auf dem Ermöglichen von Bildungsangeboten im regionalen Kontext. Die angestrebte Erhöhung der Bildungsbeteiligung dient einerseits der Qualifizierung der (regionalen) Arbeitskräfte, andererseits der Einbindung aller Bürger im Sinn des

40 Mit der Größe des Netzwerks (ab einer Größe über 40 Akteuren) steigen dessen Komplexität und der Bedarf an Abstimmung/Steuerung. Die Subsysteme (Koalitionsbildungen oder „inner Cycle") können Schließungstendenzen ausbilden, was zum Nachlassen der Flexibilität und des Innovationspotenzials führen kann.

lebenslangen Lernens und der gesellschaftlichen Selbstbestimmung. Es existiert allerdings kein einheitliches Konzept zur Umsetzung der Leitziele des lebenslangen Lernens (vgl. Tippelt 2009).

Tippelt und Reupold (2009) schlussfolgern in ihrer Evaluation des Programms ‚Lernende Regionen', dass das Kooperationspotenzial im Bereich der Bildungsberatung nicht ausgeschöpft sei. Durch organisationale Vernetzung werde eine größere Mobilität und Transparenz von Übergängen ermöglicht. Die Themen mit der größten Breitenwirkung seien im Bereich ‚Übergänge' und ‚neue Lernwelten' zu finden. Das Schlusslicht bildet der Bereich Qualitätsmanagement, den die Autoren als wenig innovativ bezeichnen. „Organisationsübergreifende Testierungs- und Zertifizierungssysteme" (ebd., S. 80) seien von großer Bedeutung für die Netzwerkentwicklung und wichtige Instrumente zur Wirkungsmessung der Zusammenarbeit.

3.2 Gelingensbedingungen – Mehrwert und Grenzen

Nachfolgend werden der Mehrwert und die Grenzen interorganisationaler (funktionssystemübergreifender) Netzwerke sowie deren erfolgsversprechende und hinderliche Faktoren (im Sinne von Gelingensbedingungen) erörtert. Neben den vielfältigen Vorteilen wie Synergieeffekten und Ressourcen-/Kostenersparnissen werden zunächst die Grenzen und Schwierigkeiten von Netzwerken und Kooperationen – bspw. ein erhöhter Abstimmungsbedarf, Mehraufwand und Konkurrenzphänomene – beleuchtet. Danach werden die Rolle und der Einfluss des Netzwerkkoordinators und der Aspekt der Nachhaltigkeit diskutiert. Anschließend werden in einem kurzen Exkurs zur Netzwerkentwicklung ausgewählte Phasenmodelle vorgestellt.

3.2.1 Vorteile und Grenzen interorganisationaler Netzwerke

Die umgangssprachliche Konnotation interorganisationaler Netzwerke ist i.d.R. positiv, Netzwerke werden mit Attributen wie visionär, innovativ, basisdemokratisch, selbstregulativ, flexibel verknüpft. Sie gehen in der Praxis mit „gemeinsame(n) Interessen und Absichten der Partner, Konsensorientierung, Freiwilligkeit, Fehlen von Hierarchien, Selbstorganisation und Selbstverantwortung" (Sydow/Windeler 2000, S. 12ff.) einher. Die positiven Merkmale von Netzwerken weisen weiche Strukturmerkmale wie Vertrauen und Verhandlungen auf. Die negativ konnotierten Merkmale gehen hingegen mit „wenig Sicherheit, Überkomplexität, Verhindern von Reformen durch Konsens- und Kompromissorientierung, Konkurrenz und Ideenklau" (Dresselhaus 2006, S. 30) einher.

In der Literatur finden sich häufig positiv konnotierte, theoretische oder metaphorische Beschreibungen von regionalen, interorganisationalen Netzwerken (vgl. Bretschneider/Nuissl 2003; Dresselhaus 2006; Heidenreich 2000; Nuissl 2006; Schäffter 2004; Schubert 2008; Reupold/Strobel 2009; Teubner 1992; Tippelt/Reupold/Strobel 2009; Tippelt 2009; Weber 2004; Wohlfahrt 2006a/b). Diese lassen sich in Anlehnung an Jütte (vgl. 2002, S. 25) nach den folgenden drei Kriterien „ökonomisch(er), sozial(er) und organisational(er)" Mehrwert stichpunktartig bündeln:

1. Ökonomischer Mehrwert:
   - hoher Nutzen durch gegenseitiges Tauschprinzip;
   - Erhöhung der wirtschaftlich-gesellschaftlichen Anschlussfähigkeit;
   - Stärkung der Nutzer-/Kundenorientierung durch transparente Angebote;
   - Effizienzgewinne (effizientes Hervorbringen von Wissen und Prozessinformationen);
   - Innovativer Umgang mit kulturellem, technologischem und institutionellem Wandel;
   - Verbesserung der Qualität von Prozessinnovation und (Wissens-)Transfersicherung;
   - Kostensenkung und strategische Reduzierung von Unsicherheiten und Risiken;
   - regionale Lernvorteile, Steigerung der Leistungsfähigkeit und der Wettbewerbsvorteile.

2. Sozialer Mehrwert:
   - Erhöhung ungenutzter Beziehungspotenziale und Generierung neuen sozialen Kapitals;
   - gemeinsame Interessen und eine einheitliche, projektbezogene Zielorientierung;
   - Transparenz und prinzipielle Offenheit;
   - Formulierung gemeinsamer Ziele und Leitbilder;
   - Genese einer Netzwerkidentität;
   - vertrauensvolle Kooperationsbeziehungen (Win-Win-Situationen);
   - regionaler Umwelt-/Problembezug (durch räumliche Nähe);
   - hohe Anschlussfähigkeit und Potenzialität;
   - Vereinheitlichung des Beziehungsgeflechts für bessere (zukünftige) Lösungen;
   - Abbau von Konkurrenzdenken und eine Balance von Kooperation und Konkurrenz;
   - Integration von benachteiligten Bevölkerungsgruppen in strukturschwachen Regionen.

3. Organisationaler Mehrwert:

- Synergieeffekte: Entwicklung gemeinsamer Bildungsinfrastrukturen/-dienstleistungen (Öffentlichkeitsarbeit, Informationsaustausch, Curriculum-/Materialerstellung etc.);
- gemeinsame Bedarfsklärung und Produktentwicklung;
- Selbstorganisation (bottom-up Prozesse), flexible Strukturen und kurze Dienstwege;
- strukturelle Offenheit: Integration und Akquise neuer Netzwerkpartner;
- Nutzung und Bündelung (vorhandener) regionaler Strukturen und Ressourcen;
- Profilierung in der Bildungsregion bzw. auf dem jeweiligen Markt;
- Risikoverlagerung: geteilte Verantwortung und dezentrale Haftung;
- Komplementarität zur Organisation (zusätzliche organisationale Ebene);
- flexibles Wechseln von Arbeitsmethoden;
- Personalentwicklung und (professionelle) administrative Koordination;
- systematisches Projekt- und Netzwerkmanagement (Initiierung und Koordination);
- Offenheit für externe Hilfe (z.B. Einsatz eines Kompetenz-/Change-Managements).

Der ökonomische Nutzen ergibt sich aus der Optimierung des Ressourceneinsatzes und der Kostenbegrenzung. Der soziale Mehrwert besteht u.a. in verbesserten Kontextbedingungen (Vertrauensaufbau, Anerkennung, neuen Beziehungen). Auf organisationaler Ebene liegt der Vorteil von Netzwerken gegenüber organisationalen Strukturen in der Bewahrung von Eigenständigkeit bei gleichzeitiger System-/Netzwerkbildung und in einer besseren Koordinierung von Arbeitsprozessen sowie in der Qualitätssicherung und Personalentwicklung. Diese Liste ließe sich noch belieb lange ausführen und erweitern, sodass kein Anspruch auf Vollständigkeit erhoben werden kann. Diese vielfältigen Vorteile ergeben sich v.a. für kleinere WB-Einrichtungen, die sich auf dem (Anbieter-)Markt bewähren und in der regionalen Bildungslandschaft etablieren wollen. Durch eine bedarfsorientierte Kooperation und Vernetzung mit etablierten, strukturstärkeren Einrichtungen können u.a. wettbewerbsfähige Angebote generiert werden.

Neben den genannten Vorteilen gibt es eine Reihe von potenziellen Nachteilen, die sich in Netzwerken und Kooperationen ergeben können, bspw. eine erhöhte Dynamik, Unsicherheit und Instabilität. Aus diesen Nachteilen können wiederum interne Probleme, bspw. eine hohe Fluktuationsrate der Netzwerkpartner, resultieren. Insbesondere die hohe strukturelle Instabilität und Unverbindlichkeit stellt für die beteiligten Netzwerkakteure eine enorme Herausforderung für die produktiver Gestaltung ihrer Zusammenarbeit dar. Weitere Nachteile von Netzwerken bestehen in unklaren Regelungen für Zuständigkeiten, unverbindlichen Kooperationsvereinbarungen und Verantwortlichkeiten, Konkurrenzbeziehungen, einer mangelnden Planbarkeit, Autonomieverlusten und einer schwachen Formalisierung. Der Erfolg und die öffentliche Außenwirkung von Netzwerke sind sehr stark vom Aufbau einer tragfähigen, vertrauensvollen, funktionalen und transparenten Kommunikations- und Informationsstruktur (z.B. Intranet, Mailinglisten, Rundbriefe) abhängig. Die Motivation für die einzelnen Organisationen in Netzwerken zu kooperieren kann ideell – bspw. durch ein Streben nach einer Pionierrolle – oder pragmatisch-monetär begründet sein (z.B. finanzielle Projektförderung).

Potenziale von WB-Netzwerken: förderliche und hinderliche Einflussfaktoren

Systemübergreifende (WB-)Netzwerke verfügen über Transferpotenziale, die zur Entwicklung einer innovativen, interdisziplinären Lernkultur beitragen und Bildungsmöglichkeiten eröffnen können. Weitere Potenziale von Netzwerkarbeit beziehen sich nach Bretschneider und Nuissl (2003) auf die Faktoren Wissen, Kompetenzen, Ressourcen und Engagement. Durch die Implementierung eines geeigneten Wissensmanagements können das organisationale, explizite, implizite und individuelle Wissen der einzelnen Experten gebündelt, mobilisiert und regionalen Akteuren zugänglich gemacht werden. Unter regionalen Kompetenzen werden zum einem individuelle, arbeitsmarktbezogene und organisationale Kompetenzen, zum anderen informelle (privat-lebensweltliche, musikalische, sportliche und kulturelle) Kompetenzen gefasst. Zu den fünf relevanten Erfolgsfaktoren von Netzwerken zählen (vgl. ebd.): (1) Interessensausgleich zwischen den Kooperationspartnern, (2) Entwicklung regionaler Bildungsprofile (z.B. Einsatz von Bedarfsanalysen), (3) Adressaten- und Zielgruppenorientierung, (4) Steigerung der Beschäftigungsfähigkeit und (4) Entwicklung einer nachhaltigen, innovativen Lehr-/Lernkultur. Für den Aufbau nachhaltiger Strukturen sind ideelle Werte wie Vertrauen, gezielte (Kooperations-)Vereinbarungen und transparente Kommunikationsformen (z.B. Plattformen, Arbeitsgruppen und Lernzirkel) erforderlich.

Nach Reupold und Strobel (2009) wirken sich Konkurrenz(sub-)netze, allgemeine Konkurrenzsituationen, mangelndes Vertrauen, eine ausschließliche Vernetzung auf Leitungsebene, hohe Mitarbeiterfluktuation, thematische Verengung und der Ausschluss einzelner Akteure aus dem Netzwerk hinderlich auf die Netzwerkarbeit aus. Ebenfalls nachteilig kann sich eine zu starke Regulierung, Uniformierung, Formalisierung und Bürokratisierung auf das Netzwerk auswirken. Weitere mögliche Risiken, die u.U. zu einem „Netzwerkversgagen“ (vgl. Faulstich

2003, S. 124) führen können, sind ein hoher Zeit/-Abstimmungsbedarf, (zu) große Teilnehmerzahlen, fehlende Kontinuität, wachsende Koordinationsprobleme, zunehmender Verhandlungsaufwand, das Fortbestehen von Markt und Hierarchie und das Verdrängen von Konflikten. Mit Vernetzung gehen zugleich eine partielle Unterordnung unter kollektive Ziele (Teilautonomie) und ein hoher Zeit- und Energieaufwand, v.a. in der Anfangsphase (Investition), einher. Auch in WB-Netzwerken, die über ein professionelles Netzwerkmanagement verfügen, kann es zu folgenden strukturellen Spannungsverhältnissen kommen (vgl. Weber 2006, S. 17f.): Vielfalt vs. Einheit, Flexibilität vs. Spezifizität, Autonomie vs. Abhängigkeit, Kooperation vs. Konkurrenz etc. Kooperationen beinhalten nach Feld und Seitter grundsätzlich diverse „Spannungsfelder, Umsetzungsprobleme und Kommunikationsstörungen", die spezifische, organisationale Steuerungs- und Gestaltungsaufgaben sowie individuelle und organisationale Lernprozesse evozieren und sich auf die Kooperations-/Netzwerkgestaltung auswirken können. Kooperationsimmanente Phänomene wie Konkurrenz und Widerstand werden hier als „Systemirritationen" interpretiert (vgl. Feld/Seitter 2013, S. 192f.).

3.2.2 Der Einfluss des Netzwerkkoordinators und Nachhaltigkeit

Wie bereits erwähnt, trägt der Netzwerkkoordinator in Vernetzungs- und Kooperationszusammenhängen maßgeblich zum Gelingen der Zusammenarbeit bei. Dem Netzwerkkoordinator (auch Netzwerkmanager), der i.d.R. für das Netzwerkmanagement und (interne) Entwicklungsprozesse zuständig ist und die Gesamtverantwortung für das Netzwerk trägt, wird eine zentrale Vermittler- und Leitungsfunktion zugewiesen. Der Koordinator verfügt über keine Weisungsbefugnis, er handelt nach dem Prinzip des Krisenmanagements und ist dabei auf die aktive und motivierte Beteiligung aller Netzwerkakteure und Kooperationspartner angewiesen. Die zentralen Aufgabenbereiche des Netzwerkkoordinators sind eher diffus als konkret und liegen überwiegend in der Beziehungsarbeit. Seine Aufgaben bestehen u.a. im Aufbau von Teams, im Hervorbringen von Neuerungen, im Freisetzen von Synergieeffekten, im Delegieren von Verantwortung und im aktivierenden Einbezug aller Netzwerkakteure. Aus diesem komplexen Aufgabenspektrum zur Gestaltung, Steuerung und Entwicklung von Netzwerken lässt sich ein anspruchsvolles, vielseitiges Anforderungsprofil von universalen (Schlüssel-)Kompetenzen ableiten (vgl. Dresselhaus 2006; Wohlfahrt 2006b; Tippelt/Reupold 2009):

(1) *Fachkompetenz*: Kenntnisse der spezifischen Dynamiken von Netzwerken (z.B. Konfliktpotenziale/Netzwerkphasen) und der regionale Strukturen (Trägerstrukturen, Fördermittel etc.) sowie Fachkenntnisse in den Bereichen

OE, Personalberatung, Öffentlichkeitsarbeit und Projekt-/Zielgruppenakquisition;

(2) *Soziale und personale Kompetenz*: Flexibilität und Kommunikationsfähigkeit auf unterschiedlichen, gesellschaftlichen Ebenen (klare Sprache), Motivations-, Team-, Kritikfähigkeit und Beharrlichkeit, emotionale Intelligenz, personale und institutionelle Neutralität (keine Verknüpfung von Eigeninteressen), Pflege von persönlichen Kontakten zu den Kooperationspartnern und Kooperationsbereitschaft;

(3) *Methoden- und Prozesskompetenz*: Moderations- und Motivationskompetenz, Verhandlungsgeschick, Präsentieren, klares Netzwerkmanagement (z.B. Organisations-, Wissens-, Projekt-, Zeitmanagement), Prozessgestaltung, (praktische) OE- und Teamentwicklung, Identifikation von Fach-/Wissensdefiziten sowie eine transparente, zeitnahe und verbindliche Informationsvermittlung.

Darüber hinaus wird der Netzwerkkoordinator als „Geburtshelfer" bezeichnet, der im Idealfall über einen „aufrechten Gang und diplomatisches Geschick" verfügen sollte (vgl. Dresselhaus 2006, S. 52–67). Der Koordinator steht vor der Herausforderung, sich auf die Begrifflichkeiten und die Sprache(n) der Netzwerk-/Kooperationspartner einzustellen, die er ggf. neu lernen muss. Er benötigt eine ausgeglichene Mischung der genannten Schlüsselkompetenzen und sollte einen „Überblick" über das gesamte Netzwerk und dessen Strukturen behalten (vgl. Tippelt/Reupold 2009, S. 139). Für Tippelt sind darüber hinaus „kultivierte Persönlichkeiten" wünschenswert, die über „ein erhebliches soziales und kulturelles Kapital im Bourdieuschen Sinne" und „Charisma" verfügen (2009, S. 85). Lediglich Arbeitserfahrungen in Organisationen oder Erfahrungen im Bereich Projektmanagement reichen in der Netzwerkpraxis nicht aus, um diesem vielfältigen und anspruchsvollen Aufgabenspektrum gerecht zu werden.

Wohlfahrt (2006b) formuliert Kriterien und Praktiken, die in den einzelnen Phasen relevant sind. In prozess- und aufbaubezogen Phasen gilt es, Kooperationen zu initiieren, die Motive der Mitglieder zu berücksichtigen und leitende Spielregeln zu entwickeln. In der prozessorientierten Planungs- und Gestaltungsphase bestehen die Aufgaben darin, Zielkategorien zu unterscheiden, gemeinsame Ziele zu finden, Netzwerkziele zu formulieren, Funktionsrollen zu besetzen, Prozesse zu reflektieren und anschließend die Ergebnisse zu evaluieren. Die zentralen Herausforderungen liegen in der zielgerichteten Moderation der Zusammenarbeit, im Aufspüren von Netzwerkfallen, in der Optimierung des Klimas, in der Steuerung von Gruppenprozessen, im Ausgleich von Kooperation und Konkurrenz sowie in der Bearbeitung von Konflikten (evtl. öffentlich). Da

Netzwerke sensibel auf Störungen und Belastungen aus der Umwelt reagieren, verändert sich u.U. das gesamte System, sobald sich ein Netzwerkknoten lockert.

Nach Dresselhaus (2006) scheitern etablierte Best-Practice-Instrumente an diversen Konfliktfeldern, die ein gezieltes Management erfordern. Entscheidende Kriterien für das Gelingen des Netzwerkmanagements sind (vgl. ebd.):

- Ergebnisorientierung,
- Mitarbeiterentwicklung und -einbindung,
- Führung und Zielkonsequenz,
- Verbesserung und Innovation,
- Prozessmanagement,
- Aufbau von Partnerschaften,
- Öffentlichkeitsarbeit (PR),
- effektiver Informationsaustausch,
- Reduktion von Ängsten durch mehr Sicherheit.

Da dem Koordinator insbesondere im Hinblick auf die Nachhaltigkeit eines Netzwerks/Kooperationsverbundes eine wichtige Schlüsselrolle zukommt, besteht insbesondere bei bildungspolitisch geförderten Programmen nach Auslaufen der Aufbauphase bzw. Wegfall der finanziellen Förderung das Risiko des Netzwerkzusammenbruchs, sollte diese wichtige Stütze wegfallen. Deshalb ist es ratsam, rechtzeitig einen geeigneten Nachfolger zu suchen und die Stelle anderweitig (z.B. ehrenamtlich) zu besetzen. Wolf und Matalik (2006) beleuchten die Frage nach dem ‚Lebenszyklus' von (WB-)Netzwerken nach Beendigung der Aufbauphase. Elsholz (2006) geht in ihrer Untersuchung über die Verstetigung von Netzwerkarbeit einen Schritt weiter, indem sie die Frage nach geeigneten Instrumenten und Methoden zur langfristigen Zusammenarbeit stellt. Diese Fragestellung untersucht sie anhand von Beobachtungen des vom BMBF geförderten Projekts „Lernkultur Kompetenzentwicklung" und entwickelt ein vereinfachtes Phasenmodell, das sich in eine Sondierungs- und Initiierungsphase, eine Stabilisierungsphase mit anschließender Verstetigungsphase gliedert. In den ersten beiden Phasen geht es darum, tragfähige Formen der Netzwerkarbeit zu etablieren. Das Besondere an diesem Modell ist die projektabschließende Transfer-/Verstetigungsphase, innerhalb derer das Netzwerk idealerweise seinen „temporären, eher projektförmigen Charakter" (vgl. ebd., S. 39) verlässt. Dollhausen und Mickler (2012, S. 140f.) weisen auf den Finanzierungsaspekt hin. Ohne eine Anschubfinanzierung seien diverse „Infrastrukturprojekte" wie ‚Lernende Regionen' oder ‚HC' nicht realisierbar und schwer mit dem operativen Tagesgeschäft zu vereinbaren, v.a. kleinere Bildungseinrichtungen haben zum Teil ein existentielles Interesse an der Weiterführung ihrer Kooperationen. Die primäre Funktion von Organisationen und organisationalen Netzwerken bestehe schlichtweg in der Existenzsicherung: „Nicht mehr und nicht weniger (...) der Sinn des Lebens ist das Überleben – das gilt auch für Organisationen" (Simon 2007, S. 28).

Resümierend lässt sich festhalten, dass ein professionelles Zeitmanagement sowie die personale und organisationale Pflege des Netzwerks – neben einer möglichst langfristigen Finanzierung – grundlegend für den Bestand und die Weiterentwicklung von WB-Netzwerken sind. Netzwerke und Kooperationen bergen vielfältige Vorteile, aber auch Grenzen und Hindernisse, die es abzuwägen gilt. Insbesondere eine hohe Zielorientierung, Beteiligung aller Kooperationspartner und personelle Konstanz tragen zum Gelingen von Netzwerken und Kooperationen bei.

3.2.3 Reziprozität und Vertrauen

Wie bereits einleitend erwähnt, stellt Vertrauen eine relevante Gelingensbedingung dar, trägt zur Verbesserung interorganisationaler und personaler Kommunikations- und Austauschprozesse bei und kann die Erwartungs- und Handlungsunsicherheit der Akteure reduzieren. Neben den genannten Effizienzvorteilen kann Vertrauen zugleich die Handlungsmöglichkeit der Kooperationspartner einschränken, da kein beliebiges Handeln ohne Rücksichtnahme mehr möglich ist. Netzwerke verfolgen im Vergleich zu Markt und Staat nicht ausschließlich monetäre Ziele, sondern stützen sich auf Kontextbedingungen wie Vertrauen, Anerkennung, gemeinsame Ziele und Interessen. Sie entstehen durch kontinuierliche Interaktionen, Vertrauen bildet dabei eine Grundlage für den Interessenausgleich zwischen den Netzwerkmitgliedern (vgl. Faulstich 2003, S. 123). Unter Reziprozität ist die Gegenseitigkeit von Vertrauensbeziehungen zu verstehen, die in einem Spannungsfeld von Vertrauen und Kontrolle angesiedelt sind. Kooperation setzt demnach reziproke Beziehungsverhältnisses voraus, bei dem die Akteure Vorleistungen erbringen, ohne die Gewissheit zu haben, eine Gegenleistung zu erhalten. Finanzielle, materielle oder ideelle (Vor-)Leistungen bieten sich als eine Art Vertrauensvorschuss an, Vertrauensgegenstand können Personen oder abstrakte Systeme sein.

Loose (2009) differenziert drei Vertrauensquellen: (1) eigenschaftsbasiertes Vertrauen, das auf generalisierten Eigenschaften von Personen wie Alter, Geschlecht oder Herkunft etc. basiert; (2) prozessbasiertes Vertrauen, das auf konkreten Erfahrungen und persönlichen Austauschprozessen aufbaut; und (3) institutionenbasiertes Vertrauen, das neben Austauscherfahrungen mit Personen, Kooperationspartnern oder Institutionen auf formale Kriterien, bspw. Regelungen und Bildungsabschlüsse (Zeugnisse, Zertifikate etc.), Bezug nimmt. Die

Kooperationspartner müssen sich gegenseitig hinsichtlich des Namens, der Reputation, des Markterfolgs, der Qualität, der erbrachten Leistungen und des zur Verfügung gestellten Expertenwissens vertrauen (vgl. ebd., S. 52). Heidenreich (2000) nimmt eine ähnliche Dimensionierung vor und betrachtet Vertrauen aus drei unterschiedlichen Perspektiven: als traditionelle Vergemeinschaftungsform (characteristic-based trust), als institutionenbezogenes (institutionally based trust) und als erfahrungsbasiertes Vertrauen (prozess based trust). Das Vertrauen in gemeinsame soziokulturelle, vergemeinschaftete Werte und Traditionen kann zur Herausbildung eines externen Images und zur internen Selbstdarstellung beitragen. Es hat allerdings zugleich den Nachteil der Inflexibilität und kann Kooperation über die Grenzen der Gemeinschaft hinweg erschweren. Institutionenbezogenes Vertrauen in (unpersönliche) institutionelle Regulationsstrukturen und staatlich geschaffene Institutionen (wie Verwaltungen und Regierungen) kann zur Stabilisierung regionaler Innovationssysteme beitragen. Erfahrungsbasiertes Vertrauen entsteht auf Grundlage von persönlichen Kontakten und Kooperationserfahrungen aus langjähriger Zusammenarbeit (stabilen Beziehungen) und ermöglicht einen wechselseitigen Austausch von Erfahrungen und Perspektiven sowie diskursive Kooperationsprozesse. Aufgrund der Selektivität der Beziehungen in, auf erfahrungsbasierten Vertrauen gründenden, Netzwerken sind diese tendenziell inflexibel, besitzen einen hohen Standardisierungsgrad und haben eine eher geringe Reichweite.

Vertrauen sei in Kooperationen und Netzwerken nach Dollhausen und Mickler (vgl. 2012, S. 82ff.) unabdingbar, stelle jedoch keinen „Normalfall" (vgl. ebd., S. 86) dar und impliziere diverse Probleme, die mit dem Vertrauensaufbau einhergehen können. Mangelndes Vertrauen wird u.a. als eine Ursache von Problemen und Spannungen in Kooperationen gedeutet, nicht als deren Resultat. Vertrauen hingegen ermögliche die Klärung und Bearbeitung von Konflikten und trage zur Stabilität von Kooperationen und Netzwerken bei, das insbesondere in der Anfangs-/Initiierungsphase notwendig sei. Auf Grundlage von vertrauensbasierten Beziehungen und Kooperationsstrukturen könnten die sozialen und organisationsbezogenen Kompetenzen der Mitarbeiter erweitert werden. Auf strukturell-organisatorischer Ebene unterstützten vertrauensvolle Beziehungen die Koordination und Klärung von Zuständigkeiten. Durch optimierte Informationsflüsse und Regulierungsverfahren könne zudem der interorganisationale Austausch unterstützt werden (vgl. ebd., S. 85). Die räumliche Nähe in regionalen Netzwerken begünstigt den Aufbau von nachhaltigen Vertrauensbeziehungen (vgl. Heidenreich 2000). Vertrauen manifestiert sich hier in der Bereitschaft Vorleistungen – in Erwartung auf eine spätere Gegenleistung – zu erbringen und hat eine prozessstabilisierende Funktion im Umgang mit Unsicherheiten,

Ambiguitäten und Risiken. Regionale Netzwerke sind jedoch hochgradig instabil, wenn sie sich ausschließlich auf die Interessen der Kooperationspartner stützen. Scholz (2003) fordert v.a. in strukturschwachen Regionen eine Aktivierung des bürgerschaftlichen Engagements (in Form von Vernetzung), um dem Strukturwandel entgegen zu wirken und regionale Potenziale freizusetzen. Insbesondere für Netzwerke im ländlichen Kontext hebt Scholz den Faktor Vertrauen hervor, da eine Misstrauenskultur Vernetzungsinitiativen entgegenwirken könne. Ebenfalls relevant sei die Fähigkeit, vorhandenes Wissen wieder zu verlernen und Altbewährtes permanent zu hinterfragen. Dadurch werde eine grundlegende Beweglichkeit des Systems gewährleistet und Bestehendes in neue Strukturzusammenhänge integriert.

Grundsätzlich gilt, dass über Vertrauen generierte (wechselseitige) Erwartungen auch enttäuscht und Vertrauen missbraucht werden können. Vertrauen ist ein raum- und zeitgebundenes Phänomen „mit dessen Hilfe die Akteure ihre Beziehungen strukturieren, regulieren und reproduzieren" (Loose 2009, S. 54.). Der Vertrauensaufbau ist ein interpretativer Vorgang, der von den individuellen Erwartungen, vergangenen Erfahrungen, persönlichen Dispositionen und gesellschaftlichen Normen/Vorstellungen guter Kooperation beeinflusst wird. Bewährte Verhaltensnormen sind: Offenheit (Vermittlung und Weitergabe relevanter Informationen), Ehrlichkeit und Aufrichtigkeit (unverfälschte Informationsvermittlung), Toleranz (Zulassen abweichender Meinungen) sowie Reziprozität. Vertrauen ist eine „notwendige Bedingung kooperativen Handels", die Vertrauensentscheidung ist das Ergebnis einer „reflexiven Vertrauenskalkulation der Akteure" (vgl. ebd., S. 43 f.) und hängt u.a. von unbewussten individuellen Erfahrungen in der Kindheit. In Kooperationen wird lediglich bezüglich spezifischer Ergebnisse vertraut, die im Kontext der Kooperation/des Netzwerks erbracht werden können. Die professionellen Herausforderungen in kooperativen Handlungskontexten sind Fremdverstehen und Vertrauen (v.a. in diagonalen Netzwerken). Die gegenseitige Perspektivenübernahme kann zu einer (zum Teil begrenzten) „interorganisationalen Mehrsprachigkeit" führen. Kooperationsbezogenes Vertrauen gründet nach Seitter (vgl. 2013, S. 43) entweder auf bewährten, positiven Erfahrungen, auf personalen Attributen und Persönlichkeitsmerkmalen der Kooperationspartner oder auf institutionellem Vertrauen (Zertifikate etc.).

Ein professionelles Netzwerkmanagement ist für den Vertrauensaufbau hilfreich. Nach Priddat (2010) ist Vertrauen in Organisationen, das er als „Kooperationsmanagements zur gemeinsamen Leistungserstellung" (vgl. ebd., S. 77) definiert, eine soziale Ressource. Vertrauen stelle einen ergebnisoffenen Prozess dar, beruhe auf dem Reziprozitätsprinzip und gelte als eine Art „soziale oder kulturelle Vorleistung“ im Sinne eines „Vertrauensvorschusses“ oder „Kredits“ (vgl. ebd., S. 77f). Er fordert eine gezielte Steuerung und Initiierung von Vertrauensprozessen und spezifiziert seine Vertrauensdefinition (Vertrauen als Ressource) folgendermaßen: „Vertrauen kann nicht als Ressource wie selbstverständlich vorausgesetzt werden, sondern muss durch das Management prozessual erworben und kontinuiert werden“ (vgl. ebd., S. 83). Übertragen auf Kooperationen forciert ein professionelles Netzwerkmanagement Vertrauensprozesse und kann somit zur höheren Stabilität und Nachhaltigkeit von WB-Netzwerken beitragen.

3.2.4 Exkurs: Netzwerkmanagement und -entwicklung

Nachfolgend werden ausgewählte Managementinstrumente und Phasenmodelle dargestellt. Dresselhaus bezeichnet NE als eine „Theorie und Praxis der Etablierung sowie Reflexion wissenschaftlicher Konzepte zur Gestaltung von Netzwerken und der Verbreitung neuer Lernkulturen“ (2006, S. 5). Der Autor geht der Fragestellung nach, was ein gutes Netzwerk ist, wie es sich realisieren und was geeignete Entwicklungsinstrumente für Netzwerke sind.[41] Generell sind keine Interventionen intern (im) und extern (in das) Netzwerk möglich, da diese „aufgrund ihrer Latenz und damit zusammenhängenden Unbeobachtbarkeit nicht steuerbar“ sind (ebd., S. 32). Netzwerke können dementsprechend nur von außen angestoßen, irritiert und durch Hilfeangebote zur Selbststeuerung angeregt werden.

Idealtypische Entwicklungsphasen eines sozialen Systems, die auch übersprungen werden können, gliedern sich in vier aufeinanderfolgenden Phasen (König 2005, S. 134): In der Orientierungsphase finden zunächst vorsichtige Interaktionen statt, hier werden allgemein anerkannte Regeln befolgt. Darauf kann eine Konfliktphase folgen, in der keine Einigkeit mehr über soziale Regeln herrscht. In dieser Phase versuchen die Teilnehmer, ihre eigenen Positionen durchzusetzen. Die darauffolgende Arbeitsphase ist durch ein effizientes und funktionales Regelsystem gekennzeichnet, gefolgt von einer Abschlussphase,

41 OE ist ein langfristig angelegter, organisationsumfassender Entwicklungs- und Veränderungsprozess von Organisationen, der die Einstellungsänderungen der Organisations-/Netzwerkmitglieder impliziert und die Akteure (im Sinne von Hilfe zur Selbsthilfe) zur Selbstgestaltung des Veränderungsprozesses befähigt. An dieser Stelle soll nicht näher auf konkrete OE-Maßnahmen oder praktische/theoretische Bezüge eingegangen werden, da OE/NE im Untersuchungsfeld – entgegen der Annahme, explizite OE/NE spiele dort eine relevante Rolle – nur implizit genutzt und eher peripher aus dem empirischen Material herausgearbeitet wurde.

in der bestimmte Regeln und Regelkreise wieder außer Kraft gesetzt werden müssen und sich das System ggf. auflöst. Baitsch und Müller (2001) nehmen eine grobe Phaseneinteilung in vier Phasen vor:

(1) Initiierung (Wie motivieren wir alle zur Mitarbeit?);
(2) Konstituierung (Mit wem können wir welches unserer Systemziele verwirklichen?);
(3) Zentrierung (Frage nach Zielen und Vorsätzen) und
(4) Normierung (Wie arbeiten wir effektiv zusammen?).

In der Praxis ergeben sich oftmals Abgrenzungsschwierigkeiten zwischen den einzelnen Phasen, da bspw. eine hohe Mitgliederfluktuation den Übergang von einer Phase in die andere erschweren kann. Auch wenn alle Akteure an den jeweiligen Phasen beteiligt sind, liegt die Verantwortung beim Netzwerkkoordinator. Nach Schubert ist die Partnerauswahl wichtig für den Erfolg eines Netzwerks, sein Modell umfasst ebenfalls vier Phasen, die möglichst exakt eingehalten werden sollten (vgl. 2008, S. 55–59):

(1) Orientierungsphase: Bildung von Kooperationsverbünden; individuelle Verortung der einzelnen Kooperationsinstitutionen; Kooperationspartnerakquise; SWOT-Analyse[42];
(2) Initiierungsphase: systematische, vorausschauende Reflexion; Festlegung von Teilzielen; Analyse der Aufgabenstellung und Strukturierung des Ineinandergreifens;
(3) Netzwerkplanungs-/Aufbauphase: aktivierende Beteiligten aller Akteure; Koordinierung und Aufgabenverteilung; Festlegung weiterer Meilensteine; Zuordnung von Ressourcen/Budgets/Finanzplänen; Schaffung von Krisenmechanismen;
(4) Realisierungsphase: Umsetzung getroffener Vereinbarungen; Koordination; Controlling und Evaluation; Pflege der Netzwerkidentität; Weiterentwicklung des Leitbildes und Netzwerkmarketing.

Dresselhaus konzipiert ein Phasenmodell, das für den Bereich EB/WB geeignet und vergleichsweise offen gehalten ist (2006, S. 38–40): In einer Einstiegsphase wird ein Beirat oder eine zentrale Steuerungsgruppe (vertraglich) geründet. Danach erfolgt eine Phase der Datensammlung, in der die einzelnen Stärken

---

42 Methode zur systematischen Klärung von Stärken und Schwächen (auch: Chancen und Risiken).

und Schwächen der Kooperationspartner unter wertschätzender Ressourcenorientierung ermittelt und funktionsfähige Arbeitsgruppen gebildet werden. Anschließend erfolgt eine Phase der Zielklärung und Prioritätensetzung, in der die Netzwerkakteure ihre Intentionen in einer Rangliste von Zielen formulieren. In der Aktions-/Planungsphase findet schließlich die konkrete Projektplanung satt (gemeinsamen Zielvereinbarungen nach Prioritäten). Daran schließt eine Umsetzungsphase an (z.B. unter Einsatz von Managementinstrumenten), die idealerweise in eine Vertragsabschließung auf institutioneller Ebene mündet. Durch den Einsatz eines Zukunftsmanagements, d.h. dem thematischen Entwickeln und Erproben von Szenarien und Handlungsoptionen (z.B. Zukunftskonferenzen), kann bspw. flexibel und adäquat auf Umweltveränderungen reagiert werden (vgl. Meisel/Feld 2009).

3.3 Zwischenfazit II – praxisfeldbezogene Fokussierung

Betrachtet man die Genese von regionalen WB-Netzwerken und bildungspolitischen Kooperationsprogrammen lässt sich Jüttes These (2002), bei der WB handele es sich um ein kooperatives System mit weiterem Vernetzungspotenzial, bestätigen. Ausgehend von ersten Vernetzungsgedanken und Professionalisierungstendenz im Bereich der sozialen Arbeit (Stadtteilarbeit) in den 1960er Jahren über regionale, kompetitive Kooperationsformationen in den 1980er Jahren bis hin zu Konzepten des regionalen Lernens in den 1990er Jahren spielen Kooperation und Koordination zunehmend eine zentrale Rolle in der öffentlichen bildungspolitischen Diskussion (vgl. ebd.). Diese Entwicklungen gehen auf die konstatierten, bildungspolitischen Problemlagen (z.B. mangelnde Bildungsbeteiligung, Parallelstrukturen etc.) und die Frage nach potenziellen Lösungen zurück. Regionalisierung, die ihren Ausdruck in staatlich geförderten Programmen wie den ‚Lernenden Regionen‘ oder ‚Lernen vor Ort‘ gefunden hat, ist ein zentrales Steuerungsinstrument zur Förderung der Bildungsbeteiligung im Sinne des lebenslangen Lernens und zur strategischen, wirtschaftlichen Standortentwicklung.

Netzwerke und Kooperationen werden in der Literatur (bspw. in diversen anwendungsorientierten Managementhandbüchern) mit vielfältigen, hohen Erwartungen und positiven Erträgen besetzt, die in der Realität nicht zwangsläufig erfüllt werden. Die Ziele von Kooperationen und Netzwerken liegen in der gemeinsamen Entwicklung und Innovation von Angeboten, in der Verbesserung der Marktposition(en) und in der Erschließung neuer Märkte und Zielgruppen, womit bessere Erträge, Preise und Konditionen sowie die Reduktion von Kosten und potenziellen Risiken verbunden sein können. Interorganisationale Netzwerke im Bereich WB haben anspruchsvolle (zum Teil programmatische)

Aufgaben zu erfüllen. Neben der Bearbeitung von (bildungs-)politischen oder wirtschaftlich motivierten Zielen, werden sie u.a. zur regionalpolitischen Entscheidungsfindung, zur Bedarfsklärung, zur Empfehlung, zur Mittelverteilung und zur Abstimmung von Bildungsangeboten genutzt.

Auf die Fragen, welcher Mehrwert und welche Erwartungen mit Vernetzung und Kooperation verbunden werden, können einerseits vielfältige Vorteile, andererseits auch diverse Nachteile konstatiert werden. Die Liste der potenziellen Vorteile von Netzwerken ist lang und vielfältig: Angefangen von der Kostensenkung über die Beschleunigung des Wissenstransfers bis hin zur Vermeidung von Parallelentwicklungen. Organisationale Netzwerke und Kooperationen reagieren i.d.R. auf gesellschaftlich-strukturelle Defizite wie die hohe Intransparenz des Leistungsgeschehens oder eine unzureichend ausdifferenzierte Infrastruktur. Diese Schwachstellen können Netzwerke idealerweise kompensieren und somit zur Verbesserung der regionalen Bildungskoordination und Transparenz beitragen. Die innovative (Weiter-)Entwicklung von Bildungsangeboten und die Integration auf dem regionalen Arbeitsmarkt erfordern eine gezielte Adressaten- und Lebenslauforientierung. Die Gestaltung von Bildungsübergängen (bspw. Schule und Ausbildung/Hochschule) setzt ein neues Lern-/Lehrverständnis voraus, bei dem der Lerner als souveräner Bildungsproduzent im Fokus steht. Mit dem potenziellen Mehrwert von Netzwerken und Kooperationen gehen zugleich Grenzen und Risiken einher, die sich in Konkurrenz- und Widerstandsphänomenen äußern können. Aus diesen Vor- und Nachteilen ergeben sich systemimmanente Spannungsfelder, deren Bearbeitung eine zentrale Herausforderung für die Zusammenarbeit der Akteure darstellt und ggf. ein professionelles Netzwerkmanagement erforderlich macht. Insbesondere die allgemeine Akzeptanz des Netzwerkkoordinators, eine geringe Fluktuation von Personen in Schlüsselpositionen und die Initiierung einer zielgerichteten, ergebnisorientierten Kommunikation sind ausschlaggebend für den Erfolg und Bestand von Netzwerken. Weiterhin trägt Vertrauen zur Verbesserung interorganisationaler und personaler Kommunikations- und Austauschprozesse bei und kann die Erwartungs- und Handlungsunsicherheit der Akteure reduzieren.

Die Diskussionen des Mehrwerts und der Grenzen von WB-Netzwerken, der Rolle des Koordinators, des Nachhaltigkeitsaspekts und reziproker Vertrauensbeziehungen sowie des Exkurses in das Netzwerkmanagement (Phasenmodelle) werden – ergänzend zu den theoretisch-begrifflichen Überlegungen – zur Interpretation der empirischen Ergebnisse herangezogen. Dabei sollen die folgenden drei Fragen entlang der unterschiedlichen Materialsorten bearbeitet werden:

Welche förderlichen und hinderlichen Einflussfaktoren (Gelingensbedingungen) auf die Zusammenarbeit im HC lassen sich aus den subjektiven Deutungsmustern der Akteure ableiten?

Welche Erfahrungen wurden bisher/werden aktuell mit OE Maßnahmen im HC gemacht? (nachträglich erweiterte Fragestellung)

Welche (direkten und indirekten) Entwicklungspotenziale formulieren die HC Akteure?

Im nachfolgenden Kapitel werden zunächst das methodische Vorgehen, die verwendeten Methoden und das konkrete Methodendesign (Fallauswahl, Datenerhebung und -auswertung etc.) dargestellt. Anschließend werden die Genese, Ziele/Programmatik und Entwicklung des Untersuchungsgegenstandes (HC) skizziert.

4 Methodisches Vorgehen

„Das Ganze ist mehr als die Summe seiner Teile“ (Aristoteles)

Im Fokus dieser Arbeit steht eine empirisch-qualitative Fallstudie über die Wirkungsmechanismen von WB-Netzwerken und interorganisationalen Kooperationen mitsamt deren Phänomen und Entwicklungspotenzialen. Zunächst werden der Forschungsgegenstand, die Fragestellung und das Erkenntnisinteresse dargestellt sowie die Arbeit (inter-)disziplinär verortet und die eigene methodologische Positionierung spezifiziert. In Hinblick auf die Transparenz und Nachvollziehbarkeit des gewählten Methodendesigns (qualitative Methoden und Auswertungsverfahren) werden nachfolgend die zentralen Merkmale von qualitativen Fallstudien und den, in dieser Studie verwendeten und triangulierten, Methoden spezifiziert. Anschließend werden die Datenerhebung und das zugrundeliegende Datenmaterial erläutert. Die Darstellung des methodischen Vorgehens und der spezifischen Vor- und Nachteile der gewählten Methoden dienen zum einen der Nachvollziehbarkeit für die Methodenwahl und zum anderen der Begründung für die qualitative Methoden-Triangulation. Anschließend werden die Auswertungsmethoden (qualitative Inhaltsanalyse) dargestellt und reflektiert, wie sich die qualitative Forschungstradition auf die Forschungsergebnisse auswirkt. In einem weiteren Schritt werden in diesem Kapitel die Expertenauswahl, der Feldzugang, die Datenerhebung und -auswertung beschrieben sowie der Untersuchungsgegenstand HC und der zu analysierende Einzelfall charakterisiert.

4.1 Forschungsfrage, methodologische Grundlagen und Positionierung

Nachfolgend werden die Forschungsfragen und das Forschungsinteresse erläutert, die methodischen Grundlagen der qualitativen Forschung – in Abgrenzung zu quantitativen Forschungsmethoden – spezifiziert, die Studie (inter-)disziplinär verortet und das eigene methodologische Verständnis skizziert.

Fragestellung und Forschungsinteresse

In dieser Studie wird die zentrale, bewusst offen gehaltene, Fragestellung untersucht:

- Welche Entwicklungspotenziale lassen sich in aktuellen, verfestigten WB-Netzwerken (am Beispiel des HESENCAMPUS [HC]) beobachten?[43]

Periphere Fragestellungen, die zur Beantwortung der zentralen Fragestellung beitragen, lauten:

- Wie können (auf Unverbindlichkeit, Flexibilität und Freiwilligkeit beruhende) WB-Netzwerke verbindlicher gestaltet werden?
- Welche grundlegenden Motivationsfaktoren existieren für WB-Einrichtungen, um sich an Netzwerkaktivitäten zu beteiligen?
- Welchen Nutzen ziehen einzelne WB-Organisationen/-Netzwerke für ihre interne Organisations-, Personalentwicklung?
- Welche Erfahrungen wurden bisher/werden aktuell mit OE-Maßnahmen gemacht?

Die ‚verworfene(n)' Fragestellung(en) nach den Erfahrungen der Akteure mit OE in WB-Netzwerken sollte an dieser Stelle kurz reflektiert werden. Was lässt sich daraus ableiten, dass die Beteiligten der ersten explorativen Erhebung keine expliziten OE-Maßnahmen genannt haben und die entsprechende Fragestellung nicht weiterverfolgt werden konnte? In der Praxis von WB-Organisationen wird OE oftmals nur phasenweise und eher punktuell in Anspruch genommen. Sie findet in der Praxis von WB-Organisationen weniger prozessbegleitend über die gesamte Zeit der organisationalen Veränderung statt, sondern dient eher als Anstoß für selbstorganisierte interne OE (vgl. Küchler/Schäffter 1997). Ohne an dieser Stelle die empirischen Ergebnisse (vgl. 5.4 und 6.5.1) vorwegnehmen zu wollen, lässt sich sagen, dass die Aussagen der Experten dies bestätigen. Im untersuchten Fall konnte sowohl auf fallübergreifender als auch auf fallspezifischer Ebene ein Mix aus internen, in Einzelfällen auch externen OE/OB-Maßnahmen und interner Selbststeuerung konstatiert werden. Aus den empirischen Ergebnissen lassen sich eher indirekte OE-Maßnahmen identifizieren. Der interne, reflexive Workshop (vgl. Kap. 7) verdeutlicht die Relevanz von direkten OE-Maßnahmen und (externer) NE bzw. einem professionellen Netzwerkmanagement. Dies lässt darauf schließen,

43 Anm. d. A.: Die beiden folgenden Fragestellungen konnten nicht hinreichend beantwortet werden, da es in der WB-Praxis wenig OE von Netzwerken gibt bzw. im HC keine OE-Maßnahmen durchgeführt wurden: Welchen Einfluss hat OE auf die qualitative Gestaltung von WB-Netzwerken in Bezug auf deren Entwicklungspotenziale? Wie sollte zukünftig OE/OB konzipiert sein, um optimal und effektiv Netzwerkaktivitäten zu fördern und Potenziale in WB-Netzwerken zu entwickeln?

dass explizite OE-Maßnahmen in Kooperations- und Vernetzungszusammenhängen nur sporadisch genutzt werden, wobei die Transformation und Implementierung der durchgeführten Maßnahmen häufig unberücksichtigt bleibt. Mögliche Rückwirkungen der Kooperation/Vernetzung in die Herkunftsorganisation (im Sinne von OE durch Kooperation) lassen sich im untersuchten Fall aufgrund seiner hohen Entwicklungsdynamik und Ergebnisoffenheit evtl. zu einem späteren Zeitpunkt untersuchen und stellen ein empirisches Desiderat dar (vgl. 8.2).

Aufgrund dieser empirischen Sachlage wurde die ‚ursprüngliche' Fragestellung, nach dem Einfluss von OE-Maßnahmen auf die qualitative Gestaltung von WB-Netzwerken in Bezug auf deren Entwicklungspotenziale, im Forschungsprozess *erweitert* bzw. in eine offenere Fragstellung überführt. Dies führte zu einer Fokusverschiebung (vom Spezifischen zum Unspezifischen) und ist in der Genese des Forschungsprozesses sowie in den praktischen Gegebenheiten des Forschungsfeldes begründet. Der im Forschungsprozess, nach der explorativen Vorstudie, verworfenen Fragestellung wurde weiterhin nachgegangen, diese findet in allen Ergebnisteilen auf fallübergreifender- und spezifischer Ebene Berücksichtigung – jedoch nicht im wie zu Beginn erwarteten Umfang. Die geringe empirische Auffindbarkeit und neutrale bis tendenziell ‚abwehrende' Haltung der Akteure gegenüber externer OE deuten auf ein hohes Bestreben nach Autonomie und die Angst vor einer weiteren ‚Meta-Struktur' hin. Gleichzeitig formulieren die Akteure indirekt OE-Bedarfe und experimentieren mit internen Selbststeuerungs- und Entwicklungsversuchen.

Grundlagen qualitativer Forschung

Für die Bearbeitung des Forschungsfeldes – (inter-)organisationale Netzwerke im Bereich der EB/WB – und zur Beantwortung der, bereits erläuterten, Forschungsfrage(n) wurden empirisch-qualitative Forschungsverfahren gewählt (Experteninterview, teilnehmende Beobachtung und ergänzend Dokumentenanalyse) und miteinander trianguliert. Der qualitative Forschungsprozesses besteht aus einer Abfolge aus Entscheidungen und orientiert sich nach Flick (2005) an einer Dialektik aus Authentizität (Besonderheiten des Forschungsgegenstandes) und Strukturierung (Verstehen des Feldes auf theoretisch-abstrakter Ebene). Qualitative Forschung zeichnet sich – im Vergleich zu quantitativen Verfahren – durch eine prinzipielle Offenheit des qualitativen Forschungsprozesses aus. Sie ist hypothesengenerierend und in (eine) spezifische Wissenschaftstradition(en) eingebettet, „die den Gegenstand der Forschung und die Vorgehensweise durch Tradierung, Konvention und Normierung bestimmen" (Fuchs 2007, S. 46). Nach Lamnek (2005) zeichnet sich qualitative Forschung durch ein induktives, ganzheitliches, dynamisches und flexibles Vorgehen aus. Der Forschende untersucht und analysiert hierbei verstehend im Rahmen eines „theoretical Samplings"[44] das Relevanzsystem der Betroffenen (Untersuchungseinheit) mit hoher Nähe zu den erhobenen Daten (interpretativ-subjektiv), wobei das Messniveau (aufgrund der oftmals kleinen Fallzahl) relativ niedrig ist.

Nach Ernst (2010) hat die qualitative Forschung ihren Ursprung in der Ethnomethodologie der 1950er Jahre, die von dem Soziologen Harold Garfinkel (1976) begründet wurde, und untersucht soziale Ordnung im Rahmen einer praxisorientierten Interaktions- und Aktionsforschung mit Bezug zur Handlungstheorie[45]. Seitdem haben sich unterschiedliche Forschungstraditionen und -richtungen der qualitativen Forschung entwickelt. Als Beispiele für qualitativ methodische Forschungsrichtungen sind die qualitative Generationsforschung, die Geschlechterforschung, die Jugendforschung, bildwissenschaftliche Untersuchungen, Biographie- und Feldforschung oder die qualitative Organisations-/Netzwerkforschung – innerhalb der diese Arbeit verortet werden kann – zu nennen.

Fuchs (2007) bezeichnet qualitative Forschung als einen Denk- und Forschungsstil, der sich in einem dreifachen Spannungsfeld zwischen den (Forschungs-) Interessen des Forschers, den Regeln und Traditionen der jeweiligen Fachkultur und den Anforderungen, Interessen und Reaktionen der (Fach-)Öffentlichkeit befindet. Die jeweilige Forschungsfrage bezieht sich i.d.R. auf ein bestimmtes Forschungsfeld (thematische Eingrenzung) und kann in einer oder mehreren Fachdisziplinen verortet werden. Die gewählten, häufig explorativen Fragestellungen erschweren ein einheitliches Vorgehen (wie bei quantitativen Verfahrensweisen). Dies bedeutet allerdings nicht, dass der Ablauf beliebig ist. Das Vorgehen sollte nachvollziehbar gemacht und verständlich begründet werden. Für die Transparenz und Nachvollziehbarkeit qualitativer Forschung ist eine Balance zwischen Festlegung und Offenheit grundlegend. Das Forschungsgebiet ist möglichst präzise festzulegen (im Sinne einer Reduktion des Forschungsfeldes) und mit offenen Fragestellungen, einer neugierigen, aufmerksamen Haltung des Forschers qualitativ zu bearbeiten. Trotz größtmöglicher Offenheit muss der Forschungsprozess – im Sinne einer „wissenschaftlich gerahmten und kontrollierten Offenheit" (Fuchs 2007, S. 49) – strukturiert, nachvollziehbar und transparent gestaltet werden, um Beliebigkeit, unsystematisches Vorgehen, Willkür, Unkontrollierbarkeit und

---

44 Theoretical Sampling = Fallsammlung (vergleichbar mit einer quantitativen Stichprobe).

45 Kurze Erläuterung: Das Individuum ist aktiv an der Herstellung sozialer Ordnung beteiligt und nicht passiv den internalisierten gesellschaftlichen Normen unterworfen.

Regellosigkeit auszuschließen. Das Forschungsdesign umfasst i.d.R. alle Aspekte qualitativer Forschung und erstreckt sich über die aufeinander aufbauenden Phasen der Datenerhebung bis zur Datenanalyse. Nach der Zieledefinition und Entwicklung einer Fragestellung werden eine geeignete Methode und Theorien bzw. theoretischer Bezüge gewählt, mit denen die Fragestellung am geeignetsten beantwortet werden kann. Anschließend wird ein theoretical Sampling erstellt, d.h. Auswahlkriterien für das empirische Material (z.B. Anzahl der Interviews etc.), der zeitliche Rahmen sowie (personelle und finanzielle) Ressourcen festgelegt.

Die Vorteile qualitativer Forschungsmethoden liegen in der Erforschung (Deutung und Verstehen) sozialer Realität und der Fall- und Gruppenorientierung (Perspektive der Untersuchten). Der Prozess der Datengewinnung wird als „kommunikative Leistung" (Ernst 2010, S. 58) bezeichnet. Ziel ist es dabei, durch die individuellen Schilderungen der Akteure, latente Sinnstrukturen sichtbar zu machen. Hierbei entwickelt der Forscher „in direktem Kontakt mit den Handelnden im Forschungsfeld ein umfassendes Verständnis" und nimmt die „innere Perspektive der Handelnden (ein) – ohne seine Rolle als Forscher aufzugeben" (vgl. ebd., S. 58). Dabei ist eine „kontrollierte Sicht von Innen" wichtig, damit der Forscher nicht unkontrolliert seinen eigenen Interpretationsrahmen auf den Untersuchungsgegenstand überträgt. Der idealtypische ethnologische (Feld-)Forscher bringt sich stark ins Feld ein und verfolgt die Intention, sich und für die Untersuchten zu engagieren. Er bewegt sich dabei in einem Spannungsfeld von distanzierter und engagierter Anteilnahme, eine mangelnde Distanzierung zum Forschungsgegenstand („going native") könnte allerdings zu Verzerrungen der Ergebnisse führen. Deshalb ist es notwendig Kriterien festzulegen, inwiefern aus dem Einzelfall auf das Allgemeine geschlossen werden kann und sich das Allgemeine im Besonderen findet. Der Forscher sollte – im Sinne einer Vermittlungsfunktion – eine Haltung aus emphatischer Nähe und analytischer Distanz einnehmen. Das Ziel qualitativer Forschung ist dabei, die subjektive Bedeutungswelt der Untersuchungseinheit (Feld) zu erheben und in eine Wissenschaftskultur zu überführen.

Das in dieser Arbeit verwendete Interview gilt als die am weitesten verbreitete Methode qualitativer Forschung und als ein bewährtes Verfahren, gefolgt von teilnehmender Beobachtung und Dokumentenanalyse (von Texten, historischen Dokumenten, Tagebüchern, Handzetteln etc.) – die ebenfalls oftmals eingesetzt werden. Die Güte qualitativer Forschung bemisst sich nach Mayring (2010) nach der Dokumentation des Forschungsverfahrens, der nachvollziehbaren Darstellung der Ergebnisse, der systematisch-abgesicherten, regelgeleiteten Forschung, der Gegenstandsnähe und der kommunikativen Validierung der Ergebnisse. Die Güte der Kriterien hängt davon ab, ob die verwendeten Methoden im Sinne von

Intersubjektivität dargestellt, begründet und in allen Schritten nachvollziehbar gemacht werden. Außerdem sollte reflektiert werden, ob die verwendeten Methoden gegenstandsangemessen und im Geltungsbereich der Forschung verortet sind (vgl. Fuchs 2007). Diese Gütekriterien wurden im Forschungsprozess dieser Arbeit, sozusagen als ethische Leitkriterien und Orientierungsrahmen für wissenschaftliche Best-Practice, berücksichtig.

Disziplinäre Verortung und methodologische Positionierung

Diese Arbeit ist im interdisziplinär ausgelegten Forschungsbereich der empirisch-qualitativen Organisationsforschung zu verorten, die im Vergleich zu sozialwissenschaftlicher Grundlagenforschung als anwendungsorientierte Disziplin verstanden wird. Qualitative Organisationsforschung (auch Arbeitsforschung genannt) ist eine inhaltlich-qualitative Forschungsrichtung und zeichnet sich entsprechend der qualitativen Wissenschaftstradition durch eine Offenheit für unterschiedliche methodische Zugänge, Methodenvielfalt und Triangulation – zunehmend über differenzierte Beschreibung eines Phänomens in Einzelfallanalysen – aus. Forschung über Organisationskultur produziert keine objektiv beschreibbaren Fakten und ist als systematische Interpretation zu deuten. Dabei gilt es, beobachtbare Phänomene im Sinne einer Oberflächenstruktur zu verstehen, deren Tiefenstruktur interpretativ-kontextspezifisch zu erschließen und kommunikativ zu validieren (vgl. Rosenstiel, 2005). Empirische Organisationsforschung ist nach Ernst (2010) besonders für komplexe Fragestellungen geeignet, die im organisationalen Bereich von Interesse sind, z.B. verlaufsoffene Prozesse der Interaktionsgestaltung von Personen/Gruppen (bspw. Interaktionen zwischen Führungs- und Mitarbeiterebene).

Untersuchungsgegenstände der erziehungswissenschaftlichen Organisationsforschung sind primär menschliches Handeln in Organisationen und organisationale Strukturen. Organisationen (vgl. Kap. 2) sind nach Rosenstiel von Menschen geschaffene, komplexe Phänomene (kulturelle Bestandteile), die Bedeutung für ihre Mitglieder durch ihre subjektive Wahrnehmung, Deutung und Interpretation gewinnen. Sie unterliegen dem gesellschaftlichen Wandel und sind demnach ein historisch zu betrachtender Gegenstand interdisziplinärer Forschung. Das Ziel von anwendungsbezogener Organisationsforschung ist es, ein „wissenschaftlich begründetes Veränderungswissen zu generieren“ (Rosenstiel 2005, S. 213). Konkreter: das Verstehen, Beschreiben und Erklären des jeweiligen Gegenstandsbereichs, aus dem Prognosen formuliert und Maßnahmen entwickelt werden können. Dabei kann entweder eine Falsifikationsstrategie (quantitativ) oder Konstruktions-/Explorationsstrategie (qualitativ), z.B. über Einzelfallanalysen, verfolgt werden.

Gängige Methoden, die in der Organisationsforschung äquivalent zur qualitativen Forschung eingesetzt werden, sind mündliche oder schriftliche Befragungen, alle Beobachtungsformen, Verfahren der Inhaltsanalyse, Dokumentenanalysen oder (eher selten) Gruppendiskussionen. Die Daten können in vielfältigen Forschungsdesigns (Einzelfall, Feldstudie oder Experiment) gewonnen werden. Nach Kelle und Kluge (2010) eignet sich die Methodentriangulation besonders für wandlungsfähige, gesellschaftliche Strukturen, zu denen bisher keine Systematik vorliegt. Die genannten Methoden unterliegen einem ständigen (Re-)Interpretationsprozess, sollten möglichst offen und kommunikativ angelegt sein sowie dichte Beschreibungen generieren. Im Gegensatz zu quantitativen Forschungsmethoden sollen keine Hypothesen überprüft, sondern in einem langfristigen Prozess und im Wechselspiel mit der Feldsituation Hypothesen generiert werden. Der Forscher hat lediglich Vorannahmen, die er im Forschungslauf ausdifferenziert, zu Hypothesen versifiziert oder ggf. im Forschungsprozess wieder verwirft.

4.2 Qualitative Einzelfallstudie und Methodentriangulation

Nach der komprimierten Einführung in die methodologischen Grundlagen sozialwissenschaftlich-qualitativer Forschung und der disziplinären Verortung dieser Arbeit, werden nachfolgend die Merkmale des gewählten Forschungsdesign (qualitative Einzelfallstudie) vorgestellt. Anschließend werden die Vor- und Nachteile von Fallstudien sowie der beiden miteinander triangulierten Methoden, Interview und teilnehmende Beobachtung, ausführlich reflektiert. Die Methodenreflexion dient zum einen der Begründung und Erläuterung des gewählten qualitativen Methodendesigns und ermöglicht zum anderen die intersubjektive Nachvollziehbarkeit der Fallauswahl, Datengenerierung und -auswertung, die in einem zweiten Schritt konkretisiert werden (vgl. 4.3).

4.2.1 Merkmale, Funktion und Verwendung der Einzelfallstudie

Nach Lamnek stellt die Fallstudie keine konkrete Erhebungstechnik und „kein eigenständiges methodologisches Paradigma, sondern einen Forschungsansatz" (Lamnek 2005, S. 298) dar, bei dem die Untersuchungseinheiten auf unterschiedlichen Ebenen (Mikro-, Meso-, und Makroebene) liegen können. Diese „widmen sich der kleinstmöglichen Einheit der qualitativen Sozialforschung, einem Fall." (Brüsenmeister 2000, S. 63). Die Fallstudie gehört nach Flick (2005) zum Basisdesign der qualitativen Forschung. Der Fall bildet jeweils eine Einheit, die typischerweise für etwas (z.B. eine Gruppe) steht. Die Untersuchungseinheiten sind spezifische Merkmale (nicht aggregierte Individualmerkmale) von komplexen sozialen Systemen –bspw. einer Person, Gruppe, Familie, Schulklasse, Unternehmenseinheit, Organisation.[46] Dabei wird der jeweilige Einzelfall als Stellvertreter seiner Alltagswelt mit seiner individuellen Komplexität, ökologischen Validität und Praxisrelevanz betrachtet.

Ein Fall besitzt nach Fuchs (2007) symbolische Repräsentativität für ein definiertes Feld und verweist auf weitere symbolische Deutungshorizonte, in dem die Bedeutungswelt (Normen und Werte) der Untersuchungsgruppe untersucht und beschrieben werden kann. Im Forschungsinteresse der Fallstudie steht – im Gegensatz zur Repräsentativität (allgemeingültiger) Regel von quantitativen Untersuchungen – die ‚Ausnahme von der Regel'. Dabei wird das Verhältnis vom Besonderen und Allgemeinen untersucht (vgl. Fatke 2010). Die Fallstudie ist in der quantitativen Sozialforschung nicht weit verbreitet, da die Fallzahl i.d.R. zu gering ist und der quantitativen Forschungslogik (Suche nach Gesetzmäßigkeiten) widerspricht. Vereinzelt wird die Fallstudie in quantitativen Forschungsdesigns in einer explorativen oder ergänzenden Funktion[47] verwendet. Im qualitativen Forschungsparadigma ist die Fallstudie dagegen als eigenständige Hauptuntersuchung anerkannt und als eigenständige Methode verbreitet.

Qualitative Einzelfallstudien entstammen der sozialwissenschaftlich-qualitativen Forschungstradition und haben ihren Ursprung in der Ethnologie: „Es gibt kein Gebilde, das nicht ethnographisches Interesse wecken könnte" (Brüsenmeister 2000, S. 62). Der Forscher besitzt in der Beobachtungskonstellation den Status einer dritten Partei. Neben einer differenzierten und detaillierten Fallbeschreibung können gesellschaftliche Phänomene durch Einzelfälle stellvertretend für ähnliche Fälle erklärt und/oder unterschiedliche Fälle miteinander verglichen werden. Einzelfallstudien eignen sich insbesondere für wenig erforschte Teilbereiche, die zudem einen hohen Bedarf an theoretischen Erklärungszusammenhängen haben, bspw. kann durch einen Einzelfall oder Fallvergleich theoretisches Wissen generiert werden.[48]

46 Gegenstand der Beobachtung können z.B. ein Raum, die Sitzordnung, eine Handlung, die Körperhaltung, (Beziehungs-)Konstellationen und weitere Handlungszusammenhänge sein.

47 Z.B. zur Hypothesengenerierung, als Pretest oder zur Illustration von empirisch-quantitativen Untersuchungen.

48 In einer Vergleichsstudie werden unterschiedliche Fälle gegenüber gestellt. Weitere typische Designs von Fallstudien sind die retrospektive Studie (Einsatz biographischer Methoden), die Momentaufnahme (hält aktuellen Stand fest) und die Längsschnittstudie (bspw. mittels Mehrfachbefragungen).

Die Fallauswahl kann entweder zufällig nach dem „Schneeballsystem“[49] oder nach einer mehrfach-geschichteten Fallauswahl[50] mit einer vorab definierten Zielgröße und Zusammensetzung sowie nach einer kontrastierenden Fallauswahl erfolgen, für die vorab Kriterien festgelegt werden müssen. Erstere Variante kann u.U. eine eingeschränkte Sicht auf das Feld zur Folge haben, da evtl. andere, wichtige Personen ausgeschlossen werden. Die systematische (Fall-)Auswahl der Interviewten ist für die Datenerhebung und spätere Datenauswertung von hoher Bedeutung. Durch die Begründung der Auswahl eines Falles oder mehrerer Fälle soll – neben der Legitimität der Auswahl (wofür steht der Fall?) – eine Art Feld-Repräsentanz gewährleistet werden. Die Fallstudie ist prinzipiell für alle Methoden der qualitativ-empirischen Sozialforschung anschlussfähig: teilnehmende Beobachtung (offen/verdeckt), nicht und (teil-)standardisiertes Interview (offen/narrativ), Gruppendiskussion, digitale Aufzeichnung (Onlineforen etc.) sowie Dokumentenanalyse (Artefakte). Hierbei erweist sich die Methodentriangulation im Sinne eines multimethodischen Forschungsdesigns als besonders geeignet, um der Komplexität des Untersuchungsobjektes gerecht zu werden. Die Kombination der verwendeten Methoden hängt vom Forscher und dessen wissenschaftlicher Fragestellung ab. Das gewählte Verfahren sollte dabei (anhand von nachvollziehbaren Regeln) begründet und expliziert werden. Mögliche Instrumente, welche die intersubjektive Überprüfbarkeit erhöhen können, sind ein Forschungstagebuch[51] (z.B. theoretischen/methodischen Beobachtungsnotizen)[52].

Der Forschungsprozess von Fallstudien gestaltet sich nach Lamnek (2005) typischerweise in drei aufeinanderfolgende Phasen, wobei das Vorgehen individuell an den spezifischen Fall und die Fragestellung angepasst werden kann:

(1) Populationswahl: Die Wahl der Untersuchungseinheit erfolgt nach einem spezifischen ‚theoretical Sampling‘. Hierbei wird ein Fall ausgewählt, der die bisherigen Vorannahmen und den aktuellen Wissensstand zum Untersuchungsgegenstand differenzierter darstellen kann. Die Entscheidung kann dabei anhand äußerlicher Merkmale, nach dem Zufallsprinzip oder kontrastierend anhand eines „Idealtyps oder Extremfalls“ erfolgen (Lamnek 2005, S. 314).

---

49 Zufällige Befragung, Vermittlung von Interviewpartnern über einen Gatekeeper etc.

50 Nach Auswahlkriterien wie Alter, Geschlecht, soziale Herkunft etc.

51 In diesen kann der Forscher seine eigenen Wahrnehmungen, Erfahrungen und Eindrücke dokumentieren.

52 Deskriptiv-wortgetreu für die spätere Auswertung (Datenprotokolle, Notizen etc.).

(2) Datenerhebung: Bei der Datenerhebung sind qualitative Merkmale wie Offenheit, Kommunikativität und Naturalistizität relevant. Dabei sollte die Untersuchungssituation der Alltagssituation möglichst nahe kommen (keine Laboratmosphäre).
(3) Auswertung des Materials: Die Materialauswertung erfolgt (je nach methodischer Ausrichtung des Forschers) entweder ideen- oder theoriengenerierend, z.B. mittels der *Grounded Theorie* (nach Corbine und Strauss). Die Entwicklung theoretischer Konzepte erfolgt bspw. mittels der *Objektiven Hermeneutik*, problemzentrierter Methoden oder einer strukturellen Beschreibung des Falls (Inhaltsanalyse nach Mayring) in mehreren Phasen.

Ziel dieses Forschungsprozesses ist die Wissensgenerierung/-erweiterung, Interpretation und Typisierung von Handlungswirklichkeit. Die generierten Einzelfallergebnisse sollten im jeweiligen sozialen Zusammenhäng und (Forschungs-)Kontext betrachtet werden, damit die Generalisierbarkeit der Forschungsergebnisse gewährleistet werden kann.

Vorteile und Grenzen der Fallstudie

Die Vorteile der Fallstudie liegen zum einen in der Verwendung unterschiedlicher Methoden, zum anderen in der Exploration von wenig erforschten Feldern. Die potenzielle Methodenvielfalt ermöglicht es, einzelne Fälle mit unterschiedlichen Techniken und Methoden zu untersuchen und diese direkt aufeinander zu beziehen. Die Methodentriangulation „ermöglicht das Ausmerzen erkannter Fehler und stellt eine Prophylaxe gegen unerkannte Fehler dar“ (Lamnek 2005, S. 317). Eine Übereinstimmung der Ergebnisse und die innere Logik des Falls geben nach Lamnek jedoch keine Aussage über deren Wahrheitsgehalt und dienen lediglich der alltagsweltlichen Rekonstruktion von Handlungsmustern. Hier ist auch die Grenze der Fallstudie als Forschungsansatz zu sehen, sie ist aufgrund der zu geringen Fallzahl nicht repräsentativ. Da sich die Fälle außerdem aus sich selbst heraus konstruieren und erklären, stellen die Forschungsergebnisse eine „potenzielle Unverbindlichkeit“ (Brüsenmeister 2000, S. 116) dar und verfügen über eine eingeschränkte externe Vergleichbarkeit. Bei Ergebnissen von qualitativen (Fall-)Studien handelt es sich um kontextualisierte Erklärungen mit befristeter Gültigkeit, lokaler Anwendbarkeit und tendenziell geringer perspektivischer Relevanz (vgl. Bude 2005).

Eine Gefahr besteht darin, dass sich der Forscher in Falldetails verzettelt und den Blick für das Wesentliche zur Beantwortung der Fragestellung verliert. Es reicht nach Brüsenmeister (2000, S. 117) nicht aus „auf ein empirisches Phänomen aufmerksam gemacht sowie einen theoretischen Typus in seiner inneren

Logik erklärt zu haben", ohne dass dieser zu übertragbaren Ergebnissen führen könnte. In weniger unerforschten Feldern eignet sich diese Methode deshalb nur als explorative Studie für nachfolgende Untersuchungen oder als ergänzende Forschungsmethode in Kombination mit weiteren Untersuchungssettings. Bei der Fallstudie besteht weiterhin die Gefahr lediglich eine deskriptive Rekonstruktion des Falls, ohne Konzept, Interpretation und Typologie zu generieren. Um dieses Defizit zu kompensieren, sollten die Ergebnisse über den Einzelfall hinaus in den Gesamtkontext des Untersuchungsfeldes transferiert werden.

4.2.2 Methoden-Triangulation: Interview und Beobachtung

Aufgrund der methodischen Offenheit von Einzelfallstudien und der Methodenvielfalt qualitativer Forschung wurde für die vorliegende Arbeit eine Triangulation verschiedener qualitativer Methoden und Perspektiven nach Flick (2005) gewählt. Allgemein wird unter Triangulation eine Kombination qualitativer und quantitativer Methoden zur Erhöhung der Validität verstanden. Methodische Triangulation von unterschiedlichen, qualitativen Methoden und Datentriangulation (vgl. ebd.) sind hingegen als eine Validierungsstrategie qualitativer Feldforschung zu verstehen, wodurch die jeweiligen Stärken und Schwächen der Methoden komplementär kompensiert werden sollen.[53] Da jede eingesetzte Methode den zu erforschenden Gegenstand auf eine spezifische Weise konstruiert, kann Methodentriangulation weder die Unzulänglichkeiten der anderen Methode kompensieren noch objektive Wahrheit produzieren. Durch die Triangulation unterschiedlicher Methoden wird ein tieferes Verständnis des Untersuchungsgegenstandes intendiert, der einer strategischen Absicherung und Begründung der Ergebnisse ermöglicht. Das Ziel der methodischen Triangulation sollte nach Flick das Herausstellen von Divergenzen und Widersprüchen („divergente Perspektiven" vgl. ebd., S. 318) sein, die sich aus den Ergebnissen der unterschiedlichen Analysen des Datenmaterials ergeben, weniger das Herstellen von Konvergenzen (Bestätigungen des bereits Gefundenen). Nach Lamnek (2005) eignet sich eine Kombination aus Befragung und Beobachtung, aus

53 Weitere Triangulationsformen (vgl. Flick 2005) sind: Daten-Triangulation (Kombination von Daten); Investigator-Triangulation (Einsatz verschiedener Forscher); Theorien-Triangulation (Verwendung unterschiedlicher Theorien). Bei der Methoden-Triangulation wird weiterhin zwischen „Within-Method-Triangulation" (innerhalb einer Methode: z.B. im episodischen Interview) und „Between-Method-Triangulation" (Verbindung qualitativen und quantitativen Methoden) unterschieden.

der komplementären Methodentriangulation dieser beiden Erhebungsinstrumente kann die Gültigkeit der erhobenen Daten und analysierten Ergebnisse abgesichert werden.

Im Rahmen der vorliegenden Studie wurden die qualitativen Erhebungsmethoden *leitfadengestütztes Experteninterview* und *teilnehmende Beobachtung* (sowie punktuell deskriptive Dokumentenanalyse) verwendet. Alle in dieser Arbeit eingesetzten Methoden werden als gleichwertig angesehen. Im Sinne einer Perspektiven-Triangulation werden die unterschiedlichen Forschungsperspektiven der verwendeten Methoden miteinander kombiniert, um den Einzelfall multiperspektivisch zu untersuchen. Nachfolgend werden die Aspekte der Datenauswahl, -erhebung und -auswertung der jeweiligen verwendeten Methoden erläutert und hinsichtlich ihrer Vor- und Nachteile diskutiert.

Das leitfadengestützte Experteninterview

Das leitfadengestützte (Experten-)Interview ist die am häufigsten genutzte Interviewform und gehört als empirisches Erhebungsverfahren zu den beliebtesten Methoden der qualitativen Sozialforschung (vgl. Nohl 2006; Liebold/Trinczek 2009). Durch die spezifische Interviewform kann die Erhebungsmethode präzisiert werden. Beim qualitativen Interview kann nach Nohl (2006) zwischen zwei klassischen Formen unterschieden werden: dem offenen-biographischen und dem leitfadengestützten (Experten-)Interview, das sich an einem vorgegeben Thema orientiert. Die zentralen Gemeinsamkeiten dieser beiden Interviewformen liegen in ihrer erzählgenerierenden Orientierung und dem Versuch, Meinungen, Theorien und Stellungsnahmen einer Person/eines Experten durch persönliche Erfahrungen anzureichern. Weitere Interviewformen sind das narrative Interview, das voll- bzw. teilstandardisierte Interview, das Telefoninterview etc. Beim leitfadengestützten Experteninterview handelt es sich um ein thematisch strukturiertes Interview, bei dem Experten durch erzählgenerierende Fragen zur Eigenpräsentation motiviert werden sollen. Es setzt empirisch an der Alltagswelt der Subjekte an. Das Experteninterview eignet sich insbesondere zur Exploration von Unbekanntem. Dabei wird meist mittels einer Kombination aus Induktion und Deduktion vorgegangen, wobei die theoretischen Bezüge, Kategorien(-systeme) oder Erhebungsinstrumente modifiziert werden können. Eine rein induktive Vorgehensweise (z.B. in narrativen Interviews) wird in leitfadengestützten Experteninterviews hingegen äußerst selten verwendet.

Im leidfadenorientierten Experteninterview, in dem i.d.R. ein *Experte* über ein spezifisches Betriebswissen seines Handlungsfeldes befragt wird, geht es vorrangig um das immanente Wissen des Experten und dessen kontextuale

Erfahrungen. Experten gelten demnach als Repräsentanten einer Organisation oder Institution (hier: eines WB-Netzwerks), nicht als eine Privatperson. Der Begriff des Experten bezieht sich auf einen exponierten Personenkreis, der im Hinblick auf das jeweilige Forschungsinteresse spezifisches Wissen mitbringt, über ein fachlich orientiertes Sonderwissen verfügt, sich durch eine Nähe zur alltäglichen Lebenspraxis auszeichnet und in der Interviewsituation eine spezialisierte Rolle einnimmt. Experten repräsentieren organisationale und institutionelle Wissensbestände (Erfahrungsregeln) und Entscheidungsstrukturen, aus denen sich Strukturzusammenhänge ableiten lassen. Die Kompetenz des Experten wird – im Gegensatz zum Laien – in seiner Zugehörigkeit zu einer Profession festgemacht. Die Adressaten von Experteninterviews sind „Funktionseliten innerhalb eines organisatorischen und institutionellen Kontextes" (Liebold/Trinczek 2009, S. 37f.). Die Experten verfügen über einen privilegierten Zugang zu Informationen und Entscheidungsprozessen. Die jeweiligen Relevanzsysteme und impliziten Handlungsmuster der Experten müssen ebenfalls interpretativ rekonstruiert werden.

Kühl und Trinczek (2002) betonen, dass das Experteninterview keine eigene methodisch ausgerichtete Interviewform darstellt, sondern als eine Art Mischform der Datenerhebung mit klar definierten Inhalten. Biographische Entstehungszusammenhänge werden hierbei bewusst ausklammert. Zentrale Prinzipien des Experteninterviews sind Offenheit, Flexibilität und Kommunikation. Eine Strukturierung des Interviews erfolgt hingegen durch konzeptionell-theoretische Vorüberlegungen anhand eines Interviewleitfadens mit Fragen, die der Alltagskommunikation angepasst und nicht vorformuliert anzuwenden sind. Der vorab entwickelte Interviewleitfaden dient als Gedächtnisstütze, durch den die Gesprächssituation zielgerichtet strukturiert werden kann und ausreichend Raum für freie Erzählungen lässt – im Sinne des interpretativen Paradigmas[54] (vgl. Liebold/Trinczek 2009). Meuser und Nagel (2009) betonen ebenfalls die Offenheit des leitfadengestützten Interviews, das zudem die Vergleichbarkeit einzelner Interviewtexte unterschiedlicher Experten (z.B. bei Mehrfachbefragungen) gewährleistet.

Der Leitfaden besteht i.d.R. aus erzählgenerierenden Fragen, die aus theoretischen Vorarbeiten entwickelt werden können. Im Interviewverlauf werden diese als Eingangsfrage gestellt und in Bezug zum Geäußerten nachgefragt, auch wenn dabei von festgelegten Leitfaden abgewichen werden muss. Gängige Methoden

54 Rekonstruktion von sozialer Wirklichkeit und Erfassung subjektiver Erfahrungen, Perspektiven, Sinn- und Relevanzstrukturen.

sind hierbei die (Zurück-)Spiegelung, immanente Verständnisfragen und erzählgenerierende Konfrontation. Bei stockendem Redefluss kann auf den Leitfaden zurückgegriffen werden. Der Interviewer hat die Aufgabe, Fragen mit narrativer Erzählkraft zu stellen und neue Erzählungen durch immanentes Nachfragen zu generieren. Es sollte vermieden werden, den Interviewpartner zu beeinflussen oder gar zu manipulieren, allerdings kann ein bewusstes Formulieren von Gegenpositionen ggf. hilfreich sein, um den Interviewpartner ‚aus der Reserve zu locken'. In der Erhebungssituation übernimmt der Interviewer einerseits eine inhaltlich kompetente Gesprächsleitung, andererseits nimmt er eine leicht distanzierte, aber interessierte Haltung ein. Eine Anpassung des Sprachcodes an den jeweiligen Handlungskontext, eine bezugnehmende, neugierige Anteilnahme und respektvolle Haltung tragen maßgeblich zum Gelingen des Interviews bei. Für qualitative Studien, die ausschließlich auf Befragung basieren, wird ein mittlerer Stichprobenumfang von 30 Interviews empfohlen. Die Anzahl der Befragten variiert jedoch je nach Fragestellung und hängt von der empirischen Sättigung oder Länge der Interviews ab. Die Fälle bzw. Interviewpartner können entweder Repräsentationen des Typischen oder Abweichenden des Untersuchungsfeldes darstellen: „Im Idealfall soll das Extreme vertreten sein, um über Kontrastierungen zu Aussagen zu gelangen" (Ernst 2010, S. 56).

Das leitfadengestützte Experteninterview eignet sich sowohl für explorativ-felderschließende Studien als auch für Hauptuntersuchungen. Generell gilt, dass die gewählte Erhebungs-, und Auswertungsmethode immer gegenstandsangemessen und an die spezifische Fragestellung sowie den Untersuchungsgegenstand angepasst sein sollte. Die Vorteile des Experteninterviews liegen zum einen im Generieren von (Insider-)Informationen, zum anderen ist das Experteninterview an der Schnittstelle zwischen makro- und mikrosoziologischer Analyse zu verorten und ermöglicht einen privilegierten Einblick in Problembereiche. Die befragten Experten repräsentieren kollektive Orientierungen und eröffnen einen Zugang zu funktionsspezifischem Wissen. Dennoch sollte keine künstliche Trennung zwischen Person und Experte vorgenommen werden. Experten sollten zugleich als Funktionsträger und Individuum mit biographischem Hintergrund betrachtet werden. Durch die erwähnte Zwitterposition des Experteninterviews im Sinne einer „geschlossenen Offenheit" (vgl. Kühl/Trinczek, 2002) und seine explorative Funktion ist es besonders geeignet, um komplexe, neuartige Wissensbestände zu erschließen. Thematische Schwerpunktsetzungen und erste Hypothesen ermöglichen eine Überprüfung der (theoretischen) Wissensbestände. Die bereits erwähnte Prozesshaftigkeit der Datenerhebung und des interpretativen Forschungsprozesses ermöglicht qualitative Erkenntnisse, darüber hinaus kann zur Theorieentwicklung beigetragen werden. Der Forscher steht beim Einsatz des Experteninterviews vor der Herausforderung, eine Balance zwischen Strukturierung und Offenheit zu finden, indem er während des Interviews so strukturiert wie nötig und so offen wie möglich vorgeht sowie sein Vorgehen transparent kommuniziert und reflektiert. Die Protokollierung und Auswertung der Daten hilft dabei, Strukturen im Material zu erkennen und begünstigt eine verantwortungsvolle Interpretation. Forschungserfahrung, Imagination und Kreativität spielen bei der Interpretation eine große Rolle. Die Qualität der Interpretation entscheidet über die Güte der Studie (vgl. Kühl/Trinczek, 2002).

Feldforschung: Teilnehmende Beobachtung

Die teilnehmende Beobachtung ist nach Flick (1999) eine Methode der sozialwissenschaftlichen Grundlagen-/Feldforschung, die aus einzelnen Daten, Bildern, Fakten und Erklärungen erzeugt wird und der Rekonstruktion von sozialer Wirklichkeit und kultureller Praxis dient. Sie hat ihren Ursprung und ihr Einsatzgebiet in der Ethnologie/(Kultur-)Anthropologie und wird als eine eigenständige, sozialwissenschaftlich-rekonstruktive Methode bezeichnet (vgl. Lamnek 2005; Lüders 2005). Der kommunikativ-interaktive Forschungsprozess ist wenig planbar und hängt von der Beschaffenheit des Feldes ab, bei dem der Forscher die Rolle des Beobachters einnimmt und mitsamt seinen individuellen Persönlichkeitsmerkmalen für den Forschungsprozess von großer Bedeutung ist (vgl. Bachmann 2009). Teilnehmende Beobachtung wird in empirischen Studien am seltensten eingesetzt und ist analytisch nicht trennscharf zu anderen Erhebungsmethoden (Interview oder Gruppendiskussion) zu betrachten. Sie wird häufig für die Untersuchung von Subkulturen, selten jedoch als zentrales Verfahren eingesetzt (vgl. Flick 2005) und oft mit anderen Erhebungs- und Auswertungsmethoden verschränkt. Der Einsatz von teilnehmender Beobachtung eignet sich insbesondere für die wissenschaftlich abgesicherte Rekonstruktion von kommunikativen Aushandlungsprozessen, komplexen Deutungssystemen sowie zur Erschließung von (Sub-)Kulturen und gesellschaftlichen Randgruppen.

Beobachtungsgegenstand sind kulturelle Wissensbestände der eigenen oder fremden Kultur (Lüders 2005), soziales Verhalten und Sinnstrukturen von Personen oder Gruppen (Lamnek 2005), die situativ mit Blick auf die Routinen und das „Besondere im Alltäglichen“ (Flick 1999, S. 161) im Feld erschlossen werden. Teilnehmende Beobachtung zeichnet sich durch eine Offenheit der Datenerhebung, Flexibilität, Gegenstandsangemessenheit und Kommunikation aus. Ziel dieser Methode ist die Rekonstruktion kommunikativer Interaktionen und Handlungen durch die Gewinnung einer Innenperspektive – im Sinne eines methodisch kontrollierten Fremdverstehens (vgl. Lamnek 2005). Nach Lüders ist die kommunikative Interaktion zwischen dem Forscher und der Untersuchungsgruppe über einen längeren Zeitraum relevant: Der Forscher untersucht aus einer „Insiderperspektive“ (2005, S. 391) heraus die natürliche Lebensumwelt von Personen, indem er am Alltagsleben der Untersuchten teilnimmt, ein Vertrauensverhältnis zum Feld aufbaut und gleichzeitig eine professionell-distanzierte Haltung einnimmt. Als Beobachtungsfeld wird ein räumlich und zeitlich abgegrenzter Bereich bezeichnet, der im Laufe des Forschungsprozesses in unterschiedlichen Maße offen oder komplex sein kann. Die spezifischen Strukturen des Forschungsfeldes liefern wichtige Kontextinformationen für die Interpretation des Beobachtungsmaterials. Der Feldzugang wird i.d.R. über eine Schlüsselperson hergestellt, zu der gezielt oder zufällig Kontakt aufgenommen und Vertrauen aufgebaut wird. Vorarbeiten in Form von Literaturrecherche, ersten theoretischen Vorannahmen und ggf. Dokumentenanalysen erleichtern den Zugang zum und die Beobachtung im Feld.

Beobachtungsformen und Datenerhebung

Die Datenerhebung der teilnehmenden Beobachtung gestaltet sich i.d.R. prozesshaft und erfolgt in mehreren Phasen. Sie kann über unterschiedlich lange Zeiträume und Intensitätsgrade der Beteiligung variieren. Ergänzend können weitere Methoden wie qualitative Interviews und Dokumentenanalysen (z.B. Sitzungsprotokolle, Berichte, Zeitungen) kombiniert und vielfältige Erhebungsinstrumente (z.B. Beobachtungsbögen/-schemata, Feldnotizen, Beobachtungsprotokolle) eingesetzt werden (vgl. Flick1999/Lamnek 2005). Bei der Datenerhebung wird zwischen der naiven *Alltagsbeobachtung* und *wissenschaftlichen Beobachtung*[55] unterschieden – wobei hier zwischen *reaktiven*[56] und *nichtreaktiven Verfahren*[57] differenziert wird (vgl. Lamnek 2005; Bachmann 2009). Bei der wissenschaftlichen Beobachtung wird weiterhin zwischen *strukturierter* und *unstrukturierter* Beobachtung, *offener* und *verdeckter*, *teilnehmender* und *nicht teilnehmender* Beobachtung, *aktiver/direkter* und *passiver/indirekter* Beobachtung sowie *Feldbeobachtung* und *Laborbeobachtung* unterschieden.

---

55 Die wissenschaftlichen Beobachtung (schriftliche/mündliche Dokumentation) und Alltagsbeobachtung sind analytisch verschränkt, in der Anwendung gibt es durchaus graduelle Differenzen (vgl. Lamnek, 2005).

56 Forschende generieren ihr Material selbst (z.B. Interviews, Beobachtungen, Filmdokumentationen etc.).

57 Forschende arbeiten mit Material, das sie im Feld vorfinden (z.B. Dokumente, Tagebücher etc.).

Alle Beobachtungsformen verfolgen ein spezifisches Forschungsziel, werden systematisch geplant und dokumentiert. Die strukturierte Beobachtung orientiert sich an einem vorab entwickelten, differenzierten Kategoriensystem und ist durch den Einsatz der gleichen Kategorien grundsätzlich überprüfbar. Beim Einsatz der unstrukturierten Beobachtung verwendet der Forschende höchstens allgemeine Kategorien als Richtlinien für seine Beobachtungen und verfügt über einen großen Beobachtungsspielraum, innerhalb dessen er Hypothesen generieren kann. Bei der Feldbeobachtung wird der Untersuchungsgegenstand in seiner natürlichen Umgebung realitätsgetreu beobachtet. In der Laborbeobachtung hingegen werden die Untersuchten aus ihrer natürlichen Umgebung herausgelöst, um mögliche nicht intendierte Einflüsse auszuschließen. In der Forschungspraxis finden sich häufig Zwischen- und Mischformen, da jede Beobachtung ein Minimum an Strukturierung und Offenheit für Unvorhergesehenes erfordert. Bei der offenen Beobachtung gibt sich der Forscher als solcher im Feld zu erkennen und informiert die Untersuchten über seine Intentionen und Ziele, ohne detailliert alle Ziele offenzulegen. Verdeckte Beobachtung findet sehr selten statt und hat den Vorteil, die Authentizität des Feldes nicht zu beeinflussen und potenzielle Einflüsse durch die Anwesenheit des Forschenden auf das Verhalten der Untersuchten zu minimieren.[58] Als teilnehmender Beobachter wird ein Forscher dann bezeichnet, wenn er sich als Bestandteil des sozialen Feldes in unterschiedlichen Partizipationsgraden, d.h. aktiv oder passiv, in das Geschehen einbringt. Wohingegen der nicht teilnehmende Forscher das Verhalten der Untersuchten aus einer externen Perspektive heraus beobachtet – ohne sich selbst einzubringen. Der Grad der Beteiligung des Forschers hängt (neben dem jeweiligen Forschungsinteresse und Vorwissen) vom Feldzugang und den gegebenen Beteiligungsmöglichkeiten des Feldes ab.

Mögliche Gefahren beim Einsatz der teilnehmenden Beobachtung ergeben sich aus der determinierten Sinneswahrnehmung des Forschers und aus zeitlichen Restriktionen. Da Beobachtungsstudien zeitlich begrenzt, nicht alle Situationen beobachtbar und Längsschnittuntersuchungen i.d.R. schwer zu realisieren sind, ist es sinnvoll, zusätzliche Befragungen durchzuführen. Es bietet sich an, übersichtliche Gruppen in spezifischen, lokal abgrenzbaren Räumen zu beobachten und vorab Beobachtungskriterien und -zeiten festzulegen. Dabei gilt, je länger ein Feld bzw. Untersuchungsgegenstand beobachtet werden kann, desto höher ist die Wahrscheinlichkeit, dass extreme Situationen und spontane,

58 Die Form der verdeckten Beobachtung wird aufgrund forschungsethischer Vorbehalte selten genutzt.

authentische Ereignisse erfasst werden können, die Rückschlüsse auf nichtbeobachtete Perioden erlauben.[59] Aufgrund der individuellen Selektionsprozesse des Forschenden kann es zu Verzerrungen und Fehlern kommen, die nachträglich nur schwer korrigiert werden können. Während oder nach dem Beobachtungsprozess wird das beobachtete Verhalten der Akteure selektiv interpretiert. Es besteht das Risiko, dass der Forscher sein persönliches Deutungsmuster auf den Beobachtungsgegenstand überträgt, Ereignisse (unbewusst) verändert oder ignoriert, Wertungen mit evaluativem Charakter vornimmt oder geltende Sinn- und Bedeutungszusammenhänge ausblendet bzw. überinterpretiert. Außerdem können im Laufe der Untersuchung die Aufmerksamkeit nachlassen, Selbstverständlichkeiten übersehen und somit die Zuverlässigkeit der Daten reduziert werden.[60] Wie bereits erwähnt, ist eine Unvoreingenommenheit des Forschers gegenüber der Untersuchungsgruppe eine wichtige Vorrausetzung und trägt wesentlich zum Gelingen einer Beobachtungsstudie bei (vgl. Lamnek 2005). Der Forscher befindet sich in einem Spannungsfeld aus Feld-Nähe und Feld-Distanz[61], das den gesamten Forschungsprozess (oder einzelne Forschungsphasen) umfasst. Er steht somit vor der Herausforderung eine gewisse Identifikation zum Feld aufzubauen, ohne symbiotisch im Feld aufzugehen oder das Feld lediglich distanziert-deskriptiv zu beobachten. Deshalb sollte der Forscher das eigene Sinnverständnis hinterfragen und das Feld aus einer reflektierten Distanz heraus betrachten, um seine Beobachtungen wissenschaftlich analysieren und prüfen zu können (vgl. Flick 1999; Lamnek 2005).

4.3 Methodisches Design

Als Untersuchungsgegenstand wurde die hessische Landesinitiative HESSENCAMPUS (HC), stellvertretend für diagonal-heterogene WB-Netzwerke mit strukturbildender Funktion, gewählt (vgl. 4.4). Die vorliegende Studie ist in zwei aufeinander aufbauende Teile gegliedert: (1) eine explorative Vorstudie, in der Experteninterviews mit ausgewählten HC-Koordinatoren unterschiedlicher HC-Initiativen geführt und durch eine felderschließende Dokumentenanalyse

---

59 Der typische Zeitraum für eine Beobachtungstudie beträgt ca. 1 Jahr, kann je nach Forschungsgegenstand und Fragestallung von Wochen oder Monaten bis zu mehreren Jahren variieren (vgl. Bachmann 2009).

60 Flick (1999) warnt vor einem „Going Native", bei dem der Forscher seine kritische Außenperspektive verliert, vollständig die Sichtweisen der Akteure übernimmt und sich mit dem Feld (zu stark) identifiziert.

61 Lamnek spricht vom „Dilemma von Identifikation und Distanz" (2005, S. 632ff).

ergänzt wurde. (2) Im Rahmen einer vertiefenden Fallstudie wurden eine Steuerungsgruppe eines ausgewählten HC beobachtet und einzelne Mitglieder der Steuerungsgruppe befragt. Die beiden Teile verhalten sich komplementär zueinander und spiegeln unterschiedliche Zugangsebenen (Vorstudie: übergeordnete Makroebene, Fallstudie: einzelfallbezogene Mikroebene) wider, dabei baut die vertiefende Fallstudie inhaltlich auf der Vorstudie auf. Zudem wurde aus der Expertenbefragung der HC-Koordinatoren der Feldzugang für die vertiefende Einzelfallstudie eröffnet und ein hinsichtlich seines Widerstandspotenzials besonders interessanter Fall (HC) ausgewählt. Anhand des gewählten Falls werden die *Handlungslogiken* der beteiligten Akteure innerhalb der jeweiligen Subsysteme (WB-System vs. Schulsystem, z.B. die Haltung der Berufsschulen) besonders sichtbar.

Vergegenwärtigt man sich die offene Fragestellung nach den Entwicklungspotenzialen von WB-Netzwerken, die sich zum einen über die subjektiven Deutungsmuster der Akteure (Experten), zum anderen über beobachtbare Interaktionszusammenhänge im Feld erschließen lassen, ist ein qualitatives Forschungsdesign naheliegend. Dieses Vorgehen entspricht dem experimentellen Prozess des HC, der aufgrund seiner zeitlichen Dynamik und Ergebnisoffenheit weder über eine Längs- noch über eine Querschnittsanalyse zu untersuchen gewesen wäre.

Abbildung 4: Methodendesign[62]

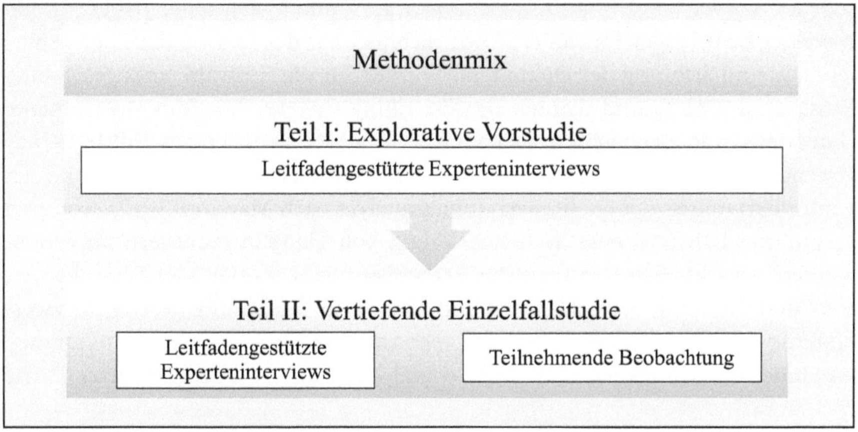

62 Quelle: Eigene Darstellung.

Entsprechend der Besonderheiten des zu explorierenden Untersuchungsfeldes (vgl. Flick 2005) wurde die Fallstudie mittels qualitativer Methodentriangulation gewählt. Bereits zu Beginn des Forschungsprozesses fiel das Methodendesign – aufgrund der Explorationsfunktion – auf die Einzelfallstudie und eine Kombination qualitativer Methoden (vgl. Bude 2005; Lamnek 2005; Rosenstiel 2005). In der explorativ-felderschließenden Vorstudie wurden reaktive Verfahren (leitfadengestützte Interviews mit ausgewählten HC-Koordinatoren) und ergänzend nicht-reaktive Verfahren[63] (interne und öffentlich zugängliche HC-Dokumente) trianguliert. Das gewählte Methodendesign eignet sich zur Erforschung sozialer Realität(en) – von Kooperation und Vernetzung – und zur Erschließung latenter Sinnstrukturen der Untersuchungsgruppe (vgl. Ernst 2010). Die Methodenwahl, leitfadengestütztes Experteninterview und (nicht standardisierte) teilnehmende Beobachtung, setzt ein kontrolliertes, methodisches Vorgehen voraus, um subjektiv-gefärbte Deutungen des Forschenden zu vermeiden. Deshalb orientierte sich die Autorin im Forschungsprozess an den idealtypischen Forschungsphasen nach Lamnek (2005): Der Populationsauswahl (des Einzelfalls) wurde eine explorative Vorstudie vorgelagert, anhand derer Ergebnisse der Untersuchungsgegenstand konturiert, der Fall/HC ausgewählt und feldrelevante Themen erschlossen werden konnten.

Die Auswahl der in der Vorstudie befragten Koordinatoren erfolgte anhand von Kriterien (vgl. 4.3.1). Der Leitfaden wurde – sowohl für die Vorstudie als auch für die vertiefende Fallstudie – deduktiv aus dem theoretischen und praxisfeldbezogenen Vorverständnis der Autorin (vgl. Kap. 2 und 3) abgeleitet, dabei wurden bewusst offene Fragen formuliert. Die Ergebnisse aus der Analyse der Experteninterviews und Sichtung der Dokumente wurden für die Auswahl eines geeigneten Falls herangezogen und dienten der Erstellung weiterer Erhebungsinstrumente (Interview- und Beobachtungsleitfaden), die in der vertiefenden Fallstudie angewendet wurden. Die Auswertung der Experteninterviews erfolge methodisch kontrolliert mittels der qualitativen Inhaltsanalyse nach Mayring (2010), wodurch Fremdverstehen und eine Systematisierung von Handlungsmustern angestrebt wurden. Anschließend wurden die Ergebnisse der Experteninterviews aus der Vor- und Fallstudie komplementär miteinander in Beziehung gesetzt, netzwerkinterne Handlungszusammenhänge rekonstruiert, Prozesse und Strukturen – im Sinne von Gelingensbedingungen – analysiert und auf übergeordneter Ebene

63 Da die Dokumentenanalyse ausschließlich zur deskriptiven Erschließung von Kontextwissen und zur Klärung zentraler Begriffe herangezogen wurde, wird diese Methode eingangs nicht näher erläutert.

Entwicklungspotenziale von WB-Netzwerken generiert. Die Auswertung zwei ausgewählter Beobachtungsprotokolle erfolgte ebenfalls methodisch kontrolliert mittels sequenziell-inhaltsanalytischer Interpretationsverfahren (vgl. 4.3.2). Abschließend wurden alle generierten Ergebnisse (vgl. Kap. 5, 6 und 7) komplementär aufeinander bezogen und in die zuvor herausgearbeiteten theoretisch-praxisfeldbezogenen Forschungskontexte eingebettet (vgl. Kap. 8).

4.3.1 Fallauswahl und Datenerhebung

Zur Beantwortung der zentralen Fragestellung, welche Entwicklungspotenziale sich in aktuellen, verfestigten WB-Netzwerken (am Beispiel des HC) beobachten lassen, wären sicherlich auch weitere, (politisch initiierte) regionale Kooperationsverbünde, bspw. ‚Lernende Regionen', ‚Lernen vor Ort' oder lokale, lose Netzwerke, in Betracht gekommen. Die Landesinitiative HC ist allerdings – abgesehen von der wissenschaftlichen Begleitung durch die sfs (vgl. Kruse/Schröder/Kaletka 2009; 2010) – bisher wenig erforscht und eher auf einer deskriptiven, HC-übergreifenden Ebene diskutiert worden (z.B. Publikationen des HKM). Außerdem lassen sich am Beispiel des HC, wie in der Einleitung erwähnt, interne (verfestigte) Rollenmuster und Regelkreise beobachten, anhand derer netzwerkimmanente Phänomene untersucht sowie Spannungsfelder und Entwicklungspotenziale abgeleitet werden können. Zum Untersuchungszeitpunkt befand sich der HC in einer aus wissenschaftlicher Sicht besonders interessanten (dynamisch-komplexen) Projekt-/Umsetzungsphase im Übergang zur nachhaltigen Transferphase. Auf die grundlegende Frage, warum gerade die Landesinitiative HC für die Untersuchung der Fragestellung ausgewählt wurde, lassen sich folgende Kriterien nennen, die zudem ein empirisch-qualitatives Vorgehen nahelegen:

a) Explorations-/Pioniercharakter des HC;
b) Ergebnisoffenheit des *Untersuchungsgegenstandes;*
c) Erkenntnisinteresse und Forschungsfrage.

Zum einen zeichnet sich HC durch einen Exploration- und Pioniercharakter aus, es gibt bisher keinen ähnlichen staatlich-geförderten Kooperationsverbund, in dem auf kommunaler und landespolitischer Ebene ‚auf Augenhöhe' zusammengearbeitet wird. Demnach gibt es auch keine Vergleichsgruppe, der HC stellt sozusagen als Strukturreformprojekt ein ‚empirisches Neuland' dar, was ein hohes Maß an Ergebnisoffenheit impliziert. Über die gewählten methodischen Zugänge lassen sich die dynamischen Kooperationsprozesse und subjektiven Deutungshorizonte der Akteure des gewählten Untersuchungsgegenstandes am besten rekonstruieren.

Wie eingangs erwähnt, wurde eine dem Untersuchungsgegenstand angemessene qualitativ-explorative Methodik, das teilstandardisierte (Experten-)Interview als felderschließende Erhebungsform, gewählt, das in der vertiefenden Fallstudie mit der teilnehmenden Beobachtung trianguliert wurde. Mittels der qualitativen Methodentriangulation wird beabsichtigt den Untersuchungsgegenstand multiperspektivisch zu beleuchten: Die (Experten-)Befragung fokussiert die relevanten Einstellungen, die kontextualen Erfahrungen und Wertvorstellungen und das immanente Wissen der Akteure. Die (teilnehmende) Beobachtung ist hingegen auf die individuellen Verhaltensweisen und das soziale Handeln unter spezifischen Bedingungen und Handlungskontexten der Akteure ausgerichtet (vgl. Lamnek 2005). Für die explorative Expertenbefragung wurden insgesamt sechs HC-Koordinatoren – quasi als Stellvertreter für die jeweiligen HC-Landesinitiativen – ausgewählt, die eine Schnittstellenfunktion besitzen, Zugang zu Entwicklungs- und Kooperationspartnern haben und über Insiderwissen verfügen.

In der Fallstudie wurden insgesamt sieben Mitglieder einer untersuchten Steuerungsgruppe befragt. Die leitfadengestützten Experteninterviews wurden in einer Mischung aus induktivem und deduktivem Vorgehen durchgeführt. Der Interviewleitfaden diente dabei der Vergleichbarkeit und Operationalisierbarkeit der Ergebnisse (vgl. Meuser/Nagel 2009). Die ausgewählten Experten (HC-Koordinatoren und Mitglieder der Steuerungsgruppe) repräsentieren die spezifischen Strukturen und Sinnzusammenhänge des HC. Sie transportieren dementsprechend die organisationskulturellen Besonderheiten sowie Denk- und Operationsweisen ihrer Herkunftsorganisationen (Liebold/Trinczek 2009). Mittels der teilnehmenden Beobachtung wurde das Ziel verfolgt, soziale Wirklichkeit zu rekonstruieren und kommunikative Aushandlungsprozesse, komplexe Handlungskontexte und Sinnstrukturen von Gruppen zu erschießen – womit zugleich eine mangelnde Planbarkeit und Abhängigkeit von Feldzugang einhergingen (vgl. Flick 1999). Im Rahmen der vertiefenden Fallstudie wurde eine Mischform aus strukturierter und unstrukturierter Beobachtung – im typischen Erhebungszeitraum von ca. 1 Jahr – durchgeführt, die in der Beobachtung einer selbstinitiierten Steuerungsgruppensitzung mündete, in der die Akteure den bisherigen Entwicklungsprozess des untersuchten HC reflektierten.

Auf Grundlage einer ersten inhaltsanalytischen Sichtung der Ergebnisse aus der Vorstudie wurde ein regionaler HC ausgewählt, der aufgrund seines hohen internen und externen Widerstandspotenzials empirisch relevant ist. Hierbei handelt es sich um eine städtische Landesinitiative (von insgesamt 21 HC-Initiativen), die dementsprechend als begrenzt repräsentativ für die gesamte Landesinitiative zu betrachten ist. Der ausgewählte HC steht stellvertretend für einen komplexen, bildungsbereichsübergreifenden Kooperationsverbund, der sich in einem temporär-dynamischen und ergebnisoffenen Entwicklungsprozess befindet und durch ebenfalls komplexe Umwelten (rechtliche Rahmenbedingungen, politische Vorgaben, Ressourcen etc.) beeinflusst wird. Nachfolgend werden die relevanten Auswahlkriterien für die Experten der Vor- und Fallstudie dargestellt, der Feldzugang skizziert, die Fallauswahl begründet und die spezifische Datenerhebung (Material, Leitfaden und Beobachtungsnotizen) beschrieben.

Auswahl der Experten und Feldzugang

Bei den ausgewählten HC-Koordinatoren handelt es ich um hauptberuflich, i.d.R. festangestellte VHS-Mitarbeiter, die zugleich Leiter der Einrichtung sind und neben HC weitere Projekte verwalten, betreuen oder koordinieren. Die relevanten Auswahlkriterien für die Experten waren demnach:

1) *koordinierende Funkti*on und inhaltliche Steuerung des regionalen HC bzw. einzelner Teilprojekte und Kontakt/Zugang zu weiteren Netzwerkakteuren (Entwicklungs- und Kooperationspartnern);
2) *Einblick in die HC-übergreifenden Strukturen und Prozesse* (auf regionaler Ebene und Landesebene) im Kontext der Netzwerktätigkeit.

Die HC-Koordinatoren können als Experten für bildungsbereichsübergreifende Vernetzung und professionelle (Netzwerk-)Koordination bezeichnet werden. Sie sind im Rahmen ihrer spezifischen Rolle und Aufgabe am besten geeignet, um relevante Daten zu Entwicklungsprozessen und -potenzialen von Netzwerken zu generieren. Um einen möglichst breiten Über- und Einblick in die Landesinitiative HC zu erhalten wurde bei der Auswahl der Koordinatoren darauf geachtet, dass – entsprechend der unterschiedlichen, regionalen Entwicklungstempi – Vertreter aus allen drei Beitrittswellen (vgl. 4.4., Abb. 8) befragt und sowohl städtische als auch ländliche HC-Regionen abgedeckt waren. Nach einer ersten Sichtung der HC-Initiativen (HC-Homepage) in Form einer Dokumentenanalyse wurden sechs HC-Initiativen aus unterschiedlichen Beitrittszeitpunkten und ländlich- bzw. städtisch-strukturierten Regionen nach dem Prinzip einer maximalen Bandbreite (z.B. regional-spezifische Rahmenbedingungen) eruiert. Anschließend wurden die jeweiligen Koordinatoren respektive VHS-Leitungen elektronisch um ein Interview gebeten. Der Feldzugeng zu den Koordinatoren erwies sich als unkompliziert.

Insgesamt wurden zunächst zehn Koordinatoren per E-Mail mit Angabe der groben Fragestellung und Schilderung des Forschungsvorhabens um ein Interview gebeten. In der Anfrage wurden das Thema und Ziel der Studie kommuniziert, die geplante Dauer der Befragung von max. 1,5 Std. sowie der Interviewleitfaden (vgl. Abb. 9) – mit einen Verweis auf die Gewährleistung der Anonymität – beigefügt. Sechs Personen waren (nach der Klärung offener Fragen) an der Befragung interessiert, sodass zeitnah ein Termin vereinbart werden konnte. Die anderen vier Personen waren aus zeitlichen oder privaten Gründen verhindert. Drei der befragten Experten können (klein-)städtisch-strukturieren Regionen und drei Experten ländlichen Regionen zugeordnet werden. Die Experten decken alle drei Wellen bzw. Beitrittszeitpunkte (vgl. Abb. 6) ab, sodass sie ein breites Spektrum unterschiedlicher thematischer Schwerpunkte, spezifischer Ausprägungen, regionaler Rahmenbedingungen und Problemlagen widerspiegeln, um den Untersuchungsgegenstand schärfer konturieren zu können. Für die wissenschaftliche Vergleichbarkeit des Materials wurden ausschließlich Koordinatoren bzw. VHS-Leitungen der Landesinitiative HC befragt und weitere, zum Teil parallel laufende Programme, z.B. ‚Lernende Regionen', ‚Lernen vor Ort', bewusst nicht berücksichtigt.

Fallauswahl für die vertiefende Fallstudie

Auf Grundlage der explorativen Experteninterviews der Vorstudie, die sozusagen den Referenzrahmen für die Fallauswahl bildete, hat sich ein für die Beantwortung der Forschungsfrage besonders interessanter Fall herauskristallisiert und zugleich der Feldzugang über einen der befragten HC-Koordinatoren eröffnet. Beim ausgewählten HC handelt es sich um eine HC-Startinitiative in einer relativ dicht besiedelten, hessischen Bildungslandschaft (große Anbieterdichte und Bildungsangebotsvielfalt), die 2007 ihre Arbeit aufgenommen hat. Der Fall steht stellvertretend für ein staatlich initiiertes, städtisches WB-Netzwerk, in dem die Akteure aufgrund der hohen regionale Bildungsnachfrage über ein verhältnismäßig großes Selbstbewusstsein und relativ hohe Autonomiebestrebungen verfügen. Im Vergleich zu ländlichen HC-Initiativen in dünn besiedelten Regionen mit einer schwächer ausgebauten Infrastruktur und geringerer Anbieterdichte, die evtl. eine höhere Kooperationsbereitschaft aufweisen, sind die beteiligten Organisationen des untersuchte HC strukturell sehr gut aufgestellt. Die für die Fallauswahl grundlegend Kriterien sind zum einen ein sehr *hohes Widerstandspotenzial*, zum anderen die *Entwicklungsdimension* des HC.

Die zentralen Indikatoren für das Widerstandspotenzial sind der Ausstieg zwei relevanter Kooperations-/Gründungspartner (Schulen), die – im Vergleich zu anderen Regionen – durchaus kritischen Stellungnahmen seitens stätischen Bildungslandschaft/-anbieter und die Stagnation der Zusammenarbeit sowie ‚historisch gewachsene Konflikte'. Unter der Entwicklungsdimension lässt sich konstatieren, dass es sich beim ausgewählten HC um eine Startinitiative handelt, die alle Entwicklungsphasen (1. und 2. Aufbauphase) durchlaufen hat, regionalzentral verortet ist bzw. sich durch eine große räumliche Nähe auszeichnet. Aus diesem Entwicklungsvorsprung gegenüber ‚jüngeren' Initiativen, die bspw. erst 2010 gestartet sind, lässt sich die Annahme ableiten, dass sich im untersuchten Fall bereits Handlungsroutinen herausgebildet und Kooperationsstrukturen verfestigt haben. Der Koordinator des untersuchten HC nahm bereits während der explorativen Untersuchung eine zugleich offen-optimistische und kritische Haltung gegenüber dem HC ein und gewährte reflektierte, ehrliche Einblicke in die internen Strukturen und Prozesse des HC. Dies ist ein weiterer Faktor, der für die Wahl der Initiative spricht und weshalb sie für eine vertiefende Analyse netzwerkinterner Kooperationsprozesse und organisatorisch-struktureller Rahmenbedingungen besonders geeignet erscheint. An dieser Stelle ist zu wiederholen, dass der untersuchte HC (als Einzelfall) aufgrund der Vielfalt der hessischen HC-Landesinitiativen nicht repräsentativ für andere HCs ist und in seiner individuellen Ausprägung betrachtet werden muss.

Datenerhebung: Expertenbefragung und Interviewleitfaden

Der gesamte Erhebungszeitraum erstreckte sich von Oktober 2010–Juni 2012, insgesamt wurden im Rahmen der Vor- und Fallstudie zwölf leitfadengestützte Experteninterviews und im ausgewählten HC elf teilnehmende, unstrukturierte Beobachtung durchgeführt und protokolliert. Die Erhebung der einzelfallbezogenen Daten mittels leitfadengestützter Experteninterviews und teilnehmender Befragung fand im Zeitraum von November 2010 bis einschließlich Juni 2012 statt. In den jeweiligen Erhebungssituationen wurde versucht, eine vertrauensvolle Basis zu den Akteuren des Untersuchungsfeldes aufzubauen. Die Vorannahmen und subjektiven Deutungsmuster der Autorin wurden ebenfalls reflektiert.

Die sechs Koordinatoren wurden zu Beginn der Studie auf Grundlage einer ersten theoretischen Recherche im Oktober/November 2010 befragt, die Interviews hatten eine durchschnittliche Dauer von 50 Minuten. Um die Vergleichbarkeit der Interviews und die Operationalisierbarkeit der Aussagen zu gewährleisten, wurde nach einer ersten Sichtung theoretischer Grundlagen ein Leitfaden mit inhaltlich-strukturierten Themenblöcken entwickelt. Dieser wurde den Befragten im Vorfeld zur Vorbereitung zugeschickt, was den Vorteil hatte, dass sich die Experten inhaltlich auf die Befragung einstellen und ihre Erfahrungen im Vorfeld reflektieren konnten. Alle Gespräche fanden in den jeweiligen Büros der Koordinatoren, i.d.R. in Räumlichkeiten der VHS (z.B. in den Zentralen der Bildungsberatung) oder der beteiligten Organisationen statt. Der Gesprächsverlauf gestaltete sich insgesamt sehr angenehm. Insgesamt wurden ca. 180 Seiten transkribiert. Als Gesprächsdauer wurden 1,5 Stunden veranschlagt, die für das Interview inklusive Vor- und Nachbereitung zur Verfügung standen und von allen Befragten fast vollständig genutzt wurden. Trotz des Einsatzes des einheitlichen Leitfadens unterscheiden sich die inhaltlichen Schwerpunkte der Interviews. Neben allgemeinen, deskriptiven Angaben zum Aufgabenbereich und zu den allgemeinen Zielen/Interessen der Entwicklungspartnerschaft, konzentrieren sich einige Koordinatoren auf die Beschreibung ihre regionalen und organisationalen Spezifika. Deshalb wurden kein unmittelbarer Vergleich der einzelnen HC-Initiativen fokussiert, sondern HC-übergreifende, netzwerkimmanente Spannungsfelder und Gelingensbedingungen – die über regionale Spezifika hinausgehen – analysiert.[64]

In der vertiefenden Fallstudie wurden die inhaltsanalytisch ausgewerteten Ergebnisse aus der Vorstudie vertieft, indem eine interne HC-Steuerungsgruppe und eine interne Arbeitsgruppe (eines HC-Teilprojekts) beobachtet und sechs weitere leitfadengestützte Experteninterviews mit insgesamt sieben Mitglieder der HC-Steuerungsgruppe geführt wurden.[65] Die Interviews mit den sieben Mitgliedern der Steuerungsgruppe (Fallstudie) wurden von Oktober 2011-April 2012 durchgeführt, die Experten wurden entweder persönlich angesprochen oder per E-Mail um ein Interview gebeten. Erfreulicherweise sagten alle, bis auf einen Vertreter, der zeitlich strakt eingeschränkt war, zu. Die Themenblöcke des Leitfadens beinhalten hauptsächlich erzählgenerierende Fragen nach der eigenen Rolle, der Motivation, dem individuellen Nutzen und den allgemeinen Entwicklungspotenzialen von HC. Der in der Vorstudie eingesetzte Interviewleitfaden wurde in der Fallstudie – leicht abgewandelt – eingesetzt, er beinhaltete erzählgenerierende Fragen und wurde flexibel gehandhabt. Bei der Befragung wurden die Leitfragen – entsprechend des Prinzips einer flexiblen Gesprächsführung – thematisch auf die Schwerpunkte und Zuständigkeiten der Experten angepasst. Im Gegensatz zur felderöffnenden Befragung konnten bei der Befragung der Steuerungsgruppenmitglieder gezielter Rück- und Nachfragen gestellt werden, da das Feld bereits bekannt war und die spezifischen Positionen und der institutionelle Hintergrund – auf Grundlage der Beobachtungen – gezielter berücksichtigt werden

64 Die Befragung liefert vielmehr eine erste grobe Orientierung bezüglich der Fragen: 1) Um welches Phänomen es sich bei HC handelt (Definition des HC), 2) wie die einzelnen regionalen Initiativen gestaltet sind, 3) welche Erfahrungen die Koordinatoren gemacht haben, und 4) welche Potenziale sie sehen?

65 Ein Interview wurde mit zwei Vertretern einer Bildungseinrichtung geführt, weshalb aus sechs zitiert wird.

konnten. Alle Interviews orientierten sich grob an den folgenden sechs, deduktiv aus der Forschungsliteratur abgeleiteten, Themenblöcken:

Abbildung 5: Themenblöcke des Interviewleitfadens[66]

Themenblöcke	Thematische Ausdifferenzierung
Begrüßung	• Eigene Vorstellung, Klärung der Anonymität etc.
Soziodemographische Angaben	• Person, Institution, Netzwerkverbund, Profil, Selbstverständnis und Aufgaben der befragten WB-Organisation • Rolle, Aufgabe und Selbstverständnis des Koordinators
Rahmenbedingungen	• Spezifika der regionalen Bildungslandschaft • Angaben zu (direkten/indirekten) Kooperationspartnern • (interne/externe) Kommunikation/Informationszugänge und Öffentlichkeitsarbeit
Motivation/Nutzen	• Motivation zur Zusammenarbeit im HC • Nutzen für eigene Einrichtung • Nutzen für die (Bildungs-)Region und Zielgruppe
Erfahrungen in der Netzwerkarbeit	• Allgemeine Erfahrungen in der Zusammenarbeit (im HC) • Besonders positive und negative Erlebnisse • Erfahrungen mit OE/NE
Kooperation vs. Konkurrenz	• Erfahrungen/Umgang mit Konkurrenz und Konflikten • Erfahrungen mit gelungener Kooperation / Mehrwert
Konzeptentwicklung/ Entwicklungspotenziale	• Hemmende vs. Fördernde Einflussfaktoren • Bedarfe, Potenziale und Verbesserungsvorschläge

Parallel zur Expertenbefragung der Mitglieder wurden Sitzungen der Steuerungsgruppe/Arbeitsgruppe beobachtet und systematisch protokolliert. Die

66 Quelle: Eigene Darstellung. Die Themenblöcke aus der Vor- und Fallstudie sind hier zusammengefasst.

untersuchte Steuerungsgruppe setzt sich aus jeweils zwei Vertretern der folgenden Organisationen zusammen: VHS, einem zuständigen Amt, beruflichen Schulen, Schulen für Erwachsene und zwei Einrichtungen aus dem außerschulischen Bereich. Von den genannten Organisationen, die zum Teil mehrfach vertreten waren, wurde jeweils mindestens ein Vertreter interviewt.[67] Bei den befragten Mitgliedern der Steuerungsgruppe, die regelmäßig an den Sitzungen teilnahmen, handelt es sich um Vertreter bzw. die jeweiligen Mitarbeiter oder Leitungen der genannten HC-Entwicklungspartner.

Datenerhebung – Beobachtungsprozess und Erstellung der Protokolle

Nach einem ausführlichen Gespräch mit dem HC-Koordinator des untersuchten HC konnte die Autorin zunächst im November 2010 an einer Arbeitsgruppe im Bereich der außerschulischen Bildung teilnehmen. Alle Beteiligten dieser AG (10 Personen) stimmten der Beobachtung zu. Da sich die Beobachtungen der AG in der zweiten Aufbauphase (2010–2013) aufgrund deren thematischen Spezifizierung, einer allgemeinen Stagnation und tendenziell mangelnder Motivation der Mitglieder als nicht sonderlich ergiebig erwiesen, wurde in Absprache mit dem Koordinator zusätzlich die interne Steuerungsgruppe beobachtet. Im Sommer 2011 stellte der Koordinator das Forschungsvorhaben in der Steuerungsgruppe vor. Der Beobachtung stimmten ebenfalls alle 13 Mitglieder zu, unter der Voraussetzung, dass die Anonymität gewahrt bleibt. Im August 2011 konnten zusätzliche Beobachtungen der HC-Steuerungsgruppe durchgeführt werden, diese ermöglichten eine Analyse interner, themenübergreifend-inhaltlicher Prozesse sowohl auf operativer als auch auf landespolitischer Ebene. Insgesamt wurden elf unstrukturierte Beobachtungsprotokolle[68] mittels einer systematischen, offenen, direkten Feldbeobachtung (vgl. Lamnek 2005) angefertigt: Davon wurden fünf Protokolle von Steuerungsgruppensitzungen, vier von Sitzungen der *AG Außerschulische Bildung*[69] und zwei weitere von einer internen *Sondersitzung* (im Rahmen der regelmäßig stattfindenden Steuerungsgruppe am Ende der Erhebungsphase) erstellt.

Beobachtungen komplexer Situationen erfordern sowohl eine gute Beziehungsarbeit als auch die Sicherung des Feldzugangs über einen längeren

---

67 Synonym für die Bezeichnung Mitglieder der Steuerungsgruppe werden die Begriffe HC-Entwicklungspartner, (befragte) Mitglieder, Befragte oder Experten verwendet.

68 Während der Sitzungen wurden kurze Notizen des Verlaufs, relevanter Themen und auffälliger Äußerungen gemacht, die anschließend ausformuliert wurden.

69 Der Originaltitel dieser AG wurde anonymisiert.

Zeitraum. Als zeitliche Dauer einer Beobachtung wird ein abgeschlossener Aktivitätszyklus empfohlen (vgl. Lueger 2010). Im untersuchten Fall kann die ca. einjährige Beobachtung als zusammenhängender Entwicklungszyklus betrachtet werden. Die Verschriftlichung der Beobachtungen erfolgte zeitnah. Jeweils während bzw. nach jeder Beobachtung wurde der Verlauf notiert und ein Gedächtnisprotokoll angefertigt. Da die Beobachtungsprotokolle i.d.R. keine wörtlichen Mitschriften (Gedächtnisprotokoll) sind und evtl. bereits erste Interpretationen (Subjektivität der Autorin) beinhalten, wird beabsichtigt die Datenerhebung, den Feldzugang und den Forschungsprozess transparent darzustellen und zu reflektieren.[70] Der Beobachtungsprozesses ist laut Lueger ein aktiver Prozess der Formierung von Tatbeständen und Sinnkontexten (ebd., S. 45 f.). In diesem Sinne wurden zunächst Kontextbedingungen identifiziert und anschließend relevante Einzelheiten für eine tiefergehende Analyse herausgegriffen.

In allen Beobachtungssituationen, die im angegebenen Erhebungszeitraum entstanden, wurden zunächst die anwesenden Mitglieder erfasst und anschließend der Handlungsverlauf der AG-Sitzungen und Steuerungsgruppensitzungen – der sich relativ strikt an vorab versendeten Tagesordnungspunkten (TOP) orientierte – protokolliert. Zudem wurden die, von den Sitzungsroutinen abweichenden, Ereignisse dokumentiert und auffällige Einzelaussagen der Akteure paraphrasiert. Im Fokus der Beobachtungen standen die behandelten, aktuellen HC-Themen, die sich überwiegend auf den internen Austausch der HC-Teilprojekte, landespolitische Neuigkeiten und HC-übergreifende Entwicklungen (Berichte aus dem Sprecherkreis und landesweiten Gremien) konzentrierten. Dies machte eine sequentiell-deskriptive Protokollierung erforderlich, in der die Positionen und Akteurskonstellationen erfasst wurden. Ergänzend zu den Beobachtungsprotokollen wurden der Autorin die internen Protokolle der Sitzungen zur Verfügung gestellt. Die Datenerhebung folgte der Prämisse des Gegenstandsbezugs zur Alltagssituation. Dabei wurde eine größtmögliche Nähe und Vertrauensbasis zur Untersuchungsgruppe bzw. zu einzelnen Personen (bspw. zum Koordinator) aufgebaut und versucht, einen Zugang zu relevanten Informationen sowie einen Einblick in authentische Handlungsabläufe/-strukturen der Akteure (Beobachtungen von AG-/Steuerungsgruppensitzungen) zu erhalten.

70 Der Forschungsprozess soll durch die Erläuterung der sukzessiven, systematischen Auswertungsschritte und die kritische Darstellung des Erhebungs- und Auswertungsprozesses nachvollziehbar gemacht werden.

4.3.2 Datenauswertung

Für die Auswertung qualitativer Daten gibt es eine Vielfalt von Methoden: angefangen von der qualitativen Inhaltsanalyse über sequenzanalytische Verfahren bis hin zu tiefenhermeneutischen Analysen. Die erhobenen Daten dieser Studie wurden, wie bereits einleitend erwähnt, strukturell-inhaltsanalytisch (Interview) und sequenziell-inhaltsanalytisch (Beobachtungsprotokoll) ausgewertet.

Auswertung der Experteninterviews

Zur Datensicherung von (Experten-)Interviews bieten sich Tonbandaufzeichnung und Transkription (vgl. Dittmar 2009) an – jeweils in Absprache mit dem Interviewpartner und mit dessen Einverständnis (vgl. Kühl/Trinczek 2002). Alle Experteninterviews wurden eigenständig durchgeführt, digital aufgenommen, vollständig transkribiert und anonymisiert. Die Aufzeichnungen wurden wortgenau transkribiert und sprachlich geglättet, d.h. Füllwörter (wie „ähm", „also" etc.), wurden der Leserfreundlichkeit halber weg gelassen, ohne dass die Textpassagen inhaltlich verändert oder verzerrt wurden. Dabei wurde ein einfaches Transkriptionssystem verwendet, bei dem ausschließlich die Inhalte und sprachlichen Äußerungen der Experten im Forschungsinteresse standen, nicht die nonverbale Kommunikation (Mimik und Gestik) der Interviewpartner. Konkrete Personen-, Organisations- und Ortsangaben, die Rückschlüsse auf die Interviewten erlauben, wurden in eckigen Klammern anonymisiert (durch die Bezeichnung [Name], [Organisation] und [Stadt/Landkreis]) oder, insbesondere im Beobachtungsprotokoll, durch ein Pseudonym (z.B. Herr F.) ersetzt.

Zur Auswertung der transkribierten, teilstandardisierten Interviews wurde die qualitative Inhaltsanalyse nach Mayring (2010) gewählt, da sie durch ihr strukturiertes, regelgeleitetet Vorgehen besonders geeignet ist die (subjektiven) Einstellungen, Sinnstrukturen und typische Handlungsprozesse/-dynamiken der Experten zu rekonstruieren. Die Interviewtranskripte der HC-Koordinatoren und der Mitglieder der Steuerungsgruppe aus Vor- und vertiefender Fallstudie wurden separat anhand eines thematisch einheitlichen Kategoriensystems computergestützt mit dem Programm MaxQda ausgewertet. Die Ergebnisse aus der Vorstudie spiegeln die HC-übergreifende Makro-, und Mesoebene (zwischen Initiativen und Landesebene) wider; die Ergebnisse der Fallstudie stehen stellvertretend für die Mikroebene, wenngleich auch Aussagen für Makro- und Mesoebene abgeleitet werden können. Alle Interviews wurden zur Vergleichbarkeit der Ergebnisse nach dem gleichen Analyseschema ausgewertet.

Die qualitative Inhaltsanalyse ist eine klassische Herangehensweise zur Analyse von diversem Textmaterial und großen Textmengen (Interviews, Protokolle,

Dokumente), die sich zur Beantwortung theoriegeleiteter Fragestellungen eignet (vgl. Flick/Kardorff/Steinke 2012; Mayring 2010). Die Vorteile dieser Auswertungsmethode liegen in ihrer strukturierten, übersichtlichen Vorgehensweise und Orientierung an (Kodier-)Regeln. Sie verfügt über eine größere Klarheit als andere, stärker induktive und textbezogene Verfahren (bspw. hermeneutisch orientierte Auswertungsverfahren). Durch das schematische, theoriegeleitetes Vorgehen entspricht die qualitative Inhaltsanalyse einerseits dem Ideal quantitativer Methodik, andererseits kann sie u.U. nicht in die Tiefe eines Textes eindringen.

Die (Auswertungs-)Kategorien stehen bei der qualitativen Inhaltsanalyse im Zentrum, sie werden i.d.R. deduktiv aus einem theoretischen Modell abgeleitet und an das Material herangetragen. Die Daten werden idealtypisch in fünf Analyseschritten systematisch reduziert: (1) Zunächst werden das Material ausgewählt (Interviews, Protokolle, Dokumente etc.), Analyseeinheiten festgelegt und ein Kategoriensystem in einem Wechselspiel aus Theorie und Empirie (anhand des Materials) entwickelt. Danach werden die/der (2) Erhebungssituation/-kontext analysiert (Wie ist es zustande gekommen? Woher stammen die Dokumente?) und (3) das Material formal charakterisiert (Aufbereitung der Erhebung des Materials). (4) Anschließend werden die Richtung der Auswertung des Materials und die Analysetechnik festgelegt sowie die Analyseeinheiten[71] definiert. Nach diesen detaillierten Vorbereitungen wird die eigentliche (5) Analyse durchgeführt, indem die definierten Textstellen einem Kategoriensystem zugeordnet und die Ergebnisse in Bezug auf die Fragestellung interpretiert werden.

Mayring (2010) unterscheidet drei Analyseformen/-techniken[72], die er als Grundformen des Interpretierens bezeichnet: 1) Zusammenfassung, 2) Explikation und 3) Strukturierung. Die zusammenfassende Inhaltsanalyse zeichnet sich durch eine Kombination aus der Reduktion und Generalisierung des Materials im Sinne von Zusammenfassungen auf einem relativ hohen Abstraktionsniveau aus. Das Material wird inhaltlich auf seine wesentlichen Aspekte reduziert und abstrahiert – es bleibt dabei jedoch ein Abbild des Grundmaterials. Hierbei wird das Material (in einem Kreisprozess) mehrmals gesichtet und so lange abstrahiert bis ein relativ hohes Abstraktionsniveau und die angestrebte Reduktion erreicht

---

71 Kodiereinheit: Minimaler Textbestandteil, der unter eine Kategorie fallen kann; Kontexteinheit: größter Textbestandteil, der unter eine Kategorie fallen kann; Auswertungseinheit: Abfolge der auszuwertenden Textteile.

72 Insgesamt handelt es sich um sieben Analyseformen, wenn die Unterformen der drei Analysetechniken berücksichtigt werden, die sich jeweils durch eigene Interpretationsregeln auszeichnen (vgl. ebd.).

sind. Bei der explizierenden Inhaltsanalyse[73] werden diffuse, widersprüchliche oder mehrdeutige Textstellen durch Einbeziehung von Kontextmaterial geklärt und das Verständnis der unklaren Textstellen erweitert. Die strukturierende Inhaltsanalyse[74] verfolgt das Ziel, bestimmte Aspekte, Typen und formale Strukturen aus dem Material herauszuarbeiten. Dabei wird das Material auf der Suche nach einzelnen, markanten Ausprägungen eingeschätzt und anhand vorab festgelegter Kriterien untersucht.

Die Auswertung von allen in dieser Studie erhobenen Experteninterviews orientierte sich an den fünf idealtypischen Analyseschritten nach Mayring, dabei wurde ein Mix aus deduktivem und induktivem Vorgehen (entlang des vorliegenden Materials) gewählt. Im ersten Schritt wurden zunächst ein Kategoriensystem entwickelt, das Material ausgewählt bzw. textliche Analyseeinheiten festgelegt und die gewählten Textbestandteile in einem ersten Durchlauf den groben Kategorien zugeordnet. In einem zweiten Schritt wurden die gewählten Textabschnitte dem deduktiv entwickelten Kategoriensystem zugeordnet, das erste theoretische Vorannahmen beinhaltete und sich thematisch an den Themenblöcken des Leitfadens orientierte. Nach dem ersten Durchlauf wurde das Kategoriensystem anhand des Materials (aus der Vorstudie) in einer Mischung aus deduktivem und induktivem Vorgehen sukzessive mit dem Material abgeglichen, modifiziert und inhaltlich ausdifferenziert. Dabei wurden Kodierregeln festgelegt, die mit Ankerbeispielen belegt wurden. In einem dritten Schritt wurde das Material dem überarbeiteten Kategoriensystem zugeordnet und mittels der zusammenfassenden Inhaltsanalyse reduziert bzw. abstrahiert. Zur Klärung einzelner begrifflicher Aussagen wurden in einem vierten Schritt – im Sinne einer weiten Explikation – Kontextinformationen aus öffentlich zugänglichen Dokumenten (HC-Homepage, WB-Gesetz(e), öffentliche und interne Dokumente etc.) in die Analyse einbezogen. In einem fünften Schritt wurden die bereits abstrahierten Daten thematisch zusammengefasst und hinsichtlich ihrer Gemeinsamkeiten und Unterschiede strukturiert (vgl. strukturierende Inhaltsanalyse nach Mayring 2010). Auffällige Einzeläußerungen wurden in der Analyse ebenfalls berücksichtigt. Abschließend wurden die komprimierten, inhaltlich differenzierten, explizierten und thematisch

73 Bei der Explikation wird zwischen enger Explikation, bei der auf den Textkontext zurückgegriffen wird und weiter Explikation, d.h. Hinzuziehen weiteren Kontextmaterials, unterschieden (vgl. ebd.).

74 Hier wird zwischen inhaltlicher (nach Themen), typisierender (nach markanten Ausprägungen) und skalierender Strukturierung (nach Dimensionen in Skalenform) unterschieden (vgl. ebd.).

strukturierten Textpassagen interpretiert, unter prägnanten Überschriften zusammengefast und mit Originalzitaten illustriert.

Datenauswertung der Beobachtungsprotokolle/-notizen

Die Beobachtungsanalyse gilt als die komplexeste Form interpretativer Sozialforschung, da sie Erhebungs- und Analyseverfahren in einer Forschungsstrategie vereint. Nach Lüders (2005) und Lueger (2010) sind Protokolle nicht als Repräsentanten und getreue Wiedergabe der Wirklichkeit zu betrachten, sondern das „Ergebnis komplexer Sinnstiftung" (Lüders 2005, S. 397). Sie beinhalten bereist erste Vorinterpretationen des Forschers (vgl. 3.3). Beobachtungsprotokolle, (Feld-)Notizen und Kurzprotokolle können demnach als bereits vorinterpretierte, literarisch verdichtete Dokumente des Autors und „reduzierte, ergänzte und veränderte Aufzeichnungen von Ergebnissen und Prozessen [...]" (Lueger 2010, S. 41 ff.), in die die jeweiligen Erfahrungen und persönlichen Eindrücke des Autors eingeflossen sind, interpretiert werden. In der interpretativen Sozialforschung sind die Grenzen zwischen den Erhebungsaktivitäten und Interpretationen und dem (Vor-)Verständnis des Forschers fließend (vgl. ebd. 2010, S. 40–91). Die Ergebnisse von teilnehmender Beobachtung müssen als ein Ausdruck der zwischen Forscher und Beforschten verhandelten Normen und Werte verstanden werden. Aufgrund ihrer Momenthaftigkeit und Fragilität werden Beobachtungsprotokolle auch als „flüchtiges Material" charakterisiert (vgl. ebd., S. 67 f.).

Die Datenauswertung und Interpretation von Beobachtungsprotokollen/-notizen kann, ähnlich wie bei Interviewtranskripten, sowohl kodierend (vgl. Flick, 1999; Kelle/Kluge 2010) als auch sequenziell, bspw. mittels hermeneutischer Forschungsmethoden[75], erfolgen (vgl. Flick 1999; Rittelmeyer 2010; Graz 2010). Unabhängig von der Wahl der Auswertungsmethoden sollen dadurch Regeln und Regelmäßigkeiten in den erhobenen Daten zu entdeckt und Hypothesen bzw. Theorien formuliert werden. Bei der Frage nach geeigneten Auswertungsmethoden spricht Lamnek von einer „relativen Regellosigkeit der konkreten Auswertungsarbeit", das dieser Methodik den „Vorwurf des Impressionistischen"

75 Eine verbreitete Auswertungsmethode von Beobachtungsprotokollen und weiteren schriftlichen oder visuellen Daten sind hermeneutische Forschungs- bzw. Auswertungsmethoden, die als „Kunst des Textverstehens oder der Textauslegung" (Rittelmeyer 2010, S. 236) bezeichnet werden. Nach Oevermann (zitiert nach Graz 2010, S. 250 f.) besteht die theoretische Grundlage der objektiven Hermeneutik („Lebenspraxis") in der Annahme, dass jede menschliche Lebenspraxis einen räumlichen und zeitlichen Handlungs-/Spielraum eröffnet.

eingebracht habe (2005, S. 622). Um die Gültigkeit der Daten zu sichern bietet sich nach Lüders (2005) ein vergleichender Zugang an. Entweder der Vergleich von mehreren Daten, die mit der gleichen Methode gewonnen wurden, oder von Daten, die mit unterschiedlichen Methoden eruiert wurden. Die Gegenüberstellung unterschiedlicher Daten führe zu einer vollständigeren, dichteren Beschreibung des untersuchten Phänomens und sei somit ein Validitierungskriterium (vgl. ebd.).

Die Dateninterpretation und -auswertung der beiden ausgewählten Beobachtungsprotokolle erfolgte in Anlehnung an Kühl und Trinczek (2002) sowie an Lueger (2010) in vier Schritten:

1. *Dokumentation und Materialauswahl:* Zunächst wurden die Interaktionen, der beobachtete Aktivitätsverlauf (soziales/physisches Setting, Kommunikationsstrukturen, Beziehungen und Haltungen) sowie die Themen der AG und Steuerungsgruppe in deskriptiven Protokollen systematisch (in Stichworten oder Kurzzitaten) erfasst. Diese erste Bestandsaufnahme des Feldes stellte das später zu analysierende Ausgangsmaterial dar. Nach der Protokollanfertigung wurde das auszuwertende Material (Beobachtungsnotizen/-protokoll) ausgewählt und paraphrasiert. Die Wahl fiel erst relativ spät im Forschungsprozess auf die letzten beiden erhobenen Protokolle der internen, reflektierenden Steuerungsgruppensitzung – diese Selektion sei bereits ein erster Interpretationsschritt, der oftmals nicht als solcher wahrgenommen werde (vgl. ebd.).
2. *Deskriptive Zusammenfassung und Verschlagwortung*: Nach der ersten Sichtung und Zusammenfassung des Materials bzw. einzelner Textstellen erfolgte die Datenaufbereitung und inhaltliche Verschlagwortung, indem thematische Überschriften nah am Material entwickelt und eingefügt wurden (thematisch-sequentielle Untergliederung in Themenblöcke). Anschließend wurden in der zweiten Analysephase der Handlungskontext, potenzielle Bedeutungsstrukturen, Rahmenbedingungen und soziale Handlungsschemata im Hinblick auf Strukturähnlichkeiten analysiert. Dabei wurde versucht, sich emphatisch in die Untersuchungsgruppe und ihre Deutungsmuster hineinversetzten. Durch die Analyse und Identifikation von feldinternen Ordnungsmustern und Regelkreisen (z.B. Nutzen- und Konkurrenzverhältnissen) konnten generative Strukturen der beobachtbaren Phänomene ableiten werden. Dabei wurde die Zeitlichkeit der Beobachtungsgegenstandes (Temporalität des Feldes) berücksichtigt.
3. *Inhaltliche Strukturierung und Detailanalyse*: In einem dritten Schritt wurde das erhobene Material reduziert und in einer verdichteten, deskriptiv-strukturierteren Form wiedergegeben. Die inhaltliche Logik des Protokolls wurde

thematisch grob entlang des Materials geordnet, sodass die Sequenzialität des Materials gewahrt bleibt. Danach wurde das Material mittels Detailanalysen[76] anhand selektiver Beobachtungskriterien (Besonderheiten und Allgemeinem) interpretiert. Dabei wurden Sinnzusammenhängen rekonstruiert und Einzelheiten fokussiert. Die durchgeführte Detailanalyse konzentrierte sich v.a. auf die Interaktionen (Interaktions- und Handlungsebene) zwischen den anwesenden Mitgliedern der Steuerungsgruppe und den Vertretern der Landesebene, woraus systemspezifische Logiken abgeleitet werden konnten. Darüber hinaus wurden die Kontextebene analysiert, d.h. die beobachteten und im Protokoll thematisierten Rahmenbedingen (der Landesinitiative HC) untersucht.

4. *Dateninterpretation:* Anschließend wurden die komprimierten Daten inhaltlichen strukturiert, interpretiert und das Material entlang von Dimensionen reorganisiert (systematisch-analytische Gliederung entlang von Überschriften) – wobei i.d.R. nicht alle Themenblöcke als gleich relevant betrachtet werden können (Unterteilung in Einleitung, Hauptteil und Schluss). Die Auswahl und Gewichtung der Themen des ausgewählten Beobachtungsprotokolls erfolgte nach Relevanz im Sinne einer gewichteten Extraktion – diese wird als schwierigster Interpretationsschritt bezeichnet (vgl. Kühl/Trinczek, 2002). Anschließend wurden typische Kombinationen von Merkmalsausprägungen, relevante Themen und Regelkreise (z.B. endlose Diskussionen und wiederkehrende Leitfragen nach der Funktion des HC) ermittelt und die innere Logik des Handlungsverlaufs in Form einer Gesamttypologie rekonstruiert.
5. *Datenintegration:* Abschließend wurden die Ergebnisse aus Vor- und Fallstudie (Interviews und Beobachtungsprotokoll) in einer vierten Phase interpretiert und die Einzelergebnisse auf theoretischer Ebene integriert und kontextualisiert (komplementäre Analyse der Daten). Diese Analyseergebnisse fließen zum Teil in die Ergebnisdarstellung des Beobachtungsprotokolls (vgl. Kap. 7), hauptsächlich jedoch in die methodenübergreifende Ergebnissynthese (vgl. Kap. 8) ein.

Zur Interpretation der beiden zusammenhängenden, ausgewählten Beobachtungsprotokolle diente (im vierten Schritt der Dateninterpretation) wurde die differenzierte Systematisierung von sozialen Subsystemen im erwachsenenpädagogischen Kontext bemüht (vgl. König 2005, S. 122 ff.). In diesem Modell wird

76 Folgende Ebenen können (simultan oder nacheinander) analysiert werden: Prozessebene (Abläufe), Handlungsebene (Handlungsmuster und Intentionen), Situationsebene (Wirkung von Strukturelementen auf Interaktionsmuster), Kollektivebene (gemeinsame Identität) und Kontextebene (Rahmenbedingungen).

zwischen Teilnehmersystem, Auftraggebersystem, Leitungssystem (als „drittes" soziales System der EB) und Veranstaltungssystem[77] unterschieden. Alle Subsysteme der EB/WB sind durch eine Systemdifferenz und einen Systemaustausch gekennzeichnet, verfügen jeweils über eine Systemgrenze, haben unterschiedliche Aufgaben und verfolgen vielfältige Handlungslogiken (vgl. ebd., S. 135). Die Anschlussfähigkeit der Subsysteme sollte gewährleistet sein, damit aus den ihren verschiedenen Operationen ein neuer Systemzustand entstehen könne. Im Rahmen der Beobachtungsprotokollanalyse/-interpretation wurden folgende systemtheoretisch-orientierte Fragestellungen als grobe Orientierungsleitfragen – nicht strikt systematisch – berücksichtigt[78]:

- *Teilnehmersystem*: Wer sind die Personen, die zu einem System gehören? Spielen hier ggf. auch Personen eine Rolle, die an der Veranstaltung (hier: Sondersitzung der Steuerungsgruppe) nicht teilnehmen, aber den Verlauf beeinflussen? Wie sind die subjektiven Deutungen dieser Personen? Was erwarten sie von der Veranstaltung? Wie ist die Systemumwelt der Teilnehmer (bisherige Entwicklung)? Besteht die Gruppe in dieser Konstellation bereits länger oder handelt es sich um eine neue Konstellation?
- *Auftraggebersystem*: Wer ist bzw. sind der/die Auftraggeber? Weitere Fragen beziehen sich auf die prozessualen Aspekte, Entscheidungsstrukturen und subjektiven Deutungs-/Erwartungshorizonte des Auftraggebers: Wer ist an Entscheidungen mitbeteiligt? Was sind die subjektiven Deutungen und Erwartungen des Auftraggebers? Ebenfalls relevant sind auf dieser Systemebene Fragen nach der individuellen Entwicklungsdynamik sozialer Regelkreise: Gibt es typische Muster, die im Umgang mit dem Auftraggeber immer wiederkehren? Wie ist die Entwicklung verlaufen? Gibt es ggf. eine Vorgeschichte (frühere Kontakte, personaler Wechsel etc.)?[79]

---

77 Das Veranstaltungssystem war für die Protokollanalyse nicht relevant. Es stellt auf Mikroebene ein eigenes, intermediäres soziales System dar (z.B. Bildungskurse/-beratung auf operativer Ebene). Hier sind v.a. strukturelle und prozessuale Merkmale von Interesse, wie bspw. die Frage nach der An- und Abwesenheit der Teilnehmer, da eine unregelmäßige Teilnahme zu einer Störung des Systems/Ablaufs führen könne.

78 Das Teilnehmersystem blieb aufgrund der Organisationsform der Steuerungsgruppe unberücksichtigt, da im untersuchten Fall keine Veranstaltungen auf operativer Mikroebene beobachtet wurden.

79 Auf einer weiteren Ebene gilt es auch die Systemumwelt des Auftraggebers (z.B. andere Ministerien, Bundesregierung, Gesetze etc.) zu berücksichtigen, dieser Aspekt spielt jedoch in der Studie eine geringe Rolle.

- *Leitungssystem*: Wer sind die Leitungspersonen? Gibt es mehrere Leitungen? Auf der Ebene des Leitungssystems werden ebenfalls Fragen nach den subjektiven Deutungen und sozialen Regelkreisen der relevanten Akteure evident: Welche Selbstbeschreibungen, Aufgaben, eigene Stärken und Schwächen formulieren die Leitungen? Nach welchen Regeln verläuft die Arbeit im Leitungssystem? Gibt es typische Regelkreise? Auf dieser Systemebene wird der Systemumwelt (bspw. Rahmenbedingungen, Raumsituation, Sitzposition etc.) eine besondere Bedeutung beigemessen: Mit wem wird kooperiert? Wie verlief die Zusammenarbeit? Welche Entwicklungen konnten beobachtet werden oder werden geschildert?

Für die Analyse des ausgewählten Beobachtungsprotokolls eignet sich das erwachsenenpädagogischen Systemmodell nach König (2005) in besonderem Maße, da in der beobachteten, internen ‚Sondersteuerungsgruppensitzung' sowohl Vertreter der Steuerungsgruppe als auch Vertreter der Landesebene (als integraler Bestandteil der Entwicklungspartnerschaft) anwesend waren. Die Leitfragen wurden (nachträglich) während der Protokollanalyse an das Material herangetragen. Die Protokollierung wurde offen und ohne spezifische Leitfragen durchgeführt, wenngleich der Beobachtungsfokus auf den Interaktionsdynamiken, unterschiedlichen Positionen und thematisierten Inhalten der Steuerungsgruppenmitglieder lag.

4.3.3 Ergebnisdarstellung

Die Ergebnisdarstellung qualitativer Analysen wird nach Bude (2005) als Kunst bezeichnet, er differenziert zwei unterschiedliche Darstellungsformen: Erstens die narrative, d.h. einem geschichtlichen Verlauf folgende, Darstellung und zweitens die systematische, auf einer linearen oder zirkulären Begriffsableitung beruhenden Darstellung. In Anlehnung an diese beiden Darstellungsformen wird die Generalisierbarkeit der empirischen Ergebnisse intendiert. Zur Validierung der Ergebnisse und intersubjektiven Nachvollziehbarkeit des Datenmaterials wurde in den vorhergehenden Erläuterungen versucht das (methodische) Vorgehen und den Interpretationsprozess offenzulegen und die eigene Autorenschaft im Text sichtbar werden zu lassen (vgl. Bude 2005). Das gewählte Auswertungsverfahren und die Ergebnisdarstellung wurden an den Forschungsgegenstand angepasst, indem die Ergebnisse möglichst nah am Material ausgewertet und der Wortlaut der Befragten und Beobachteten möglichst authentisch wiedergegeben wurden. Diese Arbeit adressiert ein spezifisches (Fach-) Publikum, womit Erziehungswissenschaftler, pädagogische Professionelle (Koordinatoren, Leitungen etc.) und interessierte Wissenschaftler im Bereich EB/WB und angrenzender Fachdisziplinen (im Bereich Organisations-/Netzwerkforschung) gemeint sind.

Die empirischen Analyseergebnisse aus der Vor- und Fallstudie werden in drei gesonderten Kapiteln (4, 5 und 6), aufeinander aufbauend, dargestellt[80]. Im Sinne der Methodentriangulation wurden die subjektiven Sichtweisen, Einstellungen und Sinnstrukturen der befragten HC-Koordinatoren und Mitglieder der Steuerungsgruppe (aus den Experteninterviews) mit den strukturell-institutionellen Handlungsroutinen (aus den Beobachtungsprotokollen) verglichen. Die empirischen Ergebnisse der Experteninterviews werden jeweils entlang von fünf Themenblöcke einheitlich dargestellt. Zu Beginn jedes Themenblocks werden die inhaltlichen Dimensionen abgebildet und das jeweilige Erkenntnisinteresse formuliert. Die Ergebnisse aus den beiden Expertenbefragungen werden beispielhaft mit aussagekräftigen Originalzitaten belegt.[81] Die über einjährige Beobachtung des untersuchten HC mündete gegen Ende der zweiten Aufbauphase in der internen HC-Sondersitzung, deren Protokoll Gegenstand der Analyse im siebten Kapitel ist. In diesem Ergebnisteil werden – ergänzend zu diesen Ausführungen – die methodisch-analytische Vorgehensweise näher skizziert und die Spezifika der Steuerungsgruppe erläutert. Außerdem werden die weiteren, im Untersuchungszeitraum beobachteten, Steuerungsgruppensitzungen (Entwicklung) zusammengefasst und die Genese der Sonderveranstaltung (Ziele und Intentionen) skizziert. Vorwegnehmend ist anzumerken, dass die interne Sonderveranstaltung gegen Ende der zweiten Aufbauphase durchgeführt und einvernehmlich zur strategischen Bilanzierung der untersuchten HC-Initiative von den beteiligten Mitgliedern einberufen wurde. Das Protokoll dokumentiert dementsprechend in Form einer Momentaufnahme einen ergebnisoffenen Prozess, in dem zugleich eine prospektive (Zukunftsvision) und retrospektive (Resümee) Perspektive eingenommen wurden. Nach einer allgemeinen Skizzierung der chronologisch-inhaltlich Entwicklung der untersuchten HC-Steuerungsgruppe

80 Im Sinne der Leserfreundlichkeit wurde für die Ergebnisdarstellung die männliche Form gewählt, bei allen Berufs- und Funktionsbezeichnungen ist immer auch die weibliche Form eingeschlossen. Alle hier dargestellten Ergebnisse beziehen sich auf die Aussagen der Interviewten, weshalb auf die Verwendung des Konjunktivs verzichtet wird. Sollten weitere Quellen herangezogen werden (z.B. Kontextinformationen) oder Anmerkungen der Autorin gemacht werden, wird dies gesondert kenntlich gemacht. Alle Originalzitate werden durchgängig kursiv dargestellt.

81 Anm. d. A.: Die gewählten und anonymisierten Originalzitate sind Einzelaussagen und dementsprechend bedingt aussagekräftig. Sie repräsentieren die individuell-subjektiven Deutungshorizonte der befragten Experten und haben die Funktion die inhaltlich-strukturierten Analyseergebnisse beispielhaft zu illustrieren und/oder „extreme“ Einzelaussagen (vgl. Mayring 2010) hervorzuheben.

(Querschnitt über den Beobachtungszeitraum) erfolgt die Analyse und des Original-Beobachtungsprotokolls entlang von den drei ‚groben' Themenblöcken: 1) Einstieg – Begrüßung und (theoretische) Einführung, 2) Hauptteil: Diskussion und Projektreflexion und 3) Resümee – Überleitung, Ausblick und Fazit. Die Darstellungsweise der Ergebnisse aus dem Beobachtungsprotokoll erfolgt in drei Schritten: Zunächst werden die jeweiligen Abschnitte chronologisch paraphrasiert und interpretiert. In einem zweiten Schritt werden die relevanten Themen systematisch-analytisch herausgearbeitet, anschließend werden ausgewählte Aspekte theoretisch untermauert.

Wie in der Einleitung erwähnt, gestaltete sich der Umgang mit der Zeitlichkeit durchaus schwierig, da das Material eine bestimmte Entwicklungsphase des Untersuchungsgegenstandes abbildet und sozusagen eine Momentaufnahme darstellt. Diese Problematik wurde dadurch gelöst, dass an gegebener Stelle ein Hinweis auf die (aktuelle) Entwicklung des untersuchten HC (bspw. bei der Frage nach der nachhaltigen Projektfinanzierung) gegeben wird. Eine weitere Herausforderung bestand im Rahmen der Ergebnisdarstellung in der Gewährleistung der zugesicherten Anonymisierung des Falls und der befragten Experten. Die offenen, durchaus kritischen Aussagen der Experten und die landespolitische Aktualität der Landesinitiative HC erforderten einen besonders sensiblen Umgang mit den erhobenen Daten. Aus diesem Grund wurden einzelne ‚heikle' Aussagen der Experten und Protokollierungen, die die Anonymität der Personen oder Organisationen gefährden könnten, bewusst nicht in die Ergebnisdarstellung aufgenommen. Aufgrund der thematischen Brisanz wurden die Ergebnisse der Fallstudie an den Koordinator (mit dem Pseudonym Herr F.) des untersuchten HC zurückgekoppelt, um die größtmögliche Anonymisierung des Falls herzustellen. Die zum Teil brisanten Einzelaussagen der Befragten wurden abstrahiert und thematisch zusammengefasst, ohne dass die Aussagekraft des Materials verloren ging. Im Fokus der Ergebnispräsentation stehen die aggregierten Einstellungen, Deutungshorizonte und Akteurskonstellationen, aus denen systemspezifische Handlungslogiken und -strategien abgeleitet werden können, die verallgemeinerbare Aussagen über das Entwicklungspotenzial von WB-Netzwerken auf organisationaler Ebene ermöglichen. Die empirischen Ergebnisse sind insofern generalisierbar und auf weitere bildungsbereichs-/systemübergreifende Kooperationen/Netzwerke übertragbar, als dass die untersuchten Akteure jeweils Subsysteme des Bildungssystems und angrenzender Systeme (z.B. Politik, Wirtschaft) repräsentieren, die auch in anderen Kooperationszusammenhängen zum Tragen kommen.

Im nächsten Unterkapitel werden der Untersuchungsgegenstand, die Landesinitiative HC, mitsamt seiner Genese, Entwicklung und Perspektive(n) skizziert, bevor in den nachfolgenden drei Kapiteln die empirischen Ergebnisse aus der Vor- und Fallstudie präsentiert werden.

4.4 Untersuchungsgegenstand

Die Landesinitiative HESSENCAMPUS (HC) ist, wie einleitend bereits angerissen, ein vom Hessischen Kultusministerium (HKM) im Jahr 2007 initiiertes Strukturaufbauprogramm mit dem Ziel regionale Bildungseinrichtungen aus dem Aus- und WB-Bereich zu bündeln und zur Förderung des lebensbegleitenden Lernens beizutragen. HC bietet – als „dauerhafter Verbund für alles was Erwachsene brauchen" (vgl. HC-Homepage) – eine Kooperationsplattform für die Zusammenarbeit der drei Startinitiativen berufliche Schulen, Schulen für Erwachsene und Volkshochschulen (VHS). Die regionalen HC-Verbünde sind im Rahmen einer Entwicklungspartnerschaft zwischen dem Land Hessen und den beteiligten Kommunen angesiedelt und prinzipiell offen für weitere regionale (Kooperations-)Partner aus Bildung, Kultur und Wirtschaft. Die insgesamt 21 HC-Initiativen, die sich auf die jeweiligen, unterschiedlichen Bildungsbedarfe und Rahmenbedingungen der hessischen Städte und Landkreise einstellen, sind landesweit vernetzt und Bestandteil einer (hessischen) Bildungskoordination/-landschaft.

Abbildung 6: HC-Starteinrichtungen[82]

82 Quelle: Eigene Darstellung.

Die Kultusministerin Dorothea Henzler[83] verortet die Landesinitiative HC als ein „Teilsystem in einem Gesamtsystem des Lernens von Erwachsenen“ (In: HESSENCAMPUSinside 2009/10, S. 3) und definiert HC folgendermaßen:

> *„Hessencampus ist ein Kooperationsverbund vor allem von öffentlichen Einrichtungen, von beruflichen Schulen, Schulen für Erwachsenen, Volkshochschulen und vielen weiteren Einrichtungen für Bildung, Jugendhilfe, Arbeitsförderung und Regionalentwicklung. [...] Schritt für Schritt werden wir auch mit allen Partnern in der Ausbildung und Weiterbildung, sowie in der Wirtschaft die gesamte Bildung im Erwachsenenalter im Rahmen des pluralen Bildungssystems weiterentwickeln.“* (vgl. ebd., S. 3).

Auf die Frage, ob HC ein Netzwerk oder eine alternative, eigenständige Organisationsform ist, gibt es vielfältige Antworten. Auf der offiziellen Homepage werden die regionalen HC-Initiativen als Teil einer sich weiterentwickelnden, regionalen Bildungslandschaft beschrieben. Der HC wird hier als eine „Verbundkoordination“ von WB-Organisationen, staatlichen Akteuren, Schulen und anderen relevanten Institutionen der regionalen Bildungslandschaft bezeichnet. Die Akteure der HC-Landesinitiative sind Pädagogen, Lehrer und Bildungsfachleute aus den beteiligten Organisationen[84], d.h. den sogenannten Startinitiativen VHS, Berufliche Schulen und Schulen für Erwachsene sowie weitere Bildungsträger bzw. Kooperationspartner aus der Arbeitswelt. Diese Organisationen entwickeln im Rahmen einer Entwicklungspartnerschaft mit dem Land Hessen, den jeweiligen Städten und Kommunen gemeinsame Konzepte und auf die Zielgruppe[85] angepasste (Bildung-)Angebote (bspw. Bildungsberatung oder Fachkräfteschulungen). Nach Dollhausen und Mickler (2012) handelt es sich bei HC um ein regionales Kooperationsmodell mit räumlich-integrativer Funktion, mit dem vielfältige, reziproke Erwartungen, Innovationspotenziale und Synergieeffekte verbunden werden. Innerhalb der Landesinitiative bilden die einzelnen HC-Verbünde Netzwerke, Kooperationen und Arbeitsgemeinschaften aus, in denen die „organisationale und räumliche Eigenständigkeit der beteiligten Einrichtungen gewahrt bleibt.“ (vgl. ebd., S. 54).

---

83 Politikerin der FDP und hessische Landtagsabgeordnete (von 2009 bis 2012 hessische Kultusministerin).

84 Alle öffentlichen, hessischen Bildungseinrichtungen, Unternehmen, Betriebe und weitere Organisationen in freier oder privater Trägerschaft wurden auf Landesebene adressiert und aufgefordert zu kooperieren.

85 Die Zielgruppe wird nach soziodemographischen Kriterien wie Alter, Geschlecht, Milieuzugehörigkeit und Bildungsabschluss definiert.

Die Grundlage des HC bildet das *Hessische Weiterbildungsgesetz* (HWBG) aus dem Jahre 2001, das im weiteren Verlauf mehrfach novelliert wurde. Den Ausgangspunkt der Initiierung von HC bildete die lebenslaufbezogene Zäsur zwischen Ausbildung (Lernen im Lebenslauf) und EB/WB (Lernen für den Lebenslauf) in Deutschland (vgl. Kruse/Schröder/Kaletka 2009). Die Akteurslandschaft der WB habe sich mit ihrem Selbstverständnis und ihren Arbeitsbedingungen deutlich vom Schulsystem abgesetzt, sodass dies zu einer Krise der Ausbildung im dualen System führte und nach neuen Lösungen (Reformprojekt) verlangte. Im Rahmen des Regierungsprogramms der CDU 2003–2008 und der Novellierung des HWBG 2006 wurde die Forderung nach einer Überwindung der Zäsur durch lebenslaufbezogene, integrierte Bildungsangebote in Hessen konkretisiert (vgl. ebd.). Im Jahr 2006 wurde die hessische Initiative *Zentren Lebensbegleitenden Lernens* (ZLL) – später in *HESSENCAMPUS Zentren lebensbegleitenden Lernens* umbenannt – ins Leben gerufen. Der Bau des *Hauses des Lebensbegleitenden Lernens* in Dreieich und des *Bildungszentrums Ostend* in Frankfurt, das im Rahmen des hessischen Haushaltsgesetztes[86] verabschiedet wurde, legte sozusagen den Grundstein für die Landesinitiative. Übergeordnetes Ziel des HC/ZLL ist die Erhöhung der Bildungsbeteiligung von Erwachsenen, die u.a. durch die Sicherung einer effizienten Organisationsform gewährleistet werden soll. HC war ursprünglich ein landesweites, dezentral auf Strukturaufbauförderung ausgelegtes Förderprogramm zur Erhöhung des Lebensbegleitenden Lernens, das sich inzwischen (im Jahr 2013) fest in der hessischen Bildungslandschaft etabliert bzw. verankert habe und sich seit 2013 nach einem komplexen Entwicklungsprozess „im Übergang vom Aufbauprojekt in das Regelsystem“ (HESSENCAMPUSinside 2013, S. 3) befinde.

4.4.1 Vom Reformprojekt zur nachhaltigen Verbundorganisation

Nachfolgend werden der Entwicklungsverlauf der Landesinitiative HC kurz skizziert und markante Eckpfeiler der Genese des HC zur nachhaltigen Verbundorganisation anhand zentraler Dokumente (HC-Homepage, wissenschaftliche Begleitforschung/Evaluation und interne/öffentliche Dokumente etc.) dargestellt.

86 Dieses Gesetz ermöglichte eine Anschubfinanzierung der an HC beteiligten hessischen Regionen.

HC-Programmatik: Ziele, Orientierungen und Integrationsfunktionen

Die Sozialforschungsstelle Dortmund (sfs) der Technischen Universität Dortmund wurde vom HKM mit der wissenschaftlichen Begleitforschung der Landesinitiative beauftragt. Diese hat ihrem Selbstverständnis nach die Aufgabe, in einer Interaktionsbeziehung „den im Vorhaben versammelten Akteuren immer erneut den erreichten Stand [kursiv im Original] der gemeinsamen Entwicklungsarbeit kritisch zu spiegeln [kursiv im Original]." (Kruse/Schröder/Kaletka 2010, S. 186). Im Zwischenbericht der sfs wird die Pionierfunktion von HC als charakteristisches Merkmal hervorgehoben. Eine weitere Besonderheit ist die Entwicklungspartnerschaft ‚auf Augenhöhe' zwischen dem Land Hessen, den Kommunen und den beteiligten WB-Organisationen, die das klassische Auftraggeber-/Auftragnehmer-Verhältnis auflöst. Seit der *Erklärung zur Entwicklungspartnerschaft* im Jahr 2007, die als eine „verbindliche Vereinbarung zum generellen Rahmen" betrachtet werden könne, befand bzw. befindet sich HC in einem „kreativen, dynamischen" und „durchaus schwierigen Such- und Entwicklungsprozess" (vgl. Kruse/Schröder/Kaletka 2010, S. 10). Die Entwicklungspartnerschaft wird als ein Experimentierfeld und innovatives bildungsreformerisches Vorhaben („Vorform", „Erprobungsfeld" und „lernendes Vorhaben") gedeutet, HC sei demnach ergebnisoffen, experimentell und durchaus risikobehaftet (vgl. ebd.).

Die (bereits genannten) übergeordneten Ziele der Landesinitiative, die als handlungsleitende „Orientierungen" gedacht sind und auf drei Ebenen im HC integriert werden sollen, lassen sich pointiert wie folgt zusammenfassen (vgl. Erklärung zur Entwicklungspartnerschaft 2007, S. 3):

> Erhöhung der Bildungsbeteiligung (zentrales Ziel) der a) *erwachsenen Lernerpersönlichkeit* (Zielgruppe) im Bereich EB/WB und die Entwicklung der b) *Lebensgestaltungsfähigkeit*[87] durch c) *Lebensweltnähe* und d) individuelle *Biographieorientierung* (Zugänge).

Diese vier Orientierungen (a–d) implizieren das Bild eines mündigen Bürgers und ein ‚ganzheitliches' Bildungsverständnis. Die Zielgruppe sind „junge Erwachsene im Übergang von der Schule bzw. von der Erstausbildung in die Beschäftigung" und „Erwachsene in unterschiedlichen Stationen ihrer Bildungsbiographie und

87 Entwicklung von personalen, fachlichen, sozialen, methodisch-instrumentellen Kompetenzen und deren individuelle und gesellschaftliche Verwertbarkeit (Berufsausbildungs-, Beschäftigungs-, und Studierfähigkeit).

ihrer Persönlichkeitsentwicklung" (vgl. ebd., S. 2). Die folgenden, weiteren Ziele sollen mittels dieser Orientierungen erreicht werden: die Verbesserung der Übergänge und niedrigschwelliger Zugänge, die Senkung des durchschnittlichen Berufseinstiegsalters (das aktuell bei über 19 Jahren liegt), die systematische Qualifizierung des WB-Personals und der Fachkräfteausbildung sowie Regionalentwicklung.

Diese Leitziele sollen auf Grundlage der vier Orientierungen mit Hilfe der drei folgenden Integrationsebenen erreicht werden (vgl. Kruse/Schröder/Kaletka 2010, S. 25; 93–101):

- *pädagogische Integration*: gemeinsame Bildungsangebote, neue Lernformen und Konzepte (u.a. die Leitprojekte Bildungsberatung und pädagogische Konzepte);
- *organisatorische Integration*: Formen der Zusammenarbeit (Steuerungsgruppen, AGs), gemeinsames Budget und Raumnutzung, Personalentwicklung, Rechtsform, Fragen der CI/Öffentlichkeitsarbeit und institutionellen Verankerung in den Einrichtungen;
- *regionale Integration*: Abstimmung mit regionalen Akteuren in der Bildungslandschaft und Anpassung der Bildungsangebote an die Bedarfe der regionalen Zielgruppe und Regionalentwicklung.

Am weitesten wurde aus Sicht der wissenschaftlichen Begleitforschung die regionale Integration umgesetzt, was am Ende der ersten Aufbauphase (im Jahr 2010) zu einer ‚Schieflage' im HC geführt habe (vgl. ebd., S. 86f.). Im HC hätten sich zu starke Regionalisierungstendenzen und weniger einheitlichen Orientierungen herausgebildet. Die pädagogische und organisatorische Integration stelle sich entgegen der priorisierten Entwicklung erst allmählich am Ende ein und sollte stärker in den jeweiligen Initiativen vorangetrieben werden.

Der im Januar 2012 erschienene *„Bericht zur Evaluation von HESSENCAMPUS"* – im Auftrag des HKM – legt seinen Schwerpunkt auf die „Identifikation von Entwicklungsoptionen und Risiken" (PwC 2012, S. 6). Der Wirkungserfolg der vielfältig ausgestalteten, regionalen HC-Initiativen könne in der Evaluation noch nicht abschließend bewertet werden, da sich der HC (noch) in der Aufbauphase befinde und die rechtlichen Grundlagen erst kürzlich beschlossen wurden. Außerdem benötigten nachhaltige, organisatorische Veränderungen Zeit und die Entwicklung tragfähiger Strukturen und Prozesse. Die Landesinitiative HC müsse demnach als ein „länger andauernder, komplexer sozialer Prozess" (S. 16) betrachtet werden.

Die Stärken von HC liegen in einer Verbesserung der regionalen Koordination und Kooperation, in der Förderung des interregionalen Austausches sowie in der innovativen Entwicklung gemeinsamer Lehrangebote und Bildungsabschlüsse. Dieses positive Potenzial von HC besteht nach Ansicht der Evaluatoren in der Erhöhung der Flexibilität und Beschleunigung des gesamten (hessischen) Bildungssystems, im Aufbau einer gut aufgestellten, flächendeckenden Bildungsberatung, im trägerübergreifenden Einsatz von Lehrkräften (v.a. durch die Beteiligung der beruflichen Schulen und Schulen für Erwachsene), in der Überwindung tradierter Zuständigkeiten, in der Ermöglichung einer effizienten Ressourcennutzung und in der institutionellen Verknüpfung von Aus- und Weiterbildung. Die möglichen Risiken von HC liegen hingegen in der defizitären, nicht eindeutigen Identität von HC und der fehlenden Klarheit bzgl. langfristiger Ziele, Strategien, Strukturen und finanzieller Rahmenbedingungen. Der HC verfüge tendenziell über weniger effiziente Kommunikationsstrukturen und setze nicht ausreichend Anreize für private (Bildungs-) Institutionen sich am Kooperationsverbund zu beteiligen. Ebenfalls skeptisch wurden in der Evaluation die auf Landesebene geforderte Integration des HC in den Regelbetrieb (bis spätestens 2014) und der Aspekt der Nachhaltigkeit beurteilt (vgl. ebd., S. 22 f.). Der Begriff der „nachhaltigen Verbundorganisation" wurde hingegen von den Befragten im Rahmen der Evaluation von PwC durchaus positiv bis neutral bewertet.

Sukzessive Strukturaufbauförderung

Im Förderzeitraum 2007–2013 wurden insgesamt 21 Regionen im Rahmen einer Entwicklungspartnerschaft zwischen dem HKM und den jeweiligen Einrichtungen, Städten und Kommunen gefördert. Aufgrund der begrenzten Kapazitäten und finanziellen Mittel haben im Jahr 2007 zunächst acht HC-Starinitiativen ihre Arbeit aufgenommen – trotz des hohen hessenweiten Interesses an der Initiative. Diese acht sogenannten „Stadt-Regionen" (vgl. HC-Inside 2009/10) wurden in die Entwicklungspartnerschaft mit dem Land aufgenommen und gefördert (erste Welle), weil diese städtisch strukturierten Regionen das größte Potenzial zum Aufbau von ZLL aufwiesen. Im Zuge der Bekanntmachung der Landesinitiative im Jahr 2007 bekundeten weitere Regionen ihr Interesse an einer Aufnahme in die Entwicklungspartnerschaft, sodass (nach Vorlage einer Projektskizze im Frühjahr 2008) insgesamt 13 Regionen bis zum Jahre 2009/10 HC beitreten und die zweite Aufbauphase 2010–2013 mitgestalten konnten. Diese systematische Erweiterung der Landesinitiative erfolge in zwei Stufen: Im Frühjahr 2009 wurden bereits sieben Regionen in die erste Aufbauphase aufgenommen (zweite Welle), sechs weitere wurden in einer zweiten Stufe ebenfalls im Jahr 2009 vorbegutachtet und ihr Beitritt vorbereitet. Letztlich wurden im

Jahr 2010 fünf weitere Regionen (dritte Welle) in die Entwicklungspartnerschaft aufgenommen.

Abbildung 7: Verteilung der 21 HC-Initiativen nach Eintrittszeitpunkten[88]

Förder-zeitraum 2007–2013	**Beitritt 2007** (erste Welle)	**Beitritt 2009** (zweite Welle)	**Beitritt 2010** (dritte Welle)
Städtische Initiativen	HC Frankfurt HC Kassel HC Offenbach HC Dreieich – HLL HC Main-Taunus	HC Fulda HC Hanau	HC Wiesbaden
Ländliche Initiativen	HC Waldeck-Frankenberg HC Osthessen HC Rheingau + Taunus	HC Mittelhessen HC Darmstadt-Dieburg HC Hersfeld-Rothenburg HC Hochtaunus HC Schwalm-Eder-Kreis HC Odenwaldkreis HC Vogelsbergkreis	HC Bergstraße HC Groß-Gerau HC Main-Kinzig HC Werra-Meissner-Kreis

Die 21 geförderten HC-Landesinitiativen (vgl. Abb. 7) sollten sich nach Ende der Förderlaufzeit im Jahr 2013, spätestens zu Beginn 2014, selber finanzieren, d.h. ohne zusätzliche Fördergelder auskommen und im Idealfall in den Regelbetrieb überführt werden. Aus politischer Sicht ist voraussichtlich eine weitere Aufbauförderung (nach 2014) nicht mehr notwendig (Stand 2013). In der vom HKM herausgegebenen Broschüre HESSENCAMPUSinside (vgl. 2013, S. 3) wird diese Entwicklung systematisch bilanziert: Im Jahr 2013 sind bereits einige der im Jahr 2007 gestarteten Pionierinitiativen in den Regelbetrieb überführt worden, weitere Regionen befinden sich (2013) im Übergangsprozess zur Verstetigung, andere wiederum stehen vor der Unterzeichnung der förderungsrelevanten Kooperationsvereinbarungen.

88 Quelle: Eigene Darstellung in Anlehnung an die offizielle HC-Homepage.

HC gliedert sich in zwei Aufbauphasen: in den Jahren 2007–2009 wurde eine erste Aufbauphase (Sammlungs- und Konzeptionsphase) initiiert, gefolgt von einer zweiten Aufbauphase 2010–2013/14 (auch Konsolidierungs- und Transformationsphase genannt). In der ersten Stufe des Aufbauplans wurden die acht Startinitiativen zunächst aufgefordert, bis 2008 ein belastbares Modell ihrer Initiative mit Planungsstand und Willensbekundung zu formulieren und organisatorische Rahmenbedingungen für die Kooperationen mit den Entwicklungspartnern vorzubereiten sowie sich strukturell für eine Zusammenarbeit mit der Wirtschaft zu öffnen.[89] Insgesamt wurde eine Summe von ca.15 Millionen Euro in den Auf- und Ausbau von HC investiert. Bereits die Anschubfinanzierung für den Aufbau der organisatorischen Grundstruktur – der 16 geförderten Regionen aus der ersten und zweiten Welle (Stand 2009) – betrug mehr als sieben Millionen Euro (vgl. HKM 2009a). Für den strategischen Abschluss der beiden Aufbauphasen wurde im Rahmen der zweiten Aufbauphase eine degressiv verlaufende Förderpolitik implementiert, durch die die Initiativen sukzessive auf eine Überführung in den Regelbetrieb vorbereitet werden soll(t)en.

Erste Aufbauphase: 2007–2009

Die erste Aufbauphase zielte auf eine flächendeckende, kurzfristige Gewinnung von insgesamt acht hessischen Startinitiativen. Damit gingen die Gründung von ZLL und die Etablierung von Grundstrukturen (Kommunikation, Finanzierung und Entscheidungsfindung) einher. Während dieser Phase wurden, wie bereits erwähnt, die *Zentren Lebensbegleitenden Lernens (ZLL)* in *HESSENCAMPUS (HC)* umbenannt. Damit war die spezifische Programmatik verbunden einen landesweiten, hessischen Bezug herzustellen und eine Verbundorganisation im Sinne eines neuen, regionalen Lernorts – die über ein loses Netzwerk hinausgeht – anzuregen. In diesen Lernorten sollten die bestehenden, pädagogischen, organisatorischen und materiellen Potenziale auf regionaler Ebene gebündelt werden. In der ersten Aufbauphase wurden die Projektmittel bewilligt und die regionalen Koordinatoren beauftragt das Konzept des Landes zur Förderung des lebensbegleitenden Lernens umzusetzen. Diese Phase diente außerdem der Umsetzung erster Pilotprojekte (v.a. der Bildungsberatung) und der Gründung des HC-Sprecherkreises im Jahr 2007. Dieser hat die Funktion den Austausch

89 Eine detaillierte Beschreibung der zu erreichenden Ziele und Aufgaben ist in den beiden Anlagen der Erklärung zu Entwicklungspartnerschaft „Aufgabenkatalog“ und „Meilensteinplanung Landesebene“ ausgeführt.

zwischen den Vertretern des HC und den regionalen Bildungsakteuren zu systematisieren, die Entwicklungen der einzelnen Initiativen zu bündeln und ein einheitliches HC-Konzept unter Berücksichtigung regionaler Spezifika zu entwickeln. Weitere Aufgaben des Sprecherkreises, für den drei Vertreter aus den HC-Initiativen benannt wurden, bestehen in der regionenübergreifenden Organisation, initiativenübergreifenden Koordination und inhaltlich-fachlichen Steuerung des HC.

Das Land und die an HC beteiligten hessischen Kommunen haben erfolgreich gemeinsame Rahmenvereinbarungen verhandelt, die im Mai 2011 mit der „*Erklärung zur Entwicklungspartnerschaft Zentren Lebensbegleitendes Lernen*" besiegelt wurden. Sie bilden die Grundlage für die zweite Aufbauphase und einen Rahmen für die regionalen Kooperationsvereinbarungen zwischen Land und Kommunen. Die Erklärung wurde als Auftakt der Landesinitiative gemeinsam von der ehemaligen Kultusministerin Karin Wolff und den acht Startinitiativen unterzeichnet. Einleitend erklären sich die Unterzeichner in diesem Dokument bereit, das lebensbegleitende Lernen durch HC/ZLL als „übergreifendes Strukturprinzip" zu ermöglichen. Dabei sollten sich die beteiligten Akteure auf Augenhöhe begegnen und gemeinsam in einem ‚offenen Weg' ohne präskriptives, endgültiges Konzept, die Leitziele des Landes umsetzen. Das Land erklärt sich unter dem fünften Punkt dieses Dokuments bereit, den Aufbau der acht Initiativen bildungspolitisch, administrativ und finanziell zu unterstützen. Es wurden u.a. ein Verantwortlicher der Landesregierung für den Strukturaufbau benannt, eine Geschäftsstelle eingerichtet, Maßnahmen zur Qualitätsentwicklung und -sicherung[90] initiiert und Transferaktivitäten zur Verbreitung des HC/ZLL (z.B. durch Internetauftritt und Publikationen) anvisiert. Weiter heißt es in der Einleitung dieser Erklärung, die Landesregierung habe sich im Regierungsprogramm 2003–2008 folgendes Ziel gesetzt: „Der Aufbau dieser ZLL verfolgt eine bildungspolitische, pädagogische und strukturelle Neuausrichtung im Bildungssystem, durch die Funktion und Grenzen öffentlicher Verantwortung im Schul-, Ausbildungs- und Weiterbildungssektor neu bestimmt und profiliert werden."

Parallel zu diesen Entwicklungen wurden 17 berufliche Schulen im Rahmen des Modellprojekts „*Selbstverantwortung Plus*" reformiert. Bereits vor dem offiziellen Projektende wurde eine Transferphase zur Integration weiterer Berufsschulen eingeleitet. Dieses Modellprojekt bietet den beteiligten beruflichen Schulen die Möglichkeit ihre eigene Schulverfassung zu entwickeln. Damit gehe für die Schulleiter und die staatlichen Schulämter ein neues Aufgaben- und Rollenverständnis

90 Vgl. das Onlineportal „Weiterbildung Hessen"

einher. Die Rolle des Schulleiters wandle sich zur Führungskraft. Die zukünftigen Aufgaben der Stadtschulämter seien Qualitätsentwicklung und die Übernahme von Serviceaufgaben und Unterstützungs-/Dienstleitungen – erklärt Henzler in der Regierungserklärung zum Schuljahresbeginn 2010/2011 (vgl. HKM 2010b). Für den HC ergibt sich aus diesem Paradigmenwechsel die relevante Frage nach der (geeigneten) Rechtsfähigkeit der selbstständigen beruflichen Schulen, die in der zweiten Aufbauphase mit der Novellierung des HWBG beantwortet wurde. In der ersten Aufbauphase fand eine erfolgreiche, erste regionale und landesweite Verankerung des HC statt (vgl. PwC 2012, S. 32). Gute Konzepte seien von den beteiligten Akteuren aufgenommen, erprobt, sowie regionale Ressourcen gemeinsam genutzt und unterschiedliche Zielgruppen erreicht worden (vgl. HKM 2009a). Die Höhepunkte der ersten Aufbauphase liegen in der Entwicklung gemeinsamer, trägerübergreifender Bildungsangebote (v.a. Bildungsberatung) und in der Koordinierung von transparenten Übergängen (zwischen Schule, Ausbildung und Arbeitswelt). Der HC-Sprecherkreis hat gemeinsam mit der wissenschaftlichen Begleitung des HC (sfs) strategische Empfehlungen für eine grundsätzliche Konzeption von HC ausarbeitet, die von der Landesregierung positiv abgestimmt wurden. Auf dem zweiten HC-Jahresforum 2009 hebt Henzler die „herausgehobene Verantwortung" des Landes für die hessische Bildung hervor und beendet ihre Rede mit den Worten: „Wir werden Erfolg haben, wenn wir – wie es das Motto dieses Jahresforums zum Ausdruck bringt – partnerschaftlich zusammenarbeiten" (HKM 2009b).

Zweite Aufbauphase: 2010–2013

Während der zweiten Aufbauphase von 2010 bis 2012 (erste Welle) bzw. bis 2013/14 (zweite und dritte Welle) wurde HC Anfang des Jahres 2009 zunächst auf weitere sieben Regionen ausgeweitet. Im Jahr 2010 wurden, wie eingangs erwähnt, fünf weitere Initiativen aufgenommen. Diese Phase war gekennzeichnet durch eine strukturelle Öffnung für Kooperationen mit interessierten Bildungseinrichtungen und weiteren Akteuren aus Kultur und Wirtschaft sowie eine schrittweise Vorbereitung des HC zur Integration in den Regelbetrieb – hin zu einer nachhaltigen Verbundorganisation. Letzteres wurde u.a. durch die Novellierung des HWBG und die Verabschiedung von Rahmenvereinbarungen unterstützt. In dieser Periode wurde der *„Arbeitskreis HC und kommunale Verwaltungen"* eingerichtet, der zur institutionellen Weiterentwicklung von HC beitragen und die Schulträger aller HC-Initiativen aktivieren und einbeziehen sollte. Relevante Themen und Aufgaben der zweiten Phase waren die Entwicklung einer nachhaltigen Zusammenarbeit im Projektverbund und die Formulierung eines Entwicklungsrahmens zwischen Land und Kommunen. Die Herausforderung in dieser Phase bestand in einem effizienten Ressourceneinsatz und im Umgang mit den regionalen Unterschieden und Entwicklungstempi/-niveaus der geförderten HC-Initiativen.

Ein weiterer öffentlich-rechtlicher Vertrag sind die *„Rahmenvereinbarungen über den Aufbau von HC Lebensbegleitenden Lernen für die Jahre 2010–2013"* (HKM 2010a), in denen die staatlich-kommunale Entwicklungspartnerschaft auf Augenhöhe geregelt ist. In den Rahmenvereinbarungen werden die landesweite Zusammenarbeit zwischen dem Land Hessen und den beteiligten Kommunen geregelt und die Etappenziele der zweiten Aufbauphase definiert. Außerdem soll damit die Weiterentwicklung v.a. der Startinitiativen gesichert werden. Die Vereinbarungen sind eine notwendige Voraussetzung für die finanzielle Landesförderung und schließen die Erklärung zur Entwicklungspartnerschaft aus dem Jahr 2007 mit ein. HC wird laut der Präambel der Rahmenvereinbarungen als ein Teilsystem der pluralen WB-Landschaft definiert, der u.a. die Aufgabe hat mit regionalen öffentlichen und privaten WB-Einrichtungen sowie Wirtschaftsunternehmen zu kooperieren und sich an der hessischen Bildungskoordination zu beteiligen. Dabei wird auf eine „grundlegende Einheitlichkeit" der einzelnen HC-Initiativen Wert gelegt – trotz der unterschiedlichen Entwicklungstempi und Eintrittszeitpunkte der Initiativen. Die Rahmenvereinbarungen bilden laut § 1, Abs. 2 die Grundlage für die regionalen Vereinbarungen zwischen den jeweiligen beteiligten Kreisen, Städten und Landeseinrichtungen. Die grundlegenden Ziele bestehen nach § 2, Abs. 1 in der:

- Verbesserung der Transparenz und Zugänglichkeit von Bildungsangeboten und Bildungsdienstleistungen;
- Erhöhung der Bildungsbeteiligung aller Altersstufen durch Bildungs-/Lernberatung, für die einheitliche Kriterien zu entwickeln sind;
- Ermöglichung gesellschaftlicher Teilhabe, persönlicher Entfaltung und regionaler Bildungsbedarfsdeckung durch eine bedarfs-/zielgruppengerechte Angebotsentwicklung;
- Verknüpfung, Optimierung und Synergiebildung vorhandener Ressourcen und Bildungsangebote (z.B. durch Modularisierung);
- Nutzung neuer Medien und selbstgesteuertem Lernen.
- Außerdem sollen die „Standortentwicklung zur Wissensgesellschaft" gefördert, die beratungs- und Angebotsqualität gesichert und HC/ZLL als Marke durch ein gemeinsames Marketing für das lebensbegleitende Lernen etabliert werden.

Des Weiten ist nach §3, Abs. 5 der Entwurf von regionalen Kooperationsvereinbarungen vorgesehen, in denen die regionalen Organisationsstrukturen, spezifischen Ziele, Aufgabenverteilung der Entwicklungspartner (HC-Initiativen und Land) und Beteiligungsformen geregelt sind. Diese sollten gemeinsam von den beteiligten Städten und Kommunen bis Ende 2011 bzw. spätestens Frühjahr 2012 (vgl. § 9, Abs. 5) abgeschlossen werden. Ein zeitnaher Abschluss der regionalen Kooperationsvereinbarungen könne u.U. zu einer höheren Planungssicherheit führen. Hier kam es bereits zu einer zeitlichen Verzögerung, die aus Sicht der Evaluatoren unproblematisch und in einem „innerministeriellen Klärungsprozess" (vgl. PwC 2012, S. 45) begründet gewesen sei. Nach Abs. 7 des gleichen Paragraphen wird die „Bildung einer eigenen Verbundorganisation des HC" bis 2013 als ein „verbindliches Ziel" erhoben. Über die Organisationsform dürfen die regionalen Entwicklungspartner selbst entscheiden. In der Evaluation werden die ‚zwingende' Vorgehensweise bzgl. der förderrelevanten regionalen Kooperationsvereinbarungen sowie die regelmäßigen Arbeitstreffen und das Engagement des Landes positiv bewertet. Dieses Vorgehen wird grundsätzlich als sinnvoll betrachtet, um eine rechtlich-organisatorische Institutionalisierung von HC zu gewährleisten (vgl. ebd., S. 44 f.).

Das Land hat nach § 3, Abs. 1 und 3 folgende Aufgaben: die Beteiligung der beruflichen Schulen und der Schulen für Erwachsenen zu sichern, gezielte Anreize zu setzten, einen rechtlichen Rahmen für die Kooperation der öffentlichen Bildungseinrichtungen zu schaffen (z.B. durch eine Unterrichtsversorgung von 105%) und die gemeinsamen Bildungsangebote gleichwertig zu behandeln. Die an HC beteiligten Kommunen sind hingegen für die Beteiligung und Aktivierung der beteiligten Kreise, Städte, VHSen und weiteren kommunalen Bildungseinrichtungen zuständig. Sie haben die Aufgabe, die Weiterentwicklung des regionalen Bildungsangebots zu gewährleisten (vgl. § 3, Abs. 2 und 4). In § 4 der Rahmenvereinbarungen sind für die Landesverantwortlichen und Vertreter der beteiligten Städte und Kommunen regelmäßige Arbeitstreffen vorgeschrieben, die zur Beratung, zum Informationsaustausch und zur Abstimmung gemeinsamer Ziele beitragen sollen. In den Rahmenvereinbarungen werden zwar keine konkreten Angaben zur Finanzierung nach der Aufbauförderung gemacht, bis spätestens Ende 2013 soll allerdings die HC-Finanzierung durch eine Mitfinanzierung der Kreise und Städte geregelt werden. Da sich die öffentliche Finanzierungsverantwortung (Projekt-, Personal- und Sachmittel) lediglich auf den Förderzeitraum beschränkt, gibt es erste Überlegungen Rahmenbedingungen zu schaffen, die alternative Finanzierungsformen wie Drittmitteleinwerbungen oder Teilnehmerentgelte ermöglichen (vgl. § 5).

Die „*Novellierung des Hessischen Schul- und Weiterbildungsgesetztes*", die im Jahr 2006 einstimmig vom Landtag verabschiedet wurde, hatte ebenfalls einen erheblichen Einfluss auf die anvisierte Institutionalisierung von HC. Die Förderung der Weiterbildungsbeteiligung von Erwachsenen wurde hier zum übergeordneten Ziel erklärt, das mittels einer regionalen Bildungskoordinierung (bildungsbereichs- und trägerbereichsübergreifende Zusammenarbeit) erreicht werden sollte. Henzler verweist optimistisch auf die Bedeutung des neuen HWBG für das lebensbegleitende Lernen in Hessen: „Die Gesetzesnovelle ist das Ergebnis eines konstruktiven Dialogs mit allen Beteiligten. (…) Ich bin davon überzeugt, dass wir mit diesem Gesetz einen deutlichen Fortschritt im Bereich der Weiterbildung und in der Bildungspolitik an sich erreichen." (HKM 2011b). Durch die rechtliche Verankerung der selbstständigen, am Modellprojekt ‚Selbstverantwortung Plus'[91] beteiligten, beruflichen Schulen, die nach § 127e „Bestandteil des regionalen Verbundes HC" sind, können die beruflichen Schulen Aufgaben im Bereich der Aus- und Weiterbildung übernehmen und selbständig kooperieren.[92] Im Sinne des Kooperationsgedankens der Landesinitiative sollen der HC und die beteiligten beruflichen Schulen ausdrücklich nicht in Konkurrenz zu privat-wirtschaftlichen (Bildungs-)Anbietern treten. Dies wird u.a. durch regionale Kooperationsvereinbarungen sichergestellt.

Die Landesinitiative HC wird am Ende der zweiten Aufbauphase als eine Erfolgsgeschichte bezeichnet (vgl. HESSENCAMPUSinside 2013, S. 3f./PwC 2012, S. 37). Es seien differenzierte, regional angepasste Modelle entstanden, die zur Qualitätsentwicklung und Strukturierung der hessischen Weiterbildungslandschaft sowie zur Transparenz der Bildungsangebote beitragen und darüber hinaus eine hohe Bedeutung für das Gesamtsystem des lebensbegleitenden Lernens in Hessen haben. Die verstärkte Integration der Kommunen, die hohe Flächenabdeckung und Optimierung der Bildungsberatung, die Etablierung der Marke HC, die Vertiefung der organisatorisch-rechtlichen Koordination und Kooperation und die Einrichtung des Arbeitskreises *„HC und kommunale Bildungsverwaltung"* werden ebenfalls positiv bewertet. Im landesweiten HC-Sprecherkreis seien unterschiedliche Kulturen, Motive und Menschen aufeinandergetroffen, was zunächst zu einer Art „Kulturschock" geführt und sich im weiteren Verlauf zu einem „pragmatischen Umgang miteinander" gewandelt habe. Erst das

91 Parallel zur zweiten Aufbauphase wurde das Modellprojekt ‚Selbstverantwortung Plus' Ende 2011 nach einer Verlängerungsphase erfolgreich abgeschlossen (Gesamtlaufzeit 1.1.2005–31.12.2011).

92 Eine Herausforderung besteht in der systematischen Verzahnung der insgesamt 35 am Modellprojekts ‚Selbstverantwortung Plus' beteiligten beruflichen Schulen und HC, von denen sich 27 berufliche Schulen (Stand 2012) an der Landesinitiative verbindlich beteiligen.

„Abarbeiten am eigenen Selbstverständnis" habe Erfolge gebracht.[93] Die zweite Etappe des Strukturaufbaus wird als sensible Übergangsphase bezeichnet. Die Herausforderungen bestünden in der flexiblen Nutzung von Chanen, in der Ausweitung von HC auf alle hessischen Regionen und in der nachhaltigen finanziellen Sicherung. Für diese seien der Aufbau nachhaltiger Strukturen und Prozesse grundlegend. Obwohl eine intensivere Zusammenarbeit mit der Wirtschaft (bspw. zur gemeinsamen Sicherung des Fachkräfteangebots) wünschenswert wäre, liegt eine weitere Herausforderung darin, sich wirtschaftlich effizient aufzustellen ohne in Konkurrenz zu privaten Bildungsanbietern zu treten.

4.4.2 HC-Leitprojekte

Insbesondere die flächendeckende Verbreitung der *Bildungsberatung* in 19 der 21 HC-Initiativen wird in der Gesamtbilanz der Evaluation von PwC (2012) und in HESSENCAMPUSinside (2013) als ein herausragender Erfolg bezeichnet. Zentrale Aufgaben der regionalen Bildungsberatung(en) sind die „trägerübergreifende Beratung und Vermittlung in fachspezifische Beratung, Unterstützung des Kompetenzerwerbs, in allen Fragen zu Bildung, Beruf und Beschäftigung". Die Zielgruppe sind alle Menschen mit Orientierungs- und Beratungsbedarf (vgl. HKM 2011a). Die Bildungsberatung ist ein integraler (öffentlich-rechtlicher) Bestandteil von HC und regionalspezifisch organisiert. Sie habe zur Profilierung und Identitätsbildung von HC beigetragen und sei das am weitesten fortgeschrittene Leitprojekt – hinsichtlich des Entwicklungsstandes und der institutionellen Verankerung. Neben der Akkreditierung der regionalen Beratungsstellen hat die Bildungsberatung ein internes Controlling implementiert und führt anhand von gemeinsam erarbeiteten Qualitätskriterien Selbstevaluationen durch. Langfristig sei eine Verstetigung der Bildungsberatung und (Weiter-)Finanzierung der angestellten Mitarbeiter wünschenswert (vgl. PwC 2012).

Die Beratungskompetenzen der Mitarbeiter der Bildungsberatung werden regelmäßig durch Personalentwicklungsmaßnahmen gesichert, bspw. wird eine Qualifizierung der Bildungsberater wird über den *„Verbund Regionaler Qualifizierungszentren Hessen"* (RQZ Hessen) gewährleistet. Mehr als 100 Berater haben bereits ein Zertifikat erworben. Die HC-Bildungsberater haben die Aufgabe, ergebnis- und zielgruppenorientiert zu arbeiten, sind persönlich, telefonisch, online oder aufsuchend – je nach Region zentral oder dezentral – erreichbar

---

93 Das Spannungsfeld zwischen der flexiblen VHS, die zumeist die HC-Koordinierung/ Geschäftsführung übernahm, und den bürokratisch geregelten beruflichen Schulen („Kolossen") wird hier exemplarisch angeführt.

und verfügen über vielfältige Beratungskompetenzen. Seit 2009 wurde eine landesweite Arbeitsgruppe eingerichtet, die vierteljährlich tagt und an der sich die Vertreter der regionalen HCs regelmäßig und verbindlich beteiligen sollen. Außerdem wurden/werden regelmäßig bundesweite Veranstaltungen zum gemeinsamen Erfahrungsaustausch im Bereich Bildungsberatung organisiert, in denen Best-Practice-Beispiele vorgestellt und diskutiert werden. Das nachhaltige Engagement dieser Arbeitsgruppe habe zu einer hessenweiten Akzeptanz der Bildungsberatung beigetragen, aus der sich sowohl ein hoher Nutzen für die Einzelinitiativen als auch für die Zielgruppe ergebe (vgl. HESSENCAMPUSinside 2013, S. 5). Neben der landesweiten Arbeitsgruppe Bildungsberatung wurden im Jahr 2010 verbindliche *„Landesweite Leitlinien für Bildungsberatung im HC"* (HKM 2011a) entwickelt, die zur Qualitätssicherung und Prozessvereinheitlichung der Beratungen beitragen sollen. Diese Leitlinien umfassen 16 Punkte, sie wurden gemeinsam erarbeitet und – nach einer einjährigen Erprobungsphase – im Februar 2011 einstimmig verabschiedet. Sie erfüllen die Funktion von Zielbeschreibungen und haben maßgeblich zur nachhaltigen Implementierung der Bildungsberatung sowie zur Herausbildung einer gemeinsamen Identität beigetragen.

Schemmann und Seitter (2014) arbeiten im ‚HC-Bildungsberatungsbericht' die Funktion(en) der Bildungsberatung heraus: Diese bestehe in einer *Lotsenfunktion* (zur Vermittlung und Bedarfserschließung), einer *Entwicklungsfunktion* (Biographieorientierung für die Zielgruppe) und in einer *Entlastungsfunktion* für die beteiligten Einrichtungen. Die Bildungsberatung könne demnach als eine organisatorisch-strukturelle und professionelle Grenzstelle betrachtet werden, innerhalb derer Fremdverstehen und professionelle Selbstbeobachtung initiiert würden. Bspw. ermöglicht die enge Zusammenarbeit der Entwicklungspartner den VHSen – in nahezu allen Initiativen – auf Grundlage von Lernbedarfen (z.B. aus Perspektive der beteiligten Schulen) zielgruppenorientierte und ‚maßgeschneiderte' Angebote für die Nutzer der Bildungsberatung (Vorbereitung auf Aufnahmetest, Vorkurse etc.) zu entwickeln. Das gemeinsame Ziel ist es hierbei, biographische Warteschleifen zu vermeiden und (Bildungs-)Übergange effizient zu gestalten. Die Bildungsberatung wird in diesem Kontext als ein systematisches Element der Bedarfserschließung und Angebotsentwicklung (Rückspiegelungseffekte) gedeutet (vgl. ebd.). Die Autoren empfehlen die Effektivität/Funktionalität von (Beratungs-)Strukturen und Prozessen zu stärken, in dem die Initiativen ein klares Beratungsprofil (konzeptionelle Schärfung) und eine spezifische Form der Verstetigung der Bildungsberatung (Ressourcen-/Leistungsfokussierung) entwickeln. Weiterhin sollten die vorhandenen Unterstützungsstrukturen für eine Professionalitätsentwicklung (landesweite AG Bildungsberatung) ausgebaut werden, z.B. durch Fortbildungsmöglichkeiten, kollegialen Austausch oder Reflexionsworkshops zum konzeptionellen Selbstverständnis. Schemmann und Seitter fordern außerdem eine statistische Dokumentation und größere Standardisierung der (aktuell) sehr heterogenen Erfassungsinstrumente der regionalen Bildungsberatungen in Form eines transparenten, einheitlichen Berichtswesens. Dies könnte zum einen zur politischen Legitimation, zum anderen zur Wirkungsmessung beitragen.

Das im Jahr 2010 initiierte Leitprojekt ‚*Neue Medien*' hat ebenfalls die Aufgabe, niedrigschwellige Bildungszugänge durch mediale Lehr-/Lernszenarien zu ermöglichen und v.a. Personen in ländlichen Regionen zu aktivieren. Neben Präsenzphasen, können Interessenten in Blended-Learning-Szenarien mit integrierten Selbstlernphasen bspw. ihren Realschulabschluss nachholen oder Sprachen lernen. Die Umsetzung der Ziele (Entwicklung, Erprobung und Verstetigung von innovativen Online-Lehr-/Lern-Szenarien) erfolgt in drei Teilprojekten: (1) Medienkompetenz (in Kooperation mit „*studiumdigitale*" der Goethe-Universität Frankfurt), (2) technische Infrastruktur (Bereitstellung einer Lernplattform) und (2) Netzwerk (Erfahrungsaustausch, Nutzung von Lizenzen etc.). Wie bereits erwähnt, bestehen v.a. im Bereich Übergänge (nachholende Grundbildung) Entwicklungsbedarfe, die durch den weiteren Ausbau von mediengestützten Bildungsangeboten abgedeckt werden können. Das Leitprojekt *Alphabetisierung und Grundbildung Erwachsener* ist seit 2012 ein weiterer Förderschwerpunkt des HC, der 2013 weiter ausgebaut werden soll. Dieses Projekt hat die Aufgabe das Problem des funktionalen Analphabetismus durch „Bildungsberatung, pädagogische Innovation und eine(r) enge(n) Vernetzung mit regionaler Bildungskoordination" (HESSENCAMPUSinside 2013, S. 8) zu bewältigen. Hierfür wurde ebenfalls eine landesweite Arbeitsgruppe eingerichtet, die zum Transfer erfolgsversprechender Lösungsansätze und Modelle beitragen soll. Die VHS wird als Experte und Haupanbieter auf dem Gebiet der Alphabetisierung bezeichnet, da sie über „umfangreiche Erfahrungen in der Konzeption und Durchführung von Maßnahmen zur Alphabetisierung Erwachsener" verfüge. Es wird empfohlen, sich weiterhin aktiv mit diesem Thema auseinanderzusetzen (ebd., S. 13).

Die wissenschaftliche Begleitung betrachtet die HC-Leitprojekte als ein „gemeinsames Drittes" bzw. eine Erweiterung des Leistungsprofils der eigenen Organisation (vgl. Kruse/Schröder/Kaletka 2010, S. 73) und wertet dies als eine riskante Strategie. Alle Beteiligten hätten zwar ihre spezifischen Kompetenzen in die gemeinsame Konzipierung von Bildungsangeboten eingebracht, die Entwicklungen gingen zwar von den Einrichtungen nach außen, aber nicht nach innen. Die Fragen nach dem Einfluss der Teilprojekte *auf* die eigene Organisation und nach der pädagogisch-curricularen Integration *in* die eigene Organisation bleiben noch unklar. Anstatt sich auf organisationale Veränderungen einzulassen, was Aufgaben-/Personaländerungen und neue Ressourcenzuordnungen nach sich ziehen könnte, konzentrierten sich die Einrichtungen auf das ‚gemeinsame Dritte', um sich vor tiefgreifenden Veränderungen zu schützen. Die Kooperationspartner des erweiterten Steuerungskreises und die Kollegien seien insgesamt wenig einbezogen, sondern lediglich über „sachlich-fachlich gerechtfertigte dritte Dienstleistungen" (ebd., S. 89) informiert worden.

4.4.3 HC nach 2013 – Überführung in das Regelsystem

Als höchste Entwicklungsstufe wird ein „betriebsförmig organisierter und integrierter Bildungsdienstleiter" definiert. Dieses Modell wird von den, im Rahmen der Evaluation von PwC, Befragten stark kritisiert. Akzeptanz fand hingegen das Leitbild einer nachhaltigen Verbundorganisation, innerhalb der die beteiligten Bildungseinrichtungen autonom und zugleich interdependent miteinander kooperieren (sollen). Die gewünschte Überführung von HC in das Regelsystem hängen, neben einer ertragreichen Kooperation auf operativer Ebene, maßgeblich von den strukturell-organisatorischen (finanziellen) Unterstützungsleistungen auf Landesebene und den rechtlichen Rahmenbedingungen ab. Das HKM erklärte, sich nach Ablauf der Aufbauförderung 2013/14 dauerhaft an HC zu beteiligen. Eine finanzielle Beteiligung sei ebenfalls von den Kommunen und den kooperierenden Verbundpartnern zu erwarten. Die zentrale Herausforderung der Transferphase nach Projektförderlaufzeit läge in der Schaffung einer Balance zwischen kommunaler und Landesverantwortung. Der höchste Entwicklungsbedarf bestehe in den Bereichen ‚Übergänge' und ‚Innovative Lehr-/Lernarrangements' (vgl. HESSENCAMPUSinside 2013, S. 3 f.).

Der „*Orientierungsrahmen zur grundlegenden Funktionsfähigkeit von HC zum Zeitpunkt des Eintritts in das Regelsystem*" (HKM 2012) beinhaltet Qualitätskriterien, die sich in sechs Handlungsfelder gliedern und der gemeinsamen Überprüfung bedürfen:

1. aktivierende Bildungsberatung (v.a. ‚bildungsferner' Zielgruppen); Ergebnistransfer der HC-Dienstleitungen und Bildungsangebote (Homepage, Veranstaltungen etc.) und Entwicklung bedarfs-/zielgruppengerechter Angebote (z.B. Zertifikate, Tests);
2. regelmäßige Synergie-, Ziel- und Defizitüberprüfung, um ggf. Systemfehler und Angebotsredundanzen frühzeitig zu erkennen;
3. bedarfsgerechte Lehrdidaktik (z.B. Blended-Learning), Zeit-/Raumgestaltung und Ermöglichung gesellschaftlicher Teilhabe;

4. verbindliche Verbund- und HC-Koordinierung (Steuerungsgruppe, Arbeitsprogramm, Finanzierungskonzept/-strategie etc.) und regionale Kooperationsvereinbarungen;
5. Abschluss von Kooperationsvereinbarungen zwischen Land und Kommunen; eine kontinuierliche Beteiligung und Vertretung im HC-Sprecherkreis sowie
6. eine Beteiligung an der regionalen Bildungskoordinierung gemäß § 20 HWGB (2006).

Für eine nachhaltige Institutionalisierung von HC seien ein ausreichendes Maß an Handlungsfähigkeit, ein professionelles Verbundmanagement und Marketing sowie formale Festlegungen notwendig. Mittel- bis langfristige Potenziale sehen die Evaluatoren (vgl. PwC 2012, S. 72f.) in der Einführung eines einheitlichen Qualitätsmanagements[94] und Credit-Point-Systems zur Stärkung der kollektiven Identität auf Adressatenebene. Da für HC langfristig eine Komplexitätssteigerung und ein Aufgabenzuwachs zu erwarten sind, wird weiterhin empfohlen, HC als landesweite Institution mit einer eigenen Rechtspersönlichkeit auszuzeichnen. Dies hätte den Vorteil, dass sich das Land – das derzeit eine Doppelrolle innehabe – auf die strategische Steuerung und Aufsicht von HC konzentrieren und die operative Dienstleitungserzeugung dezentral an die HC-Initiativen delegieren könne. Daraus könnten sich Effizienzvorteile und größere Handlungsspielräume ergeben. Als eine mögliche Rechtsform von HC kommt (laut HKM) ein Zweckverband oder eine GmbH in Frage, wobei diese je nach regionalen Besonderheiten abzuwägen sei. PWC erstellte im Jahr 2009 ein Rechtsgutachten und empfiehlt eine Intensivierung der Kooperationen und die Gründung eines Zweckverbandes.

Insbesondere die Einbindung der beruflichen Schulen wird als große Chance („Hoffnungsträger“) und Risiko zugleich betrachtet. Da HC für die Berufsschulen eine (Beteiligungs-)Option darstellt (keine rechtliche Bindung), könnte das Interesse der beruflichen Schulen im Jahr 2013 – das als kritisches Jahr prognostiziert wird – nachlassen. Daraus leiten die Evaluatoren folgende Empfehlungen ab: Obwohl die HC-internen, regionalen Steuerungsgruppen die einzelnen Initiativen auf pädagogisch-administrativer Ebene stabilisieren, wird empfohlen, die landesweiten Gremien um weitere Arbeitskreise/-gruppen und Praxisforen zu ergänzen. Weiterhin wird geraten, das für hoch erklärte Innovationspotenzial

94 Langfristig wird empfohlen ein einheitliches QM-Modell zu entwickeln und zu implementieren, das auf bestehende Modelle (z.B. die Zertifizierung nach LQW) aufbaue.

der bestehen Kooperationen auszuschöpfen, HC rechtlich zu institutionalisieren und für weitere potenzielle Kooperationspartner in der WB-Landschaft, v.a. im Rhein-Main-Gebiet, attraktiver zu gestalten. Ländlich strukturierte Regionen sehen im Gegensatz zu städtischen Regionen mehr Vorteile im Verbundprojekt HC, hier beteiligen sich die beruflichen Schulen deutlich stärker als bspw. im Rhein-Main-Gebiet (vgl. PwC, S. 67).

Aus Sicht der wissenschaftlichen Begleitung (sfs) besteht das hohe Innovationspotenzial des HC im pädagogischen Bereich, da die pädagogisch und organisatorische Integration – wie bereits erwähnt – unzureichend stattgefunden habe und vorerst verschoben wurde. Die regionale Integration sei hingehen durch die Leitprojekte ‚Bildungsberatung' und ‚Übergangsmanagement' stark vorangetrieben worden (vgl. Kruse/Schröder/Kaletka 2010, S. 91): „Statt einer als gleichgewichtig gedachten Bearbeitung der drei Integrationsdimensionen, bei der der Pädagogik eine Art Vorrangstellung eingeräumt wurde, hat sich schließlich die regionale Integrationsdimension nach vorne geschoben und färbt das HC-Vorhaben insgesamt ein". Eine positive Grundhaltung gegenüber HC, bewährte Kooperationsstrukturen zwischen den Kerneinrichtungen und die regionale „Vorgeschichte" sind aus Sicht der wissenschaftlichen Begleitung ausschlaggebend für den Erfolg der einzelnen Initiativen. Als ‚Vorzeigeinitiativen' werden im Zwischenbericht der sfs der HC Rheingau-Taunus und der HC Dreieich genannt, denen eine ‚Vorreiterrolle' adressiert wird. Die allgemeine Entwicklung der HC-Initiativen sei auch von Rückschleifen und wiederkehrenden Grundsatzdiskussionen geprägt. Initiativen mit einer starken regionalen/politischen Resonanz und Unterstützung konnten umfangreiche Entwicklungspotenziale mobilisieren und erwarteten weniger Entwicklungsimpulse von außen als Initiativen mit Startschwierigkeiten, die hingehen stärker auf Adaption anderer und Lernen am Beispiel angewiesen sind (vgl. ebd., S. 141f.)

Am Ende der ersten Aufbauphase formuliert die sfs in ihrem Zwischenbericht folgende Handlungsempfehlungen zur Weiterentwicklung von HC (Kaletka/Kruse 2010, S. 175–179): 1) Aufbau von HC auf Landesebene; 2) Öffentlichkeitsarbeit; 3) begleitende Reflexion, Beratung und Evaluation und 4) Entwicklung von Wirksamkeitskriterien. Konkret gilt es, zunächst die Aufgabenstellung von HC zu klären und umsetzbare Aufgaben zu definieren und geeignete rechtliche und materielle Rahmenbedingungen zu schaffen. Die Aufgabe des Landes besteht hierbei in einer Verbesserung der Handlungsbedingungen vor Ort. Des Weiteren sei auf Ebene der Initiativen eine Weiterentwicklung ‚nach innen' im Sinne der pädagogischen Integration notwendig, um den entstandenen ‚Schieflagen' (Regionalisierung statt Einheitlichkeit) gegenzusteuern. Dies erfordere eine nach innen gerichtete Entwicklungsarbeit und Identifikation der Nutzer mit HC, bspw. durch ein gezieltes Marketing oder die Einbeziehung des pädagogischen Personals/Kollegiums (Partizipationsangebote). Die Wirksamkeit der gemeinsam entwickelten Bildungsangebote/-dienstleistungen bemisst sich nach der faktischen Verbesserung der Bildungsbeteiligung der Zielgruppe der ‚erwachsenen Lernerpersönlichkeit' (ohne, dass der Ressourceneinsatz wächst) sowie nach Strukturveränderungen mit gleichzeitigem Qualitätszuwachs, die eine transparente, kohärente Bildungslandschaft ermöglichen.

Wie bereits erwähnt, handelt es sich bei der Landesinitiative HC um einen ca. sechsjährigen, komplexen Entwicklungsprozess, der im Jahr 2007 seinen Anfang nahm. Das strategische Ziel ist es, alle regionalen HCs sukzessive bis 2013/14 in den Regelbetrieb zu überführen.[95] Die im Rahmen dieser Arbeit durchgeführte Fallstudie, die in der zweiten Aufbauphase (Ende 2010 bis Mitte 2012) stattgefunden hat, lässt sich dementsprechend als eine Momentaufnahme betrachten, in der der ergebnisoffene (Entwicklungs-)Stand am Beispiel eines ausgewählten HC abgebildet wird. Aufgrund der, analog zu den Eintrittszeitpunkten, differierenden Entwicklungsstadien der HC-Einzelinitiativen und ihrer regionalspezifischen Heterogenität ist erneut anzumerken, dass der ausgewählte Fall in seiner spezifischen ‚Besonderheit' betrachtet werden sollte. Nachfolgend werden die empirischen Ergebnisse zunächst auf HC-übergreifender Querschnittsebene (Kap. 5) und anschließend auf HC-fallspezifischer Einzelfallebene (Kap. 6 und 7) dargestellt, bevor die Ergebnisse im achten Kapitel materialübergreifend diskutiert werden.

95 Stand am Ende der Förderlaufzeit: Im November 2013 haben sechs HC-Initiativen regionale Kooperationsvereinbarungen abgeschlossen, neu weitere sind in Verhandlung. Insgesamt haben sich 15 Regionen auf den Weg gemacht, ins Regelsystem überführt zu werden (vgl. Schemmann/Seitter 2014).

5 Ergebnisse der explorativen Vorstudie

„Die Praxis sieht immer anders aus als die Theorie der Praxis“ (André Brie)

Im Folgenden werden die systematisierten Ergebnisse der qualitativ-explorativen Vorstudie aus den Experteninterviews, die mit sechs ausgewählten HC-Koordinatoren geführt wurden, dargestellt. Bezugnehmend auf die zentrale Fragestellung („Welche Entwicklungspotenziale lassen sich in aktuellen, verfestigten Weiterbildungsnetzwerken (am Beispiel des HC) beobachten?“) sollen zunächst anhand des empirischen Materials aus der Vorstudie – unter Berücksichtigung der theoretischen und praxisfeldbezogenen Vorüberlegungen (vgl. Kap. 2 und Kap. 3) – die folgenden, felderschließenden Fragen erörtert werden:

- Handelt es sich bei der Landesinitiative HC um ein loses WB-Netzwerk, eine eigenständige Organisationsform oder eine Hybridform (aus Organisation und Netzwerk)?
- Welche organisatorisch-strukturellen Rahmenbedingungen (Umwelten) beeinflussen die Landesinitiative HC?
- Welche(s) Aufgaben, Ziele und Selbstverständnis verfolgen/haben die Akteure und wie positionieren sie sich in der Bildungslandschaft?
- Welche förderlichen und hinderlichen Einflussfaktoren (Gelingensbedingungen) auf die Zusammenarbeit im HC lassen sich aus den subjektiven Deutungsmustern der Akteure ableiten?
- Welche Erfahrungen wurden bisher/werden aktuell mit OE-Maßnahmen im HC gemacht? (nachträglich erweiterte Fragestellung)
- Welche (direkten und indirekten) Entwicklungspotenziale formulieren die befragten HC-Koordinatoren?

Die Antworten auf diese Fragen gewähren einen ersten (regionenübergreifenden) Einblick in den Untersuchungsgegenstand HC und in die subjektiven Deutungshorizonte der beteiligten Akteure (Koordinatoren). Sie lassen sich in die fünf folgenden Themenblöcke gliedern:

- Die Landesinitiative HC und ihre Einbettung in die hessische Bildungslandschaft;
- Organisatorisch-strukturelle Rahmenbedingungen von HC;
- Gelingensbedingungen I: Förderliche und hinderliche Einflussfaktoren;
- Netzwerkentwicklung im Rahmen von Organisationsentwicklung und -beratung und
- HC-Entwicklungspotenziale I: Kurz-, mittel- und langfristige Visionen.

Dabei wurden eine Definition und begriffliche Differenzierung des HC, die Selbstbeschreibung und Aufgabenbereiche des Koordinators, typische Strukturen und Prozesse im Sinne von Handlungsroutinen, Erfahrungen mit OE-Maßnahmen und die Entwicklungspotenziale des HC fokussiert. Die nachfolgenden Ergebnisse dienen einerseits als Grundlage für die vertiefende Fallstudie, die sich an den eruierten Themenblöcken orientiert, sie repräsentieren andererseits die initiativenübergreifende Ebene des Untersuchungsgegenstandes HC.

5.1 Die Landesinitiative HC – Begriffsklärung und Genese

Themenblock	Inhaltliche Dimensionen
Bildungslandschaft	• Definition und Begriffsklärung • Genese und Entstehungskontext • Regionale Weiterbildungslandschaft

5.1.1 Definition und Begriffsklärung

Auf die Frage, ob der HC ein Netzwerk ist oder nicht, sind sich die befragten HC-Koordinatoren einig: Der HC ist kein loses WB-Netzwerk, sondern – verbindlicher als ein Netzwerk – eine Initiative, ein Kooperationsverbund auf hessischer Landesebene, der Initiator eines Netzwerks, ein Verbund von Einrichtungen oder auch (eines von mehreren) Projekten, dessen primäres Ziel es ist, das lebensbegleitende Lernen des erwachsenen Lerners zu fördern. Die Zusammenarbeit im HC hat im weitesten Sinne etwas mit Vernetzung zu tun und wurde auf Landesebene nicht als Netzwerk konzipiert. Die Landesinitiative HC bietet regionalen Kooperationspartnern und weiteren, kooperierenden Partnerorganisationen einen Überbau von Angeboten: *„Um diesen Verbund herum gibt es in einem etwas weiteren Radius Netzwerkpartner, mit denen wir zusammen Dinge tun und die sich auch als unsere Kooperationspartner verstehen.“* (HC-K2:Z185ff.). HC ist demnach ein Projekt zum lebensbegleitenden Lernen, das die HC-Koordinatoren klar vom Schulbereich (bspw. von den allgemeinbildenden Schulen) abgrenzen. Es geht hauptsächlich um EB, da in allen HC-Landesinitiativen i.d.R. die drei klassischen Partnerorganisationen aus dem (Weiter-)Bildungsbereich (VHS, Berufsschule und Schule für Erwachsene, d.h. Abendhaupt- und Realschule, Abendgymnasium) vertreten sowie Kooperationen mit der Wirtschaft und privaten Bildungs-/Kulturträgern erwünscht sind.[96] Ursprünglich hat es insbesondere während der

96 Anm. d. A.: Obwohl es sich bei den drei Entwicklungspartnern sowohl von WB-Organisationen als auch um Institutionen handelt (Schulen), wird diese auf theoretischer Ebene relevante Differenzierung (vgl. 2.1.1.) nachfolgend nicht berücksichtigt.

Initiierungsphase in einigen Regionen neben den drei HC-Kooperationspartnern auch weitere, funktionssystemübergreifende Kooperationen, bspw. mit der Industrie- und Handelskammer (IHK) und der Gesellschaft für Wirtschaftskunde (GfK), die inzwischen abgebrochen wurden, gegeben.

Verbindlichkeit wird von den HC-Koordinatoren als ein zentrales Merkmal des HC genannt. Der Unterschied zwischen einem Netzwerk und der Landesinitiative HC besteht darin, dass die Akteure in einem Netzwerk ihre eigene Identität bewahren, eher sporadisch und unverbindlich zusammenarbeiten und sich überlegen, welche Ressourcen sie einbringen bzw. nutzen können. Kontrastierend zu losen Kooperationen in interorganisationalen Netzwerken zeichnet sich der HC durch eine hohe institutionelle Verbindlichkeit der Entwicklungs- und Kooperationspartner aus; der Verbund HC besteht auch beim Wegfall zentraler Personen (z.B. des Koordinators) oder einzelner Kooperationspartner (Stichwort: Mitarbeiterfluktuation) weiter und ist nicht personenabhängig:

> *„Eine Verbindlichkeit. Wenn jetzt die Leitungen in Rente gehen und jemand anderes [...] ist das Ziel, dass das nicht von der Person abhängt, ob die das will oder nicht, sondern dass das so ist, dass sie dazu gehört. Und das ist ein großer Unterschied in der Zielsetzung. Ein Netzwerk zu gründen ist natürlich auch eine große Herausforderung, aber das ist irgendwie ein ganz anderer Prozess.“* (HC-K1:Z113–117).

HC ist auf dem Weg eine eigene Organisationsform zu etablieren, die nach der Förderlaufzeit im Jahr 2013 als Kooperationsverbund weitergeführt und eigenfinanziert werden soll. Darüber hinaus wird der HC als ein Initiator für Netzwerke gesehen, dessen Aufgabe darin besteht, alle relevanten Netzwerkpartner an einen Tisch zu holen, die dieses Netzwerk gemeinsam betreiben und pflegen. Neben der Kooperation im HC verfolgt jeder Entwicklungspartner seine eigenen Aufgaben und expliziten bzw. impliziten Ziele. Die Vertreter der beteiligten Organisation (z.B. die VHS) werden in diesem Kontext als Experten für ihren jeweiligen Teilbereich definiert:

> *„Das ist ein Teilbereich und da stehen wir auch dahinter, aber es gibt auch Dinge, die wir als VHS machen. Aber wir arbeiten unter diesem Label HC sehr, sehr gut. Es gibt viele Dinge, die gemeinsam gehen, es gibt aber auch welche, die man alleine machen muss.“* (HC-K5:Z543fff.).

Aus systemtheoretischer Perspektive, wonach Netzwerke als neugeneriertes System betrachtet werden können, repräsentieren die Kooperationspartner ihre Herkunftsorganisation mitsamt ihren Werten, Zielen und ihrem gesellschaftlichen (Bildungs-)Auftrag (Wohlfahrt 2006a); was zunächst für die beteiligten Organisationen (auf Individualebene) und die Zusammenarbeit im Verbund (Verbundebene) einen Komplexitätsaufbau zur Folge haben kann (Feld/Seitter 2013).

Das Zitat verdeutlicht den Versuch, die Aufgaben im HC als einen *„Teilbereich“* (unter dem Label HC) von den *„Dingen, die die VHS macht“* (d.h. ihren operative Aufgaben) bzw. der jeweiligen Herkunftsorganisation abzugrenzen. Dies kann als eine organisationale Bemühung gedeutet werden, die durch die Vernetzung entstandene systemische Komplexität zu reduzieren.

Ein Befragter differenziert zwischen homogen-vertikalen Netzwerken, in denen sich Mitglieder einer Organisation bspw. in unterschiedliche Arbeitsgruppen zusammensetzen, und heterogen-horizontalen Netzwerken, die organisationsübergreifende Arbeitsgruppen innerhalb des HC bilden – z.B. im Netzwerk des Programms *„Lernende Regionen“*. In heterogenen-horizontalen Netzwerken geht es darum, durch den Einsatz unterschiedlicher Fachexpertisen ein bestimmtes Thema/Feld (z.B. Übergänge vom Kindergarten in die Schule) voranzubringen. Dabei ergreift eine Organisation bzw. ein Initiator (hier: das HKM) die Initiative und hat die Aufgabe *„alle, die damit irgendwie zu tun haben, an den Tisch (zu) hol(en)“* (HC-K2:Z48f.). Lose Netzwerke, die sich spontan aus Interessensgründen herausbilden, werden von den HC-Koordinatoren stabiler eingeschätzt als Netzwerke, die im Rahmen von (politischen) Projekten, Programmen oder Initiativen gebildet/initiiert werden. Das Verbundprojekt HC wird von einem Befragten als ein heterogenes-horizontales Gesamtnetzwerk definiert (wenn überhaupt von einem Netzwerk gesprochen werden kann), das in kleinere (Sub-)Einheiten (Steuerungsgremien, Netzwerke und thematische Arbeitsgruppen etc.) untergliedert ist. Demnach gibt es ein übergeordnetes *„Hessencampusnetzwerk“*, in dem der HC als Ganzes entwickelt wird und *„themenbezogene Netzwerke“* (HC-K2:Z224ff.) zur Förderung des lebensbegleitenden Lernens:

> *„Das ist die Konstruktion. Und als Netzwerk würde ich nur diese themenbezogenen Netzwerke bezeichnen. […] Das in der Mitte ist ein Verbund und dieser Verbund realisiert themenbezogene Netzwerke, da ist Hessencampus immer der Initiator.“* (HC-K2:Z240fff.).

Nach Angabe der HC-Koordinatoren verfügen Netzwerke im Vergleich zum HC über keine zentrale, offiziell-koordinierende Stelle, es finden zwar in regelmäßigen Abständen Treffen statt und die Themen können frei gewählt werden, Netzwerke kommen allerdings selten bzw. nicht über diese Austauschfunktion hinaus. Die Motivation sich an einem losen Netzwerk zu beteiligen, hängt vom individuellen Nutzen[97] ab, wobei die Funktion von Netzwerken/des HC – neben

97 Auf den Zusammenhang zwischen der Motivation sich an einem Kooperationsverbund zu beteiligen, Nutzenorientierung und Netzwerkerfolg wird ausführlich in der Einzelfallanalyse eingegangen (vgl. Kap. 6).

programmatischen Vorgaben und individuellen Organisationszielen – hauptsächlich im Informationsaustausch liegt: *„Man ist dabei, weil man Informationen haben möchte, was machen die anderen. Man gibt Informationen eher dann, wenn die Informationsweitergabe einem selber nützt."* (HC-K2:Z89ff.). Wenn keine koordinierende Stelle vorhanden ist, besteht die Gefahr, dass das Netzwerk (zumindest in städtischen Regionen) zerfällt. In einer lernenden Region hat ein Befragter die Erfahrung gemacht, dass dieses heterogene Netzwerk nach insgesamt acht Jahren zerfiel, weil kein definiertes Ziel (mehr) existierte.

Überträgt man die Aussage des Befragten, bei HC handele es sich um ein heterogen-vertikales Gesamtnetzwerk, auf Dollhausens (2013) theoretische Kategorisierung („Netzwerke mit strukturähnlichen Akteuren", „heterogene Netzwerke" und „Netzwerke mit strukturbildender Funktion"), kann HC als heterogenes, bildungsbereichsübergreifendes und politisch initiiertes organisationales Netzwerk mit strukturbildender Funktion bezeichnet werden. Die themenbezogenen Netzwerke, die grundsätzlich für weitere Kooperationspartner (auch aus anderen Bereichen) offen sind, werden vom Gesamtnetzwerk, in das sie eingebettet sind, abgrenzt, da es sich hierbei um einen verbindlichen Kooperationsverbund handelt. Die themenbezogenen Netzwerke bzw. kleineren Subnetze operieren eigenständig im Sinne von relativ autonomen Einheiten, aber nicht losgelöst vom Gesamtnetzwerk. Die Einschätzung, dass Netzwerke die auf Basis von Interesse gegründet werden, mehr Stabilität versprechen als initiierte Netzwerke kann anhand der ausgeführten Grenzen von Netzwerken belegt werden, wonach sich – negativ formuliert – u.a. starre Regulatoren, zu viele Vorgaben und mangelndes Interesse seitens der Beteiligten hinderlich auf organisationale Netzwerke auswirken können (Faulstich 2003). Die „Schlüsselrolle" des Koordinators wird analog zur Forschungsliteratur (Dresselhaus 2006, Tippelt/Reupold 2009; Schäffter 2004) in der Befragung bestätigt. Ihm wird ein positiver Einfluss auf den Erfolg und die Nachhaltigkeit eines Netzwerks/des HC beigemessen. Dem Koordinator wird in Bezug auf die These, dass bei (staatlich) initiierten Netzwerken nach der Projektförderung die Gefahr eines Netzwerkzusammenbruchs bestehe (Wolf/Matalik 2006), eine stabilisierende Funktion zugesprochen. Er sollte laut aktuellem Forschungstand optimalerweise über synthetisierte Kompetenzen verfügen und einen Überblick über das Gesamtnetzwerk, die Kooperationspartner, Strukturen und Prozesse haben (vgl. 3.2.2).[98]

98 Anm. d. Autors.

5.1.2 Genese und Entstehungskontext der Landesinitiative

Befragt nach der Genese des HC geben die Befragten an, dass ihre Initiative auf bereits bestehende, regionale Netzwerke aufgebaut hat. Regionale Vorläufer von HC sind bspw. die ‚Lernenden Regionen' (vgl. 3.1.4) und/oder das BMBF-geförderte Programm ‚Lernen vor Ort'. Des Weiteren wurden diverse, lose, organisationale und soziale Netzwerke im Sinne von (Kooperations-)Beziehungen und informellen Kontakten genannt. Insbesondere in ländlichen Regionen haben sich bereits vor der HC-Initiierungsphase gefestigte Netzwerke und regionale Kooperationsstrukturen bzw. in einigen Regionen eine nachhaltige Zusammenarbeit etabliert, auf die der HC aufbauen konnte. Strukturell hat der HC auf regionalen Netzwerken aufgebaut, in denen sich *„die Menschen kannten"*, der Kooperationsgrad variiert dabei zwischen losen, unverbindlichen und engen, verbindlichen Kooperationen. Die Gründung der ‚Lernenden Regionen' im Jahr 2002 wird von den Befragten als ein Startschuss für weitere regionale Netzwerke und Kooperationen – nicht zuletzt für HC – wahrgenommen:

> *„Hier in der Region ist das Projekt ‚Lernende Netzwerkregion' seit 2002 umgesetzt worden, das heißt innerhalb von sieben Jahren wurde das Projekt gegründet. Viele Projekte wurden seitdem umgesetzt mit vielen Partnern, den Partnern und darüber hinaus. Mit einzelnen Gemeinden, mit Banken, mit Unternehmen. Es gibt hier definitiv ein funktionierendes Netzwerk, kann man sagen. Die Partner kennen sich. Wirtschaft ist mit drin, Politik, ist mit drin, Soziales ist mit drin."* (HC-K1:Z124–129).

Der HC hat auf eine, durch die ‚Lernende Region' geprägte Kultur/Tradition aufgebaut, die sich durch Transparenz, Gleichberechtigung der Kooperationspartner und hohe Qualitätsstandards (bspw. in Form von Materialien oder eines einheitlichen Layouts) auszeichnet. In einigen hessischen Landkreisen und Städten bestehen lernende Regionen parallel zum HC über ihren Förderzeitraum hinaus und sind größer aufgestellt als der HC (auch bundeslandübergreifend). Die Wirksamkeit der lernenden Regionen wird von den befragten HC-Koordinatoren weniger stark eingeschätzt als noch vor einigen Jahren. Dementsprechend gibt es in den ausgewählten HC-Initiativen eine solide Kooperationsgrundlage, da die Akteure sich bereits aus anderen Arbeitszusammenhängen kennen oder durch gemeinsame Interessen verbunden sind, z.B. durch andere auf Bundesebene initiierte Netzwerke.

Weiterhin haben die Koordinatoren Erfahrungen in informellen, heterogenen Netzwerken, die zum Teil nicht auf Landes- oder Bundesebene initiiert wurden, gesammelt, z.B. in homogenen Netzwerken der regionalen WB-Anbieter oder in einem Netzwerk im Rahmen eines vom Bundesamt für Migration und Flüchtlinge (BAMF) geförderten Integrationskurses, das in der Stadtteilarbeit organisiert ist. Bereits vor HC gab es in einigen Regionen Kooperationen zwischen der VHS und den beruflichen Schulen, bspw. im Bereich Sprachen (Sprachkurse und Sprachqualifizierung), in deren Rahmen Zertifikate ausgestellt wurden. Auf diese vielfältigen, genannten Erfahrungen versuchen die Entwicklungspartner im HC aufzubauen, wobei zugleich Entwicklungspotenziale im Bereich WB gesehen werden: *„Die VHS und die beruflichen Schulen haben Themen und Bildungsaufträge, die durch die VHS sehr gut ergänzt werden könnten, z.B. im Bereich Fremdsprachen."* (HC-K2:Z137ff.).

Aus den Schilderungen der HC-Koordinatoren wird ersichtlich, dass der HC in einigen Regionen auf gewachsenen, regionalen Kooperationsstrukturen aufgebaut hat, womit sowohl tragfähige Vertrauensbeziehungen als auch historisch bedingte Konkurrenzen verbunden sein können. Die genannten Programme sowie die regionalen und individuellen Vernetzungsaktivitäten können in den bildungspolitischen Entwicklungsstrategien seit den 1990er Jahren verortet werden, mittels deren die Bildungsträger in (v.a. strukturschwachen) Bildungsregionen aktiviert, regionale Strukturen ausgebaut und bestehende Angebote verzahnt werden sollen (vgl. Bretschneider/Nuissl 2003; Wohlfahrt 2006b; Jütte 2002).

5.1.3 Hessische Weiterbildungslandschaft

Jede HC-Initiative orientiert sich an ihren regionalen Besonderheiten, der jeweiligen Bildungsregion, den spezifischen, soziodemographischen Rahmenbedingungen und den unterschiedlichen Bildungsbedarfen seiner Zielgruppe. Die befragten Koordinatoren heben in der Darstellung ihrer eigenen HC-Initiative jeweils die Besonderheiten und Alleinstellungs-merkmale ihrer HCs hervor (z.B. Kooperation mit Universitäten oder besonders intensive, regionale Kooperationen) und grenzen sich tendenziell von den anderen Initiativen ab.

Als (eine) Folge des demographischen Wandels ziehen zunehmend v.a. junge Menschen aus ländlichen, dünn besiedelten Regionen in die Städte, woraus sich ein demographisch-wirtschaftliches Gefälle zwischen hessischen Städten und Landkreisen ergibt (Schulen werden auf dem Land geschlossen). Ländliche Regionen entwickeln sich zunehmend zu sogenannten Schlafregionen. Dem versucht der HC im Sinne von Regionalentwicklung entgegen zu wirken.

Schemmann und Seitter (2009) bestätigen dieses demographische Phänomen und sprechen von einer „unausgewogenen Zentrum-Peripherie-Relation" (vgl. 3.1.3), die innovative Lehr-/Lernarrangements verlangt – insbesondere in strukturschwachen, ländlichen Regionen.

Um die Bildungsbeteiligung der ansässigen Menschen durch regional verortete Bildungsangebote zu erhöhen, arbeiten (Weiter-)Bildungsanbieter in ländlichen

Regionen, in denen es verhältnismäßig wenige Anbieter gibt im Vergleich zu städtisch geprägten Regionen enger zusammen. WB-Netzwerke und Kooperationen werden in ländlichen Regionen stabiler eingeschätzt, da die Akteure stärker aufeinander angewiesen sind als in Städten und städtisch strukturierten Regionen. Die befragten Koordinatoren städtischer HCs hingegen schätzen die Notwendigkeit enger Kooperation in ihrer Region nicht sehr hoch ein, da städtische Bildungsanbieter strukturell gut aufgestellt, mit diversen Projekten, Maßnahmen und Initiativen ausgestattet sind und von den zuständigen Kommunen gefördert werden. In der städtischen Bildungslandschaft besteht hingegen eher die Gefahr, dass sich die vielen privaten und staatlichen Einrichtungen gegenseitig Konkurrenz machen (z.B. um die gleiche Zielgruppe konkurrieren). Interessant ist an dieser Stelle, dass den Regionen mit städtischen Strukturen (vgl. HC-Inside 2009/10), die in der ersten Welle (seit 2007) gefördert wurden, ein großes Potenzial zum Aufbau von lebensbegleiteten Zentren (ZLL) – im Gegensatz zur Einschätzung der HC-Koordinatoren – zugeschrieben wurde. Resümierend lässt sich sagen, dass die 21 HC-Initiativen (vgl. 4.5) entsprechend ihrer strukturellen Eigenheiten unterschiedlich entwickelt sind, wobei laut eines Befragten tendenziell in ländlichen Regionen ein Nutzen erwartet wird:

> *„Es gibt Regionen, die es sehr nötig haben Dinge zu entwickeln und die große Not haben im Bereich Arbeitsmarkt oder auch Weiterbildung, mehr ländlich strukturierte Bereiche, wo sich die Weiterbildungslandschaft flächenmäßig sehr weit erstreckt und wo Dinge zusammengebracht werden müssen“* (HC-K2:Z94–97).

Die Frage, ob der HC ein organisationales Netzwerk ist oder nicht, lässt sich nicht klar mit ja oder nein beantworten, weshalb im Folgenden von HC oder synonym von HC-Landesinitiative gesprochen wird. Die einzelnen HC-Initiativen zeichnen sich durch unterschiedliche Zugänge, regionale Bedarfe, Erwartungen und Potenziale aus. Die unterschiedlichen Entwicklungsstände der jeweiligen Regionen, die sich u.a. aus den differierenden Eintrittszeitpunkten/-phasen der Initiativen ergeben, bestätigt auch die von PwC durchgeführte Evaluation (vgl. 4.5). Aus der Analyse der Experteninterviews kann geschlussfolgert werden, dass städtische HCs gegenüber ländlichen HCs eine eher geringere Bereitschaft und Motivation mitbringen sich an der Landesinitiative zu beteiligen. Sie bewegen sich in einem dichteren Konkurrenzgefüge und entwickeln stärkere Abgrenzungstendenzen. Ländliche HCs sind hingegen tendenziell offener für themen-/organisationsübergreifende Kooperationen und bauen zum Teil auf gefestigteren Strukturen auf als städtische HC-Initiativen.

5.2 Organisatorisch-strukturelle Rahmenbedingungen

Themenblock	Inhaltliche Dimensionen
Rahmenbedingungen: Interne Strukturen und externe Landesvorgaben	• Interne Organisation • Entwicklungs- und Kooperationspartner • Rechtsform • Zielsetzung, Aufgabe und Zielgruppe • Rolle, Aufgaben und Selbstverständnis der HC-Koordinatoren • HC-Themen • Öffentlichkeitsarbeit

5.2.1 Interne Organisation

In der Steuerungsgruppe treffen sich alle HC-Entwicklungspartner (i.d.R. Vertreter der VHSen, Berufsschulen, Schulen für Erwachsene, vereinzelt weitere Kooperationspartner aus Bildung, Wirtschaft und Kultur sowie Vertreter der zuständigen Stadtschulämter und Kommunen), im Abstand von ca. vier bis sechs Wochen, um gemeinsam aktuelle HC-Themen und die Entwicklung der (Teil-)Projekte zu besprechen und darüber zu entscheiden, in welcher Form die (Teil-)Projekte weitergeführt oder ggf. beendet werden. Die zentralen Aufgaben der Steuerungsgruppe sind nach Angabe der Befragten, alle Entwicklungs-/Kooperationspartner an einen Tisch zu holen, um gemeinsam Ideen auszutauschen, relevante HC-Themen und potenzielle Aufgabenbereiche zu diskutieren sowie strategische Entscheidungen zu treffen:

> *„Die Zusammenarbeit sieht so aus, dass wir uns alle zwei Monate in der so genannten Steuerungsgruppe treffen, wo aus jeder der Kerneinrichtungen ein Vertreter seiner Einrichtungen sitzt, das sind sechs Leute. Und dann wird besprochen und geplant, was ist gelaufen bzw. was laufen muss. Die Besprechungen finden dort im Rahmen der Steuerungsgruppe statt und auch die Entscheidungen werden mehr oder weniger dort getroffen."* (HC-K4:Z47–53).

Neben der internen Steuerungsgruppe[99] (auch HC-Vorstand genannt), die je nach Region und Anzahl der Kooperationspartnern durchschnittlich aus sechs

99 Aus der Dokumentenanalyse ergeben sich für die Steuerungsgruppe folgende Aufgaben: Zielformulierung, Erarbeitung eines/r mittelfristigen Arbeitsprogramms/Arbeitsplanung und eines Finanzierungskonzepts. Die internen Strukturen und Prozesse der koordinierenden Steuerungsgruppe werden in Kap. 6 anhand des vertiefenden Fallbeispiels näher erläutert.

bis zehn Personen besteht, gibt es in einigen Initiativen eine/n erweiterte/n Kreis bzw. Steuerungsgruppe, zu dem/der alle an den (Teil-)Projekten beteiligten Kooperationspartner (Lehrer der beteiligten Schulen, Vertreter weiterer Organisationen, die nicht in die Entwicklungspartnerschaft eingetreten sind etc.) sozusagen auf Mitarbeiterebene – außerhalb des Vorstands – eingeladen werden. Darüber hinaus gibt es einen sogenannten *„Bildungskonvent“* (HC-K5:43) im Sinne eines Gremiums, der die gesamte Bildungsregion adressiert (in einem Fall ca. 40 Personen) und zu dem prinzipiell jeder WB-Interessierte kommen kann, der sich in irgendeiner Form beteiligen möchte: *„Und dann haben wir hier herum noch weitere Kooperationspartner, Träger, Unternehmen usw. Die laden wir nicht regelmäßig alle zusammen ein, sondern themenbezogen.“* (HC-K2:Z210ff.). Daneben gibt es interne, HC-übergreifende Arbeitsgruppen zu den HC-(Leit-)Themen (bspw. Bildungsberatung, vgl. 5.2.6), in denen jährlich HC-Vertreter über den aktuellen Stand ihres Themas sprechen und gegenseitig Erfahrungen austauschen können.

Eine übergeordnete Vernetzung aller HC-Initiativen findet einmal monatlich im HC-Sprecherkreis[100] statt. Im Sprecherkreis werden gemeinsam in Abstimmung mit dem HKM übergeordnete Themen diskutiert, u.a. eine gesetzliche Arbeitsgrundlage geschaffen und bereits erfolgreich zentrale Leitlinien definiert, bspw. werden einheitliche Kriterien für die Bildungsberatung entwickelt.[101] Die zentrale Aufgabe des HC-Sprecherkreises besteht – nach Sichtung der offiziellen HC-Dokumente – in einer landesweiten, HC-übergreifenden Koordinierung und Vernetzung der Einzelinitiativen. Die im Rahmen der landesweiten Arbeitsgruppe Bildungsberatung gemeinsam erarbeiteten und erprobten Leitlinien für eine zentrale Bildungsberatung sollen einerseits zur Qualitätssicherung der Beratungen beitragen und den Beratungsprozess vereinheitlichen, andererseits die nachhaltige Implementierung der Bildungsberatung und die Herausbildung einer gemeinsamen Identität gewährleisten (Quelle: Dokumentenanalyse öffentlich zugänglicher Informationsmaterialen; vgl. 4.5).

---

100 Ergänzung aus der Dokumentenanalyse (Anm. d. A.): Im überregionalen HC-Sprecherkreis bzw. in den HC-übergreifenden Arbeitskreisen arbeiten die regionalen HC-Initiativen mit dem Ziel zusammen, die einheitliche, landesweite Qualität von HC sowie der HC-Bildungsangebote zu sichern (vgl. HC-Homepage).

101 Vgl. *Landesweite Leitlinien für Bildungsberatung im HC* (2010).

5.2.2 Entwicklungs- und Kooperationspartner

Laut der offiziellen HC-Homepage bilden die sogenannten rechtlich verankerten Kooperationsvereinbarungen[102], die ein Arbeitsprogramm, die Organisation, finanzielle Regelungen und Nachhaltigkeitsaspekte beinhalten, die Grundlage für die Zusammenarbeit im HC. Im Rahmen der im Jahr 2007 initiierten Entwicklungspartnerschaft zwischen dem Land und den acht Starterinitiativen, die eine enge Zusammenarbeit auf Augenhöhe sichern soll, hat die Landesregierung gemeinsam mit den beteiligten Städten und Landkreisen eine Rahmenvereinbarung für den Aufbau von HC abgeschlossen. Das HKM ist darin als aktiver, kooperierender Partner integriert. Darin ist verankert, dass der HC nach Ende der Förderlaufzeit im Jahr 2013 in einen Regelbetrieb überführt werden soll.[103] Darüber hinaus gibt es Kooperation mit dem ‚Hessischen VHS-Verband' (auf Landesebene) oder ‚Studiumdigitale' der Goethe-Universität Frankfurt, die seit 2009 als zentrale E-Learning Einrichtung hochschulweit und -extern innovative digitale Methoden zur Verbesserung der Lehre anbietet. Weiterhin gibt es Kooperationen im Rahmen von Einzelprojekten mit freien Trägern oder Projekten in der hessischen Bildungslandschaft, z.B. mit dem ‚Regionalen Qualifizierungszentrum Hessen' (RQZ), den ‚Lernenden Regionen' oder dem Modelprojekt ‚Selbstverantwortung Plus'.

Wie bereits erwähnt und wie in der Beschreibung des Untersuchungsgegenstandes dargestellt, setzt sich der HC auf Ebene der Einzelinitiativen aus den drei Kernorganisationen VHSen, berufliche Schulen und Schulen für Erwachsene zusammen. Neben der Entwicklungspartnerschaft zwischen Land und Kommunen gibt es nach Angabe der Koordinatoren – je nach thematischem Schwerpunkt – vielfältige lose bis enge regionale Kooperationen mit weiteren Akteuren aus Bildung, Wirtschaft und Kultur, bspw. mit Berufs- und Wirtschaftsverbänden, kleinen und größeren (Bildungs-)Vereinen, Wirtschaftsorganisationen, Personaldienstleistern sowie Überschneidungen mit anderen Projekten. Die Kernorganisationen bzw. Entwicklungspartner haben die Aufgabe, gemeinsam mit den

---

102 Die „*Erklärung zur Entwicklungspartnerschaft Zentren Lebensbegleitendes Lernen*" (2010) bildet die Grundlage für die Erarbeitung der förderungsrelevanten, regionalen Kooperationsvereinbarungen zwischen Land und Kommunen, in denen neben regionalspezifischen, organisatorischen Aspekten, regionale Ziele und die Aufgabenverteilung der HC-Entwicklungspartner geregelt werden sollen (Quelle: Dokumentenanalyse).

103 Erste Vereinbarungen wurden diesbezüglich bereits mit den Initiativen HC Odenwaldkreis, HC Limburg-Weilburg und Waldeck-Frankenberg geschlossen (Stand 2013).

Kooperationspartnern, neue Angebote zu entwickeln und unentgeltlich anzubieten. Laut der Befragten können keine neuen, offiziellen Entwicklungspartner mehr hinzukommen, weitere Kooperationspartner können sich hingegen beteiligen. Durch die in allen HC-Initiativen angesiedelte Bildungsberatungsstelle ist in einigen Regionen bereits ein großer Pool von Kooperationspartnern vorhanden. Dennoch können nicht alle relevanten Bildungsanbieter der Region in die Prozesse des HC eingebunden werden, da sich die Bildungsregion den Bildungsbedarfen anpasst, permanent entwickelt und neu formiert. Alle befragten Koordinatoren sind prinzipiell offen für weitere themen- und aufgabenbezogene Kooperationen in unterschiedlichen Bereichen. Wie das folgende Zitat verdeutlicht, ist die strukturelle Öffnung bzw. die Schließung (vgl. 2.2.1) des HC und die Frage, wie weitere Kooperationspartner in den HC einbezogen werden können, in der zweiten HC-Aufbauphase (2010–2013/14) relevant:

> *„Wie können noch externe Bildungsanbieter oder aber auch Firmen mit einbezogen werden und auch in welcher Art? Wollen die? Wollen wir die? Wie können die mit einbezogen werden? […] Ist unser Netzwerk geschlossen? Da gibt es unterschiedliche Ansichten, die werden immer wieder andiskutiert.“* (HC-K6:Z371–376).

In diesem Zusammenhang gibt es die Überlegung, vorhandene (Bildungs-)Angebote im Bereich der Berufs- und Wirtschaftsförderung neu zu konzipieren, was neue Kooperationen, bspw. mit Akteuren aus der Kreishandwerkerschaft, erforderlich machen würde. Eine weitere Überlegung eines HC-Koordinators ist, die allgemeinbildenden Schulen – wenn auch auf Landesebene nicht vorgesehen – in den HC einzubeziehen, um bspw. pädagogische Themen fundiert entwickeln zu können. Prinzipiell könnten sich beliebig viele, weitere Kooperationspartner am HC beteiligen bzw. in den erweiterten Kreis aufgenommen werden. Praktisch gibt es nach Angabe einiger Befragter allerdings eine Kapazitätsgrenze, da sich ab einer gewissen Anzahl an Kooperationen, Abstimmungsprozesse aufwendiger gestalten und die Beteiligten jeweils ihre spezifischen Eigeninteressen vertreten. Einige Kooperationspartner, die einen großen Einfluss auf die regionale Bildungslandschaft haben, werden in einem HC bereits aus strategischen Gründen zumindest informell in den HC eingebunden, da diese relevanten Einrichtungen einbezogen und diplomatische Kontakte gepflegt werden müssen.

5.2.3 Rechtsform

Nach Sichtung der öffentlich zugänglichen Dokumente kann die rechtliche Grundlage für die Landesinitiative HC, wie folgt, zusammengefasst werden: Im *„Hessischen Weiterbildungsgesetz (HWBG) zur Förderung der WB und* *des lebensbegleitenden Lernens im Lande Hessen*", das durch das Gesetz vom 21. November 2011 zuletzt geändert wurde, sind die Rechte und Pflichten der Landesinitiativen verankert. Gemäß § 4 „*Zusammenarbeit im Bereich des lebensbegleitenden Lernens*" werden hessische WB-Einrichtungen (genauer: berufliche Schulen, die nach § 127a des Schulgesetzes Bestandteil des regionalen HC-Verbundes sind, die Schulen für Erwachsene und die Volkshochschulen) aufgerufen, regional und landesweit bei der Entwicklung von Bildungsdienstleistungen (im Sinne des Gesetzes) bildungsbereichs- und trägerübergreifend zusammenzuarbeiten. Zur Ausweitung ihrer Dienstleistungen sollen die Einrichtungen Verbünde bilden und mit weiteren öffentlichen und privaten Aus- und WB-Einrichtungen kooperieren. Diese Verbünde haben dem Gesetz nach den Namen HESSENCAMPUS mit einem regionalen Zusatz (z.B. Hanau oder Vogelsbergkreis) zu tragen und mit dem Land, den kreisfreien Städten, Landkreisen und kreisangehörenden Gemeinden zusammenzuarbeiten (vgl. § 11 „Zuweisungen des Landes"). Im Rahmen einer (Kooperations-)Vereinbarung, die eine Voraussetzung für eine Landesförderung ist, werden die Inhalte, die Höhe der Förderung und gesonderte Auflagen zwischen den Einrichtungen/Verbünden und dem Land vereinbart. Die Rechtsfähigkeit des HC wird auf der HC-Homepage als eine wichtige Voraussetzung formuliert, um gemeinsame Vereinbarungen abschließen, umsetzen und integrierte Bildungsdienstleistungen (weiter-)entwickeln zu können.

Zum Zeitpunkt der Befragung verfügt der HC über keine eigenständige Rechtsform und ist organisatorisch-institutionell i.d.R. an der VHS angesiedelt, die die finanziellen Ressourcen verwaltet und das Projekt administriert. Die Befragten bezweifeln, dass die Frage nach einer geeigneten Rechtsform zeitnah geklärt werden kann bzw. dass der HC jemals über eine eigene Rechtsfähigkeit/-form verfügen wird und sehen hier ein großes Defizit. Die Klärung einer geeigneten Rechtsform ist nach Angabe der HC-Koordinatoren dringend notwendig, da die aktuelle Lösung, den HC administrativ über die VHS zu verwalten, lediglich eine provisorische Zwischenlösung ist. Dadurch, dass der HC institutionell an der VHS angesiedelt ist, stellt sich immer indirekt die Frage „*wer letzten Endes den Hut aufhat*" (HC-K3:Z452) – so bringt ein Koordinator die Frage nach der Deutungshoheit der Akteure auf den Punkt.

5.2.4 Zielsetzung, Aufgabe und Zielgruppe

Eine zentrale Aufgabe des HC ist es, so heißt es auf der HC-Homepage, Bildungszugänge zu ermöglichen und Hilfe bei Entscheidungsfindung durch transparente Beratungsangebote zu gewährleisten. Die Zielgruppe des HC sind Erwachsene aller Altersgruppen in Hessen, vorrangig jene, die als bildungsfern bezeichnet werden und durch besondere Impulse zur Teilhabe am gesellschaftlichen Leben beteiligt werden müssen. Der HC soll aus landespolitischer Sicht ein neuer, wichtiger, öffentlicher Partner in einer zunehmend vernetzten, regionalen Bildungslandschaft werden, eine kommunal-regionale Bildungskoordinierung initiieren und zu einem integrierten Bildungsdienstleister (gemeinsame Bildungsangebote/-gänge und Kurse) entwickelt werden. Das pädagogische Potenzial liegt dabei in der Bündelung bisher getrennter pädagogischer Teilbereiche bzw. Bildungseinrichtungen, wozu die Kernkompetenzen der Entwicklungspartner benötigt werden. Durch die räumliche Nähe bzw. Organisationsform der Entwicklungs- und Kooperationspartner – entweder in Form eines einheitlichen Gebäudekomplexes oder dezentral – passt sich der HC an regionale Bedürfnisse an und ermöglicht niedrigschwellige Zugänge zu Bildungsangeboten (v.a. für bildungsferne Lerner). Die einheitliche Bezeichnung HC signalisiert die gemeinsamen Prinzipien, Ansätze, Qualitätsstandards und Arbeitsweisen der einzelnen HC-Initiativen, die jeder regionale HC mit seinen regionalspezifischen Besonderheiten verknüpft (vgl. HC-Homepage). Insbesondere im ländlichen Raum sollen neue, einheitliche, kulturelle Zentren entstehen und die regionalen Profile, mit Unterstützung des Landes und der Regionen, im Rahmen eines mehrjährigen Aufbauprogramms zu einem gemeinsamen, hessischen Modell entwickelt werden. Durch die vorgegebenen (Leit-)Projekte, bspw. die ‚HC-Bildungsberatung', die zur Verzahnung bestehender (Beratungs-)Angebote beitragen soll, wird auf Landesebene intendiert, eine gemeinsame Lehr-/Lernkultur zu entwickeln und finanzielle, räumliche, sächliche und ideelle Ressourcen zu nutzen. Weitere Ziele sind die Erhöhung der Bildungsbeteiligung von Erwachsenen aller Altersstufen, Bildung und Qualifizierung von Migranten und das Erzielen von Synergieeffekten aus unterschiedlichen Bildungssektoren. Im Sinne von biographieorientierter Bildung werden durch differenzierte Bildungsangebote sowohl die Berufs- und Arbeitsbefähigung der Zielgruppe als auch allgemeinbildende Grundlagen zur eigenverantwortlichen Lebensgestaltung[104] aller Altersgruppen und Bildungsmilieus gleichermaßen berücksichtigt. Lebensweltnähe ist hierbei eine pädagogische Orientierung und zugleich ein Kriterium für die Nutzerfreundlichkeit.

Die auf Programmebene vorgegebenen Ziele decken sich mit den Angaben der befragten HC-Koordinatoren, die das Vorhandensein klarer Ziele als

104 Demokratische, kulturelle Teilhabe sowie persönliche Entwicklung und Lebensgestaltung.

einen entscheidenden Erfolgsfaktor für die Landesinitiative HC einschätzen. Ein Koordinator fasst dies zusammen: *„Nur solange ein Netzwerk ein gemeinsames Ziel hat, trägt es, sonst fällt es wieder auseinander. Dieses gemeinsame Ziel muss auch einen Nutzen bringen für alle Beteiligten, sonst fällt es auseinander.“* (HC-K2:Z245fff.). Befragt nach den relevanten HC-Zielen nennen die HC-Koordinatoren die Verzahnung der vielfältigen regionalen Bildungsangebote, die Vermeidung von Doppelstrukturen, um Synergieeffekte erzielen zu können (u.a. durch die Nutzung räumlicher und sächlicher Ressourcen), die Entwicklung verbindlicher, autonomer Strukturen und eines gemeinsamen Leitbildes sowie die Klärung von Finanzierungsfragen und Werbemaßnahmen. Ein befragter HC-Koordinator fasst den zentralen Aspekt der Verzahnung von bestehenden Bildungsangeboten und -strukturen pointiert zusammen: *„Die Entwicklungspartner vom Hessencampus tun sich zusammen, um ihre Angebote dahingehend zu überprüfen, dass sie nicht doppelt sind, dass durch die Zusammenarbeit herausgefunden wird, welche Bedarfe bestehen.“* (HC-K1:30fff.).

Durch die Initiierung der Landesinitiative HC im Jahr 2007 im Rahmen der ersten Aufbauphase wurde nach Angabe der Koordinatoren eine Art Überbau für alle relevanten Bildungsakteure der jeweiligen Region geschaffen, um gemeinsame Angebote, verbindliche Strukturen und die Bildungsregion zu entwickeln. Die Entwicklungspartner verfolgen laut der Koordinatoren folgende gemeinsame Ziele: die WB-Beteiligung erwachsener Lerner zu erhöhen, den Zugang zu WB-Angeboten zu erleichtern, die Teilhabe an Bildung (z.B. durch Bildungsberatung) zu erhöhen, ihre Bildungsangebote aufeinander abzustimmen und miteinander zu verschränken. Weitere relevante Ziele sind die Vernetzung der hessischen HC-Koordinatoren und ein regelmäßiger Erfahrungsaustauch über den HC-Sprecherkreis, die Stärkung der Region als Bildungsstandort und nicht zuletzt eine stärkere Breitenwirkung der eigenen (Herkunfts-)Organisation in der Region durch die Öffentlichkeitsarbeit des HC. Nach der Anschubfinanzierung durch das Land Hessen werden die HC-Initiativen nach 2012 (erste Welle) und 2013 (zweite/dritte Welle) voraussichtlich in ein Regelsystem überführt – dies deckt sich ebenfalls mit den Ergebnissen der Dokumentenanalyse. Über die exakte Zielgruppe (laut HC-Homepage junge Erwachsene) sind sich die Koordinatoren nicht ganz einig. Es werden diesbezüglich differente Angaben gemacht. Einige geben an, die Zielgruppe sind generations- und milieuübergreifend alle Personen mit Bildungsbedarf; einige grenzen hingegen die Zielgruppe auf junge Erwachsene (Altersspanne von 18 bis 24 Jahren) ein. Erfahrungsgemäß wird z.B. die Bildungsberatung überwiegend von Frauen zwischen 30 und 40 Jahren in Anspruch genommen, die ihre ersten Berufserfahrungen hinter sich haben und sich weiterqualifizieren oder nach der Familiengründung wieder in den Beruf einsteigen möchten. Ein zentrales Kriterium für den Erfolg des HC ist nach Angabe eines Befragten der Nutzen für den Adressaten/die Zielgruppe, d.h. hauptsächlich junge Erwachsene mit Grundbildungsbedarf und grundsätzlich alle Bürgerinnen und Bürger, die sich weiterbilden möchten:

> *„Und so muss man quasi alles, was in diesem Netzwerk getan wird an diesem Kriterium überprüfen. Das was hier entwickelt wird ist letztlich darauf bezogen, nützt es dem Nutzer? Hat er dadurch mehr Möglichkeiten seinen arbeits- und bildungsbio-graphischen Weg zu gehen oder nicht?"* (HC-K2:Z323fff.).

Nützlich für die Zielgruppe sind aus Sicht der Koordinatoren preiswerte (Bildungs-)Angebote, die (schulische) Übergange im Bildungssystem erleichtern; z.B. der Besuch eines Kurses an der VHS, der einem Aufnahmetest an der Abendhaupt- und Realschule äquivalent ist und dort anerkannt wird. Gezielte Vereinbarungen zwischen den Kooperationspartnern (z.B. zwischen der VHS und den beteiligten Schulen) erleichtern die Transparenz des Bildungssystems und haben einen direkten Nutzen für die Zielgruppe. Den Nutzer/Lerner der HC-Bildungsangebote interessiert hingegen vorrangig die Qualität des Bildungsprodukts, der Preis und eine flexible Zeitgestaltung. Unter welchem Namen (Label) dieses Angebot steht bzw. in welcher Organisation es angesiedelt ist, ist für den Adressaten irrelevant. Für den Lerner sind laut eines Befragten folgende Fragen interessant: *„Bin ich flexibel dabei, krieg ich da besser was ich will, als wenn ich zu jemand anders gehe?"* (HC-K2: Z270f.). Der Name HC bzw. die dahinterstehende Initiative sind für die Zielgruppe eher nebensächlich, die Qualität der HC-Angebote wird demnach am subjektiven Nutzen und Mehrwert für den Adressaten gemessen:

> *„Für den Nutzer ist es völlig ‚Piep-Schnurz-Egal', welches Netzwerk wo und wann stattfindet. Es kann dann nicht ganz egal sein, wenn der Großteil von Fördermittel in die Pflege dieser Netzwerke fließt und er am Ende gar nichts davon hat. Dann kann es ihm nicht ganz egal sein, aber das weiß er in der Regel natürlich nicht. (Lachen). Aber den Nutzer interessiert dieses Netzwerk überhaupt nicht. Den interessiert es erst, aber auch dann nicht, wenn diese Netzwerke Angebote produzieren, Produkte erstellen, die dem Nutzer dann angeboten werden."* (HC-K2:Z260–266).

Für die Entwicklungspartner besteht der Mehrwert für die eigene Organisation und für die anderen beteiligten Einrichtungen in der Nutzung potenzieller Synergien. Darüber hinaus führt der HC zu einem höheren, regionalen Bekanntheitsgrad und Bedeutungsgewinn für die Organisation durch gezielte Werbemaßnahmen und Öffentlichkeitsarbeit (Flyer, Broschüre, Internetauftritt, etc.). Eine (potenziell) kooperierende Organisation beteiligt sich nach Angabe des zuständigen Koordinators ausschließlich dann am HC, wenn ein spezifischer Nutzen zu erwarten ist. Die spezifische Nutzenthematik/-orientierung, die ausschlaggebend für die individuelle Motivation, Kooperationsbereitschaft und letztlich für die Nachhaltigkeit von Netzwerken und Verbundprojekten ist, wird HC-übergreifend in der Vorstudie (vgl. 5.3.3), anhand der fallspezifischen Gelingensbedingungen in der Fallstudie (vgl. 6.4.4) und in der Protokollanalyse (vgl. 7.3.1) herausgearbeitet.

5.2.5 Selbstverständnis der HC-Koordinatoren

Da die Landesinitiative HC zum Zeitpunkt der Befragung über keine eigene Rechtsform verfügt, sind i.d.R. die VHSen Projektträger und verwalten die Gelder. Dementsprechend sind alle befragten HC-Koordinatoren zugleich als Mitarbeiter oder Leiter an der VHS angestellt. Inhaltliche Entscheidungen und Modifikationen des Strategie-/Projektplans werden von allen HC-Entwicklungs- und Kooperationspartnern (im erweiterten Kreis) partizipativ getroffen – mit dem Ziel eine größere Verbindlichkeit im Verbund zu schaffen. Für die HC-Koordination ist i.d.R. eine halbe Stelle vorgesehen, die entweder von einem festangestellten oder einem befristet angestellten VHS-Mitarbeiter (über einen Projektvertrag) übernommen wird. Ein Koordinator nimmt die HC-Koordination und Verwaltung als eine Nebenaufgabe, neben weiteren Projekten, wahr:

> *„Ich bin hier beschäftigt an der VHS [Stadt/Landkreis] und seit zehn Jahren für Projekte zuständig. Und der Hessencampus ist eines von mehreren Projekten, die ich hier an der VHS initiiert, konzipiert und auch durchgeführt habe. […] Meine Aufgabe ist auch speziell Projektleitung und Projektkoordination. Ich bin an der VHS keine klassische HPM, die für einen Fachbereich oder Programmbereich zuständig ist wie Sprachen, Kultur, berufliche Bildung, sondern ich betreue quer durch die VHS Projekte zum lebensbegleitenden Lernen."* (HC-K2:Z6–13).

Oftmals übernimmt der Koordinator sowohl die Projektleitung und -koordination als auch anfallende administrative Aufgaben und steht, sofern der Koordinator nicht gleichzeitig Leiter der VHS ist, in engem Kontakt zur VHS-Leitung (als zentralem Ansprechpartner für Anliegen des HC). In einigen HC-Initiativen übernimmt die VHS-Leitung auch die Koordination des HC:

> *„Ja, das liegt daran, dass ich eine Festanstellung an der VHS habe und als Projektleitung von der VHS eine zweite reduziert habe. Das reicht aber nicht aus, um einen HC zu betreiben, deshalb haben wir uns dann von außen noch jemanden dazu geholt als Koordinator, um Termine mit zu koordinieren. Das heißt, ich mach das vom Wochenumfang her mit 8 Stunden und der Koordinator macht das mit 20 Stunden, sodass wir für die Entwicklung des HC von Verwaltungsseite her fast eine Stelle haben."* (HC-K3:Z187–192).

Die Mehrheit der Koordinatoren gibt an, bereits Erfahrungen in anderen Projekten und im Bereich Netzwerkarbeit sowie praktische Erfahrungen in der EB (u.a. in der Bildungsberatung, in der beruflichen Bildung oder in der Schulsozialarbeit) gesammelt zu haben. Die zentralen Aufgaben des HC-Koordinators sind laut eines Befragten, neben inhaltlich-konzeptionellen Aufgaben (Projektanträge, Finanzierungsentwürfe etc.), die Projektadministration (terminliche Vereinbarungen und gleichberechtigte Beteiligung der Entwicklungspartner), Dokumentation der Steuerungsgruppensitzungen (Protokolle schreiben, administrative Tätigkeiten), Steuerung der HC-Aktivitäten (Teilprojekte etc.), Evaluation der Ziele, Veranstaltungsorganisation und Öffentlichkeitsarbeit (u.a. Internetauftritt).[105] Für sehr wichtig werden darüber hinaus das Herstellen von Transparenz im Verbund und ein Zugang zu Informationen erachtet: *„Ich bin die/der, die/der von allem ein Stück mitkriegt und wo die Fäden zusammenlaufen."* (HC-K6:Z20f.). Der Koordinator nimmt i.d.R. an allen relevanten HC-Sitzungen (internen Steuerungsgruppe, Arbeitsgruppen etc.) teil, protokolliert die Treffen und behält den Überblick über die vielfältigen Netzwerkaktivitäten. Die Koordinatoren verstehen sich zudem als neutrale Impulsgeber, die Themen aufbereiten und inhaltliche Vorschläge zur Entwicklung des HC einbringen. Eine Herausforderung ist dabei, die Vorschläge möglichst neutral ins Netzwerk einzubringen bzw. möglicherweise differente Interessen zu homogenisieren. Die Mehrheit der Befragten verfügt laut Selbstangabe über ausreichend (Handlungs-)Spielraum, um auch eigene Entscheidungen zu treffen, da ihnen das nötige Vertrauen in ihre Kompetenzen entgegengebracht wird. Ein Befragter verdeutlicht die Relevanz eines verantwortungsvollen Umgangs mit der gewährten Entscheidungsbefugnis folgendermaßen:

> *„Inzwischen darf ich auch mehr wählen, sage ich mal, weil mir einfach diese Kompetenz auch zugetraut wird oder diese Aufgabe aufgetragen wurde. Die sagen, du sollst das Projekt in der Hand halten, du hast den größten Überblick über das, was im Hessencampus läuft und deshalb verteile das so. Ich glaube, das, was ich schildere als meine persönliche Erfahrung ist auch für die gesamte Zusammenarbeit so, dass das wachsen muss."* (HC-K1:Z318–322).

Der Vertrauensaufbau und -gewinn ist den Koordinatoren sehr wichtig und nimmt erfahrungsgemäß viel Zeit in Anspruch: *„Ich kann sagen, als Projektkoordinatorin und Projektleitung habe ich am Anfang auch eine Weile gebraucht, um mir das Vertrauen zu gewinnen."* (HC-K1:Z307ff.). Als Vorteilhaft hat sich herausgestellt, wenn der Koordinator die Kooperationspartner persönlich kennt und bereits auf eine vorhandene Vertrauensbasis aufbauen kann.

---

105 In einigen HCs werden administrativ-organisatorische Tätigkeiten von einer Projektassistenz übernommen.

5.2.6 HC-Leitthemen

Zu Beginn der Landesinitiative HC wurden den ausgewählten Regionen drei inhaltlich-relevante HC-Leit- bzw. Schwerpunkthemen (Organisation, Pädagogik und regionale Bildung) vorgegeben, mit denen sich alle HC-Initiativen auseinandersetzen sollten. Die spezifische Umsetzung der Leitideen und Inhalte sowie die regionale Entwicklung wurden dabei – nach Angabe der Koordinatoren – den jeweiligen HC-Initiativen überlassen, da jede Bildungsregion spezifische Bedarfe und individuelle Stärken hat. Hessenweite Themen bzw. landespolitische Vorgaben im Bereich der allgemeinen und beruflichen Bildung sind das Nachholen von Schulabschlüssen und Kompetenzvermittlung (Wissen und Fähigkeiten) zur Stärkung der sozialen, kulturellen und politischen Teilhabe sowie zur eigenen Lebensgestaltung (vgl. 4.4). Die im Rahmen von HC initiierten Bildungsangebote sind vielfältig und breit aufgestellt: Angefangen von Alphabetisierungs-/Grundbildungsangeboten und eine (flächendeckende, niedrigschwellige) Bildungsberatung über Qualifizierungsmaßnahmen für Fachkräfte (z.B. Erzieher), Angebote zum Online-Lernen für Erwachsene bis hin zu Angeboten, die zur Verbesserung der Übergangssysteme ‚Schule–Ausbildung' bzw. ‚Ausbildung–Beruf' sowie zur Fachkräftesicherung für Unternehmen und Betriebe beitragen sollen. Nachfolgend werden die von den HC-Koordinatoren genannten Themen dargestellt.

Das Leitprojekt ‚HC-Bildungsberatung'

Die ‚HC-Bildungsberatung' ist ein zentrales, regionenübergreifendes Schwerpunktthema und wird gleichzeitig als ein relevantes Instrument zur Förderung des lebenslangen Lernens eingeschätzt. In den öffentlichen Dokumenten wird die gemeinsame Bildungsberatung – neben dem Thema (Bildungs-)Übergänge – als ein Erfolgsprojekt der ersten Aufbauphase (2007–2009) bezeichnet. Das Ziel der Bildungsberatung ist u.a. die Verbesserung von Übergängen und Anschlussmöglichkeiten (z.B. institutionsübergreifendes Nachholen von Schulabschlüssen und Erwerb von Zusatzqualifikationen) und die Bündelung regionaler Ressourcen. Ein Koordinator gibt an, sich die Bildungsberatung sogar als regionales Erfolgsthema auf die Fahne geschrieben zu haben. In einigen Regionen wurde eine zentrale Bildungsberatungsstelle eingerichtet. In den meisten Regionen ist die ‚HC-Bildungsberatung' institutionell an die VHS angebunden und räumlich oft dementsprechend in einem Büroraum der VHS oder in der Nähe der VHS auf zentral erreichbaren Plätzen eingerichtet. Häufig befindet sich die Beratungsstelle im gleichen Büro, in dem das HC-Projektbüro bzw. die HC-Koordinierungsstelle angesiedelt ist. Der HC-Koordinator und Bildungsberater ist insbesondere in ländlichen Regionen oftmals die ein-und dieselbe Person, in einigen Regionen übernehmen befristete Projektmitarbeiter oder Lehrer der beteiligten Schulen die Bildungsberatung. Obwohl die Bildungsberatung institutionell an der VHS angesiedelt ist, wird sie von den HC-Koordinatoren nicht als ein Beratungsangebot der VHS wahrgenommen, sondern als ein gemeinsames HC-Produkt, das – unter dem Dach/Label des HC – prinzipiell allen beteiligten HC-Kooperationspartnern zugeschrieben wird. Die Bildungsberatung hat neben der beratenden Funktion auch eine Vermittlungs-, Vernetzungs- bzw. Klärungsfunktion, das ein Befragter als *„Hausarztmodell“* (HC-K4:Z85) bezeichnet:

> *„Das heißt zur Klärung muss man genau wissen, welche Stelle und welche Profile, welche Zielgruppe und Beratungsfelder die einzelnen Institutionen darstellen. Da gab es einen groben Überblick, aber keinen feinen Überblick. Zum Selbstverständnis der Beratungsstellen wurde festgestellt, dass die auch untereinander nicht so genau klar waren, was für Zielgruppen sie bedienen.“* (HC-K3:Z27–31).

Der Bildungsberater hat die Aufgabe, bereits in der Bildungslandschaft vorhandene, regionale Bildungsstellen noch weitergehend zu vernetzen und die Bildungsberatung – im Sinne von Öffentlichkeitsarbeit – zu einer zentralen Anlaufstelle zu etablieren. Im sogenannten ‚Hausarztmodell‘ fungiert der Bildungsberater als eine Art Lotse, der die Ratsuchenden bei ihren spezifischen Anliegen an spezialisierte Stellen (weiter-)vermittelt (z.B. bei Fragen zum Ausbildungsrecht an die IHK) mit dem Ziel Bildungswege zu verkürzen. Der Bildungsberater hilft den Ratsuchenden dabei, sich in der Angebotsvielfalt zu orientieren und verweist ihn an die passenden Institutionen. Ein HC-Koordinator schildert ein anschauliches Beispiel für Anliegen von Ratsuchenden, die in die Bildungsberatung kommen: Ein seit zehn Jahren in Deutschland lebender Iraner, der in seinem Heimatland Vermessungsingenieurwesen studiert hatte, suchte eine städtische Bildungsberatung auf, um sich nach langjähriger Selbstständigkeit im deutschen Gastronomiebereich beruflich umzuorientieren und sein bereits übersetztes, iranisches Hochschulzeugnis anerkennen zu lassen. Der HC-Koordinator, der gleichzeitig Bildungsberater ist, hat den Ratsuchenden an eine *„Anerkennungsstelle“* (HC-K4:Z156f.) verwiesen und beschreibt seine Aufgaben folgendermaßen: *„Jemandem zu helfen Entscheidungen zu finden und Angebote heraus zu finden, welche sind denn qualitativ gut und empfehlenswert. Ja, Orientierungshilfe, Angebotsfindung und eben auch Kompetenzverständnis.“* (HC-K4:Z160ff.). In einem weiteren Beispiel aus der Bildungsberatung handelt es sich um einen ratsuchenden BWL-Absolventen, der sich weiterbilden und ein zweites berufliches Standbein aufbauen wollte. Aus diesem Grund hat er sich beim HC-Bildungsberater unverbindlich über WB-Angebote im Bereich

Coaching (speziell für Sportler) informiert. Gemeinsam mit dem Bildungsberater wurden zunächst sein beruflicher Schwerpunkt ermittelt und anschließend diverse Coachingangebote besprochen (z.B. systemische Beratung) – hierbei ging es vorrangig um eine Ziel- und Perspektivenermittlung.

Im Rahmen der Bildungsberatung gibt es Qualifizierungsangebote für interessierte Mitarbeiter der am HC beteiligten Entwicklungspartner (VHS, berufliche Schulen und Schulen für Erwachsene), die sich zum Bildungsberater ausbilden lassen möchten, die i.d.R. über das RQZ (regionales Qualifizierungszentrum) erfolgen. Ziel dieser Qualifizierungsmaßnahme ist es, den hohen regionalen Beratungsbedarf, u.a. durch einen sukzessiven Einbezug weiterer regionaler Bildungsanbieter in die Bildungsberatung, abzudecken. Ein Befragter gibt an, dass jede am HC beteiligte Einrichtung einen Bildungsberater hat ausbilden lassen. Einige Bildungsberater sind an bestehende Bildungsberatungsstellen der beteiligten Schulen (sogenannten Beratungsteams) angeschlossen. Ein weiterer Befragter, in dessen HC-Initiative insgesamt 16 Bildungsberater über das RQZ ausgebildet wurden, verdeutlicht den Aspekt der Transparenz und Vernetzung, der wesentlich zum Erfolg der Bildungsberatung beitragen kann wie folgt: *„dass die Bildungsberater sich untereinander kennen, dass sie auch wissen, was die einzelnen Organisationen und Einrichtungen angeboten haben, dass die auf sich gegenseitig verweisen können und auch als Gruppe zusammenwachsen.“* (HC-K6:Z40ff.).

Weitere Themen: ‚Übergänge‘ und ‚Neue Medien/selbstgesteuertes Lernen‘

Neben der prominent kommunizierten Bildungsberatung werden die Themen Übergänge, allgemeinbildende/berufliche Bildung, neue Medien/selbstorganisiertes Lernen und gesonderte Themen im Bereich pädagogische Konzepte von den HC-Koordinatoren genannt. Beim Thema Übergänge wird u.a. ein Übergangsmanagement von der allgemeinen Bildung in die berufliche Bildung und WB adressiert, dies betrifft die Kooperation zwischen VHSen, den beruflichen Schulen und den Schulen für Erwachsene. Bspw. wurde ein Deutschkurs für Schule und Ausbildung genannt, der speziell für Migranten konzipiert wurde. In diesen Kursen werden, neben der umgangssprachlichen Kommunikation, das Textverstehen, das Lesen und das Schreiben sowie die sprachlichen Kompetenzen des Lerners gefördert. Außerdem werden die individuelle Biographie des ausländischen Lerners erfasst und nach einer ausführlichen, systematischen Bestandsaufnahme Wege und Möglichkeiten aufgezeigt, wie bspw. nachdem der Deutschkurs absolviert wurde, der Haupt- oder Realschulabschluss an der Abendschule nachgeholt werden kann, ohne dass der Aufnahmetest erneut absolviert werden muss. Der Lerner wird gezielt in Hinblick auf seine persönliche Motivation und seine individuellen Zielen beraten. Eine Vereinbarung zwischen der VHS und der beteiligten Schule erleichtert dabei den Übergang erheblich und wird von einem befragten HC-Koordinator positiv in Hinblick auf den Nutzen des HC für den Lerner bewertet. Ein weiteres genanntes Projekt zum Thema Übergänge, ist ein Projekt, das den Übergang vom Kindergarten in die Grundschule und gleichzeitig den Wiedereinstieg nach der Familienphase in den Beruf erleichtern soll. In diesem Themenbereich hat es (bereits vor HC) einen hohen Vernetzungsbedarf unter den Grundschullehrern und Erziehern gegeben, da sich diese untereinander nicht kannten. Zunächst wurde gemeinsam ermittelt, an welchen Stellen es Übergänge gibt, um anschließend gemeinsame Teilprojekte zu initiieren. Dafür wurde bspw. in einer HC-Initiative eine Arbeitsgruppe gebildet, in deren Rahmen sich die unterschiedlichen Akteure (Eltern, Lehrer, Erzieher und Fachvertreter) – unabhängig von ihrer Profession und Aufgabe – beteiligen bzw. vernetzen konnten: *„Das sind Netzwerke, um ein bestimmtes Feld voran zu bringen, z.B. [Thema], wo eben einer die Initiative ergreift und alle, die damit irgendwie zu tun haben, an einen Tisch holt.“* (HC-K2:46ff.).

Weiterhin gibt es bspw. ein Projekt im Bereich Alphabetisierung, das ebenfalls dem Thema (Bildungs-)Übergänge zugeordnet werden kann. Hierzu wurde ein heterogenes Netzwerk mit Vertretern der Agentur für Arbeit, Stadtteilinitiativen, Nachbarschaftsbüros, Quartiersmanagern und Vereinen bzw. kleineren Bildungsträgern, die sich mit dem Thema beschäftigen, gegründet. Dadurch sollte die Zielgruppe der Analphabeten besser erreicht und langfristig in das deutsche Bildungssystem integriert werden. In diesem Netzwerk, mit dem die gesamte Lebenssituation der Zielgruppe erfasst werden kann, entwickelten die Experten, Vermittler, Ansprechpartner und Fallmanager ein gemeinsames Konzept, mit welchem die Bildungsbeteiligung der Zielgruppe erhöht und somit der Analphabetismus gesenkt werden kann.

Das Thema selbstorganisiertes Lernen wurde in den befragten HC-Initiativen überwiegend mediengestützt durch die Initiierung von Selbstlernzentren mit integrierter Bildungsberatung umgesetzt. In einer HC-Initiative wurde bspw. bereits ein Selbstlernzentrum mit ca. 20 Arbeitsplätzen integriert, das u.a. von Oberstufenschülern einer Schule zur Vorbereitung auf das Abitur genutzt werden kann. Dieses Selbstlernzentrum wird von insgesamt drei Schulen genutzt und ist in den Räumen der beteiligten Schulen angesiedelt.

Äquivalent zu den in den Dokumenten für erfolgreich und zukunftsträchtig befundenen HC-Leitthemen wurden in der Expertenbefragung hauptsächlich die Leitprojekte Bildungsberatung, Übergänge und neue Medien/selbstgesteuertes

Lernen genannt. Die von den Koordinatoren geschilderten Beispiele repräsentieren die Variationsbreite der regional umgesetzten Projekte. Trotz einheitlicher Qualitätsstandards, Ziele und einem projektbezogenen, HC-übergreifenden Austausch sollte die regionale Umsetzung der HC-Leitprojekte auf operativer Ebene mit ihren individuellen Ausprägungen und Modifikationen einzelfallspezifisch betrachtet werden.

5.2.7 HC-Öffentlichkeitsarbeit

Alle befragten HC-Koordinatoren geben an, diverse Kanäle der Öffentlichkeitsarbeit zu nutzen und gezielt Werbemaßnahmen für ihre gemeinsamen Bildungsangebote einzusetzen. Die genannten öffentlichkeitswirksamen Kommunikationskanäle sind: HC-Homepage, Flyer und Broschüren, Anzeigen in regionalen Tageszeitungen, Werbebanner auf öffentlichen Plätzen, Vorträge auf Veranstaltungen, Postkarten und Plakate für die Zielgruppe (Jugendliche), die an Schulen aufgehängt bzw. ausgelegt werden, sowie diverse Materialien wie Kugelschreiber, Blöcke Ordner etc. Ein Koordinator nutzt bestehende Werbemaßnahmen und Strukturen der anderen Bildungsanbieter und bezieht diese ins öffentlichkeitswirksame Standortmarketing ein, um seine Breitenwirkung zu erhöhen.

Die HC-Koordinatoren betrachten die HC-Öffentlichkeitsarbeit durchaus ambivalent. Ein Befragter äußert sich tendenziell pessimistisch über die Verständlichkeit der Werbemaßnahmen und nimmt insgesamt eine kritische Haltung gegenüber der Öffentlichkeitsarbeit und dem HC-Marketing ein. Es ist in Ordnung, das auf Landesebene vorgegebene HC-Logo auf Flyern etc. abzubilden, solange es nicht größer wird als das Logo der beteiligten Einrichtungen. Die Funktion und Wirksamkeit der Werbemaßnahmen bezweifelt er hingegen:

> *„Jetzt machen wir einen Flyer über die Bildungsberatung, über die E-Learning-Angebote, da taucht die VHS nur noch auf der Rückseite auf. Hier vorne steht Hessencampus drauf und das wird auch schon mit Bauchschmerzen aufgenommen. Das ist keine Vorgabe.“* (HC-K2:Z594fff.).

Die Frage, ob der Koordinator HC als Marke bekannt machen möchte, verneint er diplomatisch. Optimistischer äußert sich hingegen ein anderer Koordinator über die Wirksamkeit der HC-Werbemaßnahmen und durchgeführten Öffentlichkeitsveranstaltungen, bei welchen auf alle beteiligten Kooperationspartner verwiesen wird. Er bezeichnet die Marke HC als einen Gewinn für die regionale Bildungslandschaft. Seiner Meinung nach geht es darum, die HC-Koordinierungsstelle nach außen sichtbar und greifbar zu machen, z.B. durch Türschilder mit dem HC-Logo. Ein weiterer befragter Koordinator betrachtet ein professionelles HC-Marketing ebenfalls als unproblematisch, seine HC-Initiative lässt sich von einem Marketingexperten beraten und übernimmt bereitwillig die vorgegebene Corporate Identity (CI) des Landes Hessen.

5.3 Gelingensbedingungen I

Unter Gelingensbedingungen sind strukturelle-organisatorische Rahmenbedingungen und organisational-personelle Voraussetzungen zu verstehen, die sich förderlich auf ein (Verbund-)Projekt, hier konkret auf den HC, auswirken (können). Aus der Befragung der HC-Koordinatoren konnten – im Gegensatz zu den tendenziell eher kritisch-pessimistisch gefärbten Einflussfaktoren der Steuerungsgruppe (Kap. 6) – verhältnismäßig ausgewogene förderliche und hinderliche Einflussfaktoren abgeleitet werden. Im Folgenden werden die eruierten HC-übergreifenden Gelingensbedingungen dargestellt. Diese werden in der vertiefenden Fallstudie (vgl. 6.4) auf einer einzelfallspezifischen Ebene ergänzend und in der Ergebnissynthese mit den theoretischen und praxisfeldbezogenen Bezügen in Beziehung gesetzt.

Inhaltliche Dimensionen

Förderliche Einflussfaktoren	**Hinderliche Einflussfaktoren**
• Motivation – ideelle Motive und Synergieeffekte • Vertrauensvolle Kooperationen • Nutzen für die Region, die Zielgruppe und die Kerneinrichtungen • Beteiligung und Mitbestimmung auf Mitarbeiterebene • Organisationskulturelle Aspekte: Transparenz, Wertschätzung und Respekt	• (Politische) Rahmenbedingungen • Diffuse Ängste • Interessenskonflikte • (Unsichere) Finanzierung und unzureichende personelle, räumliche und sächliche Ressourcen • Organisationskulturelle Aspekte: Intransparenz und interner/externer Widerstand

5.3.1 Motivation – ideelle Motive und Synergieeffekte

Die individuelle Motivation der HC-Entwicklungspartner und das (hohe) persönliche Engagement einzelner Personen werden von den Befragten als besonders relevant für die produktive Entwicklung des HC betrachtet. Ohne eine ausreichende Motivation ist langfristig die Existenz des HC gefährdet. Befragt nach den individuellen Motiven, sich im Verbund zu engagieren, geben die HC-Koordinatoren intrinsisch motivierte Gründe an: v.a. im Non-Profit-Bereich gibt es idealistische Motive, bspw. die Förderung von benachteiligten Zielgruppen durch das *„Sehen und Decken von Bedarfslagen“* (HC-K3:Z249f.), die zum individuellen Engagement beitragen. Die persönliche Motivation und das daraus resultierende Engagement hängen in hohem Maße von einem Problembewusstsein der beteiligten Personen und dem Vertrauen in die Selbstwirksamkeit der eigenen Handlungen ab. Insbesondere von der HC-Leitung/-Koordination, deren Aufgabe darin besteht, die Zusammenarbeit voranzutreiben und den Mitarbeitern die Sinnhaftigkeit ihrer Arbeit zu vermitteln. Dem Koordinator wird – neben der genannten Schlüsselfunktion und der Aufgabe, Vertrauen im Netzwerk aufzubauen (vgl. 5.1.3; 5.2.5) – eine motivierende Funktion und Rolle zugeschrieben:

> *„Das ist die Problematik, sprich auf den Bedarf, auf den Lernenden gesehen, dass es da Bedarfe gibt und dass der Bedarf nicht gedeckt ist. Und, dass viele junge Menschen hier in [Stadt/Landkreis] ihre Kreise ziehen. Das heißt, mal hier geparkt werden, mal da geparkt werden, dass aber nichts Wertvolles für den Einzelnen passiert. Ich denke, das ist ein persönliches Engagement von den leitenden Personen, die gesagt haben wir machen das.“* (HC-K3:Z238–243).

Neben der intrinsischen Motivation wird eine pragmatische, bodenständige Herangehensweise als ein förderlicher Faktor für die Arbeit im HC genannt; es geht weniger darum, ein großes Monument zu schaffen, sondern eher kleinteilig, die regionale Bildungsbeteiligung durch die Entwicklung von Bildungsangeboten zu erhöhen. Als einen weiteren förderlichen Motivationsfaktor nennen die Koordinatoren ökonomische Anreize wie potenzielle Synergien, die sich aus der Zusammenarbeit der Landesinitiative HC ergeben (können). Die HC-Koordinatoren definieren den Begriff Synergieeffekt, der als Anreiz für eine Beteiligung im HC fungieren kann, mit Aspekten des *„voneinander Lernens“* (HC-K3:Z251f.), der Nutzung gemeinsamer Produkte und Ressourcen und des Zusammenbringens von unterschiedlichen Kompetenzen. Ferner geht es auch um eine gegenseitige Beobachtung der beteiligten Entwicklungspartner/Netzwerkakteure, aus der heraus sich ein Nutzen und Mehrwert für die eigene Organisation ergeben können. Wichtig ist allerdings, dass jede der beteiligten Kerneinrichtungen von der Zusammenarbeit profitiert. Ein Befragter gibt an, dass die Bildungsakteure vor der Initiierung durch den HC separat gearbeitet haben und – im Vergleich zu den Erfahrungen der anderen HC-Koordinatoren – trotz räumlicher Nähe kein Austausch stattgefunden hat. Zum Zeitpunkt der Befragung geht es allen HC-Koordinatoren darum, die Bildungsangebote besser untereinander abzustimmen und vorhandene Lücken der Bildungsregion durch die Entwicklung gemeinsamer Angebote zu schließen.

Die HC-Koordinatoren nennen vielfältige, aktuell vorhandene und zukünftige Synergieeffekte, die sich durch eine Beteiligung im Verbund HC oder allgemein in Netzwerken ergeben können. Diese lassen sich grob in drei Kategorien gliedern: räumliche, materielle und ideelle Synergien. Unter räumlichen Synergien ist die Nutzung gemeinsamer räumlicher und sächlicher Ressourcen (Büro-/Besprechungsräume, z.B. für die Bildungsberatung oder Computerräume), bspw. für Angebote im Bereich ‚Neue Medien' zu verstehen: *„Dann haben die Schulleiterbüros, zwei kleine Büros für die Schulleitungen drin und wir haben drin einen Raum für Dozenten der VHS, der tagsüber der SV-Raum der Berufsschule ist […], der den anderen beiden Einrichtungen auch zur Verfügung steht, zu Zeiten wo wir ihn nicht nutzen."* (HC-K5:Z151–156). Die materiellen Synergien beziehen sich auf die Finanzierung des/r Landes/ Kommunen durch HC-Mittel. Durch den gegenseitigen, thematischen Austausch von Ideen und Konzepten können ideelle Synergien entstehen, wodurch die Beteiligten einen persönlichen Imagegewinn – ggf. in Form von Vorarbeiten oder durch eine gemeinsame Öffentlichkeitsarbeit etc. – erzielen können.

Im Vorfeld wägen die HC-Koordinatoren bei der Frage nach einer Beteiligung am HC ihren persönlichen Ertrag mittels einer Kosten-Nutzen-Kalkulation[106] ab, in welchem Maße z.B. die jeweiligen Stärken der Entwicklungs- und Kooperationspartner genutzt werden können: *„Ich denke die Frage ist immer zu schauen, wer kann was eigentlich besser, die wird bleiben – unabhängig von der Förderung vom HC."* (HC-K5:Z311ff.). Dabei ist es für die Kerneinrichtung weder notwendig neue Gebäude und Büros zu schaffen noch personelle Expertise in fachfremden Bereichen zu entwickeln. Vielmehr sollten im Verbund HC vorhandene Ressourcen und Stärken erschlossen und gemeinsam genutzt werden. Weiterhin gilt es, durch einen regen Informationsaustausch regionale Bildungsangebote besser abzustimmen und effizient miteinander zu verzahnen: *„Wir machen nicht beide alles parallel und jeder macht das gleiche, sondern wir können voneinander profitieren."* (HC-K6:Z301f.).

5.3.2 Vertrauen und vertrauensvolle Kooperationen

Die Befragten geben an, dass es zentral für den Aufbau einer guten Zusammenarbeit ist, den persönlichen Kontakt zwischen den Kooperationspartnern im Verbund bzw. Netzwerk herzustellen. Der Vertrauensaufbau ist gleichzeitig

106 Kosten-Nutzen-Analyse (Cost-Beneftit-Analysis (CBA)) ist ein betriebswirtschaftliches Instrument zur Bestimmung, ob ein Aufwand (Kosten) den erwünschten Ertrag bringt (Nutzen) (vgl. Nas 1996).

Aufgabe des (Netzwerk-)Koordinators (vgl. 5.2.5) und kann erfahrungsgemäß sehr lange dauern (nach Angabe eines HC-Koordinators: bis zu zehn Jahre). Dies hängt davon ab, ob innerhalb des HC auf bereits bestehende Kontakte aufgebaut werden kann oder neue Kooperationen initiiert wurden. Der Vertrauensaufbau im HC wird als ein sehr langwieriger, herausfordernder Prozess beschrieben, der zugleich ein großes Potenzial für eine nachhaltige Zusammenarbeit birgt, aus der sich für alle Beteiligten erst im Laufe der Zeit ein Mehrwert einstellt. Eine effektive, vertrauensvolle Zusammenarbeit entsteht optimalerweise über eine gemeinsame Entwicklung *„in Leichtigkeit, Experimentierfreude und nicht in Angst und Erschrecken“* (HC-K5:Z524f.). Auf die Frage, ob es schwierig ist eine Vertrauensbasis im HC aufzubauen, antwortet ein Befragter wie folgt:

> *„Ich glaube, dass das schwierig ist und konfliktreich, wenn man mit unterschiedlichen Haltungen kommt. Ich würde sagen, es gab eine ähnliche Kultur, wie wenn man sich zusammen am runden Tisch für Kooperationen trifft, oder eine Reihe von positiv verlaufenden Kooperationsvorhaben. Es gab lange Traditionen der Zusammenarbeit und auch gute Beispiele und da hat man eigentlich, da kann man sich langsam zurücklehnen weil man sagt, normal klappt das eigentlich. Wenn es Schwierigkeiten gibt, dann krieg ich einen Anruf. Das ist ja auch wichtig, welche Wege werden genutzt.“* (HC-K1:Z301–307).

Der Vertrauensaufbau könnte nach Angabe der Befragten durchaus konflikthafte Phasen des Widerstands und Misstrauens beinhalten, aus denen alle Beteiligten erfahrungsgemäß gestärkt hervorgegangen sind. Anfängliches Misstrauen wurde mit der Dauer der Zusammenarbeit durch den Aufbau von Vertrauen und nachhaltigen, vertrauensvollen Kooperationen abgebaut, sodass sich eine spürbare Entspannung im Verbund eingestellt hat und ein HC-Koordinator aktuell von einer positiven und fruchtbaren Zusammenarbeit berichtet. Ein weiterer Koordinator bringt einen neuen Aspekt ein, der die Spannungsfelder zwischen Kooperation–Konkurrenz und Vertrauen–Misstrauen beinhaltet: Die *„freundliche Feindbeobachtung“* (HC-K4:Z198). Durch die gegenseitige Fremdbeobachtung der Akteure bzw. der potenziellen Konkurrenten bekommen die Beteiligten – je größer der Austausch im HC ist – einen besseren Überblick über aktuelle, relevante Aktivitäten in der Bildungsregion, können sich besser positionieren, die Kooperationspartner gewissermaßen kontrollieren und ggf. ihre Marktposition verbessern.

Die Kooperationsbeziehungen im HC bewegen sich demnach – analog zu den Spezifika von Bildungsorganisationen und (WB-)Netzwerken – in einem Spannungsfeld von Vertrauen und Kontrolle (doppelte Kontingenz). Wie bereits aus der theoretischen Annäherung an den Forschungsgegenstand ersichtlich wurde, sind v.a. weiche Faktoren (wie die Entwicklung von Vertrauen, tragfähigen Vertrauensbeziehungen und gemeinsamen Deutungsmustern) für einen produktiven (informellen) Erfahrungs- und Wissensaustausch und somit für den Erfolg eines Netzwerks ausschlaggebend (vgl. Faulstich 2003; Heidenreich 2000; Loose 2009; Seitter 2013; Scholz 2003).

5.3.3 Nutzenorientierung

Die befragten Koordinatoren geben an, dass ein spezifischer Nutzen vorhanden sein muss, um (freiwillig) Leistung und Arbeitszeit in den HC bzw. in ein Netzwerk zu investieren: Die Regionalentwicklung und Existenzsicherung der eigenen Einrichtung werden von den Befragten als übergeordnetes Ziel bzw. als erwarteter Nutzen genannt. Die gemeinsamen, auf Landesebene vorgegebenen Ziele sollten einen signifikanten, individuellen Nutzen für die HC-Entwicklungspartner haben, damit die Motivation und Beteiligung ausreichend gewährleistet werden und die HC-Landesinitiativen nicht auseinanderfallen. Dabei ist die Bildungsregion nach Angabe eines Befragten eng mit der Arbeitsregion verbunden, in der gut ausgebildete junge Menschen für den regionalen Arbeitsmarkt qualifiziert werden. Hier ergibt sich eine Win-Win-Situation[107] für alle beteiligten Bildungseinrichtungen und Kooperationspartner sowie für die regionalen Arbeitgeber und die jeweilige Zielgruppe. Insbesondere für dünn besiedelte, ländliche Regionen ergibt sich nach Angabe der Befragten und laut der theoretischen Literatur-quellen ein starker individueller Nutzen im Hinblick auf die Regionalentwicklung und die Existenzsicherung der an HC beteiligten (Herkunfts-)Organisationen (vgl. 3.1.3). Einen rein wirtschaftlich-motivierten Nutzen verfolgen die HC-Koordinatoren laut Selbstauskunft hingegen nicht.

Der jeweilige Nutzen, der sich aus der eigenen Beteiligung am HC ergibt, wird von den Befragten an der ideellen Sinnhaftigkeit der gemeinsam entwickelten Bildungsangebote und -Maßnahmen gemessen. Die gemeinsame Bearbeitung von regionalen Desideraten gestaltet sich im HC effektiver als auf individueller Organisationsebene, da im Verbund regionale (Bildungs-)Strukturen gezielter berücksichtigt und Übergänge für die Zielgruppe erleichtert werden können. Für die einzelnen Kerneinrichtungen besteht der Nutzen weiterhin in einer unmittelbaren, beschleunigten Entwicklung von Bildungsangeboten, entstehenden Synergieeffekten und im Zugang zu relevanten Informationen auf regionaler Ebene und Landesebene: *„Ich glaube der Nutzen ist darin, dass man Informationen zum*

---

107 Eine auf nachhaltigen, langfristigen Erfolg ausgerichtete Strategie (Doppelsieg-Strategie), in der beabsichtigt wird, dass alle Partner/Beteiligten den gleichen Nutzen – in Sinne eines Interessensausgleichs – erzielen (vgl. Fisher/Ury/Patton 2000).

Teil auch noch mal aus dem Kultusministerium kriegt, aus der Sprecherkonferenz oder aus verschiedenen anderen Gremien." (HC-K6:Z203ff.).

Ein Befragter schildert Phasen der *„Rebellion"*, in denen die jeweiligen Kernorganisationen in der Zusammenarbeit mit den HC-Entwicklungspartnern eher wenig oder gar keinen Sinn und *„Ertrag"* und *„Nutzen"* (HC-K6:Z182f.) mehr gesehen haben und betont die Relevanz der Nutzenorientierung auf die Netzwerktätigkeit. Ein gewisses Maß an Nutzenorientierung wird von allen Befragten durchaus positiv bewertet, da dadurch die Zusammenarbeit im HC gestärkt werden kann. Die HC-Entwicklungspartner sollten laut eines Befragten bei ihrer individuellen Nutzenerwägung ebenfalls die spezifische Zielgruppe (junge Erwachsene) berücksichtigen, da der HC sonst ein *„Selbstzweck"* (HC-K2:Z328) ist, der ggf. sein Ziel verfehlt und lediglich der internen Personal-/Kompetenzentwicklung der Mitarbeiter dient. Ein möglicher Nutzen, der sich aus der Kooperation ergibt (z.B. aus der Bildungsberatung) verdeutlicht das folgende Zitat:

> *„Wir haben immer auch den Nutzen herausgestellt. Was hat eine zentrale Beratungsstelle und was hat HC für einen Nutzen für die Institutionen und ich denke, den konnten wir herausstellen. Das heißt darzustellen, dass durch eine zentrale Beratungsstelle Beratungsfälle sehr gut delegiert werden können an einzelne Institutionen, mit so ein bisschen Übergabe der Daten. Und, dass das für die Institution einfach ein Vorteil ist und die Institution, die berät und auch ihre Profile dahingehend schärft."* (HC-K3:Z60–66).

Weitere, gemeinsam im Rahmen der Initiative HC entwickelte, Bildungsangebote, die einen spezifischen Nutzen sowohl für die Zielgruppe als auch für die Bildungsregion aufweisen, sind – neben der Bildungsberatung – Angebote zum Nachholen von Schulabschlüssen (z.B. des mittleren Bildungsabschlusses) und nachhaltige pädagogische Konzepte im Bereich EB/WB. Solange die gemeinsame Kooperation und Bearbeitung der netzwerkrelevanten Themenfelder des HC wie Bildungsberatung, pädagogische Konzeptentwicklung etc. von allen Beteiligten für sinnvoll erachtet und mit einem persönlichen Nutzen verbunden wird, bleibt der HC laut Prognose der Befragten auch nach der Förderlaufzeit weiter bestehen. Daraus lässt sich ableiten, dass eine explizit oder implizit vorhandene, individuelle Nutzenorientierung der Entwicklungs-/Kooperationspartner einen durchaus positiven Einfluss auf den Netzwerkerfolg hat.

5.3.4 Organisationskulturelle Aspekte

Weitere förderliche Einflussfaktoren, die eine Zusammenarbeit im Netzwerk bzw. HC positiv beeinflussen, sind nach Angabe der HC-Koordinatoren organisationskulturelle Aspekte wie eine allgemeine Transparenz, Wertschätzung und wechselseitiger Respekt. Relevant für eine nutzenbringende Zusammenarbeit sind eine *„Transparenz über Dinge“* (HC-K1:Z284), die Gleichberechtigung aller Entwicklungspartner und eine detaillierte Ergebnissicherung der Zusammenarbeit (z.B. in Form von Dokumentationen, einheitlichem Layout, E-Mailverteiler). Die internen Steuerungsgruppentreffen werden i.d.R. protokolliert und an alle (auch abwesende) Mitarbeiter meist elektronisch verschickt. Der HC-Koordinator oder die HC-Projektassistenz informiert alle beteiligten Entwicklungspartner über die entwickelten Lösungsvorschläge und fordert aktiv das Feedback der Mitglieder ein, das wiederum in die Steuerungsgruppe gespiegelt wird. Durch die interne Dokumentation und Ergebnissicherung wird die Qualität der gemeinsamen Bildungsangebote gewährleistet. Bezogen auf die Genese der Initiative HC hat sich in einigen Regionen eine *„Kultur von Zusammenarbeit“* (HC-K1:Z291) auf Grundlage bestehender, historisch gewachsener Netzwerke entwickelt, die wesentlich dazu beitragen, mit evtl. auftauchenden Konkurrenzen umzugehen und diese transparent zu kommunizieren. Ein HC-Koordinator schätzt die interne Kommunikation und Arbeitsatmosphäre innerhalb seines HC sehr positiv ein und nennt informelle Aspekte bzw. immaterielle Werte (*„eine ganz nette Atmosphäre bei den Sitzungen“* (HC-SG6:Z437): *„Das sind nur kleine Faktoren, aber es gibt einen kleinen Blumenstrauß, es gibt Kuchen und Café und Tee und Plätzchen. Es wird einfach auch schön gestaltet mit einer schönen Atmosphäre. Das wird von den meisten auch positiv angenommen, auch wenn es nicht den Megaaufwand bedeutet.“* (HC-K6:Z438fff.). Diese Aspekte haben auch über die Sitzungen und den Arbeitskontext hinaus einen hohen Einfluss auf das Wohlbefinden und die Arbeitsmotivation der Mitarbeiter, obwohl sie sich schwer operationalisieren lassen.

Im Laufe der Förderlaufzeit hat sich laut eines weiteren Befragten, nach einer durchaus konflikthaften Anfangsphase, eine gemeinsame *„Netzwerkkultur oder auch Zusammenarbeitskultur“* (HC-K5:Z364f.) entwickelt. Die Initiative HC hat maßgeblich dazu beigetragen, räumlich näher und thematisch enger zusammenzuarbeiten. Unbegründete Ängste und feindliche Stellungnahmen (vgl. 5.3.9), die es in der HC-Initiierungsphase gab, haben sich zu einer Arbeitsweise gewandelt, die von gegenseitiger Wertschätzung, Respekt und einem Bewusstsein für die Sinnhaftigkeit der Zusammenarbeit geprägt ist.

5.3.5 Beteiligung und Mitbestimmung auf Mitarbeiterebene

Ein weiterer zentraler Einflussfaktor, der laut Aussage der Befragten letztlich relevanter ist als die Endprodukte, sind die aktive Beteiligung und Partizipationsmöglichkeiten für prinzipiell alle HC-Mitarbeiter: *„Wir sind ein Netzwerk und wir müssen alle Betroffenen zu Beteiligten machen“* (HC-K6:Z138). Während der

HC-Initiierungsphase haben überwiegend die Leitungen der Kerneinrichtungen in der Steuerungsgruppe Ideen und Wege zu deren Umsetzung entwickelt. Inzwischen reicht es nicht mehr aus, lediglich auf Leitungsebene relevante Themen zu diskutieren und Entscheidungen zu treffen, vielmehr müssen alle Beteiligten in die Entscheidungsprozesse einbezogen werden. Die Relevanz von Beteiligung und Mitbestimmung der Mitarbeiter veranschaulicht das folgende Zitat sehr treffend:

> *„Weil, die haben auch noch mal einen anderen Blick auf die Einrichtungen oder einen anderen Blick auf die Region und auf politische Entwicklungen. Vielleicht ist den Mitarbeitenden was ganz anderes wichtig. Ich denke schon, dass das so ist und dadurch, dass die Konferenz für die Mitarbeitenden konzipiert ist, können die mit ihrer Brille noch mal drauf gucken, wie man das entwickeln kann oder welche Ideen die haben, um die Bildungsbeteiligung zu erhöhen."* (HC-K6:Z544–549).

Es ist zwar sehr wichtig, alle beteiligten Mitarbeiter einzubeziehen, allerdings in der Praxis aus organisatorischen und zeitlichen Gründen nicht uneingeschränkt möglich: *„es können nie immer alle sein."* (HC-K1:Z29). Ebenfalls eine Herausforderung ist die Entscheidung, welche Mitarbeiter in welche Sitzungen, Arbeitsgruppen oder Gremien einbezogen werden sollen. Der HC-Koordinator trifft i.d.R. eine Vorauswahl über die Personen, die zu den jeweiligen Sitzungen eingeladen werden sollen und auf deren Grundlage die HC-Leitungsebene entscheidet, welche Mitarbeiter als Stellvertreter der Entwicklungs-/Kooperationspartner (Organisationen) beteiligt werden.[108] Relevante Entscheidungen für Anliegen, die das gesamte Netzwerk betreffen, werden – nach Möglichkeit – unter Beteiligung aller Mitarbeiter diskutiert. Die Aspekte der Beteiligung auf allen Verbundebenen, der Adressatenorientierung und der gleichberechtigten Kooperation werden (ebenfalls) in der Fallstudie betont (vgl. 6.4.1). Hier werden insbesondere die partnerschaftliche Zusammenarbeit *„auf Augenhöhe"* (HC-SG7:Z11f./HC-SG9:Z646) und die Notwendigkeit ‚die Menschen dort abzuholen, wo sie stehen' (vgl. 6.4.2) hervorgehoben.

5.3.6 Konkurrenz vs. Kooperation – ein schmaler Grad

Das Spannungsfeld von Konkurrenz und Kooperation wird von den befragten HC-Koordinatoren unterschiedlich geschildert und ambivalent wahrgenommen. Während sich ein Teil der Befragten der Konkurrenzthematik sehr bewusst ist und sich in einem durchaus kritischen Diskurs zu positionieren

---

108 Im Falle, dass der Koordinator gleichzeitig eine Leitungsfunktion hat, verfügt er dementsprechend über mehr Entscheidungsspielraum.

versucht, schildert eine zweite Gruppe, dass sich die Lage entspannt und die Konkurrenzthematik im HC gelegt hat. Ein Befragter beschreibt den Umgang mit latenter Konkurrenz folgendermaßen: *„(…) aber auch andere, die sehr entspannt mit uns umgehen mittlerweile und auch keine Bedenken mehr haben, dass wir uns in irgendeinem Bereich reingrätschen wollen, den sie als ihren betrachtet haben.“* (HC-K4:Z131ff.).

Einzelne Netzwerkakteure werden als sehr dominant wahrgenommen. Ihnen wird unterstellt, ihre Eigeninteressen durchsetzen zu wollen und sich in alle Angelegenheiten einzumischen. Diesem Verhalten bringen die HC-Koordinatoren wenig Sympathie entgegen. Interne Konkurrenz(en) im HC-Verbund um finanzielle Ressourcen und eine hohe Nutzenorientierung der beteiligten Entwicklungspartner werden in diesem Zusammenhang erwähnt. Netzwerke, die in Form von Interessensgemeinschaften gebildet werden und deren Ziel es ist, die Marktposition der eigenen Organisation zu sichern bzw. zu vergrößern, bewegen sich nach Aussage der Befragten immer auf einem schmalen Grad – zwischen Kooperation und Konkurrenz. Wenn die Konkurrenzthematik in einem Netzwerk stärker wird als die Notwendigkeit zu kooperieren, zerfällt das Netzwerk erfahrungsgemäß, v.a. wenn keine koordinierende Instanz vorhanden ist, die das Netzwerk bzw. den Kooperationsverbund zusammenhält:

> *„Wenn das Netzwerk keinen Treiber hat, keine Koordinationsstelle, die sagt, Leute jetzt ist dieses Thema gesetzt und jetzt sorgen wir auch für Ergebnisse, dann zerfällt es manchmal – zumindest in einer Region wie [Stadt/Landkreis]. Das ist meiner Erfahrung nach auch regional unterschiedlich.“* (HC-K2:Z90fff.).

Der HC wird in der hiesigen Bildungslandschaft nach Angabe der Koordinatoren überwiegend als Konkurrenz wahrgenommen und teilweise argwöhnisch beobachtet. V.a. zu Beginn der Förderlaufzeit wurde HC von externen, potenziell konkurrierenden Bildungsanbietern, die u.a. ebenfalls Bildungsberatung anbieten, *„kritisch beäugt“* (HC-SG3:Z43f.) und als staatlich subventionierte Konkurrenz wahrgenommen. Dieser Außenwahrnehmung wurde offensiv mit Informationsveranstaltungen begegnet. Durch die Aufklärung über die Intention und Aufgabe des HC wurde versucht, Ängste ab- und eine Kooperationsbereitschaft aufzubauen. Durch die Landesinitiative HC entsteht ein neuer Anbieter, der in einem Konkurrenzverhältnis zu den regionalen Einrichtungen stehen kann und die Gefahr einer internen Konkurrenz für die beteiligten Herkunftsorganisationen birgt. Ein befragter HC-Koordinator verortet sich im Spannungsfeld von Konkurrenz und Kooperation auf Seite der Kooperation als *„kooperierendes Organ“* (HC-K4:83f.). Die HC-Koordinatoren versuchen das Spannungsfeld von Konkurrenzen und Kooperationen durch gezielte

Kooperationsangebote zu neutralisieren und Akteure, die sich in einem (latenten) Konkurrenzverhältnis befinden (z.B. durch die gleiche Zielgruppe), als Kooperationspartner zu gewinnen: *„Ja, wir können es uns denke ich mal, nicht leisten die außen vor zu lassen und gar nicht mit einzubeziehen, sondern wir müssen denen sagen: wir wollen das machen, wir haben schon das, wir sind keine Konkurrenz für euch. Wie können wir miteinander kooperieren, dass wir eine Region stemmen können?"* (HC-K6:Z387–391).

Alle Befragten geben an, dass die Landesinitiative HC in ihrer entsprechenden Bildungsregion (v.a. während der Initiierungsphase) aufgrund von diffusen Befürchtungen, Unwissenheit und Vorurteilen – in unterschiedlich starkem Maße – als Konkurrenz wahrgenommen wurde. Ein Befragter betont, innovative Angebote zu entwickeln, die bisher auf dem regionalen (WB-) Bildungsmarkt nicht angeboten werden und die nicht zu bestehenden Bildungsangeboten in Konkurrenz treten können. Er betrachtet die vorherrschenden Ängste und Konkurrenzgedanken der regionalen Bildungsanbieter als irrelevant, da der HC kompensatorische Bildungsangebote entwickeln und vorhandene Lücken der Bildungsregion schließen soll. Eine Konkurrenz für den HC stellen hingegen große, regional einflussreiche Bildungseinrichtungen dar, die sich (nicht) am HC beteiligen wollen. Diese werden von den befragten Koordinatoren als potenzielle Konkurrenz wahrgenommen und sollen als Kooperationspartner gewonnen werden.

Die interne Konkurrenz um die Bildungsbeteiligung bzw. um die gleiche Zielgruppe ist ein zentrales Thema in den jeweiligen Bildungsregionen, da die Erhöhung der Bildungsbeteiligung ein programmatisches Ziel der Initiative HC ist. Die Entscheidung des Bürgers für ein bestimmtes Bildungsangebot bedeutet den Gewinn für die gewählte Bildungseinrichtung und gleichzeitig den Verlust für die konkurrierende Einrichtung mit der gleichen Zielgruppe. Die regionale Konkurrenzthematik wird implizit kommuniziert. Niemand möchte offiziell zugeben, zu konkurrieren und ein Interesse am größeren Küchenstück *(„Wer kriegt wie viel Stücke vom Kuchen ab?"* HC-K6:Z411f.) zu haben. Außerdem schildern die Befragten ein Spannungsfeld zwischen städtischen und ländlichen Regionen: städtische Bildungseinrichtungen haben einen Vorteil gegenüber Bildungseinrichtungen in ländlichen Regionen, da zum einen die städtische Infrastruktur besser ausgebildet ist und größere Ballungsgebiete einen höheren Zulauf haben. Zum anderen ziehen zunehmend mehr Menschen aus den ländlichen Regionen weg, sodass perspektivisch ländliche Einrichtungen nicht überleben können und drohen leerzulaufen. Weiterhin berichten die befragten HC-Koordinatoren vereinzelt ebenfalls über potenzielle interne Konkurrenz unter den HC-Entwicklungspartnern, die eine andere Seite der Medaille, neben dem Mehrwert und

Nutzen der Initiative HC, darstellt. Da der HC bisher über keine eigene Rechtsform verfügt, wird die Urheberschaft der VHS als sinnvoll erachtet. Sollte sich die Rechtsfrage des HC zeitnah klären, wäre zwar die Verbindlichkeit der Zusammenarbeit höher, zugleich würden jedoch ein neuer, eigenständiger Anbieter auf dem Bildungsmarkt und ein somit neuer Konflikt entstehen. Die gemeinsam entwickelten HC-Angebote können den beteiligten Entwicklungspartnern und deren bereits bestehenden Angeboten interne Konkurrenz machen. Aus der Frage, welches Logo bzw. welche Organisation über den Angeboten stehen soll (z.B. VHS oder HC), könnte sich ein weiterer Zielkonflikt ergeben. Laut der Koordinatoren ist Mikropolitik (vgl. Crozier/Friedberg 1993; Neuberger 2006) ein großes Thema in der Landesinitiative HC. Es werden diesbezüglich *„diplomatische Verhandlungen"* geführt und *„Koalitionen"* (HC-K6:Z225ff.) sowie Interessensgemeinschaften innerhalb und zwischen der/n einzelnen Initiative/n gebildet, die *„nicht expliziert"* werden (HC-K6:230). Die Befragten schätzen dieses Vorgehen als wenig effektiv ein und halten es für wichtig, bestehende Konflikte und (interne) Konkurrenzen offen zu legen.

5.3.7 (Politische) Rahmenbedingungen

Die Mehrheit der befragten Koordinatoren berichten von einer verhältnismäßig geringen landespolitischen Unterstützung und damit einhergehenden unsicheren Rahmenbedingungen, die die Entwicklung und Zusammenarbeit im HC verzögern. HC-übergeordnete, politisch motivierte Konflikte werden zum Teil nur intern auf Landesebene ausgetragen, die Betroffenen erfahren indirekt oder erst nach Beschluss von relevanten Entscheidungen (bspw. von geplanten Fusionen). Auf Landesebene werden wichtige Entscheidungen regelmäßig vertagt, was die Lösung sehr langwierig macht und zu Verzögerungen in der Zusammenarbeit der HC-Entwicklungspartner führt. Die als hemmend bezeichneten Rahmenbedingungen beziehen sich auf mangelnde finanzielle und personelle Ressourcen sowie auf die ungeklärte Rechtslage des HC. Aufgrund dieser unklaren, strukturell-rechtlichen Rahmenbedingungen müssen aktuelle Fragen nach Zuweisungen von Verantwortlichkeiten der Entwicklungspartner teilweise in langwierigen, anstrengenden Prozessen ausgehandelt werden: *„Es gab viele Hürden und nicht immer positiven Wind in die Richtung. So nach dem Motto: dann lassen wir das halt sein, wenn wir nirgends Unterstützung kriegen bzw. Unterstützung durch die Stadt, das Dezernat, die Leitung […]. Das war nicht immer ein gerader Weg."* (HC-K3:Z210fff.).

Mehrheitlich wurde die VHS als offizieller Träger des HC bzw. der gemeinsam entwickelten Bildungsangebote gewählt, da sie – im Vergleich zu den stärker reglementierten Schulen – über eine gewisse Flexibilität verfügt. Da es für den HC keine Rechtsgrundlage für die Beteiligung der Berufsschulen (weder im Schul-, noch im Hessengesetz) gibt, beruht der Umfang ihrer Mitarbeit auf Freiwilligkeit, was sich sehr zum Nachteil der Kooperationen auswirkt. Für Projekte, die gemeinsam mit Berufsschulen durchgeführt werden, gibt es keine verbindlichen (Rechts-)Grundlagen, außerdem sind wenige Anreize für Berufsschullehrer vorhanden. Die Lehrer müssen gezielt für das Projekt von der Berufsschule freigestellt werden. Sie werden dafür nicht gesondert honoriert: *„Die müssen das aus ihrer eigenen Kraft tun und da ist viel Überzeugungsarbeit zu leisten und auf der anderen Seite auch viele Hürden zu nehmen."* (HC-K3:Z203ff.). Für die langfristige Sicherung des HC ist es laut eines Befragten notwendig, den Berufsschulen (bspw. durch landespolitische Entscheidungen) zu mehr Handlungsfähigkeit zu verhelfen und zusätzliche (nicht-)monetäre Anreize zu schaffen: *„Ich muss mal auf Bürokratie-Entrümpelung gucken, [...] dass ich wirklich zu schnell handelnden, ermächtigenden Einrichtungen komme. Das hat kommunal wirklich hohe Vorteile."* (HC-K5:Z485ff.). Eine weitere Problematik besteht in einem Ausschluss weiterer relevanter Akteure aus der Bildungslandschaf, z.B. den allgemeinbildenden Schulen, die landesweit nicht in die Initiative integriert und auf politischer Ebene nicht berücksichtigt wurden. Dies wirkt sich in der HC-Umsetzungsphase für einige Regionen, in denen die allgemeinbildenden Schulen wichtige Akteure sind, negativ aus. Der Erfolg und die nachhaltige Sicherung des HC hängen von der finanziellen Förderung, den Vorgaben des Landes und der Unterstützung der Kommunalpolitik ab. Solange die Struktur und Organisationsform des HC auf Landesebene nicht eindeutig geklärt sind, wird sich die Initiative HC nicht produktiv entwickeln: *„Wenn nicht Einschnitte von außen passieren, wenn sich nicht das Land aus der Förderung und Kooperation komplett rauszieht oder irgendwelche Dinge macht, dass Partner aussteigen."* (HC-K3:Z366ff.).

Mit der finanziellen Situation des HC sind alle befragten HC-Koordinatoren tendenziell unzufrieden und sehen wenig Perspektiven, wie sie den HC langfristig (nach 2013) finanzieren sollen. Die finanzielle Landesförderung muss jährlich neu beantragt werden. Durch die Ausweitung der ersten 16 HCs in der Startphase auf aktuell 21 HC-Landesinitiativen hat sich die finanzielle Landesförderung deutlich reduziert. Teilweise wurden beantragte Gelder mit beträchtlichen Verzögerungen freigegeben, sodass in Einzelfällen zum Teil mehrere Monate überbrückt, die Projektfinanzierung von den einzelnen Kerneinrichtungen selbst übernommen und intern verhandelt bzw. die Entwicklungspartner in Vorleistung gehen mussten.

Ein weiterer Aspekt ist die interne Verteilung der finanziellen Mittel innerhalb des HC und die Frage: *„Wer kriegt wie viel Stücke vom Kuchen ab?"* (HC-K6:Z411f.).

Den jährlichen Anträgen wird – neben dem inhaltlichen Konzept – ein Finanzplan mit einer detaillierten Auflistung des Verwendungszweckes beigelegt. Ein Koordinator beschreibt die große Herausforderung, die eine jährliche Finanzierung für alle Beteiligten darstellt und in deren Beantragung sehr viel Zeit investiert werden muss wie folgt:

> *„Man plant quasi für ein Jahr und das sind ja Umwälzungen, die können gar nicht jahresweise geplant werden. Wir müssen immer überlegen, wie machen wird das weiter obwohl wir nicht wissen, ob das Geld da ist. Es ist unklar, ob nach der Förderphase weiter Geld zur Verfügung steht und ohne Geld kann man das nicht machen. Wie soll Bildung gestaltet werden für alle, ohne dass öffentliches Geld dafür zur Verfügung steht?“* (HC-K1:Z66–70).

Der Einsatz von Personalressourcen ist ebenfalls begrenzt. Einige Gelder sind für das kommende Jahr bereits gebunden (z.B. durch den Auf-/Ausbau einer Bildungsberatungsstelle), die Entscheidungsprozesse im HKM zu Finanzierungsfragen werden als *„störrisch“* (HC-K1:64f.) bezeichnet. Die HC-Mitarbeiter verfügen dementsprechend nach Selbstangabe über wenig Planungssicherheit: *„Fördermittel und all das stehen noch nicht fest, ich weiß selbst nicht, ob ich nächstes Jahr meinen Job überhaupt noch habe.“* (HC-K4:Z372f.). Zwei Befragte sind in der Initiierungsphase *„euphorisch gestartet, nach dem Motto: Wir schaffen das“* (HC-K5:Z88f.) und haben sich dabei übernommen bzw. den personellen Aufwand unterschätzt und ihre Ressourcen falsch kalkuliert. Die genannten zeitlichen Verzögerungen und finanziellen Fehlkalkulationen werden unter wichtigen Erfahrungen verbucht, aus denen zukünftig für weitere Projekte gelernt werden kann. Die Kooperationsprozesse im Rahmen von HC haben sich insgesamt als sehr aufwendig erwiesen. Es gab sehr viele Anlaufstellen, die berücksichtigt werden mussten. Inzwischen haben die HC-Entwicklungspartner sehr viel Energie, Zeit und Arbeitskraft investiert und wünschen sich zukünftig eine effektivere Zusammenarbeit.

Die strukturell-organisatorischen und politischen Rahmenbedingungen haben – im Sinne von ermöglichenden und determinierenden Handlungsspielräumen (vgl. Kap. 7) – einen Einfluss auf die Kooperation und Netzwerkarbeit im HC. Dies bestätigen auch die Ergebnisse der Fallstudie. Der individuelle Umgang mit diesem Faktor entscheidet letztlich in Kombination mit weiteren Faktoren (wie Vertrauen oder Konkurrenz) über den Grad der Handlungsfreiheit und dementsprechend auch über den Erfolg der Landesinitiative(n).

5.3.8 Motivation, diffuse Ängste und Interessenskonflikte

Die Koordinatoren schildern unterschiedliche Motivationsphasen im Verlauf der HC-Entwicklung. Zu Beginn war die Motivation – neben vereinzelten Widerständen und diffusen Ängsten – relativ hoch und hat sich mit (unterschiedlich langen) Phasen allgemeiner Demotivierung und Interessenslosigkeit abgewechselt: *„Das merkt man immer daran, dass, wenn man zu Sitzungen einlädt, der eine gerade wieder nicht kann und der andere kann auch nicht. Da gibt es gerade wieder einen neuen Schub."* (HC-K2:Z479ff.). Das persönliche Engagement der einzelnen Mitarbeiter variierte ebenfalls. Es gab ein *„paar Zugpferde"* (HC-K4:Z243), die in den Kerngruppensitzungen (auch: Steuerungsgruppe) stark motiviert und involviert waren, sich einbrachten, die andere Einrichtungen mitzogen und Themen voranbringen wollten. Es gab auch Mitarbeiter, die ständig zur Mitarbeit aufgefordert und gezielt motiviert werden mussten. Erweiterte Kooperationspartner, die nicht der Kern-/Steuerungsgruppe angehören und ca. alle zwei Monate zu Sitzungen kommen, sind schwieriger einzubeziehen und zu motivieren als die HC-Entwicklungspartner. Prinzipiell die Zusammenarbeit verweigert hat allerdings niemand. Einige Entwicklungspartner sind einfach sehr beschäftigt und haben keine Zeit oder andere Prioritäten – ohne böse Absicht. Das folgende Zitat eines Koordinators veranschaulicht die Entwicklung eines HC in einer unmotivierten Phase:

> *„Aber zu den Kerngruppensitzungen z.B. war es jetzt so, dass die um 14:00 Uhr anfangen sollte, normalerweise waren immer alle schon eine Viertelstunde vorher da, haben ein bisschen Klönschnack gehalten, sich ausgetauscht und dann ging es halt los. Um fünf nach zwei kam dann der Erste, dann kamen noch so zwei, drei andere, wo wir gesagt haben: zu viert können wir keine Sitzung machen, wir können nicht zwölf Einrichtungen vertreten, das geht nicht. Wir haben dann gesagt, wir blasen das ab, verschieben die Sitzung. Dann kam noch mal jemand nach. Es kamen dann so nachgetröpfelt Leute, die dann alle zu spät kamen, um halb oder fünf nach halb war dann der Letzte da. Wir waren dann zu siebt."* (HC-K6:Z167–175).

Ein Rückzug der Entwicklungspartner und der peripheren Kooperationspartner oder gar deren Austreten sind ein Indiz für die zunehmende Interessenslosigkeit, der – im Sinne von interner oder externer NE-/OE – entgegengewirkt werden sollte: *„Es ist momentan deutlich spürbar, dass da andere Prioritäten gesetzt werden. Ob das wirklich Motivation ist, weiß ich nicht. Wir sehen das schon als Alarmfaktor und müssen sehen, wie wir damit umgehen."* (HC-K6:Z175ff.). Bei mangelnder Motivation haben sich das Delegieren von Aufgaben und eine gezielte Aktivierung der unmotivierten Mitarbeiter (Ansprechen/Auffordern) als besonders effektiv erwiesen.

Wie bereits aus den theoretischen Überlegungen hervorgeht, haben Motivationsfaktoren und (hohe) Eigeninitiative einen positiven Einfluss auf Netzwerke, die mehr als Organisationen und Kooperationen von der individuellen Motivation und Partizipation der Mitglieder abhängen (Nuissl 2006; Tippelt 2009). Da insbesondere die strategische Ausrichtung einer Bildungsorganisation mitsamt der Ziele und Visionen einen Einfluss auf die Motivation der Organisations- bzw. Netzwerkmitglieder hat (Meisel/Feld 2009), ist an dieser Stelle zu überlegen, die intrinsische – neben pragmatischer und monetärer – Motivation gezielter durch entsprechende soziale und ideelle Anreize (z.B. gemeinsame Zielkonkretisierung, Partizipationsangebote, verbesserte Transparenz, Nutzenorientierung etc.) zu fördern.

Diffuse Ängste und Interessenskonflikte

Mit der Initiierung und zunehmenden Etablierung des HC auf dem regionalen Bildungsmarkt ist ein neuer Anbieter entstanden, der von anderen (potenziell konkurrierenden) Akteuren der Bildungslandschaft als Bedrohung und (starke) Konkurrenz wahrgenommen wird und diffuse Ängste schürt. Insbesondere während der Initiierungsphase (z.B. in einem ersten Informationsworkshop) ist eine gewisse Brisanz spürbar gewesen und sind Ängste vor anstehenden Veränderungen von den Beteiligten formuliert worden. Diese irrationalen Ängste und Befürchtungen beziehen sich einerseits auf die Befürchtung, der HC könnte eine große Eigendynamik entwickeln und zu einer Eigenmarke werden, durch die die Entwicklungspartner überschattet und (freie) Bildungseinrichtungen benachteiligt werden könnten. Ein Befragter fasst diese Ängste in offenen Fragen zusammen: *„Nehmen die Beratungsdinge weg? Werden Gelder umgeschichtet? [...] Da sind Ängste da, dass einfach Dinge anders organisiert und anders finanziert und weggenommen werden.“* (HC-K3:Z44–52). Andererseits haben die Entwicklungspartner Angst vor Autonomieverlust durch eine Beteiligung am HC, bspw. gibt es in einer Initiative die Angst, zwei zentrale und strukturähnliche, beteiligte WB-Organisationen könnten fusioniert bzw. zusammengelegt werden.[109] Diese Befürchtung eines Autonomieverlustes ist laut des Befragten durchaus berechtigt, aber zum Zeitpunkt der Befragung gibt es keine reale Bedrohung. Die formulierte Fusionsangst interpretiert ein Koordinator – in einem weiteren Fall seitens der am HC beteiligten Schulen – als eine aktuelle Angst vor der Abschaffung des Berufsbeamtentums im Zuge der Schulreform.

Des Weiteren gibt es *„historisch gewachsene Feindschaften gegenüber dem Kultusministerium“* (HC-K2:Z358f.), die bisher nicht abgebaut werden konnten und sich in der Einstellung der HC-Entwicklungspartner gegenüber der Landesebene sowie in deren Zusammenarbeit mit dem HKM widerspiegeln. Zudem

109 Bspw. wurden die Auflösung der Abendhaupt- und Realschulen und Integration in die Berufsschulen sowie Fusion zweier regional benachbarter WB-Einrichtungen genannt.

hat es v.a. zu Beginn des HC neben einer allgemeinen Verunsicherung eine interne Abgrenzungs- und Positionierungsproblematik innerhalb der beteiligten Kerneinrichtungen gegeben: *„Ist HC etwas Eigenes? Ist die VHS ein Teil des HC? Das hat sich erst im letzten Jahr in der Diskussion vom Land auch entwickelt. Das war vorher irgendwie diffus. Ist die VHS dann noch eigenständig? Geht es, dass sie nicht mehr eigenständig ist?“* (HC-K3:Z300fff.). Die Angst vor interner Konkurrenz (z.B. einer internen Übernahme der Zielgruppe) ist derzeit unbegründet, da die HC-Entwicklungspartner alle sehr gut aufgestellt sind. Die Frage, ob sich der HC als Eigenmarke entwickeln könnte, lehnt ein Befragter entschieden mit der Begründung ab, die Entwicklungspartner werden sich im Zweifelsfall für die eigene Organisation entscheiden: *„Die Frage wäre ja immer, was passiert wenn es zum Schwur kommt, was ist uns dann näher? Würde ich mich dann für die Marke als [Organisation] entscheiden oder des HC? [...] Das wird Ihnen ein freier Träger genauso sagen.“* (HC-K5:Z533–537). Dieser Koordinator plädiert dafür, dass die HC-Entwicklungspartner ein gemeinsames Verantwortungsbewusstsein für HC entwickeln, ihn *„gemeinsam tragen“* (HC-K5:Z539) und weniger diffuse Ängste schüren sollten. Ein effektives Netzwerkmanagement kann aus theoretischer Sicht die gezielte Reduktion von diffusen Ängsten und Befürchtungen begünstigen (Dresselhaus 2006) und somit ebenfalls zum Erfolg eines Netzwerks beitragen.

Die HC-Entwicklungspartner kooperieren nach Angabe der Befragten einerseits, um einen spezifischen Mehrwert für die eigene Organisation zu erzielen, sie schließen sich andererseits zu Interessensverbünden zusammen, um ihre Marktpositionen zu sichern bzw. zu verbessern. Jede der beteiligten Organisationen verfolgt eigene Marktinteressen und möchte ihr (Bildungs-)Angebot verkaufen. Neben den freien Trägern, die ihre Existenz durch Bildungsangebote sichern, sind die öffentlichen Schulen ebenfalls nicht frei von Marktinteressen und -zwängen: *„Die brauchen Schüler, um sich zu erhalten und Zuweisungen zu bekommen und, um die Gefahr abzuwenden, dass sie schrumpfen, abgewickelt werden usw.“* (HC-K2:Z331ff.). Im Laufe der Zusammenarbeit im HC haben sich unterschiedliche Positionen heraus kristallisiert, die nicht klar expliziert werden und einen Risikofaktor darstellen. Ein Befragter berichtet bspw., dass es in seinem HC eine interne Verhandlung über die HC-Mittelverteilung und eine Entwicklung interner Standards gab, die sich schwierig gestaltet haben. Eine weitere Problematik im Rahmen der Steuerungsgruppe ist die Zusammensetzung der Vertreter der Entwicklungspartner: *„Weil in der Steuerungsgruppe kommen ja lauter Leitungspersonen zusammen. Das heißt, das sind die, die sich nie von irgendjemandem etwas sagen lassen. Die eigentlich immer sagen: so wird's gemacht (lautes Schlagen auf den Tisch).“* (HC-K1:Z293fff.). Um HC-interne Abstimmungsprozesse zu optimieren, ist es notwendig, mit allen Entwicklungs- und Kooperationspartner in einen Dialog zu treten und in einen authentischen Diskurs zu kommen. Einzelne Vertreter der Entwicklungspartner werden im HC als sehr dominant wahrgenommen und nicht besonders positiv eingeschätzt. Solche Akteure mischen sich überall ein und versuchen *„ihr Ding durchzudrücken“* (HC-K6:Z249). Ein Koordinator fasst überspitzt zusammen, worum es bei diesem dominanten Verhalten und bei der Durchsetzung von Eigeninteressen geht: *„Natürlich kämpft [Name] um die Existenz der VHS und [Name] aus [Stadt/Landkreis] natürlich auch. Weil keiner will seine Existenz in dem Sinne verlieren.“* (HC-K6:Z258f.).

Des Weiteren schildern die befragten Koordinatoren Interessenskonflikte zwischen den beiden Entwicklungspartnern VHS und berufliche Schule, zwischen denen es ein Ungleichgewicht im HC gibt. Beide verfügen über jeweils begrenzte und unterschiedliche Personalkapazitäten. Eine gut aufgestellte Berufsschule hat bspw. sechzig Mitarbeiter, im Gegensatz zu einer VHS mit durchschnittlich zweieinhalb festangestellten Pädagogen und befristeten Projektmitarbeitern oder einer Schule für Erwachsene mit bspw. acht Mitarbeitern. Die personelle Ausstattung der Akteure wirkt sich laut eines Befragten auch auf deren Handlungsfähigkeit aus:

> *„Sie haben natürlich auf der einen Seite die eine Frage nach der Personalbemessung, eine andere Frage ist wieder die nach der Handlungsfähigkeit. Dass so Einrichtungen wie eine VHS flexibler ist als eine Schule“ […] „das ist ja kein Geheimnis. Das sieht man auch wenn man im Sprecherkreis hessenweit ist, dass eine VHS eine andere Flexibilität hat als eine Schule. Da haben Sie Paddelboot gegen Tanker – was das Wenden angeht.“* (HC-K5:Z474f./487fff.).

Innovative Kooperationsformen und Netzwerke bergen potenzielle Interessenskonflikte, die einen hinderlichen Einfluss auf die Stabilität eines Netzwerks haben können (Weber 2004), wie die empirischen Ergebnisse der Vorstudie bestätigen. Eine interne Abstimmung, eine gemeinsame Zielorientierung, die Generierung eines (sozialen/individuellen) Nutzens und ein Interessensausgleich sind deshalb grundlegend für die nachhaltige Sicherung des Netzwerks.

5.3.9 Widerstand und Intransparenz

Während der Initiierungsphase (2007–2010) hat der HC in einigen Regionen mit seinen anspruchsvollen, ambitionierten Zielen und Visionen sehr viel Widerstand provoziert. Anfänglich war in der HC-Programmatik auf Landesebene vorgesehen einen betriebsförmig organisierten, *„integrierten Bildungsdienstleister“* (SG-K2:Z142f.) zu entwickeln, was zu den genannten Befürchtungen und Fusionsängsten geführt hat. Vereinzelt werden weniger integrierte Entwicklungspartner genannt, bspw. die beruflichen Schulen, die sich in einigen Regionen weniger in den HC einbringen und nicht vorbehaltlos allem zustimmen. Dieser latente, subtile Widerstand wird in einem Fall von dem Koordinator in der Steuerungsgruppe regelmäßig angesprochen. In einer HC-Initiative gab es mehrjährige, themenübergreifende Arbeitsgruppen mit allen HC-Entwicklungs-/Kooperationspartnern (z.B. mit Schulen), die sich – trotz aller Bemühungen – aufgrund massiver Vorbehalte als ineffektiv herausgestellt haben. Die Angst vor massiven organisationalen Veränderungen, wenn man in den HC einsteigt, führte in einem HC zu erheblichem Widerstand. Zwei Einrichtungen sind aufgrund ihrer relativ starken Position in der regionalen bzw. städtischen Bildungslandschaft komplett ausgetreten und setzen ihre eigenen (Bildungs-)Angebote unabhängig vom HC um. Retrospektiv stimmt der HC-Koordinator diesem Austritt zu und kann die Beweggründe der ausgetretenen Einrichtungen nachvollziehen: *„Da wurde dann, weil man HC generell abgelehnt hat, nachher auch gesagt das hat mit HC nichts zu tun, dafür brauchen wir keinen HC, das können wir doch alleine. Teilweise muss ich ehrlich sagen, stimmt das auch, nur das wird dann leider nicht gemacht.“* (HC-K2:Z348–352).

Neben den internen Widerständen berichten die Befragten über einen zum Teil erheblichen, externen Widerstand seitens der regionalen Bildungslandschaft. Der HC wurde von anderen Bildungsorganisationen kritisch beobachtet und als eine staatlich subventionierte Konkurrenz wahrgenommen: *„Es gab großen Widerstand von einem privaten Bildungsanbieter. Ich vermute aber eher auf einem Missverständnis beruhend, der im Prinzip die Vorstellung hatte, dass die [Angebote], die da angeboten werden, staatlicherseits anerkannt werden müssten.“* (HC-K5:Z505fff.). Größere Netzwerke, freie und privat-wirtschaftliche Bildungsorganisationen befürchten, dass die Landesinitiative HC sich im privatwirtschaftlichen Bildungsbereich positionieren möchte. Diesen Vorwurf weisen die Koordinatoren mit dem Argument zurück, der HC habe das Ziel den staatlich-öffentlichen Sektor auszubauen und vorhandene Strukturen und Bildungsangebote besser aufeinander abzustimmen. Ein weiterer genannter, hinderlicher, organisations-kultureller Aspekt ist die interne Intransparenz. Eigene Interessen und Anliegen werden nicht transparent gemacht und lediglich vorsichtig, subtil geäußert: *„Denn diese Transparenz ist definitiv nicht gegeben und vorhanden.“* (HC-K4:Z230f.). Die befragten Koordinatoren sprechen sich einheitlich für eine transparente Kommunikation im HC/Netzwerk aus und möchten diese gezielt unterstützen. Die Ergebnisse der Vorstudie geben einen Hinweis auf die Relevanz der kooperationsimmanenten Spannungsfelder: Widerstand/Dissens vs. Interessensausgleich/Konsens, Konkurrenz vs. Kooperation und Transparenz vs. Intransparenz, die das organisationale (Sub-)System bzw. das Netzwerk irritieren können (vgl. Feld/Seitter 2013). Diese werden in der Fallstudie vertieft.

5.4 Organisations- und Netzwerkentwicklung

Themenblock	Inhaltliche Dimensionen
Organisationsentwicklung/ Netzwerkentwicklung	• Maßnahmen auf Mitarbeiterebene • Maßnahmen auf Leitungs- und Steuerungsebene • Externe OE und Wirkung der OE-Maßnahmen

Auf die Frage nach internen oder externen Organisationsentwicklungsmaßnahmen (OE), die im Rahmen des HC durchgeführt bzw. initiiert wurden und einen nachhaltigen Effekt auf den HC – im Sinne einer Netzwerkentwicklung (NE) – erzielen, nannten die Befragten diverse organisationsinterne und -übergreifende Aktivitäten, die sowohl auf Mitarbeiter- als auch auf Leitungsebene veranstaltet wurden. Die HC-Koordinatoren interpretieren OE/NE als eine Art Sammelbegriff, dem vielfältige Maßnahmen und Aktivitäten zugeordnet werden können. Aus wissenschaftlicher Sicht sind die Grenzen hier durchaus fließend. Die genannten Aktivitäten können demnach eher in einem weiteren, sekundären Feld, das sich nicht primär auf die Gestaltung der Zusammenarbeit im HC bezieht, verortet werden. Es ist zwar keine Kernaufgabe des HC eine interne NE zu betreiben, allerdings durchaus eine Aufgabe des Koordinators die Arbeit im HC zu steuern und ein Anliegen der jeweiligen Vertreter der Entwicklungspartner, ihre eigene Organisation nachhaltig zu entwickeln. Bezugnehmend auf Dresselhaus handlungswissenschaftlich orientierte Definition von NE („Theorie und Praxis der Etablierung sowie Reflexion wissenschaftlicher Konzepte zur Gestaltung von Netzwerken und der Verbreitung neuer Lernkulturen" (2006, S. 5)) werden unter OE/NE alle Maßnahmen und Konzepte definiert, die einen Einfluss auf die Handlungen der Akteure und die (Organisations-und Netzwerk-)Strukturen sowie -kulturen des HC haben – was im Rahmen dieser Studie einen weitgefassten Begriff erfordert. Aus den Aussagen der HC-Koordinatoren konnten diverse OE-/NE-Maßnahmen auf den folgenden drei Ebenen zugeordnet werden: auf Mitarbeiterebene, auf Steuerungs-/Leitungsebene und auf externer Ebene. Die genannten, zugeordneten Maßnahmen werden nachfolgend entlang dieser drei Ebenen dargestellt.

5.4.1 Maßnahmen auf Mitarbeiterebene

Die auf Mitarbeiterebene zugeordneten OE- und NE-Maßnahmen beziehen sich auf die regelmäßigen, erweiterten Steuerungs- und Austauschtreffen zu den unterschiedlichen HC-Themen, die sich an alle beteiligten Mitarbeiter der kooperierenden Einrichtungen richten. Die HC-Koordinatoren nennen folgende partizipatorisch ausgelegte Großgruppenveranstaltungen:

- Beteiligungsworkshops,
- Zukunftskonferenzen,
- informelle Veranstaltungen (z.B. ein internes Sommerfest),
- diverse interne Weiterbildungen (u.a. in den Bereichen Pädagogik, Multimedia und E-Learning, kooperatives Lernen und Fachdidaktik für Fremdsprachen),
- Regionalkonferenzen und Informationsworkshops.

Einige Koordinatoren planen eine Einbindung aller HC-Mitarbeiter und Kooperationspartner auf Mitarbeiterebene. In einem HC wurde z.B. eine öffentliche Informationsveranstaltung (auf einem Marktplatz) durchgeführt, die neben der Öffentlichkeitsarbeit das interne Zusammengehörigkeitsgefühl erhöht hat. Darüber hinaus hatte diese Veranstaltung die Funktion einer internen Fortbildung für die HC-Mitarbeiter, da sich die Mitarbeiter im Vorfeld intensiv mit den Zielen und Angeboten des HC auseinandersetzen mussten.

Außerdem wurden in einer Region zwei HC-Auftaktveranstaltungen durchgeführt, bei welchen zunächst allgemein über die Landesinitiative HC und deren Ziele informiert und anschließend die Bildungsberatung, mit der Intention *„alle Institutionen an einen Tisch zu bringen“* (HC-K3:Z35), als zentrales Thema behandelt wurde. In einem weiteren Fall wurde im Rahmen einer Auftaktveranstaltung ein Workshop durchgeführt, an dem ca. zehn Institutionen teilnahmen. Dies erwies sich im Nachhinein laut eines befragten HC-Koordinators im zitierten Fall als ungünstig, da es schwierig war, anfängliche unterschwellige Ängste und Befürchtungen (HC als neuer Konkurrent in der Bildungslandschaft, Umverteilung von Geldern, etc.) in einer Großgruppenveranstaltungen – sozusagen unter Einbezug der Öffentlichkeit – abzubauen. Bei einer weiteren genannten Auftaktveranstaltung handelte es sich um eine größere Veranstaltung mit ca. 100 Personen, in der die HC-Initiatoren, d.h. die Dezernenten des HKM, die Ideen und Ziele des HC vorstellten.

Ein Koordinator nennt die Qualifizierung der an der Bildungsberatung beteiligten Mitarbeiter zum Bildungsberater als eine Form von niedrigschwelliger OE. In einem HC werden quartalsweise Workshops durchgeführt, in denen zentrale Themen diskutiert und Materialien entwickelt werden (z.B. gemeinsame Zielformulierung, (Info-)Broschüre, Entwicklung einer Landkarte zur Transparenz von Bildungsangeboten für die beteiligten Organisationen). In einem weiteren HC hat auf Wunsch der HC-Bildungsberater eine Supervision in Form eines Reflexionstags stattgefunden, um die Arbeit der ersten fünf Monate nach Abschluss der Bildungsberaterausbildung zu reflektieren, auszuwerten und Perspektiven zu entwickeln. Der Koordinator grenzt diese Workshops allerdings klar von professionellen OE-Maßnahmen ab:

„Wir nutzen diese Art von Workshops, um mit den Netzwerkpartnern zusammen OE zu betreiben. Es ist zu hoch aufgehängt, um das so auszudrücken. Es ist eigentlich eine Ebene drunter, eine Netzwerktätigkeit aktiv zu betreiben in Form dieses Workshops, der einmal im Vierteljahr zum Austausch stattfindet.“ (HC-K3:Z346–350).

Wie aus den theoretisch-praxisfeldbezogenen Überlegungen sowie aus den empirischen Ergebnissen hervorgeht, sind u.a. Partizipationsmöglichkeiten für alle Kooperationsmitglieder für den Bestand und die Weiterentwicklung von WB-Netzwerken relevant – wenn nicht sogar grundlegend (Schäffter 2004, S. 43). Die vielfältigen geschilderten Maßnahmen sowie die Ergebnisse der Fallstudie bestätigen den (aus theoretischer Perspektive formulierten) förderlichen Einfluss, den reflexive OE auf Mitarbeiterebene und eine interne Personalentwicklung (bspw. zur Erweiterung des Kompetenzprofils) ausüben können.

5.4.2 Maßnahmen auf Steuerungs-/Leitungsebene

Auf die Frage nach Erfahrungen mit OE-Maßnahmen nennen die Befragten weiterhin bspw. wöchentliche Jour-Fixe oder die regelmäßig stattfindende Steuerungsgruppe, die als OE-Maßnahmen auf Steuerungs-/Leitungsebene verortet werden können: *„Weil wir uns festigen als Gruppe. Gruppenzusammenhalt ist immer ein Thema bei Organisationsentwicklung, auch inhaltlich, sachlich weiter zu kommen.“* (HC-K6:Z94ff.). Strenggenommen sind die genannten regelmäßigen Arbeitstreffen nicht als OE-Maßnahmen zu betrachten, da sie eine koordinierende und im weitesten Sinne strategisch-inhaltliche Funktion erfüllen. Dennoch erscheint es insbesondere unter den theoretischen, organisationskulturellen Aspekten (vgl. Larcher Klee 2009; Neubauer 2003; Schein 2010) interessant, dass der Arbeitsform der Steuerungsgruppe eine kulturbildende (nicht intendierte) Aufgabe zugewiesen wird. Durch den formalen und zum Teil auch persönlichen Austausch in der Steuerungsgruppe können informelle Werte und Regeln der beteiligten Organisationen vermittelt und gemeinsame Ziele, Werte, Orientierungen, Haltungen und nicht zuletzt eine gemeinsame Sprache entwickelt werden.

Im Rahmen einer HC-Steuerungsgruppe wurde in einer Region eine Beratung zu Fragen der Rechtsform in Anspruch genommen. Ein weiterer HC-Koordinator nennt auf die Frage nach geplanten oder durchgeführten OE-Maßnahmen, eine interne Veranstaltung und führt eine dort diskutierte Meilensteinplanung auf, die im Zuge des Antrags erstellt wurde und an der sich die Entwicklungspartner orientieren. Die dort vom HC-Koordinator vorgestellten Kernaufgaben und Leitprojekte wurden von den Teilnehmern teilweise mit Interesse, zum Teil jedoch unter Vorbehalt aufgenommen. Am Ende der Veranstaltung ist deutlich geworden, dass durchaus Interesse für den HC geweckt wurde und die Mehrheit der anfänglich beunruhigten Akteure entspannt und ohne größere Vorbehalte mit dem HC umgeht: „*Aber auch andere, die sehr entspannt mit uns umgehen mittlerweile und auch keine Bedenken mehr haben, dass wir uns in irgendeinem Bereich reingrätschen wollen, den sie als ihren betrachtet haben.*“ (HC-K4:Z131ff.). Die Orientierung an Meilensteinen des zitierten Koordinators spricht für ein professionelles Projekt-/Netzwerkmanagement, das zur Orientierung für die Zielerreichung genutzt wird. Der konkrete Nutzen dieses Instruments für den Grad der Zielerreichung lässt sich aus dem Zitat allerdings nicht ableiten. Es kann jedoch konstatiert werden, dass die geschilderten OE-Maßnahmen (Veranstaltungen) zur internen Aufklärung, zum Abbau der Vorbehalte und zu mehr Akzeptanz bei den Beteiligten und Betroffenen geführt haben.

5.4.3 Externe Organisations-/Netzwerkentwicklung

Vereinzelt werden von den Koordinatoren externe OE/OB-Maßnahmen genannt, die in den jeweiligen HC durchgeführt wurden. Bspw. hat die zuständige VHS eines HC einen Trendworkshop durchgeführt, aus dem sich regionale Bedarfe herauskristallisiert haben (z.B. im Themenbereich Grundbildung). Diese VHS hat aufgrund von spezifischen Auflagen einen externen Workshop durchgeführt und diesen als Anreiz für eine interne OE genommen. Zum Zeitpunkt der Befragung ist dieser HC dabei die empfohlenen Entwicklungsmaßnahmen umzusetzen.

Die wissenschaftliche Begleitung der Sozialforschungsstelle Dortmund (sfs) wird ebenfalls als eine Form von externer OE wahrgenommen. Einige Initiativen haben sich bzgl. spezifischer Fragestellungen, z.B. nach der Rechtsform und theoretischen Grundlagen, von der sfs beraten lassen. Ein HC hat bspw. auf Grundlage der Beratung der wissenschaftlichen Begleitung seine interne Strukturierung entwickelt, was zu einer Umstrukturierung der (im Vergleich zu anderen HCs) komplexen Netzwerkstruktur führte.

Ein Koordinator schildert weiterhin, dass den HC-Entwicklungspartnern seines HC der Blick von außen fehlt, der HC trotz aller Bemühungen und Diskussionen in der Steuerungsgruppe insgesamt stagniert und die Motivation der Mitarbeiter eher niedrig ist. Der Koordinator gibt an, bisher keine OE- oder NE im Rahmen des HC betrieben zu haben. Er plant zum Zeitpunkt der Befragung eine professionelle OE seines HC mit einem externen Organisationsberater, der im Rahmen einer wissenschaftlichen Begleitung eine Ist-Zustand-Erhebung durchführen und Potenziale aufdecken soll. Er begründet dies wie folgt:

„Weil wir momentan sehen, dass wir im eigenen Sud schmoren und viele Ideen haben. Manche sind mehr involviert, weil sie an den Sitzungen teilnehmen, manche sind an der Peripherie des Netzwerks, würde ich sagen. Aus der eigenen Rolle raus, wenn man in dem Netzwerk drin ist, ist es schwierig, Impulse zu geben, die dann auch von allen angenommen werden. Deshalb haben wir uns jetzt entschieden, eine externe Beratung in Anspruch zu nehmen.“ (HC-K6:Z111–116).

Des Weiteren werden diverse HC-interne und übergreifende Vernetzungsaktivitäten genannt, die gezielt initiiert wurden, um mehr Transparenz in bestehende Bildungsangebote zu bringen und einen institutionsübergreifenden Erfahrungsaustausch anzuregen. Neben der internen Vernetzung unter den HC-Entwicklungspartnern ist eine externe Vernetzung aus strategischen Gründen sehr wichtig, um einen positiven *„Markteffekt“* zu erzielen: *„Wenn man das richtige Ohr aufsperrt, aber das muss man dann auch tun, hört man Unmengen an Bedarfsmeldungen. Das ist ein Instrument. Externe Netzwerke, je heterogener, desto besser, sind Instrumente zur Bedarfserschließung.“* (HC-K2:Z497fff.).

Wirkung der OE-Maßnahmen

Positive Effekte der genannten internen und externen OE-Maßnahmen ergeben sich nach Angabe der Befragten v.a. auf einer institutionell-informellen Ebene. Im Anschluss an einen Informationsworkshop wurden in einem HC bspw. bilaterale Gespräche zur Aufklärung und zum Akzeptanzaufbau mit den einzelnen am HC beteiligten Institutionen geführt, in welchen die Funktion, der Nutzen und der Mehrwert des HC klar herausgestellt wurden. Diese persönlichen Gespräche wurden von einem Koordinator als sehr effektiv und gewinnbringend beurteilt im Vergleich zu Großgruppenveranstaltungen, bei denen tendenziell weniger Offenheit herrscht und Ängste hochgespielt werden.

5.5 Entwicklungspotenziale I – Visionen der HC-Koordinatoren

Die auf die Frage nach den Entwicklungspotenzialen genannten Antworten lassen sich in kurz-, mittel- und langfristige Visionen gliedern und hängen – neben den individuellen, regionalen Besonderheiten der Einzelinitiativen – vom jeweiligen Entwicklungsverlauf und Eintrittszeitpunkt der an HC beteiligten Regionen und Städte ab. Kurzfristige Potenziale, im Zeitrahmen der Förderlaufzeit bis 2013, sieht der Koordinator eines HC aus der dritten Einstiegsphase in der Entwicklung einer Bildungsdatenbank für Bildungsberater, die im Zuge der Einrichtung einer trägerübergreifenden ‚HC-Bildungsberatung‘ einen besseren Überblick über die regionalen Bildungseinrichtungen/-angebote gewährleisten soll. Außerdem plant dieser Koordinator im Laufe des kommenden Jahres eine Fragebogenerhebung zu regionalen Bildungsbedarfen und eine Recherche zum Thema *„Transparenz von Abschlüssen und Zertifikaten"* (HC-K6:Z186f.) durchzuführen. Weitere Vorhaben des kürzlich gestarteten HC sind die Einrichtung einer zentralen Koordinierungsstelle und die öffentlichkeitswirksame Etablierung der Bildungsberatung (mittels Flyer, Informationsbroschüren, Türschildern etc.).

Die Koordinatoren der HC-Starterinitiativen, die bereits 2007 ihre Arbeit aufgenommen haben, planen bis zum Förderende 2013, ihre entwickelten Bildungsangebote mitsamt der zentralen Bildungsberatung unabhängig von der Marke HC und der finanziellen Landesförderung zu verstetigen. Zwei der Befragten geben an, dass sie sehr gerne auch nach 2013 unter dem Label HC (weiter-)arbeiten möchten. Alle befragten HC-Koordinatoren beabsichtigen, insbesondere die Bildungsberatung in der regionalen Bildungslandschaft bekannt zu machen und langfristig zu institutionalisieren: *„Dass die Bildungsberatung funktioniert bis dahin, das ist, denke ich, ein Ziel, dass man eine Transparenz hergestellt hat [...] und, dass man das auch gegenseitig annimmt."* (HC-K6:Z507ff.). Mittel- bis langfristig ist in einem HC die Gründung eines internen HC-Beirats zur gemeinsamen Entwicklung, Beratung und Begleitung des HC geplant, der sich aus Vertretern des Magistrats, der Steuerungsgruppe und den beteiligten Institutionen zusammensetzen soll. Durch die Einrichtung von zwei *„Bildungszentren"* (HC-K1:Z427) und durch die gemeinsame Nutzung der Räumlichkeiten soll die Vision einer kooperativen Lernregion umgesetzt werden: *„Dass dort alle Partner sind, sie zusammen Angebote vorhalten. Dass, wenn man eine Frage zum Thema Lernen hat, bei Herrn [XY] anrufen kann oder ich gehe vorbei oder schicke eine Mail auf der Internetseite."* (HC-K1:Z427ff.).

Die auf Landesebene geforderte Nachhaltigkeit, durch den Aufbau einer geeigneten Verbundorganisation nach 2013, wird von den Koordinatoren durchaus kritisch gesehen: *„2013 soll HC auf eigenen Beinen stehen, noch mit einer eigenen Rechtsform und sich selbst finanzieren und, und, und. Aber da hat eigentlich noch keiner eine konkrete Idee, wie das dann aussehen soll. Da herrscht auch wirklich Unklarheit darüber. Wir sind auch erst mal dabei, uns zu konstituieren."* (HC-K4:Z375fff.). Die Zukunftsfähigkeit des HC hängt maßgeblich von der Unterstützung auf Landesebene, der Klärung der rechtlichen Rahmenbedingungen und der Flexibilisierung der Handlungsfähigkeit für die Berufsschulen ab. Ein Befragter fasst die Perspektive von HC vorsichtig zusammen: *„Wenn das gesichert ist, wird es in dem Bereich [XX] auf jeden Fall gut weitergehen. Wenn es nicht gesichert ist, wird es auch gut weitergehen, allerdings in einer abgespeckten Form. Das ist meine Überzeugung."* (HC-K5:Z576ff.).

5.6 Zusammenfassung I: Ergebnisse der Vorstudie

Die eingangs aufgeworfene Frage, ob es sich beim HC um ein loses Netzwerk, um eine eigenständige Organisationsform oder um eine Hybridform (aus Organisation und Netzwerk) handelt, kann anhand der Ergebnisse nicht abschließend beantwortet werden. Laut offizieller HC-Homepage handelt es sich bei HC um einen „dauerhaften Verbund", der eine Plattform für die trägerübergreifende Zusammenarbeit darstellt. Im Vergleich zu einem überwiegend selbstorganisierten Netzwerk sind die strukturellen Ziele (vgl. 4.5) des HC auf Landesebene vorgegeben und die Zusammenarbeit der Entwicklungs-/Kooperationspartner im Rahmen der Entwicklungspartnerschaft zwischen Kommunen und Land vertraglich geregelt, was für eine hybride Mischform spricht. Die Aussagen der HC-Kooperationspartner, der verhältnismäßig hohe Formalisierungsgrad und die verbindlichen Kooperationen sprechen mehr für einen Kooperationsverbund im Sinne einer alternativen Organisationsform als für ein loses Netzwerk.

Der HC verfügt über formalisierte, organisatorisch-strukturelle Rahmenbedingungen (Kooperationsvereinbarungen, gesetzliche Grundlagen etc.), in denen die individuellen Spielräume von den Beteiligten ausgelotet werden müssen. Neben den Vorgaben des Landes (Ziele, Finanzierungsmodalitäten, Förderzeitraum etc.) sind die einzelnen HC-Landesinitiativen von der sie umgebenden Umwelt – sprich Bildungslandschaft – geprägt, sie adressieren unterschiedliche regionale Zielgruppen und Bildungsnachfragen. Trotz der vom Land festgelegten HC-Themen (Bildungsberatung, Übergänge, pädagogische Konzepte) interpretieren die Akteure die Vorgaben des Landes in Bezug auf ihre regionalen Gegebenheiten, befinden sich in unterschiedlichen Entwicklungsphasen und bauen auf differenten Kooperationsstrukturen auf – was eine Vergleichbarkeit und Operationalisierbarkeit der Initiativen erschwert. Entsprechend heterogen sind die individuellen Aufgaben, Ziele und das Selbstverständnis der beteiligten HC-Entwicklungspartner (Land/Kommune, VHSen, Berufsschulen und Schulen für Erwachsene), die sowohl organisationskulturell als auch hinsichtlich ihrer Positionierung in der regionalen Bildungslandschaft verschiedene, durchaus gegensätzliche, Standpunkte einnehmen können.

Aus den empirischen Ergebnissen der Vorstudie lassen sich folgende Gelingensbedingungen ableiten: Einen positiven Einfluss üben die (intrinsische) Motivation, das individuelle Engagement (insbesondere des Koordinators), vertrauensvolle Beziehungen, Partizipationsangebote (auf Mitarbeiterebene), gewachsene (bewährte) Kooperationsstrukturen, eine Nutzenorientierung, transparente Kommunikationsprozesse und ein aufgeklärter Umgang mit Konkurrenz aus. Hinderlich auf die Zusammenarbeit – insbesondere auf die

Motivation und Kooperationsbereitschaft der Akteure – wirken sich hingegen diffuse Ängste, (interner/externer) Widerstand, starre Steuerungs-/Regulationsinstrumente (Rahmenbedingungen), Interessenskonflikte und das Fehlen einheitlicher Ziele aus. Insgesamt wurden im HC bisher eher wenige Erfahrungen mit OE-Maßnahmen (im engeren Sinne) gemacht. Die auf Mitarbeiter- und Leitungsebene durchgeführten Maßnahmen zeichnen sich über einen Austausch- und Aufklärungscharakter aus und tragen u.a. zum Abbau hinderlicher Einflüsse bei. Die von den Koordinatoren formulierten Entwicklungspotenziale hängen von den (noch unklaren) landespolitischen Rahmenbedingungen ab, beziehen sich auf unterschiedliche Zeithorizonte und fokussieren primär den Ausbau und die Sicherung des operativen Geschäfts im HC (z.B. der Bildungsberatung).

6 Ergebnisse der vertiefenden Fallstudie

„Hindernisse und Schwierigkeiten sind Stufen, auf denen wir in die Höhe steigen“ (Friedrich Nietzsche)

Nachdem der Untersuchungsgegenstand HC anhand der empirischen Ergebnisse aus der explorativen Vorstudie skizziert, die zentralen strukturell-organisatorischen Rahmenbedingungen, die Akteurskonstellationen der Entwicklungspartner und die HC-übergreifenden Gelingensbedingungen herausgearbeitet wurden, sollen anhand der Ergebnisse aus der vertiefenden Fallstudie folgende Fragen[110] beantwortet werden:

- Welche organisatorisch-strukturellen Rahmenbedingungen (Umwelten, regionale Bildungslandschaft) beeinflussen die untersuchte Landesinitiative HC?
- Welche(s) Aufgaben, Ziele und Selbstverständnis verfolgen/haben die Mitglieder der Steuerungsgruppe und wie positionieren sie sich im HC-Verbund?
- Welche förderlichen und hinderlichen Einflussfaktoren (Gelingensbedingungen) auf die Zusammenarbeit im HC lassen sich aus den subjektiven Deutungsmustern der Akteure ableiten?
- Welche Erfahrungen wurden bisher/werden aktuell mit OE-Maßnahmen im HC gemacht? (nachträglich erweiterte Fragestellung)
- Welche (direkten und indirekten) Entwicklungspotenziale formulieren die HC-Akteure der untersuchten Steuerungsgruppe?

In diesem Kapitel werden die Ergebnisse der Experteninterviews aus der Vorstudie, zu denen es aufgrund der angepassten methodischen Vorgehensweise Überschneidungen und inhaltliche Redundanzen gibt, inhaltlich vertieft und thematisch weiter ausdifferenziert. Einleitend werden die zentralen Merkmale, Strukturen und Prozesse des untersuchten Falls (HC) vorgestellt. Nachfolgend werden die empirischen Analyseergebnisse der Experteninterviews, die im Rahmen der vertiefenden Fallstudie mit ausgewählten Mitgliedern der mehrperspektivisch untersuchten HC-Steuerungsgruppe geführt wurden, dargestellt. Die Ergebnisse gliedern sich äquivalent zur Vorstudie in die folgenden fünf Themenblöcke:

- Regionale Bildungslandschaft: Städtische Strukturen und Anbietervielfalt;
- Rolle, Aufgaben und Selbstverständnis der HC-Entwicklungspartner;

110 Die Fragestellungen sind teilweise identisch mit den Fragen aus der Vorstudie, um eine Vergleichbarkeit der Ergebnisse zu gewährleisten.

- Prozesse und Strukturen der untersuchten HC-Steuerungsgruppe;
- Gelingensbedingungen II: Förderliche und hinderliche Einflussfaktoren;
- HC-Entwicklungspotenziale II: Netzwerkarbeit, Kooperation und Nachhaltigkeit.

6.1 Regionale Bildungslandschaft

Der untersuchte HC ist in eine städtische Bildungslandschaft mit vielfältigen staatlichen und privaten (WB-)Anbietern eingebettet, wirtschaftlich und kulturell sehr dynamisch und steht vor der Herausforderung, sich auf eine heterogene Zielgruppe mit hohem Bildungsbedarf einzustellen und passgenaue Angebote zu entwerfen. Die städtische Bildungslandschaft verfügt – im Vergleich zu eher ländlichen Bildungsregionen – über eine vorteilhafte, gut ausgebaute Infrastruktur mit vielen Netzwerken und potenziellen Kooperationsmöglichkeiten. Diese hat zugleich den Nachteil, dass es einen großen Konkurrenzdruck[111] und tendenziell eine höhere Fluktuation der Teilnehmer bzw. Abbruchquote von Bildungsmaßnahmen gibt.

Die Mehrheit der Befragten betrachten die Bildungslandschaft, in die der HC eingebettet ist, als „*Sondersituation*“ (HC-SG8:Z324), die nicht mit anderen HC-Regionen zu vergleichen ist. Die Mitglieder der Steuerungsgruppe finden die Idee einer abgestimmten, koordinierten Bildungslandschaft grundsätzlich sympathisch und sinnvoll, sind sich jedoch gleichzeitig des Mehraufwandes bewusst, den eine einheitliche Bildungslandschaft mit sich bringt, wie das folgende Zitat verdeutlicht: „*Ich finde diese Idee der Bildungslandschaft einfach großartig, es macht mir sehr viel Spaß daran zu arbeiten und mein Wunsch wäre natürlich, dass HC und diese ganzen Aktivitäten einfach Teile einer Bildungslandschaft werden, dass man sich einfügt. Es geht nur darum, dass man sich abstimmt und einfügt.*“ (HC-SG9:Z776–780). Dieses ambitionierte Ziel wird zugleich als eine große Herausforderung gesehen, die darin besteht vorhandene Strukturen und Angebote besser zu koordinieren, untereinander abzustimmen und die vorherrschende Fragmentierung der städtischen Bildungsangebote zu reduzieren. Eine weitere Herausforderung besteht darin, die durch Koordinierungsbemühungen entstehenden Metastrukturen zu vermeiden: „*Manchmal treten da so viele mit diesem Anspruch auf, dass man auch die Koordinatoren mittlerweile koordinieren muss und das halten wir für wenig zielführend.*“ (HC-SG12:Z148ff.).

111 Vgl. 6.4.5 (Konkurrenzthematik).

Die städtische Struktur ist nach Aussage eines Mitglieds prinzipiell für das Konzept des untersuchten HC eher ungeeignet, das tendenziell für ländliche Regionen konzipiert wurde.[112] Demnach kann bei diesem HC nicht von den gleichen Rahmenbedingungen und Voraussetzungen ausgegangen werden wie bspw. in einem dünnbesiedelten Flächenkreis mit einer schwach ausgebauten Angebots- und Infrastruktur. In einem ländlichen HC kooperieren nach Angabe eines Befragten die regionalen Bildungsanbieter aus anderen Beweggründen (z.B. zur Existenzsicherung) als in einer größeren Stadt mit einem gesättigten, unübersichtlichen Weiterbildungsmarkt, vielen bereits bestehenden Netzwerken und einer dynamisch-städtischen Bildungslandschaft, in der die Notwenigkeit zur Kooperation geringer ausgeprägt ist als in ländlich strukturierten Regionen.

6.2 Rolle, Aufgaben und Selbstverständnis der HC-Entwicklungspartner

Themenblock	Inhaltliche Dimensionen
Rolle, Aufgaben und Selbstverständnis	• Politische Ebene (HKM) • VHS als zentraler Akteur • Weitere Akteure der Steuerungsgruppe • Periphere Akteure der Steuerungsgruppe

Aus der Befragung der HC-Entwicklungspartner im Rahmen der vertiefenden Fallstudie ergibt sich ein Netzwerk aus heterogenen Partnern, die jeweils unterschiedliche Aufgaben – je nach ihrem Arbeitsbereich oder staatlichen Bildungsauftrag – wahrnehmen, vielfältige Rollen ausfüllen, sich entsprechend ihrer Aufgaben in unterschiedlichem Maße einbringen und im Verbund positionieren. Nachfolgend werden die Spezifika der beteiligten und ausgestiegenen Entwicklungspartner (repräsentiert durch die Mitglieder der Steuerungsgruppe) und der relevanten Akteure auf Landesebene erläutert und die – von den Experten genannten – jeweiligen Rollen, Aufgaben und potenziellen Konfliktfelder diskutiert.

112 Anm. d. A.: Wie bereits in der Beschreibung des Untersuchungsgegenstandes (4.5) und im Kap. 5 hervorgehoben wurde, förderte das Land Hessen zunächst acht städtisch-strukturierte Regionen, da diese das größte Potenzial zum Aufbau von Zentren Lebensbegleitenden Lernens (ZLL) aufwiesen – was der Einschätzung dieses Mitglieds, der HC sei für ländliche Strukturen konzipiert worden – widerspricht.

6.2.1 Politische Ebene: Hessisches Kultusministerium (HKM)

Über dem HC, d.h. auf einer übergeordneten Steuerungsebene, steht nach Aussage der Befragten das HKM mitsamt seiner politischen Dimension, die im HC-Verbund immer mit-berücksichtigt werden sollte. Einige Mitglieder der Steuerungsgruppe befürchten vom HKM instrumentalisiert zu werden – ungeachtet ihrer eigenen, zum Teil differenten, politischen Einstellung. Einzelne Befragte geben an, der in Hessen regierenden Partei u.U. nicht ganz nahe zu stehen. Die politische Dimension und die damit einhergehenden, latenten Spannungen sind ein inoffizielles Thema, das um HC kursiert: bspw. wird die Initiative HC von einem Befragten als Versuch des HKM gedeutet, der Bildungslandschaft top-down, sozusagen von oben herab, eine Struktur aufzusetzen und diese ohne inhaltliche Kenntnisse auf Ebene der Bildungseinrichtungen zu steuern. Im Sinne des von Schäffter (2003) konstruierten „intermediären Steuerungskreises" (vgl. 4.4.3) versuchen die beteiligten WB-Organisationen, sich ihre Entscheidungsmöglichkeiten auf mikro-didaktischer Ebene offenzuhalten – sozusagen als Versuch eines Autonomiegewinns im Rahmen der als starr empfundenen Regulationsmechanismen.

Unsichere Rahmenbedingungen und unkalkulierbare Entwicklungen bestimmen, laut den Befragten, die Zusammenarbeit im HC. In der Kommunikation zwischen dem untersuchten HC und den HC-Initiatoren auf Landesebene gibt es ebenfalls eine allgemeine Verunsicherung bei der Frage, in welchem Rahmen sich der HC (eigenständig) bewegen kann oder ob die Zukunft des HC auf den guten Willen der Kultusminister angewiesen ist. Mit konkreten Aussagen zur Finanzierung, Umsetzung der Ziele und Zukunft des HC hält sich das HKM – auch auf direkte Nachfragen – stark zurück, was wiederum eine Unsicherheitsquelle für alle Beteiligten darstellt und die Handlungsfähigkeit des untersuchten HC einschränkt. Das folgende Zitat verdeutlicht die Irritation, die durch unkonkrete Aussagen der Kultusminister bei den HC-Entwicklungspartnern erzeugt wird: *„Wenn konkret nachgefragt wird, wie ist z.B. die finanzielle Ausgestaltung, dann wird nur seitens der Landesebene sofort immer der gemeinsame Geist beschworen […] welche Möglichkeiten und Potenziale darin stecken, aber es ist diffus, weil man sich gar nicht über den gemeinsamen Geist wahrscheinlich verständigen kann."* (HC-SG8: Z124–129). Weiterhin empfindet die Mehrheit der Befragten die Zielvorgaben des Landes als sehr direktiv, teilweise werden die Ziele ‚übergestülpt' und die Bildungsberatung vom HKM als zentrales Leitthema priorisiert. Entwürfe und Vorschläge, die in den Arbeitsgruppen ausgearbeitet und dem HKM vorgestellt wurden, sind nicht ausreichend berücksichtigt und willkürlich unterstützt, zum Teil auch abgelehnt worden. Dies ist aus Sicht eines Befragten *„keine* *gemeinsame Entwicklung*", da das Ministerium versucht „*die Menschen, die sich Gedanken gemacht haben, auf Linie zu bringen*" (HC-SG8:Z251ff.). Aus ihrer Sicht ist es notwendig die Beteiligungsformen anders zu organisieren, um die vorgegebenen HC-Ziele – wie die Förderung des lebensbegleitenden Lernens – umzusetzen, als man es sich auf Landesebene vorstellt.

Die Rolle des HKM bezeichnet ein Befragter als schwierig, das Verhalten der Landesvertreter wird ambivalent erlebt, bspw. würden Erwartungen formuliert ohne Unterstützung anzubieten: „*Es wird immer wieder was in den Raum gestellt, was erwartet wird und dann aber von Seiten des Kultusministeriums – habe ich den Eindruck – relativ wenig Unterstützung, um das dann tatsächlich auch vor Ort aufzusetzen.*" (HC-SG10:Z474fff.). Die Rollenverteilung zwischen dem HKM und den Kommunen, die letztlich für die Umsetzung der HC-Ziele zuständig sind, wurde weder zu Beginn des HC noch im weiteren Verlauf ausreichend transparent kommuniziert oder gar ausgehandelt. Außerdem sind die Kommunen nicht ausreichend am HC-Entwicklungsprozess beteiligt gewesen und haben kein großes Interesse gezeigt Einfluss auf diese Entwicklung zu nehmen. Insgesamt nehmen die befragten Mitglieder der Steuerungsgruppe die bisherige HC-Entwicklung als einen vom HKM gesteuerten Prozess wahr und fühlen sich durch die direktive Steuerungsform des Landes in ihrer Arbeit im HC fremdbestimmt.

6.2.2 Die VHS als zentraler Akteur

Die VHS, die den untersuchten HC in die Region gebracht hat, wird von den anderen Entwicklungspartnern auf die Frage nach den dominanten bzw. einflussreichen Entwicklungspartnern als zentraler Akteur genannt und – wertschätzend – als „*einziger geschäftsfähiger Partner*" (HC-SG11:Z60f.) bezeichnet. Sie ist strukturell besonders prädestiniert für anfallende Verwaltungsaufgaben, thematisch sehr breit aufgestellt (z.B. sind die Bildungsberatung und neue Medien eng mit den Kernaufgaben der VHS verknüpft), hat viel Erfahrung mit Kooperationen und Verbundprojekten und verfügt über bewährte Evaluierungsverfahren sowie eine gut entwickelte Qualitätssicherung. Diese gut ausgebaute Organisationsstruktur kann – im Rahmen von HC und evtl. darüber hinaus – von den anderen Entwicklungs- und Kooperationspartnern genutzt werden. Die Befragten schreiben der VHS eine zentrale Position und eher dominante Rolle zu, da sie im Verbund HC sowohl inhaltlich-konzeptionelle als auch organisatorisch-administrative Aufgaben übernommen hat und die regelmäßig (etwa monatlich) stattfindenden Steuerungsgruppentreffen organisiert – die meisten Steuerungsgruppentreffen finden in den Räumlichkeiten der VHS statt. Gelegentlich trifft sich die Steuerungsgruppe auch in den Räumen eines anderen Entwicklungspartners. Die zentralen Aufgaben der VHS sind im Verbund HC neben koordinierenden und inhaltlich-konzeptionellen Aufgaben (z.B. Vor-/Nachbereitung der Steuerungsgruppe, Antragsstellung/-abwicklung): allgemeine Verwaltung des HC, Bündelung des operativen Geschäfts, HC-Öffentlichkeitsarbeit, Akquirierung von Räumen, Vertragsabwicklung, Erstellung von Teilnehmerlisten und Evaluierung der gemeinsamen Angebote. Im untersuchten Fall teilen sich der HC-Koordinator und die HC-Projektassistenz diese Aufgaben, wobei der Koordinator hauptsächlich für die thematische Ausrichtung des HC zuständig ist und die Projektassistenz organisatorisch-administrative Aufgaben übernimmt. Die Relevanz dieser Aufgaben für die Zukunft des HC verdeutlicht das folgende Zitat:

> *„Es muss ein Folgekonzept erstellt werden und am besten wäre es im Grunde, auch da wird es unter dem Dach der VHS passieren, schätze ich mal. Ich wüsste nicht wer es sonst machen soll. Wenn HC nicht mehr ist, bleibt nur noch die VHS übrig."* (HC-SG9: Z757fff.).

Die Befragten geben an, insgesamt von den strukturellen Vorteilen, den Feld- und Fachkenntnissen und der breiten Vernetzung der VHS profitieren zu können und nehmen die starke Initiative und Übernahme der VHS von zentralen Aufgaben im HC als eine Entlastung wahr. Das Engagement der VHS wird nicht als Konkurrenz oder Versuch zu dominieren wahrgenommen, sondern von den Befragten wertgeschätzt, ihre federführende Rolle im HC anerkannt und als bereichernd wahrgenommen: *„Die haben zumindest keine Bestrebungen dominieren zu wollen, aber ich fände es auch ok, wenn sie eine führende oder die führende Rolle übernehmen würden."* (HC-SG8:Z461ff.).

Die VHS ist mit vier Vertretern (VHS-Leitung, HC-Koordination, HC-Projektassistenz und einem VHS-Mitarbeiter) in der Steuerungsgruppe am stärksten vertreten. Der HC-Koordinator verfügt über eine langjährige Erfahrung mit (Verbund-)Projekten, die er an der VHS initiiert, durchgeführt und konzipiert hat, sowie über vielfältige Erfahrungen mit der Koordinierung von Netzwerken und in der operativ-inhaltlichen Netzwerkarbeit. Der Koordinator betreut an der VHS – neben dem HC – weitere Projekte zum lebensbegleitenden Lernen. Er übernimmt die Geschäftsführung und Steuerung/Koordination des HC. Die Initiative HC ist nach Selbstangabe in seinem Aufgabenspektrum an der VHS ein weiteres, aktuelles Projekt zum lebensbegleitenden Lernen, das den erwachsenen Lerner in den Mittelpunkt rückt.

Ein weiterer relevanter Mitarbeiter der VHS ist die HC-Projektassistenz, die eng mit dem HC-Koordinator zusammenarbeitet und weitere wichtige Aufgaben übernimmt, die zum einen im zahlenmäßigen Nachweis über die Verwendung der HC-Fördermittel, zum anderen in der Vor- und Nachbereitung der

Steuerungsgruppentreffen (Termine vereinbaren, Protokollführung etc.) sowie in allgemeinem Verwaltungstätigkeiten (Büromaterial bestellen, Tagungen organisieren etc.) liegen. Die HC-Projektassistenz sieht sich selbst in einer eher passiven Rolle, da sie über keine Entscheidungsbefugnis verfügt und eine vermittelnde Position einnimmt: *„Ich bin jemand, bei dem das alles zusammenläuft, auch weil viele ja gar nicht permanent erreichbar sind, dass man sich einfach an mich wenden kann."* (HC-SG10:Z16ff.).

6.2.3 Weitere Akteure der HC-Steuerungsgruppe

Außerdem wurden zwei Mitglieder der Steuerungsgruppe befragt, die nach einer projektbezogenen Zusammenarbeit zum Zeitpunkt der Befragung nicht mehr am HC beteiligt sind, und demnach als ehemalige, externe Akteure kategorisiert werden. Bei den beiden Organisationen handelt es sich um Schulen, die von den Befragten ebenfalls als relevante Akteure genannt werden und über einen großen Zulauf sowie eine stetig wachsende Nachfrage seitens ihrer Zielgruppe – junge Menschen im Übergang von der (allgemeinbildenden) Schule in den Beruf – verfügen. Diese beiden Akteure haben sozusagen eine Art Sonderrolle, da sie aufgrund ihrer organisatorisch-strukturellen Stärke als zentrale Akteure bezeichnet werden können und als solche von den anderen Entwicklungspartnern genannt wurden. Bspw. ist die Beteiligung der Berufsschulen und Schulen für Erwachsene am HC eine Voraussetzung für die jährliche Landesfinanzierung, was sie als einflussreiche, zentrale Akteure auszeichnet. Die regionalen beruflichen Schulen und Schulen für Erwachsene werden von den Befragten in der Bildungslandschaft – unabhängig von ihrem Beteiligungsgrad am HC – als tendenziell dominant wahrgenommen. Sie zeigen jedoch eher weniger Bereitschaft zu kooperieren, da sie bereits sehr gut in der regionalen Bildungslandschaft auf horizontaler und vertikaler Ebene, insbesondere untereinander, vernetzt sind. Die Berufsschulen orientieren sich am privat-öffentlichen Bildungsauftrag – der Wirtschaft und des Staates zugleich – möglichst viele junge Menschen für den primären Arbeitsmarkt auszubilden, zu vermitteln und beruflich zu positionieren, indem sie eng mit wirtschaftlichen Organisationen zusammenarbeiten.

Die regionalen Schulen verfügen laut den Befragten über eine starke, solide gewachsene Struktur und sind sehr gut in der regionalen Bildungslandschaft, mit dem Schulträger, der Stadt, freien Bildungsträgern aus der Jugendarbeit, den allgemeinbildenden Schulen und Kammern vernetzt. Aufgrund ihrer vielfältigen Kontakte sowie Expertise im Bereich des Übergangsmanagements bieten sie bereits – laut Selbstauskunft – eine eigene Bildungsberatung an. Eine (ehemals an HC beteiligte) Schule ist nach wie vor informell, projektbezogen an der

Bildungsberatung beteiligt. Die hiesigen Schulen sind in der Bildungsberatung sehr aktiv, bezeichnen sich selbst als in diesem Bereich erfahren und beraten die allgemeinbildenden Schulen sehr intensiv. Sie stehen (dem HC) grundsätzlich mit ihrer Beratungskompetenz zur Verfügung. Das HC-Ziel, das Übergangsmanagement im Bereich der WB zu koordinieren und zu strukturieren, verfolgen die regionalen Schulen nach Selbstauskunft bereits seit längerer Zeit (vor HC). Die regionalen Schulen gehen einen eigenen Weg, indem sie sich an diversen Programmen und Modellen beteiligen (z.B. am Modelprojekt ‚Selbstständige Schulen'), einen großen, hochwertigen Arbeitsmarkt bedienen und finanziell sehr gut ausgestattet sind. Die Schulen sind nach Aussage der Befragten in der Bildungslandschaft sehr gut aufgestellt und werden als sehr starke Akteure beschrieben, die sich ihre Kooperationspartner eigenständig aussuchen und selbstbewusst darüber entscheiden können mit wem sie eine Kooperation eingehen:

> *„Sie sind besonders und könnten es leisten. Sie sind durch das Besondere aber auch selbstbewusst und da muss man eben anders mit ihnen umgehen, weil die wirklich große Einheiten leiten. Wenn Sie Leiter einer beruflichen Schule sind, haben sie 110 Kollegen, 120, sie haben 3.000, 3.200 Schülerinnen und Schüler. Sie sind im Gespräch mit den ganzen Verbandsvertretern."* (HC-SG8:Z99–103).

Eine weitere Besonderheit der regionalen, städtischen Schulen liegt darin, dass diese sich vernetzt und eine Art *„Konkurrenzkartell"* (HC-SG11:Z104) gebildet haben, um sich nicht gegenseitig Konkurrenz zu machen. Bspw. haben sich die Berufsschulen intern abgesprochen, unterschiedliche Berufszweige zu bedienen und sich auf unterschiedliche Branchen zu konzentrieren. Alle städtischen Berufsschulen decken gemeinsam die regionalen, beruflichen Bildungsbedarfe ab und versuchen sozusagen die berufliche Bildung im Verbund zu koordinieren. Die regionalen Berufsschulen gelten als sehr gut organisiert, besitzen einen eigenen HC-Sprecherkreis, sind aktiv, autonom, werden seitens des zuständigen Amtes privilegiert behandelt bzw. besonders gefördert. Sie orientieren sich an einem gemeinsam mit der hessischen Landesverwaltung entwickelten Leitbild. Ein Befragter weist auf die Sonderstellung der beruflichen Schulen und die Relevanz ihrer Integration hin, die zu Beginn des HC hätte stattfinden sollen: *„Die Akteure in der beruflichen Bildung generell sind sehr selbstbewusste Menschen, arbeiten sehr erfolgreich und wissen das auch. Die nimmt man mit indem man sie früh in solche Überlegungen einbezieht und nicht versucht, ein fertiges Konzept ziemlich hemdsärmelig durchzusetzen – wenn nicht gar handstreicherartig."* (HC-SG12:Z253fff.).

Die ursprüngliche Intention der Berufsschulen, sich als Entwicklungspartner in den HC zu integrieren, war eher pragmatischer Natur (u.a. räumliche Nähe etc.). Außerdem sind das operative Geschäft und der Arbeitsumfang der

Berufsschulen sehr hoch sowie ihre zeitlichen Ressourcen knapp. Offen für (lose) Kooperationen mit prinzipiell allen Akteuren aus allen Bereichen sind die Berufsschulen, sofern es inhaltliche Überschneidungspunkte gibt und die Kooperationspartner an diese bestehenden Strukturen andocken. Nachdem es im Rahmen von HC keine gemeinsamen Themen und inhaltlichen Schnittmengen mehr gab, wurde die projetbezogene Kooperation einvernehmlich beendet. Die Gründe für den frühzeitigen Austritt eines Kooperationspartners aus dem HC sind hauptsächlich auf interne Spannungen seitens des Kollegiums der Schule zurückzuführen. Das Kollegium bzw. die Gesamtkonferenz ist von Beginn an einheitlich gegen eine Kooperation mit dem HC gewesen. Der Schulleiter hat trotz des massiven Widerstandes des Kollegiums versucht sich weiterhin am HC zu beteiligen und seine Schule in der Steuerungsgruppe zu vertreten. Erschwerend zum Widerstand des Kollegiums sind, laut Selbstangabe, strukturelle Schwierigkeiten, unklare Rahmenbedingungen, Aufgaben und Handlungsspielräume[113] hinzugekommen. Der Schulleiter hat zwei Jahre lang den *„Status eines Beobachters"* (HC-SG12:Z24) eingenommen, um zu sehen, ob sich sinnvolle Ansatzpunkte ergeben und gibt an, während der Zusammenarbeit aktiv zum Vorankommen des HC beigetragen zu haben. Trotz des Scheiterns dieser Kooperation im Rahmen von HC ist der Schulleiter der Idee, die schulische Bildung mit beruflicher WB zu verzahnen (z.B. durch die Bildungsberatung), nach wie vor sehr verbunden. Er sieht jedoch zum Zeitpunkt der Befragung keine Berührungspunkte mehr mit HC. Potenziell ist eine Zusammenarbeit mit der VHS und den anderen Entwicklungspartnern – unabhängig vom HC – seiner Meinung nach trotzdem denkbar. Die Schulleitung ist weiterhin am Fortgang des HC interessiert und hält informellen Kontakt zu den HC-Entwicklungspartnern. Insgesamt beschreiben die Befragten die bilaterale (projektbezogene) Kooperation zwischen den HC-Entwicklungspartnern und den Berufsschulen unabhängig von HC als sehr gut und unkompliziert.

6.2.4 Periphere Akteure der HC-Steuerungsgruppe

Neben der übergeordneten Landesebene und der VHS als zentralem Akteur lassen sich aus der Inhaltsanalyse der Experteninterviews drei periphere Mitglieder der Steuerungsgruppe klassifizieren: das für die beteiligten Schulen zuständige Amt und zwei freie Träger aus dem außerschulischen Bildungsbereich. Diese Entwicklungspartner wurden entweder wegen ihrer Einrichtungsgröße, ihrer

113 Die beteiligten Schulen können keine eigenen Verträge abschließen, da es dafür keine Regelungen gibt.

thematischen Ausrichtung (Organisation aus dem nicht primären Bildungsbereich) oder aufgrund ihrer Aufgaben/Zuständigkeiten im HC den peripheren Akteuren zugeordnet. Das für die regionalen Schulen zuständige Amt wird von einigen Befragten als peripherer und gleichzeitig einflussreicher Akteur mit exklusivem Zugang zur Landesebene und informellem Kontakt zu Vertretern des HKMs bezeichnet. Die beiden befragten Vertreter des Amtes messen dem HC – nach Selbstangabe – eine hohe Bedeutung bei und bringen sich sowohl personell als auch inhaltlich stark in die Steuerungsgruppe ein. Dabei bemühen sie sich, die Interessen ihrer Institution auf Verwaltungsebene zu vertreten und gleichzeitig die politische Ebene zu berücksichtigen.

Bei einer der beiden Organisationen aus dem außerschulischen Bildungsbereich, im folgenden ‚Bildungseinrichtung 1' genannt, handelt es sich um eine größere Einrichtung, die qualitativ sehr gut aufgestellt ist. Die andere Organisation mit dem Pseudonym ‚Bildungseinrichtung 2' hat einen städtischen Auftrag. Das Arbeits- und Berufsfeld der beiden Organisationen wird sehr stark durch die Praxis beeinflusst, das Kerngeschäft der beiden außerschulischen Einrichtungen ist auftragsgebunden. Beide verfügen über vielfältige Kontakte zu anderen privaten und staatlichen, außerschulischen Bildungsträgern. Beide Einrichtungen müssen zeitnah flexibel auf die schwankende Nachfrage und auf aktuelle Trends reagieren. ‚Bildungseinrichtung 1 und 2' sind durch ihre Auftragsgebundenheit in hohem Maße auf gut funktionierende Kooperationen mit den Akteuren der Bildungslandschaft angewiesen. Die beiden Organisationen können grundsätzlich keine Eigenmittel in den HC investieren, versuchen dies jedoch dadurch auszugleichen, dass sie ihre Mitarbeiter freistellen, Praktikumsmöglichkeiten anbieten, Räume (u.a. für Treffen der Steuerungsgruppe) zur Verfügung stellen und sich regelmäßig an der projektspezifischen AG sehr engagiert beteiligen. Der persönliche Bezug zum HC ist beim Vertreter aus ‚Bildungseinrichtung 2'[114] durch sein Interesse am Thema lebensbegleitendes Lernen bereits seit Längerem vorhanden. Neben diesem persönlichen Interesse waren eher pragmatische Gründe, u.a. der finanzielle Aspekt, ausschlaggebend gewesen sich am HC zu beteiligen. HC hat einen geeigneten Spielraum geboten, ein – im Rahmen eines städtischen Projekts entwickeltes – Konzept gemeinsam mit den Kooperationspartnern in der themenbezogenen AG weiterzuentwickeln. Nach Selbstauskunft haben die peripheren Akteure aus dem außerschulischen Bereich zu Beginn in der Steuerungsgruppe sehr gefremdelt, es hat einige Zeit gedauert bis sie die

114 Es wurde nur ein Vertreter der zwei, am HC beteiligten, außerschulischen Bildungseinrichtungen befragt.

eigene Rolle gefunden sowie gemeinsame Perspektiven entwickelt haben. Inzwischen (zum Zeitpunkt der Befragung) haben sie eine gemeinsame Sprache gefunden und sind, neben der Zusammenarbeit in der projektbezogenen Arbeitsgruppe, auf der Suche nach weiteren Berührungspunkten mit den anderen HC-Entwicklungspartnern und versuchen ihre spezifischen Themen verstärkt in die Steuerungsgruppe einzubringen.

6.3 Prozesse und Strukturen

Themenblock	Inhaltliche Dimensionen
Prozesse und Strukturen	• Entwicklung des untersuchten HC • Zentrale Themen und (Teil-)Projekte • Selbstwahrnehmung und Zufriedenheit der Mitglieder

Die untersuchte HC-Steuerungsgruppe trifft sich, wie bereits in der Vorstudie erörtert, regelmäßig, etwa einmal monatlich, um zentrale HC-Themen mit allen Entwicklungspartnern zu besprechen und Informationen aus den themenspezifischen Arbeitsgruppen (Bildungsberatung, neue Medien etc.) auszutauschen. Der Vorsitz der Steuerungsgruppe rotiert regelmäßig, für jedes Treffen wird eine Themenliste mit Tagesordnungspunkten (TOP) vorbereitet und im Vorfeld elektronisch verschickt. Unter Struktur sind determinierende und förderliche Rahmenbedingungen (wie Vorgaben des Landes, zeitliche, räumliche und sächliche Ressourcen etc.) sowie die Entwicklungspartner und deren Vertreter – mitsamt ihren individuellen Haltungen, Interessen und Einstellungen – zu verstehen. Prozesse beziehen sich als eine Entwicklungsvariable auf den Handlungsablauf, die Kommunikation und den Interessenausgleich innerhalb der Steuerungsgruppe. Im Folgenden wird die zum Zeitpunkt der Befragung erfasste Entwicklung der HC-Steuerungsgruppe rekonstruiert und zusammenfassend skizziert. Die aus den Experteninterviews nachgezeichnete Entwicklung des untersuchten HC wird im nächsten Kapitel anhand einer Protokollanalyse einer HC-Steuerungsgruppensitzung, bezugnehmend auf die allgemeine Genese und Entwicklung der gesamten HC-Initiative, diskutiert.

6.3.1 Entwicklung der HC-Steuerungsgruppe

Zum Zeitpunkt der Befragung im Jahr 2011 hatte nach Angabe eines Befragten bereits eine fünfjährige Zusammenarbeit in unterschiedlichen Konstellationen stattgefunden. Insbesondere der Ausstieg eines wichtigen Akteurs nach zweijähriger projektbezogener Zusammenarbeit wurde hervorgehoben. Im Initiierungsjahr 2007 wurden, neben den aktuellen Entwicklungspartnern, noch weitere Kooperationspartner zu einer erweiterten Steuerungsgruppe eingeladen, um allgemeine Themen auszutauschen. Anschließend setzten sich die HC-Entwicklungspartner nach dieser erweiterten Sitzung gesondert zum internen Austausch zusammen. Diese Variante wurde bereits im Jahr 2010 eingestellt, da sich zentrale Themen komprimiert haben, an denen nicht alle Kooperationspartner anwesend sein mussten. Seitdem treffen sich die Entwicklungspartner (in ähnlicher Konstellation wie zum Zeitpunkt der Fallstudie) regelmäßig.

Zu Beginn der Steuerungsgruppentreffen waren regelmäßig jeweils zwei Vertreter der beteiligten Entwicklungspartnerorganisationen anwesend, was sich im Laufe der Zeit gelockert hat. Inzwischen ist i.d.R. jeweils nur noch ein Vertreter anwesend, da die Akteure andere Termine ihrer Kerneinrichtung wahrnehmen müssen bzw. mussten. Die Beteiligung war jedoch nach Angabe eines Befragten bei voller Besetzung, d.h. wenn beide Vertreter der Einrichtungen anwesend waren, tendenziell höher. Um die Transparenz der Sitzungen zu gewährleisten und den Informationsfluss aufrecht zu erhalten, wird regelmäßig ein Sitzungsprotokoll während der Treffen der Steuerungsgruppe angefertigt und anschließend allen Mitgliedern zugeschickt. Außerdem waren anfänglich die Vertreter der Landesebene (HKM) in der Steuerungsgruppe anwesend, die nach Angabe der Befragten stark an der Umsetzung der Ziele beteiligt waren und durch deren Anwesenheit die Vorgaben des Landes repräsentiert wurden. Auf manche Mitglieder der Steuerungsgruppe hatte sich dies tendenziell hemmend ausgewirkt, wie das folgende Zitat exemplarisch verdeutlicht: *„Ich konnte nicht frei reden, weil die ja ständig dabei waren und dann auch sozusagen das Korrektiv waren.“* (HC-SG8:Z228f.).

Während der Initiierungsphase im Jahr 2007/2008 startete der HC optimistisch, im Nachhinein zu ambitioniert, geradezu euphorisch und nahm im Laufe der Umsetzungsphase eine rückläufige Entwicklung mit regressiven Tendenzen an. Der HC befindet sich zum Zeitpunkt der Befragung in einer Stagnationsphase, das gesamte vergangene Jahr gestaltete sich laut der Befragten zäh: *„[…] das ist eben jetzt total runter gegangen. Im Moment kann man damit auch keinen Blumentopf gewinnen.“* (HC-SG7:Z160f.). Ein Mitglied der Steuerungsgruppe spricht von einer Art *„erweiterten Endphase des HC“* (HC-SG10:Z28), in der – im Vergleich zur Aufbauphase – keine neue Impulse von den Mitgliedern eingebracht werden, sondern sich zunehmend zentrale Themen (z.B. Bildungsberatung etc.) und Positionen verfestigen. Rückblickend wurden viele kleinere und größere Projekte wie die ‚HC-Bildungsberatung‘ und die AG ‚Neue Medien‘ (E-Learning- und Blended-Learning-Angebote) initiiert und sehr erfolgreich umgesetzt. Dennoch waren die Ziele anfänglich zu hoch gesteckt, sodass der HC seinen eigenen Ansprüchen nicht mehr genügt. Die Haltung der Mitglieder ist zum Zeitpunkt der Befragung durchaus ambivalent, neben der bereits geschilderten kritisch-resignativen Einstellung gibt es Mitglieder, die proaktiv bemüht sind die zweite HC-Aufbauphase produktiv für die Umsetzung der HC-Leitziele zu nutzen. Die allgemeine Grundstimmung des Jahres 2011 und Anfang 2012 lässt sich jedoch – im Vergleich zur Initiierungsphase – als tendenziell skeptisch und desillusioniert beschreiben.

Auf bildungspolitischer Ebene waren die Ziele zwar sehr sinnvoll und plausibel, für den untersuchten HC allerdings zu hoch gesetzt und in der Umsetzung nur mit einem erheblichen Mehraufwand zu bewältigen. In der städtischen Bildungslandschaft des HC gibt es einerseits zu viele Bildungsanbieter/-angebote, andererseits zu wenig Bereitschaft die Initiative zu ergreifen bzw. wie es ein Befragter formuliert: *„den Mut den Hut aufzusetzen“* (HC-SG8:Z631). Zusätzlich erschwerend wirken sich die ungünstigen Rahmenbedingungen, z.B. die unklare Finanzierung, auf den HC aus. Des Weiteren herrschen auf Landesebene zwischen dem HKM und dem HC verhärtete Fronten, die es zu entschärfen gelte: *„Und ich glaube, in meiner Einschätzung müssen wir im Moment ein bisschen aufpassen [...], dass wir sozusagen nicht das letzte Vorzeigeprojekt dieser Kultusministerin werden und dass sozusagen die Verhärtung der Positionen immer schlimmer wird.“* (HC-SG8:Z495fff.). Aktuell ist es überlebensnotwendig und strategisch sinnvoll, zunächst die Finanzierung für das nächste Jahr zu sichern und anschließend inhaltliche Perspektiven zu entwerfen. Die Befragten sehen perspektivisch die Handlungsmöglichkeiten des HC durch die Reduzierung der Fördermittel deutlich eingeschränkt und befürchten finanzielle Engpässe, welche die Zusammenarbeit beeinträchtigen könnten (vgl. 5.2.4). Aufgrund dieser Finanzierungsproblematik können – aus subjektiver Sicht der Befragten – in der Steuerungsgruppe neue Themen, inhaltliche Aspekte und innovative Impulse nicht ausreichend angemessen diskutiert und ins Programm aufgenommen werden.

6.3.2 Zentrale Leitthemen und (Teil-)Projekte

Die zentralen Themen der Steuerungsgruppe, die im Rahmen der Befragung genannt wurden, lassen sich zu den drei (Leit-)Themenfeldern (1) ‚HC-Bildungsberatung‘, (2) ‚Pädagogische Konzepte/Fortbildungen für pädagogische Fachkräfte‘ und (3) ‚Neue Medien/Selbstgesteuertes[115] Lernen‘ sowie zu organisatorischen

115 Auch selbstreguliertes, selbstorganisiertes und selbstbestimmtes Lernen.

Themen wie Rechtsform und HC-Öffentlichkeitsarbeit zusammenfassen. Die Mitglieder der Steuerungsgruppe heben, ebenso wie die befragten Koordinatoren, die beiden HC-Erfolgsprojekte (vgl. 4.5) ‚Bildungsberatung' und ‚Neue Medien' hervor. Darüber hinaus wird das Leitprojekt ‚Pädagogische Konzepte' erwähnt.

HC-Bildungsberatung

Ein zentrales Thema der Steuerungsgruppe und zugleich hessenweites Erfolgsprojekt ist die ‚HC-Bildungsberatung' (z.B. Beratungen im Bereich Bildungsübergänge und zum Nachholen von Bildungsabschlüssen), deren Hauptakteure die VHS und die beteiligten Schulen sind. Beide Einrichtungen verfügen über ein breites Netzwerk, diverse, lose Kooperationen und stellen ihre Mitarbeiter zur Verfügung. Teilweise wurde hier auf bereits bestehende Kontakte aufgebaut, zum Teil haben sich durch die Einrichtung der Bildungsberatung neue Kooperationen ergeben. Eine der beteiligten Schulen stellt der Bildungsberatung personelle und räumliche Ressourcen zur Verfügung. Die regionalen Schulen sind lediglich projektbezogen und nicht institutionell integriert, da sie ihre eigene Bildungsberatung anbieten (vgl. 6.2.3). In der Steuerungsgruppe wird regelmäßig diskutiert, inwiefern v.a. die Berufsschulen mehr in die Bildungsberatung einbezogen werden können. Die Bildungsberatung wird von den befragten Experten ebenfalls als ein erfolgreiches, gemeinsames und großflächig angelegtes HC-Projekt gewertet, das sowohl die vom HKM vorgegeben Ziele als auch die eigenen Intentionen der beteiligten Organisationen erreicht hat. Beim diesem Leitprojekt besteht unter den Mitgliedern der Steuerungsgruppe bzw. in den Sitzungen relativer Konsens darüber, dass hierbei ein sinnvolles, nützliches Ergebnis mit hoher Wirksamkeit für die Bildungslandschaft zu erwarten ist.

Die Landesinitiative hat wesentlich dazu beigetragen, Bildungsberatung anbieten zu können und durch dieses Serviceangebot als Verbund sowohl in der Bildungslandschaft als auch für die Zielgruppe sichtbar zu werden. Ein Befragter gibt an, dass die Bildungsberatung ohne den HC nicht entstanden wäre. In der breiten Bevölkerung wird die Bildungsberatung allerdings nicht mit HC, sondern mit der jeweiligen, die Beratung durchführenden, Organisation oder mit der VHS (aufgrund der genutzten Räumlichkeiten) assoziiert. Insgesamt wird die Bildungsberatung positiver eingeschätzt als die allgemeine Entwicklung des eigenen HC. Die Nachhaltigkeit der Bildungsberatung schätzt ein Befragter auch nach Auslaufen der HC-Fördermittel durchaus realistisch ein. Zudem ist das zuständige Amt sehr bemüht die notwendigen Personalmittel zu sichern. Alle Befragten halten die Bildungsberatung für sinnvoll und sind bereit, sich im Rahmen ihrer Möglichkeiten für ihre Sicherung einzusetzen, damit sie auch nach

Förderende weiterbestehen kann. Die durchaus optimistische Zukunftsperspektive der Bildungsberatung nach Förderende fasst das folgende Zitat zusammen:

> *„Ich denke schon, dass das von den drei Projekten, die bei uns im Moment aktuell sind, dass da was über bleiben wird. Ich glaube nicht, dass man die Bildungsberatungsstelle schließen wird. Aber es kann sein, dass sie organisatorisch anders eingefügt wird und dann vielleicht auch nicht mehr HC darüber steht. Aber das ist eigentlich auch eine gute Sache, dass, wenn man aus HC noch etwas erhalten möchte, das in dem Rahmen zu tun."* (HC-SG10:Z423–428).

Pädagogische Konzepte im Bereich außerschulische Bildung und neue Medien

Ein weiteres zentrales HC-Thema sind pädagogische Konzepte, die in einem kleineren Teilprojekt, in dem neben der VHS (die u.a. für die Administration des Teilprojekts zuständig ist) die beiden außerschulischen Einrichtungen (‚Bildungseinrichtung 1 und 2') vertreten sind, behandelt werden. Diese beiden Entwicklungspartner sind (wie bereits erläutert) verhältnismäßig kleine Einrichtung mit einer eher begrenzten Zielgruppe (vgl. 5.2.2). Im Rahmen der AG [Außerschulische Bildung] wurden bereits Qualifizierungsangebote für Fachkräfte entwickelt, die über den HC initiiert und anschließend von Dritten übernommen wurden und evtl. teilnehmerfinanziert werden sollen.

Zu Beginn gab es in dieser AG weder ein klares Ziel noch transparente Aufgaben und Zuständigkeiten, diese entwickelten sich erst im Laufe der Zeit – zum Teil zufällig. Im Entwicklungsverlauf war nach einer sehr motivierten Anfangsphase wenig Energie und (nahezu) keine Motivation mehr in der AG [Außerschulische Bildung] vorhanden. Um der mangelnden Strukturierung dieser AG entgegenzuwirken, wurde während der Umsetzungsphase ein zusätzlicher Mitarbeiter auf Werkvertragsbasis eingestellt, der die Interessen der unterschiedlichen Akteure bündeln und strukturieren sollte. Dadurch verbesserte sich die Zusammenarbeit der AG deutlich. Trotz des durchwachsenen Entwicklungsverlaufs dieser AG wollen die Mitglieder – auch zukünftig – weiter mit den Beteiligten der AG kooperieren: *„Und das war dann trotz allem, wo man sagte: das ist alles rückläufig und eigentlich nichts mehr, aber das wollen wir wieder versuchen zu retten. Das war auch wieder so ein positives Signal."* (HC-SG10:Z257ff.). Aktuell ist die Zusammenarbeit in der Arbeitsgruppe sehr hektisch. Die Beteiligten möchten zeitnah ein gemeinsames Konzept oder WB-Angebot entwickeln, da die Mitglieder das Gefühl haben die Zeit liefe ihnen davon und im Sinne von *„Torschlusspanik [...] etwas hinterlassen möchte(n)"* (HC-SG9:Z600fff.).

Das ebenfalls umfangreiche HC-Teilprojekt ‚Neue Medien/Selbstorganisiertes Lernen' wird von den Mitgliedern der Steuerungsgruppe als ein HC-übergreifendes Thema und hessenweiter *„Selbstläufer"* (HC-SG10:Z116) bezeichnet. Die

AG ‚Neue Medien' hat aufgrund ihres großen Erfolgs die Tendenz sich vom HC loszulösen. Da viele inhaltliche Treffen außerhalb des städtischen HC stattfinden, werden die Neuen Medien eher selten im Rahmen der Steuerungsgruppe diskutiert, es wird jedoch regelmäßig über die Entwicklung der AG informiert (z.B. über Tutorenschulungen für E-Learning-Kurse). Die inhaltlichen und organisatorischen Prozesse dieser AG laufen in HC-übergreifenden Kontexten ab. Die Befragten bezeichnen die ‚Neuen Medien' als ein bisher sehr erfolgreiches, zukunftsträchtiges Thema (Einrichtung von Selbstlernzentren etc.) und erwarten eine hohe Nachhaltigkeit nach Förderende des HC im Jahr 2013/14 – dies bestätigen die Ergebnisse aus der Protokollanalyse.

Öffentlichkeitsarbeit

Im Zusammenhang mit den Themen Rechtsform und Öffentlichkeitsarbeit gab es in der Vergangenheit bereits viele Diskussionen und Verhandlungen über eine geeignete Organisationsform (z.B. (Förder-)Verein, Zweckverband etc.). Die Steuerungsgruppe hat sich auch professionell zu einer geeigneten Rechtsform beraten lassen und ist zu dem Schluss gekommen, dass es perspektivisch keinen Sinn macht sich weiter damit zu beschäftigen, da z.B. die empfohlene Rechtsform ein Grundkapital voraussetzt, über das der untersuchte HC nicht verfügt.

Zur Verbreitung des HC im Rahmen der HC-Öffentlichkeitsarbeit wurden diverse Broschüren und Flyer entworfen, alle relevanten Informationen können dem Internetauftritt des HC entnommen werden. Die Wirksamkeit dieser Werbemaßnahmen wird von einigen Befragten allerdings bezweifelt. Sie sind der Meinung, dass der HC in der breiten Öffentlichkeit und in der regionalen Bildungslandschaft kaum wahrgenommen wird. Die Vorbehalte gegenüber dem HC, dass bspw. die HC als Marke zu dominant werden könnte, wirken sich hinderlich auf die Kooperationsbereitschaft der regionalen Bildungseinrichtungen aus. Ein Mitglied der Steuerungsgruppe betrachtet es als eine Aufgabe des Ministeriums, den HC positiver in der Bildungslandschaft zu vermarkten und für ein besseres Image zu sorgen.

6.3.3 Selbstwahrnehmung und Zufriedenheit der Mitglieder

Die Leiter bzw. Vertreter der untersuchten Entwicklungspartner berichten über unterschiedliche Zugänge zur Steuerungsgruppe. Einige sind eher zufällig über bereits bestehende Kooperationen oder durch die Kooperationsmöglichkeit zum HC und zur Steuerungsgruppe gekommen: *„Und über die Zusammenarbeit mit der [Organisation] und teilweise mit dem [Organisation]sind wir an den HC geraten. Ich bin da mehr oder weniger hineingerutscht"* (HC-SG9:Z7ff.). Andere Mitglieder sind hingegen bewusst in die Steuerungsgruppe eingetreten oder waren aufgrund ihrer jeweiligen Funktion und Position prädestiniert ihre Organisation in der HC-Initiative zu vertreten: *„Und es war klar, dass das meine Aufgaben war, dort in die Steuerungsgruppe zu gehen, wie ich das Amt angetreten habe."* (HC-SG8:Z18f.). Die Mitglieder der Steuerungsgruppe sind ebenfalls in unterschiedlichem Maß in die Koordinierung und in die Kernaufgaben des HC eingebunden, wobei jedes Mitglied vorrangig seine eigene Einrichtung mitsamt ihren spezifischen (Eigen-)Interessen vertritt. Durch die doppelte Zugehörigkeit zur eigenen Organisation und zum Verbund HC kann sich eine Art Rollendiffusion ergeben, die von den Mitgliedern in ein ausgewogenes Verhältnis gebracht werden sollte. Dabei versuchen die Vertreter, die individuellen Ziele der Herkunftsorganisation für konstruktive Aushandlungsprozesse transparent zu machen. Neben den auf Landesebene vorgegebenen Zielen verfolgt jeder HC-Entwicklungspartner individuelle, einrichtungsspezifische Ziele und (explizite und implizite) Eigeninteressen:

> *„Aus der Sicht eines jeden Menschen, der in einer anderen Einrichtung ist, gelten die Gewohnheiten der anderen Einrichtung. Die eigene Heimat bestimmt die Weltwahrnehmung. Und die Handlungsspielräume, die in anderen rechtlichen Bedingungen sind, die müssen erst mal kompatibel gemacht werden."* (HC-SG11:Z396–399).

Alle HC-Entwicklungspartner haben in ihrer eigenen Organisation eine Leitungs- oder Stellvertreterfunktion, sind in hohem Maße in das operative Geschäft ihrer eigenen Einrichtung eingebunden und verfügen dementsprechend über begrenzte zeitliche Ressourcen, die sie im HC einbringen können. Die befragten Mitglieder haben in unterschiedlichem Maße (von viel bis eher wenig) Erfahrung mit heterogenen Netzwerken in vielfältigen Bereichen gesammelt. Die Einstellung der Mitglieder gegenüber der HC-Steuerungsgruppe ist ambivalent, neben den genannten positiven Aspekten und Erfolgen (z.B. Bildungsberatung und neue Medien) äußern sich die Befragten zum Teil sehr kritisch und resigniert und sind mit der aktuellen Entwicklung des HC tendenziell unzufrieden. Die Mitglieder der Steuerungsgruppe haben sehr unterschiedliche Interessen und Standings, die sie nicht vollständig explizieren. Alle sind in der Anfangsphase optimistisch gestartet und beteiligen sich freiwillig am Verbund. Diverse Personalwechsel, die bereits genannte Beendigung der Kooperation der beteiligten Schulen (vgl. 5.2.2), zahlreiche kleinere Interessenskonflikte, Reibereien und nicht zuletzt die ungünstigen (finanziellen) Rahmenbedingungen haben im Entwicklungsverlauf zu der – in den Interviews überwiegend formulierten – allgemeinen Unzufriedenheit geführt.

Aufgrund der Heterogenität und der unterschiedlichen organisationskulturellen Kontexte der Entwicklungspartner (die bereits in der Vorstudie erörtert wurden) gestaltet(e) sich die Zusammenarbeit sehr zeitaufwendig und erforderte mühsame Aushandlungsprozesse, um eine gemeinsame Sprache zu finden und einheitliche Ziele zu generieren. Ein Befragter beschreibt sprachliche Barrieren die ihm, v.a. während der HC-Initiierungsphase, die Zusammenarbeit und die Integration in die Steuerungsgruppe erschwert haben: *„Das war ein anderes Vokabular was da benutzt wurde. […] Ich habe das immer verstanden aber gedacht: Wozu ist das gut? (Lachen).“* (HC-SG11:Z420ff). Das übergeordnete Ziel *„die Wirksamkeit der WB zu erhöhen“* (HC-SG11:Z489f.) und die Weiterbildungslandschaft (noch) besser zu verzahnen und weiterzuentwickeln, verfolgen alle befragten Mitglieder und versuchen ihre spezifischen Ressourcen im Rahmen ihres Aufgabenfeldes und ihrer Möglichkeiten in die Steuerungsgruppe einzubringen.

Die Mehrheit der Befragten stellt inzwischen die Sinnhaftigkeit der Steuerungsgruppe in Frage und vertritt die Meinung, dass die entstandenen Angebote und Konzepte auch ohne den HC hätten entwickelt werden können, sie schätzen jedoch zugleich die informellen Aspekte des HC (regelmäßige Treffen und Austausch). Einige sind der Meinung, dass die Vorhaben ohne den HC hätten anders organisiert und möglicherweise konsequenter umgesetzt werden können. Bei den Treffen der Steuerungsgruppe geht es weniger um die inhaltliche Zusammenarbeit, als lediglich darum sich zu Treffen. Die Begriffe Lenkungsausschuss, Steuerungsgruppe, Planungsgruppe sind hierbei beliebig austauschbar, schildert ein Mitglied. Die Vielfalt der diversen Sitzungen, Gremien und Organisationsstrukturen führt nach Angabe eines Befragten eher zu Verwirrung als zu mehr Austausch, Effizienz und Effektivität. Einige Befragte sind mit der inhaltlichen Qualität der HC-Steuerungsgruppe und dem Kosten-Nutzen-Verhältnis der Treffen, in denen nach Angabe eines Befragten *„nichts Neues kommt“* (HC-SG8:Z703f.) und lediglich neue Termine vereinbart werden, unzufrieden. Ein weiteres Mitglied empfindet die regelmäßigen Treffen als Zeitverschwendung: *„Ja, es ging so langsam vorwärts und wir haben viele Planungssitzungen, die nicht sehr weiterführend waren gehabt. Am Ende sah das für mich nur noch aus wie Zeitverschwendung.“* (HC-SG11:Z83ff.).

Neben diesen Mitgliedern, die zwar mit der aktuellen Situation eher unzufrieden sind, aber prinzipiell an die Sinnhaftigkeit des HC bzw. der Steuerungsgruppe glauben und bereit sind engagiert weiterzuarbeiten, gibt es vereinzelt Überlegungen aus dem HC auszusteigen und sich wieder auf das Tagesgeschäft der eigenen Bildungsorganisation zu konzentrieren: *„Und dann müssen wir uns hier verrenken, weil man sich da nicht traut auszusteigen und ich glaube im Moment ist die Stimmung eher so, dass man sagt bis hierher und nicht weiter. Und ich finde, das ist auch gar nicht schlimm […], wir machen so viel gute Bildungsarbeit.“*

(HC-SG8:Z667–671). Der in der Vorstudie herausgearbeitete hohe Einfluss der Motivation auf den Erfolg und Bestand des Netzwerks/HC kann in der Fallstudie durchaus kritisch betrachtet werden, da einige Mitglieder das unausgewogene Kosten-Nutzen-Verhältnis bemängeln – worauf in den Ergebnisse aus der Protokollanalyse näher eingegangen wird.

Überleitend zu den Gelingensbedingungen, im nächsten Abschnitt dargestellt werden, zunächst einige Überlegungen zur Rollen-/Akteurskonstellationen der Mitglieder und ihrer dargestellten Selbstreflexion[116]: Wie aus den Aussagen der Experten in der Vorstudie und Fallstudie deutlich wird, verfügen die Mitglieder der Steuerungsgruppe über unterschiedliche Zugänge (zum HC und zur Steuerungsgruppe), Erwartungen, Motivationen, Nutzenorientierungen und individuelle Ziele auf Ebene der Herkunftsorganisation (vgl. 5.1.1). Dies impliziert einerseits eine Herausforderung, andererseits eine Bereicherung für den Kooperationsprozess. Sofern ein gemeinsames Ziel fokussiert und Synergieeffekte durch Arbeitsteilung und gemeinsame Ressourcennutzung generiert werden, kann sich aus der organisationskulturellen Diversität der Entwicklungspartner durchaus ein sozialer, ökonomischer und organisationaler Mehrwert (vgl. 3.2.1) für alle Beteiligten ergeben.

Die intendierte – auf Freiwilligkeit basierende – partnerschaftliche Zusammenarbeit auf Leitungsebene stellt ebenfalls eine potenzielle Herausforderung dar, da die Akteure im HC über keine direkte Weisungsbefugnis verfügen. Außerdem haben sie wenige zeitliche Ressourcen, da sie aufgrund ihrer Leitungsfunktion im operativen Tagesgeschäft ihrer Organisation stark eingebunden sind. Diese Konstellation in (diagonalen) Netzwerken mit strukturähnlichen Akteuren, d.h. zwischen ähnlich strukturierten Bildungsorganisationen, birgt latente Konkurrenzverhältnisse, z.B. um die gleiche Zielgruppe, die im Rahmen der Vorstudie als interne Konkurrenz bezeichnet wurden. Die Entwicklungspartner bewegen sich in den Spannungsfeldern von Kooperation vs. Konkurrenz, Kontrolle vs. Vertrauen, Autonomie vs. Abhängigkeit, die es gilt untereinander und auf Augenhöhe auszuhandeln. Sie operieren in Form von gegenseitiger Kontrolle, reziproker Beobachtung (im Sinne der zitierten ‚freundlichen Feindbeobachtung') und können die Kooperationen durch den Ausbau eines gegenseitigen Vertrauensverhältnisses verbessern. Sowohl die Antagonismen Nähe und Distanz als auch die reziproke Machtkomponente von Beeinflussung (passiv) und Einflussnahme (aktiv) müssen im HC – stellvertretend für Netzwerke und Kooperationen – stetig austariert werden. Diese Spannungsfelder können einerseits zu Abgrenzungshandlungen mit

116 Anm. d. A.

Rekurs auf die Herkunftsorganisation, andererseits zu Vereinnahmungsversuchen führen, die sowohl mit einer Identifikation mit HC als auch mit der Erweiterung des Handlungsspielraums einhergehen können.

6.4 Gelingensbedingungen II

Befragt nach der Zusammenarbeit im HC bzw. nach ihren Erfahrungen in der Netzwerkarbeit betonen die Mitglieder der Steuerungsgruppe eher negative Aspekte, sodass sich aus ihren Aussagen ein Ungleichgewicht ergibt. Diese tendenziell negative Beschreibung ist vermutlich auf die allgemeine Unzufriedenheit mit der HC-Entwicklung (der aktuellen, unsicheren Situation) und den eher negativen Tenor, der in der Mehrheit der Interviews mitschwingt, zurückzuführen.[117] In diesem Unterkapitel wird nicht strikt zwischen förderlichen und hinderlichen Faktoren differenziert, sondern es werden acht Einflussfaktoren, die je nach Perspektive sowohl positive als auch negative Aspekte beinhalten, zusammenhängend erläutert.

Wie bereits aus der Vorbefragung ersichtlich wurde, haben insbesondere die politischen, strukturell-organisatorischen und (unklaren) rechtlichen Rahmenbedingungen einen Einfluss auf die Motivation, das Engagement und die partnerschaftliche Kooperationsbereitschaft der Mitglieder, die wiederum für das Gelingen und den Bestand von Netzwerken relevant sind. Der Aspekt der individuellen Nutzenorientierung, der sich maßgeblich auf die langfristige Kooperations- und Leistungsbereitschaft auswirkt, kommt auch in der untersuchten Steuerungsgruppe zum Tragen und wird anhand der Protokollanalyse einer ausgewählten Steuerungsgruppensitzung (Kap. 7) konkretisiert. Ebenfalls hinderlich auf die Zusammenarbeit im Verbund HC wirken sich – wie auf HC-übergreifender Ebene – unklare (allgemeine) Rahmenbedingungen, nicht explizierte Ziele, nicht transparent kommunizierte (Eigen-)Interessen, latente (interne) Konkurrenzen zwischen den Mitgliedern, diffuse Ängste und Widerstandphänomene aus. Im Fallbeispiel kommen diese hinderlichen Faktoren aufgrund der spezifischen Konstellationen und der Einbettung des HC in die

---

117 Anm. d. A.: Dies bedeutet nicht, dass keine positiven Aspekte genannt wurden oder dass die Entwicklung des untersuchten HC ausschließlich regressive Tendenzen hatte. Zum Zeitpunkt der Befragung befand sich der HC am Ende der zweiten Aufbauphase (2010-2013) und stand u.a. vor der Herausforderung, sich intern neu zu positionieren, vorhandene Interessenkonflikte auszuhandeln und die individuellen Ziele der Entwicklungs-/Kooperationspartner mit den strukturellen Vorgaben und politisch-strategischen Zielen auf Landesebne abzugleichen.

städtische Bildungslandschaft – mitsamt ihrer gefestigten Kooperationsstrukturen, Positionen und zum Teil vorurteilsbelasteten Haltungen – deutlich zum Tragen. Zugleich kann ein produktiver Umgang der Akteure mit konflikthaften Phasen der Unsicherheit, des Widerstands und der allgemeinen Demotivierung aufgezeigt werden.

Themenblock	Inhaltliche Dimensionen
Gelingensbedingungen	• Vernetzung als Selbstzweck und Herausforderung • Engagement, Zieldefinition und Gleichberechtigung • Allgemeine Rahmenbedingungen • Motivation und individueller Nutzen • Konkurrenzthematik: Konkurrenz vs. Kooperation • Widerstand und diffuse Angst • Intransparente Kommunikation und Interessenskonflikte

6.4.1 Vernetzung als Selbstzweck und Herausforderung

Die Einstellung der Befragten zur im HC initiierten Vernetzung der Entwicklungspartner wird ambivalent geschildert. Grundsätzlich hat der HC zur Vernetzung (untereinander) innerhalb der Steuerungsgruppe und mit den beteiligten Kooperationspartnern beigetragen, zum Teil wurde dies als sehr zeit- und arbeitsintensiv erlebt („*Vernetzung macht immer Arbeit*" (HC-SG9:Z610)) und phasenweise auch als große Bereicherung empfunden.

Positive Aspekte der Vernetzung liegen in der gleichberechtigten Zusammenarbeit „*auf Augenhöhe*" (HC-SG9:Z643) und dem Kennenlernen der Vertreter der beteiligten Organisationen, was unter anderen Umständen nicht automatisch gegeben ist, da unter den beteiligten Einrichtungen durchaus ein hierarchisches, historisch gewachsenes Gefälle besteht. Die engen, persönlichen Kontakte auf fachlicher und informeller Ebene werden von den Befragten sehr positiv hervorgehoben. Die gelungenen Kooperationen mit strukturell unterschiedlichen Bildungseinrichtungen (z.B. zwischen VHS und Schulen) werden als eine Stärkung und angenehme Erfahrung geschildert. Die Befragten haben spannende, interne Einblicke in die jeweilige, kooperierende Institution erhalten, die bspw. im Rahmen von Auftragsmaßnahmen nicht üblich sind. Daraus haben sich langfristige, sehr produktive Kooperationen zwischen der VHS und den regionalen Schulen – auch unabhängig vom HC – auf bilateraler Ebene ergeben. Durch die Möglichkeit sich intensiver und persönlicher auf einer informellen Ebene – bspw. durch die Zusammenarbeit in weiteren HC-Gremien wie dem HC-Sprecherkreis – kennenzulernen, wuchs auch die gegenseitige Empathie und das Verständnis füreinander (z.B. für die schwierige Rolle von Schulleitern). Außerdem hat die Vernetzung im Rahmen von HC dazu beigetragen, sich einen breiten Überblick über bestehende WB-Angebote in der hessischen Bildungslandschaft zu verschaffen, sich über laufende Projekte (neben HC) auszutauschen und eher peripheren Akteuren aus anderen Bereichen die Möglichkeit geboten, sich souverän in die Bildungslandschaft zu integrieren. Diese positive Entwicklung und den regen Erfahrungsaustausch beurteilen die Befragten sehr positiv („*Das ist doch ein Wissen das uns nicht verloren gehen sollte.*“ HC-SG11: Z448) und betonen gleichzeitig, dass Vernetzung ausreichender personeller, zeitlicher und nicht zuletzt finanzieller Ressourcen bedarf.

Aus den Aussagen der Experten lässt sich schlussfolgern, dass sich auf Basis der Zusammenarbeit im HC vielfältige Vorteile für die beteiligten Organisationen ergeben, die sich auf weiche (organisations-)kulturelle Aspekte (wie informelles Kennenlernen, nützlichen Informationsaustausch und Einblick in die Strukturen der Bildungslandschaft) beziehen und wodurch die sozialen Fähigkeiten der Beteiligten (Empathie und Verständnis) erweitert wurden. Diese genannten Aspekte decken sich mit den aus der Forschungsliteratur zitierten Vorteilen (vgl. Dresselhaus 2006; Jütte 2002; u.w.). Aus systemtheoretischer Perspektive erhalten die Akteure durch reziproke Beobachtungsverhältnisse im HC einen Einblick in die für sie relevanten Systemumwelten (andere Organisationen und zum Teil auch in die Steuerungsprozesse der Landesebene), sie können ggf. die strategisch-operative Ausrichtung ihrer Herkunftsorganisation entsprechend den Erwartungen ihrer Umwelt anpassen. Der potenzielle Mehrwert geht jedoch nach Angabe der Befragten mit einem vergleichsweise hohen Arbeits- und Zeitaufwand einher, der u.U. mit dem operativen Geschäft und den Leitungsaufgaben in der eigenen Organisation konkurriert.

6.4.2 Engagement, Zieldefinition und Gleichberechtigung

Zu Beginn des HC war eine große Aufbruchsstimmung spürbar, diese war geprägt durch eine hohe Motivation aller Beteiligten, große Veranstaltungen mit viel politischer Prominenz, die in großen Räumlichkeiten stattgefunden haben, sowie einer positiven Haltung und persönlichem Engagement der Entwicklungspartner. Trotz der zunehmenden Desillusionierung und Stagnation des untersuchten HC (vgl. 6.2.3) gab es sehr engagierte Einzelpersonen, die maßgeblich zur positiven Entwicklung des HC beigetragen haben. Hervorgehoben werden hier bspw. die HC-Koordination und Projektassistenz, denen bereits in der Vorbefragung eine bedeutende Schlüsselfunktion zugeschrieben wird. Insbesondere im Bereich der Bildungsberatung hat bspw. die VHS sehr positive Erfahrungen mit sehr engagierten Lehrern der beteiligten Schulen gemacht. Die Befragten messen – ebenso wie die HC-Koordinatoren – der HC-Koordination eine bedeutende Schlüsselposition bei: *„Mit solchen Personen lebt das auch. Wenn sie so jemanden haben, der ihr Netzwerkprojekt gestaltet und leitet vor allen Dingen, dann hat das auch gute Chancen sich gut zu entwickeln.“* (HC-SG7:Z479ff.). Der primäre Motivationsfaktor ist laut der befragten Mitglieder der Steuerungsgruppe neben dem genannten Beziehungsaspekt (Vernetzung) das Geld: *„Man muss die Leute motivieren und Geld ist immer eine gute Motivation. (Lachen).“*(HC-SG10:Z405f.). Ein Befragter formuliert den monetären Motivationsaspekt etwas zugespitzter: *„Geld ist im Bildungsbereich der Energieträger Nummer eins.“* (HC-SG9: Z691f.). Neben diesen emotionalen und monetären Anreizen werden die auf Landesebene vorgegebenen Ziele und ideellen Leitgedanken von den Mitgliedern ebenfalls als motivierend wahrgenommen – es kommt aus Sicht eines Mitglieds, wie bereits erwähnt (vgl. 5.4.2), vor allem darauf an *„die Wirksamkeit von Weiterbildung zu erhöhen“* (HC-SG11:Z489).

Wichtig für eine produktive Arbeit im Kooperationsverbund HC sind eine prinzipielle Offenheit für andere Organisationen, Perspektiven, Herangehensweisen und die Einsicht, *„dass es nicht nur den einen Weg gibt“* (HC-SG8:Z115f.). Darüber hinaus ist es auf inhaltlicher Ebene evident für eine produktive Kooperation bereits vor Förderbeginn verbindliche Ziele festzulegen, langfristig zu denken und zu planen sowie strategische Überlegungen (z.B. ein Marketingkonzept) zu führen. Da die HC-Entwicklungspartner über jeweils unterschiedliche individuelle Spielräume verfügen, sind klare Zielvorgaben auf Landesebene notwendig, um eine gewisse Stringenz in der Landesinitiative HC zu gewährleisten: *„Ich beobachte es so, dass es keine gemeinsamen klaren Ziele gibt wohin so eine Kooperation steuern könnte.“* (HC-SG8:Z196f.). Bspw. hat die VHS im Gegensatz zu den beteiligten Schulen aufgrund ihres öffentlichen Auftrags einen relativ großen Handlungsspielraum und kann ihre Angebote eigenständig gestalten. Ein Befragter warnt davor zu strikte, deskriptive Ziele vorzugeben, da Kooperationsprojekte nicht funktionieren, wenn *„man alles vorgibt und die Menschen nicht abholt“* (HC-SG7:Z261f.). Die vorgegebenen HC-Ziele waren in Bezug auf die Umsetzung zu ambitioniert (zu viel auf einmal), nicht klar definiert und sind in der Umsetzungsphase verloren gegangen bzw. wurden nicht weiterentwickelt. Ein Befragter empfiehlt, sich im Rahmen von Kooperationen in Verbundprojekten auf wenige, klar definierte Ziele zu fokussieren: *„Man muss sich auf zwei, drei Oberziele festlegen und das darf nicht überfrachtet sein. Das ist aber nicht nur bei HC so, das ist eigentlich klassische Zielarbeit, die man machen muss.“* (HC-SG8:Z289ff.).

Positiv erwähnt wird weiterhin der intensive Erfahrungsaustausch in der HC-Steuerungsgruppe („*Ich glaube, das ist schon was Außergewöhnliches.*" HC-SG7:Z79f.), da sich interorganisationale Kooperationen erfahrungsgemäß auf Auftragsarbeiten, bspw. Nachmittagsprogramme, die WB-Anbieter an Schulen ausführen, beschränken. Die Gleichberechtigung aller Mitglieder der Steuerungsgruppe wird ebenfalls sehr positiv hervorgehoben: „*Wir agieren da auf Augenhöhe. Das würde ich sagen, das ist jetzt damit eigentlich hinhaltend beschrieben. Es ist ja an alle Mitglieder der Steuerungsgruppe sind die gleichen, sagen wir mal, Erwartungen gerichtet. Da sind ja keine hierarchischen Unterschiede.*" (HC-SG7:Z10fff.).

Die Antworten der Befragten ergeben ein komplexes Gefüge (intrinsischer und extrinsischer) motivationaler Aspekte, die sich auf das individuelle Engagement und letztlich auf den Grad der Zielerreichung im HC auswirken. Dabei spielen sowohl monetäre Anreize (Geld/Landesförderung) als auch ideelle Werte (Ziele/Leitbild) eine wichtige Rolle. Persönliche Voraussetzungen und organisationale Eigenschaften, die zum Gelingen der Kooperation beitragen, lassen sich unter den Schlagwörtern Offenheit, Gleichberechtigung, (organisationale) Vielfalt und Verbindlichkeit (in Bezug auf die Ziele und Beteiligungsformen) subsumieren.[118]

6.4.3 Allgemeine Rahmenbedingungen

Befragt nach ihrem persönlichen Begriffsverständnis von HC, bezeichnen die Mitglieder der Steuerungsgruppe den HC als einen lockeren Kooperationsverbund, nicht als Netzwerk, in dem finanzielle Aspekte eine große Rolle spielen: „*Lockerer Kooperationsverbund auf alle Fälle und so ein Netzwerk, habe ich mir immer etwas anderes drunter vorgestellt. […] und mir war relativ schnell deutlich, hier wird eigentlich ständig über Geld geredet.*" (HC-SG8: Z516fff.). Wie dieses Zitat verdeutlicht, werden die finanzielle Lage des HC äußert belastend empfunden und das Thema Geld als ein zentrales (latentes) Leitthema im HC wahrgenommen, das inhaltliche Themen zu dominieren scheint. Ohne eine gemeinsame, inhaltliche Zielausrichtung besteht die Gefahr lediglich an einer punktuellen Zusammenarbeit hängen zu bleiben.

Die finanzielle Förderung des HC ist über die Landesmittel voraussichtlich bis 2013 gesichert, wobei die Zuwendungen sukzessive reduziert und die Fördermittel jährlich neu beantragt werden müssen. Durch die sukzessive hessenweite

118 Anm. d. A.: An dieser Stelle wird wiederum die Notwendigkeit von organisationaler Autonomie der Akteure innerhalb der vorgegebenen Spielräumen und Rahmenbedingungen evident.

Ausbreitung des HC auf weitere Städte und Landkreise wurde die Finanzierung kontinuierlich jährlich reduziert, obwohl der untersuchte HC weitaus mehr finanzielle Mittel benötigt hätte. Die Entwicklungspartner haben es laut Selbstauskunft versäumt, analog zum Rückgang der Landesmittel, ihre Aktivitäten und Vorhaben anzupassen. Das Antrags- und Bewilligungsverfahren für die jährlichen Mittel ist sehr aufwendig. Bspw. hat der HC für das Jahr 2010 die Mittelbewilligung mit erheblicher Verzögerung erhalten, sodass die beteiligten Entwicklungspartner sich in einer ungewissen Situation befanden und ihre Handlungsfreiheit sehr eigeschränkt war. Ein Befragter fordert eine höhere kommunale Selbstverwaltung, um effektiver und eigenständiger mit den HC-Mitteln wirtschaften zu können.

Die Mehrheit der Befragten betrachtet die degressiv verlaufende Finanzierungsregelung als Gefährdung und *„größten Hemmfaktor des HC"*, da jährlich im ersten Quartal eine Lücke entstand, *„in der die Initiative im Prinzip handlungsunfähig war."* (HC-SG10:Z162ff.). Durch die Verzögerungen, die sich bei der Beantragung und Bewilligung der Mittel ergaben, geriet der HC regelmäßig ins Stocken. Dies führte zu unnötigen Verzögerungen und Unterbrechungen der Leit-/Teilprojekte. Aufgrund finanzieller Engpässe, Unsicherheiten und Handlungseinschränkungen konnten durchaus umsetzungsfähige Teilprojekte nicht realisiert werden. Die Gelder wurden zu spät ausgezahlt und mussten anschließend wieder zurückgezahlt werden. Seit fast zwei Jahren wird die Entwicklung des HC durch aufwendige Diskussionen mit den Landesvertretern über die Finanzierung blockiert, was laut eines Befragten hauptsächlich an den unklaren Stellungnahmen des Landes liegt: *„Es geht mir nicht um die Menge, sondern um die Sicherheit dabei. Diese Planungssicherheit, die man bräuchte und dann könnte man gucken, was man damit neu macht."* (HC-SG8:Z541ff.).

Unter der unklaren Finanzierung des HC leiden nach Angabe einiger Befragter auch die personellen Ressourcen. Neben wenigen festangestellten Mitarbeitern, bspw. der Projektkoordination und VHS-Leitung, sind drei HC-Projektmitarbeiter mit befristeten Projektverträgen angestellt (50% Stellenumfang), die über die HC-Mittel finanziert werden. Einige im der im Rahmen von HC angestellten Mitarbeiter mit befristeten Projektverträgen werden bereits zum Teil aus städtischen Mitteln finanziert, mindestens zwei Mitarbeiter müssen allerdings aus den HC-Projektmitteln bezahlt werden. Die zuständige Einrichtung muss zur Finanzierung des projektgebundenen Personals regelmäßig in Vorleistung gehen – ohne die Sicherheit das Geld wiederzubekommen. Diese Unsicherheit und die damit verbundene Einschränkung der Handlungsfreiheit sind für die betroffenen Personen unzumutbar, da sie über keinerlei Planungssicherheit verfügen, was wiederum eine Fluktuation des Personals und ggf. einen Austritt relevanter Entwicklungspartner begünstigt. Während des ersten Quartals eines Jahres, in dem die Gelder neu beantragt werden müssen, konnte bspw. die HC-Projektassistenz ihre Arbeit nur eingeschränkt ausführen, sie hat in diesen Monaten lediglich die Sitzungen der Steuerungsgruppe begleitet und die Sitzungsprotokolle erstellt. Ein Kollege aus einer anderen Abteilung der VHS hat während dieser Monate die administrativen Aufgaben übernommen und sich um die Verwendungsnachweise gekümmert.

Weiterhin berichten die Befragten über räumliche Engpässe der VHS, in der meistens die Treffen der Steuerungsgruppe stattfinden. Zum Zeitpunkt der Befragung können bspw. keine Büros zur Verfügung gestellt werden. Eine gute Infrastruktur mit ausreichend Räumlichkeiten ist aus Sicht der Befragten jedoch notwendig, um ein anspruchsvolles Projekt wie HC zu realisieren. Neben den finanziellen, personellen und räumlichen Ressourcen fehlt Zeit, da die Vertreter der Entwicklungspartner lediglich über begrenzte zeitliche Kapazitäten verfügen. Ein Befragter verdeutlicht den Zusammenhang zwischen einer sicheren Finanzierung und ausreichend zeitlichen Ressourcen bzw. die Relevanz von ausreichenden Gestaltungsspielräumen, um anspruchsvolle Verbundprojekte wie HC durchführen und gewinnbringend umsetzen zu können, etwas zugespitzt: *„Räume, Ressourcen, ja, Zeit. Aber mit Geld kann ich alles machen. Mit Geld kann ich Räume aufschließen, mit Geld kann ich Zeit herstellen. […] Wenn ich etwas verhindern will, sag ich einfach: dafür habe ich kein Geld.“* (HC-SG9:Z694fff.).

Vorgaben des Landes: Organisatorische Mängel und unflexible Strukturen

Der HC hat *„sehr große organisatorische Mängel“* (HC-SG7:Z417) schildert ein Befragter. Wichtige organisatorische Fragen nach institutionellen Zuständigkeiten oder nach der Anrechenbarkeit der gemeinsam entwickelten Bildungsangebote, wurden im Jahr 2012 noch verhandelt, z.B. war die Frage, ob die Kurse kostenpflichtig angeboten werden sollen, noch nicht geklärt: *„Berechnen sie es als Kurs für den sie Gebühren nehmen? Ist das eine Schulstunde die ein Lehrer gibt? (Lachen): Es sind wirklich dämliche Kleinigkeiten. Man könnte es machen, es wäre sinnvoll. Darf ich es als Fremdsprachenunterricht rechnen? Ja?“* (HC-SG11:Z403fff.).

Die Mehrheit der Befragten fordert eine Flexibilisierung der organisatorischen und rechtlichen Rahmenbedingungen, wie es das folgende Zitat treffend zusammenfasst: *„Und ich würde sagen, es ist echt ein Scheidepunkt wo wir stehen und die Frage ist, wir könnten es inhaltlich-qualitativ weiterentwickeln, aber wir brauchen eine Flexibilität der Rahmenbedingungen.“* (HC-SG8:Z61ff.). Zu strikte und rigide Vorgaben des Landes erschweren nach Angabe der Befragten die aktuelle HC-Entwicklung, da es einerseits keine klaren Entscheidungen zur

Finanzierung und Zukunft des HC und andererseits die Vorgabe/Verpflichtung gibt, regionale Kooperationsvereinbarungen auszuarbeiten und dem HKM unterschrieben vorzulegen. Diesbezüglich haben bereits Verhandlungsversuche mit dem Land stattgefunden. Es herrscht ebenfalls Unklarheit über die Ausgestaltung des förderungsrelevanten Kooperationsvertrags und der regionalen Kooperationsvereinbarungen, die von allen Entwicklungspartnern gemeinsam ausgearbeitet und unterschrieben werden müssen. Die Diskussion, wie solch ein Vertrag aussehen sollte, gestaltet sich sehr zäh. Ein Befragter verdeutlicht den Widerspruch zwischen den geforderten Kooperationsvereinbarungen und dem Fehlen von rechtlichen Grundlagen (z.B. Beteiligungsform für die Berufsschulen) wie folgt:

> *„Es müssen aber einfach die rechtlichen Grundlagen geklärt werden. Ein neues Bildungskonstrukt auf den guten Willen der Beteiligten zu bringen, das ist genauso zum Scheitern verurteilt wie die Schulpartnerschaften die auf Freundschaft von zwei Lehrern beruhen. Es funktioniert nicht. Es muss ein förmlicher Vertrag geschlossen werden, der die anderen bindet, der ihnen Strukturen gibt."* (HC-SG11:Z189–193).

Das Land hat weder ein rechtliches Konzept noch einen Vorschlag für die Zusammenarbeit mit den beteiligten Schulen bzw. Partizipationsangebote für die mitarbeitenden Lehrer, um eine produktive Kooperation zu gewährleisten, entwickelt und überlässt dies den einzelnen Initiativen. Diese sollen ihre Aufgaben HC-intern verteilen und eine einheitliche Herangehensweise aushandeln. Außerdem ist es Aufgabe der HC-Initiatoren zwischen den Entwicklungspartnern im Konfliktfall zu vermitteln und dies nicht den HC-Mitarbeitern selbst zu überlassen. Bisher gibt es weder Unterstützung für die beteiligten Schulen noch Verhandlungen, um bspw. die Berufsschulen für eine Beteiligung am HC zu gewinnen und ihre Motivation zu erhöhen. Die Befragten finden es sinnvoll, gezielt Anreize v.a. für die beteiligten Schulen zu setzen und flexiblere Rahmenbedingungen im Sinne von mehr Spielraum zu schaffen. Unabhängig von HC arbeiten die Entwicklungspartner laut Selbstangabe gut zusammen. Die inhaltlichen und strukturellen Rahmenbedingungen des Landes, die ein Mitglied als *„Gängelband"* (HC-SG8:Z77) bezeichnet, werden allerdings als zu einschränkend empfunden, da den Akteuren zu wenige Ressourcen bereitgestellt und nicht ausreichend Handlungsspielräume geboten werden.

6.4.4 Motivation und individueller Nutzen

Tendenziell wirkt sich die, bereits geschilderte, allgemeine Entwicklung des untersuchten HC (vgl. 5.3.1) demotivierend auf die Beteiligungsbereitschaft der HC-Steuerungsgruppenmitglieder aus. Die Zusammenarbeit im HC gestaltet sich für alle Befragten zunehmend demotivierend und wird als eine zusätzliche Belastung – neben den Kernaufgaben der eigenen Organisation – empfunden. Daraus resultieren zum Zeitpunkt der Befragung eine interne Fluktuation und weniger Beteiligungsbereitschaft als zu Beginn während der ersten HC-Aufbauphase. Inzwischen sind nur noch einige, wenige Entwicklungspartner (i.d.R. ein von zwei Vertretern der Kerneinrichtungen) regelmäßig in der Steuerungsgruppe anwesend. Zu Beginn war die Motivation bei allen Beteiligten relativ hoch, ein Befragter gibt an, sogar gezielt wegen des HC an seine Bildungsorganisation gekommen zu sein. Tendenziell sind die beteiligten Schulleiter und Lehrer aus strukturell-organisatorischen Gründen weniger motiviert, da sie über keine oder nur wenige Entlastungsstunden verfügen und eine Beteiligung am HC für sie einen erheblichen Mehraufwand bedeutet. Ein prinzipielles Interesse an Themen des lebensbegleitenden Lernens und den HC-Leitzielen ist seitens der ehemals beteiligten, regionalen Schulen durchaus vorhanden, kollidiert jedoch (vorerst) mit den auf Landesebene gesetzten rechtlichen und organisatorischen Rahmenbedingen.

Der persönliche Nutzen und Mehrwert, der sich aus der Beteiligung am HC und Teilnahme an den Steuerungsgruppensitzungen ergibt, wird von einigen Befragten ebenfalls als gering eingeschätzt: *„Wenn man sieht, dass bestimmte Sachen dann eben doch im Sande verlaufen und dann eben auf kleiner Flamme weitergeführt werden, dann wird das schon ein bisschen schwieriger.“* (HC-SG10:Z70ff.). Ein Befragter schildert subjektive ‚Frustphasen‘: Zum einen gibt es zu viele uneffektive Sitzungen, in denen man überhaupt nicht weiterkommt, zum anderen werden die besprochenen Themen nicht umgesetzt. Seiner Meinung nach stehen die Arbeitssitzungen in keinem wirtschaftlichen oder zeitlichen Verhältnis. Die Steuerungsgruppensitzungen haben einen *„sehr starken Planungscharakter“* (HC-SG11:Z416) und die überregionalen Treffen der kommunalen Verwaltungen die Funktion einer *„Verkündigungsveranstaltung“*, bei der sich die Vertreter *„für blöd verkauft“* fühlen, *„weil wir immer wieder das gleiche erzählt kriegen.“* (HC-SG8:Z118ff.). Die zunehmende Motivationslosigkeit und Fluktuation der Mitglieder hat dazu geführt, dass sinnvolle Teilprojekte nicht hinreichend umgesetzt werden konnten.

Die Mitglieder der Steuerungsgruppe geben an, wenig bis gar keinen individuellen Mehrwert (*„Eigenvorteil“* (HC-SG10:Z70)) aus der Kooperation im HC-Verbund zu ziehen und die Nutzenerwartung der anderen Mitglieder schwer einzuschätzen zu können. Die unsichere Finanzlage (Reduzierung der Fördergelder) und die ungünstigen Rahmenbedingungen des HC demotivieren die Mitglieder der Steuerungsgruppe zusätzlich. Der individuelle Nutzen und Ertrag, der sich für die Entwicklungspartner durch die Beteiligung am HC ergeben soll, wird von einigen Befragten in Frage gestellt. Die vorgegebenen und zum Teil erreichten Ziele hätten auch anders – ohne HC – umgesetzt werden können, da die beteiligten Einrichtungen bereits über ein gut ausgebautes Netzwerk und eine solide Infrastruktur verfügen. Ein Befragter gibt an, bereits mit relevanten lokalen Akteuren (Kammern, staatlichen und freien Bildungsträgern, Bildungsverwaltungen etc.) zu kooperieren und sieht grundsätzlich keinen Sinn im Aufbau eines neuen (Bildungssub-)Systems oder eines weiteren Netzwerks.

Insbesondere für die beteiligten (Berufs-)Schulen ist die Schnittmenge mit den HC-Entwicklungspartnern nicht groß genug, um sich langfristig und verbindlich zu beteiligen. Eine landespolitische Verpflichtung zur Zusammenarbeit und Vereinheitlichungsmaßnahmen sind hier laut des befragten Vertreters der Berufsschulen nicht zielführend und befördern eher die Nicht-Akzeptanz von HC als weitere Kooperationen. Die Berufsschulen sind nach Selbstauskunft grundsätzlich offen für Innovationen und könnten ihre eigne Schulentwicklung frei von Reformierungszwängen vorantreiben. Laut Selbstangabe wollen sich die Berufsschulen weder (durch HC) instrumentalisieren und zur Kooperation zwingen lassen noch als *„Sparstrumpf herhalten müssen"* (HC-SG8:Z190). Von einigen anderen Entwicklungspartnern werden die beruflichen Schulen als potenzielle Konkurrenten wahrgenommen, da sie – im Vergleich zu den Entwicklungspartnern – mit einem größeren Budget und mehr Handlungsfreiheit ausgestattet sind sowie andere Bildungsanbieter auf dem regionalen Anbietermarkt verdrängen könnten.

Aus dem untersuchten Fall wird – vertiefend zur allgemeinen Nutzenthematik der Vorstudie, in der ein individueller Nutzen als existentiell erachtet wurde – ersichtlich, dass sich ein unausgeglichenes Kosten-Nutzen-Verhältnis nachteilig auf die Kooperationsbereitschaft und Motivation der Akteure auswirken kann. Am Beispiel der Einstellung der Berufsschulen zeigt sich deutlich, dass neben einem schwach ausgeprägten Nutzen, diffuse Ängste und latente Konkurrenzen einer Beteiligung am HC entgegenstehen können. Die Angabe, der individuelle Nutzen sei eher gering und der Nutzen der anderen Mitglieder schwer einzuschätzen spricht für die Notwendigkeit, den Nutzen der eigenen Organisation zu explizieren und organisationsübergreifende Schnittmengen zu eruieren, um perspektivisch die Existenz des Verbundes zu sichern – wie dies im weiteren Entwicklungsverlauf im Rahmen einer selbstinitiierten, reflektierenden Sondersitzung der Steuerungsgruppe geschehen ist (vgl. Kap. 7).

6.4.5 Konkurrenzthematik: Konkurrenz vs. Kooperation

Die Mehrheit der Mitglieder der Steuerungsgruppe ist an einer konstruktiven, konkurrenzfreien Zusammenarbeit interessiert und versucht durch gezielte

Kooperationsbemühungen (z.B. interne Abstimmung der Bildungsangebote, des Klientel und der Aufgaben) latente Konkurrenz zu verhindern oder zu reduzieren. Die Gründe für eine diagonale Kooperation bestehen, nach Angabe der Mitglieder, in der Nutzung zusätzlicher Ressourcen, im inhaltlichen Austausch und im Einblick in andere Bereiche (die außerhalb der Kernaufgaben der Einrichtung liegen), woraus sich perspektivisch Synergieeffekte ergeben können.

In der Bildungslandschaft gibt es aufgrund der hohen Anbieterdichte und Angebotsvielfalt sehr viel Konkurrenz zwischen den öffentlichen und den privaten Bildungseinrichten. Die fördert zum einem die Tendenz sich abzugrenzen und ein eigenes Anbieterprofil zu entwickeln, zum anderen erhöht es die Notwendigkeit mit konkurrierenden Einrichtungen zu kooperieren. Die Vertreter der kleinen Organisationen mit geringen Ressourcen nehmen einen größeren Druck wahr zu kooperieren als Vertreter von größeren Bildungseinrichtungen, die eher ideelle Motivationsaspekte (z.B. hohes Innovationspotenzial der Angebote) nennen. Gemeinsames Ziel der Kooperationen ist die Entwicklung gemeinsamer Bildungsangebote unter Berücksichtigung aller Interessen, die Bündelung gemeinsamer Ressourcen und die Nutzung der jeweiligen Stärken der Entwicklungspartner. Bestenfalls sollten dabei die unterschiedlichen Interessen vereint, Widersprüche und evtl. bestehende Konkurrenzen reduziert oder vermieden werden. Zum Aufbau von Kooperationsbeziehungen ist es, wichtig zunächst ein gemeinsames Kooperationsverständnis zu entwickeln und Kooperation nicht als *„feindliche Umarmung“* oder *„eine Art Zwangsheirat“* (HC-SG8:Z188f./Z193) zu verstehen. Die Mitglieder der Steuerungsgruppe müssen klären, wer welchen Nutzen aus der Kooperation ziehen kann und ihre – zumeist implizit geäußerten – Interessen offenlegen. Beides hat bisher nach Angabe eines Befragten nicht stattgefunden, es geht vielmehr um eine gegenseitige Beobachtung der Mitglieder nach dem Motto: *„Möglichst viel mitnehmen, wenig preisgeben und sich selbst gut darstellen“* (HC-SG8:Z418f.).

Während der Initiierungsphase wurde der HC landesweit, wie bereits aus der Vorstudie hervorgeht, von externen Trägern der Bildungslandschaft (z.B. IHK, Einrichtungen aus dem Bereich der beruflichen WB) als große, staatlich finanzierte Konkurrenz wahrgenommen (vgl. 5.1.2). Nachdem die Konkurrenzthematik rund um den HC eine gewisse Brisanz erreichte, versuchten die Entwicklungspartner den vorherrschenden Ängsten durch eine bewusste Profilierung entgegenzuwirken: *„Wir haben unsere eigene Abgrenzung, wir haben unsere Identität. Das sind Sachen, wo wir vielleicht Berührungspunkte haben, aber wo wir nicht im gleichen Teich fischen.“* (HC-SG10:Z502ff.).

Einzelne Mitglieder werden innerhalb der Steuerungsgruppe von den Befragten als potenzielle Konkurrenten bezeichnet, sofern sie die gleiche Zielgruppe haben und ähnliche Bildungsformate/-konzepte anbieten – der erwartete Nutzen überwiegt jedoch deutlich. Aus Perspektive der Berufsschule war HC zu Beginn ein potenzieller Konkurrent, dies hat sich inzwischen neutralisiert. Bspw. wird die VHS trotz ihrer zentralen, tendenziell dominanten Position im Verbund nicht als Konkurrenz wahrgenommen. Sie wird von den anderen Entwicklungspartnern als strukturell am geeignetsten eingeschätzt, um wichtige Aufgaben im und Verantwortung für den HC übernehmen zu können. Zur Reduktion von Konkurrenz ist es besonders wichtig, möglichst zu Beginn einer Kooperation, das gegenseitige Nutzenverhältnis im Verbund zu klären und die (externen und internen) Konkurrenten zusammenzubringen. Ein Befragter empfiehlt, alle Beteiligten bspw. in einer Auftaktveranstaltung möglichst transparent über die Ziele der Initiative zu informieren und die Win-Win-Situation hervorzuheben. Positiv erwähnt wird die Zusammenarbeit im Bereich der Bildungsberatung, dort gibt es inzwischen eine sehr gute Kooperationsbasis, aus der sich für alle Beteiligten sowohl ein individueller Nutzen als auch ein Nutzen für die Zielgruppe sowie Synergieeffekte ergeben.

Der von den einzelnen Befragten erwartete und meist implizit formulierte Nutzen (Synergieeffekte, gemeinsame Ressourcennutzung und Informationsaustausch) überwiegt jedoch die potenzielle (interne) Konkurrenzthematik, die sich ggf. aus dem Wettbewerb um die gleiche Zielgruppe ergeben könnte. Die Forderung, die individuellen Interessen offen zu legen und klar zu kommunizieren, lässt auf eine Art informelles Tabu der Akteure schließen, ihre Eigeninteressen und strategische Nutzenkalküle zu formulieren, die neben den offiziellen Zielen, Vorgaben und akzeptierten Werten des Bildungssystems bestehen (z.B. tendenziell altruistische Orientierung am jeweiligen Bildungsauftrag von Non-Profit-Organisationen).

6.4.6 Widerstand und diffuse Angst

Analog zum in der Vorstudie erörterten (überwiegend externen) Widerstand in einigen Regionen während der Initiierungsphase herrscht in der regionalen Bildungslandschaft teilweise eine ablehnende Haltung gegenüber HC, die trotz der Aufklärungsbemühungen einzelner Entwicklungspartner (z.B. der VHS) bisher nicht aufgebrochen werden konnten. Aus der Analyse der Experteninterviews hat sich im untersuchten Fall ein HC-internes Spannungsverhältnis zwischen den (beruflichen) Schulen und den beteiligten (außerschulischen) WB-Organisationen herauskristallisiert. Dieses ist einerseits auf ein gegenseitiges Misstrauen zwischen schulischer Bildung und außerschulischer WB, andererseits auf *„historisch gewachsene"*, *„Personen begründet(e)"* (HC-SG11:Z88f.)

Konflikte und Widerstände zurückzuführen. Die Berufsschulen und Schulen für Erwachsene sind strukturell vom WB-Bereich abzugrenzen. Laut eines Befragten handelt es sich bei Schulsystem und WB-System um unterschiedliche (Sub-)Systeme, die beide das Ziel verfolgen lebensbegleitendes Lernen umzusetzen. Die Zusammenarbeit ist auf der praktischen und informellen Ebene unabhängig von HC sehr gut. Es wird im Sinne einer *„ganz gewöhnlichen Nachbarschaft“* (HC-SG11:Z317f.) beschrieben, bspw. werden gemeinsame Räume genutzt und im Austausch mit Lehrern, gemeinsame Veranstaltungen und Fortbildungen durchgeführt. Außerdem gestalten sich Entwicklungs- und Reformprozesse an Schulen viel langwieriger und sind schwieriger durchzuführen als bspw. an der VHS, die über einen größeren Gestaltungsspielraum verfügt. Die Schulen unterliegen i.d.R. mehr Zwängen und sind trotz des neuen hessischen Schul- und Weiterbildungsgesetztes (2011) und des Modellprojekts ‚Selbstverantwortung Plus', wodurch ihnen eine höhere Autonomie ermöglicht wird (vgl. Kap. 3), stärker reglementiert. Den möglichen Grund für die kritische Haltung der Schulen fasst das folgende Zitat zusammen: *„Das ist ja doch eine starke Top-Down-Geschichte, dieser HC [...] und die meisten Schulen wollen eigentlich sich gar nicht gerne reinreden lassen. So ist das. Das wollen die halt nicht und deswegen haben die das abgelehnt.“* (HC-SG7:Z186–191).

Durch die geplante Neufinanzierung im Zuge der ‚Selbstständigen Schulen' sollen die beruflichen Schulen zukünftig über ein Stundendeputat von 105% verfügen, wogegen sich die regionalen Schulen wehren. Diese Reaktion der Schulen können die Befragten durchaus nachvollziehen und sehen diese Neuregelung ebenfalls eher skeptisch: *„Das ist auf der anderen Seite, ich sag auch mal, eine Mogelpackung, weil diese 105 % ist eine Zusage der Landesregierung für alle Schulformen und man versucht auf indirektem Weg eine Finanzierung ohne weitere Beteiligung sicherzustellen.“* (HC-SG8:Z53fff.). Durch die Novellierung des hessischen Schul- und Weiterbildungsgesetzes (2011) könnten die Berufsschulen stärker zur Koordinationsverantwortung in den HC einbezogen bzw. *„in die Pflicht genommen werden von HC, irgendwo was zu tun“* (HC-SG10:Z126f.). Sollte dies eintreten, kann es u.U. zu Verschiebungen in der HC-Struktur und zu Veränderungen der Zuständigkeiten kommen (VHS vs. berufliche Schulen). Bisher haben sich die beruflichen Schulen aus dem HC größtenteils herausgehalten. Dies könnte sich mit dem neuen Weiterbildungsgesetz und den damit zusammenhängenden Budgetzuweisungen ändern. Es bleibt abzuwarten, *„ob die dann irgendwie Ansprüche anmelden, wenn die dann jetzt hier Finanzierung haben und Personalkosten dann drüber, dann wollen die sicher auch mitreden.“* (HC-SG10:Z531ff.).

6.4.7 Intransparente Kommunikation und Interessenskonflikte

Einige Befragte berichten über eine intransparente Kommunikation auf unterschiedlichen Ebenen: innerhalb der Steuerungsgruppe (interne Ebene), zwischen den regionalen HC-Initiativen (hessenweite Ebene) und zwischen den zuständigen HC-Initiatoren des Landes und den einzelnen HC-Initiativen (Landesebene). Auf HC-interner Ebene der Steuerungsgruppe wurden nicht alle Mitarbeiter, die für den *„pädagogischen Alltag"* (HC-SG7:Z209) im operative Geschäft zuständig sind, insbesondere die Lehrer der beteiligten Schulen, über den aktuellen Stand informiert und in relevante Entscheidungsprozesse einbezogen. Aufgrund der wenigen Mitsprachemöglichkeiten v.a. für Mitarbeiter der regionalen Schulen ist HC neben der erwähnten Finanzierungsproblematik, nach Angabe eines Befragten, gescheitert. Die Mitglieder der HC-Steuerungsgruppe halten sich mit internen Informationen, die ihre Organisation betreffen und über die Themen der Steuerungsgruppe hinausgehen, zurück: *„Wenn es dann eher darum geht, je mehr man an die eigene Institution dran will, dann wird der Informationsfluss, der dünnt dann ziemlich aus."* (HC-SG8:Z435f.). Die Mitglieder haben sich und ihr Arbeitsgebiet zu Beginn nur rudimentär vorgestellt und im weiteren Verlauf in der HC-Steuerungsgruppe keine relevanten Informationen weitergeleitet: *„Also, genau habe ich es am Ende nicht verstanden, wer genau was wo macht."* (HC-SG9:Z214f.). Insgesamt geben die Befragten an, wenig Einblick in die spezifischen Aktivitäten der kooperierenden Entwicklungspartner zu haben, da weder die Interessen transparent gemacht noch relevante Entscheidungen und (informelle) Informationen – neben den offiziellen, protokollierten Tagesordnungspunkten – an alle Entwicklungspartner weitergeleitet werden: *„Ich ahne immer ja nur, aber so richtig transparent ist es nicht."* (HC-SG9:Z662f.).

Außerdem gab es laut eines Befragten steuerungsgruppeninterne, inhaltliche Interessenskonflikte und *„ideologische Grabenkämpfe"* (HC-SG11:Z332). Die Vertreter der Schulen und die Akteure aus dem WB-Bereich, die oftmals von unterschiedlichen Standpunkten ausgehen, geraten bei solchen Diskussionen, bspw. bei der Frage, wie viel Bildung grundsätzlich kosten dürfe, regelmäßig aneinander. Die Schulleiter plädierten in diesem Fall dafür, die Angebote unter dem Stichwort der Lehrmittelfreiheit anzubieten, wohingegen sich WB-Organisationen durch die Einnahmen aus kostenpflichtigen Angeboten finanzieren müssen und dieser Finanzierungsvariante nicht abgeneigt sind. Dies führte zwischen den Entwicklungspartnern bei der Entwicklung eines gemeinsamen Bildungsangebotes zu zeitaufwendigen Absprachen von organisatorischen Angelegenheiten wie Finanzierung, Raumnutzung/-belegung und zeitlicher Koordinierung. Diese Anliegen bezeichnet ein Befragter als *„dämliche Kleinigkeiten"*

(HC-SG11:Z405). Weitere Fragen, die häufig diskutiert werden und anhand deren regelmäßig vorhandene Interessenskonflikte ausgetragen werden, sind bspw.: Werden Kursgebühren erhoben und wenn ja, wie hoch sollen die sein? Unter welchem Fachgebiet sollen die Kurse ausgeschrieben werden? Welche Organisation soll diese anbieten?

Hessenweit herrscht unter den HC-Koordinatoren ebenfalls Unklarheit über die Arbeits- und Herangehensweise der anderen HC-Initiativen: *„Ich weiß nicht genau wie der Kollege das in [Stadt/Landkreis] macht und wie das in [Stadt/ Landkreis] geht weiß ich auch nicht. Aber da äußern die sich auch nicht drüber.“* (HC-SG11:Z458ff.). Insgesamt gibt es neben den offiziellen Treffen in den Landesgremien wenig Einblick in die Entwicklung der anderen HC-Landesinitiativen. Bspw. finden im HC-Sprecherkreis, in dem sich Vertreter aller HC-Initiativen treffen und der die Funktion hat, ein einheitliches, HC-übergreifendes Konzept zu entwickeln, lediglich ein spärlicher Informationsaustausch und wenig Öffentlichkeitsarbeit seitens des Landes statt. Zwischen der Landesvertretung, den kommunalen Vertretern und den regionalen HC-Entwicklungspartnern herrscht eine unklare Rollenverteilung, die bei den HC-Mitarbeitern u.U. zu Fehlinterpretationen und Spekulationen führt. Auf die Frage nach der nachhaltigen Wirksamkeit des HC äußert sich ein Befragter folgendermaßen: *„Das ist dem Land vollkommen egal, glaube ich. Ich muss sagen, was mich eigentlich am meisten empört ist, dass man irgendwann den Eindruck bekommt, dass die das selbst gar nicht mehr so ernsthaft betreiben.“* (HC-SG7: Z145ff.). Ein Befragter empfindet die Landesinitiative zudem als und von Oben herab verordnet und als eine *„aufgesetzte Veranstaltung“* (HC-SG12:Z43). Das Konzept passt nicht auf städtische Strukturen und ist in der HC-Vorgeschichte intransparent durch die Landesvertreter kommuniziert worden:

> *„Wir sagen damit nicht etwa sie wäre schlecht, sie passt nur nicht auf [Stadt]“* (HC-SG12:Z45f.), *„man kann nicht irgendeine Struktur, die man irgendwo am grünen Tisch entworfen hat und die man validiert hat am Beispiel einiger Landkreise, eins zu eins auf die Stadt [XY] übertragen. Das funktioniert nicht bei der Weiterbildung.“* (HC-SG12:Z230fff.).

Die in der Vorstudie befragten HC-Koordinatoren plädieren bereits für transparentere (HC-interne) Kommunikationsstrukturen und beklagen die eher gering kommunizierten Nutzenerwartungen. In der Fallstudie werden darüber hinaus die HC-übergreifenden Koordinations- und Kommunikationsstrukturen kritisch auf drei Ebenen (HC-intern, HC-übergreifend und funktionssystemübergreifend auf Landesebene) diskutiert. Die subjektiv als intransparent und diffus wahrgenommenen Strukturen und Entscheidungsprozesse (des Landes) können einerseits auf die spezifische Situation des HC (historisch gewachsene

Interessenkonflikte) zurückgeführt werden. Andererseits sind sie ein Indikator für die unterschiedlichen Logiken und Operationsmechanismen der Funktionssysteme, d.h. der beiden Subsysteme des Bildungssystems Schule und WB sowie der Landesebene als „Auftraggebersystem" (vgl. König 2005). Die unterschiedlichen Logiken dieser Subsysteme werden in der Beobachtungsprotokollanalyse im Rahmen der Fallstudie weiter herausgearbeitet (vgl. Kap. 7). Die Entwicklungspartnerschaft erfordert, neben einer HC-internen Vertrauensbasis und gewachsenen Kooperationen (vgl. 5.3.2), tragfähige Vertrauensbeziehungen zwischen der Landesebene und den HC-Einzelinitiativen respektive dem untersuchten HC sowie eine gemeinsame Rollenexplikation. Auf dieser Vertrauensbasis, sozusagen auf allen Ebenen, könnten sich die geschilderten Fehlinterpretationen und Spekulationen, die mit Vorurteilen, diffusen Ängsten und Stigmatisierungen (z.B. das Konzept passe nicht auf städtische Strukturen) einhergehen können, entschärfen lassen. Welche Entwicklungspotenziale die befragten Mitglieder in ihrem HC sehen wird nachfolgend erörtert.

6.5 HC-Entwicklungspotenziale II

Themenblock	Inhaltliche Dimensionen
HC-Entwicklungspotenziale	• Netzwerk- und Personalentwicklung • Netzwerkarbeit und Kooperation • Nachhaltigkeit: Überführung in den Regelbetrieb

Aus der Analyse der Expertenbefragung der Mitglieder der Steuerungsgruppe konnten Entwicklungspotenziale abgeleitet werden, die sich thematisch grob in die drei Themenblöcke Netzwerk- und Personalentwicklung, Netzwerkarbeit/Kooperation und Nachhaltigkeit gliedern lassen. Da es sich beim untersuchten HC um ein, nach Selbstangabe einiger Befragter, gescheitertes Projekt handelt, lassen sich einige Negativformulierungen der Befragten, die auf eine allgemeine Unzufriedenheit mit der HC-Entwicklung zurückzuführen sind, positiv als Entwicklungspotenziale interpretieren. Alle Befragten haben aus der Zusammenarbeit im HC gelernt und – wenn auch keine eindeutig positiven Erträge – zumindest wertvolle Erfahrungen gesammelt, die sie in zukünftigen Netzwerken und Kooperationsverbünden nutzen können:

> *„Ich finde das positiv, dass mit HC so ein Anlass da war sich zu Treffen und das wäre für mich trotz allem Pessimismus was das angeht [...], durchaus auch noch mal eine Aufbruchsstimmung. Was könnten wir noch mal positiv herausziehen und das ist glaube ich etwas, auf das ich mich lieber konzentrieren möchte."* (HC-SG8:Z684ff.).

Durch HC sind die beteiligten Organisationen näher zusammengerückt, auch wenn sich die Kooperationen unter dem Beziehungsaspekt teilweise ambivalent gestaltet haben: *„Mal passt es besser und mal schlechter zusammen"* (HC-SG10:Z378). Insgesamt ist durch HC eine geeignete Plattform entstanden, um neue Bildungsangebote, Lehr-/Lernformen und Synergieeffekte zu erzeugen und einen gegenseitigen Nutzen zu generieren. Organisationskulturelle Aspekte wie Solidarität im Sinne gegenseitiger Hilfestellung und ein intensiver, offener Erfahrungsaustausch, der über allgemeine Informationen hinausgeht, sind aus Sicht der Befragten grundlegend für produktive Kooperationen und Netzwerke.

6.5.1 Netzwerk- und Personalentwicklung

Bezugnehmend auf die Vorstudie, in der OE- und NE-Maßnahmen eher rudimentär genannt wurden, haben sich die Mitglieder der Steuerungsgruppe ebenfalls zur Frage nach interner und externer OE/NE, die im Rahmen von HC durchgeführt wird/wurde, geäußert. Auf diese Frage geben die Befragten an, dass es – analog zu den Ergebnissen der Vorstudie – weder OE/NE im engen Sinne gibt noch ein spezifisches Qualitätsmanagement (QM) für den HC eingesetzt wird – dies wird als Defizit wahrgenommen. Da die gemeinsamen HC-Angebote, einzelne Teilprojekte und Module (z.B. neue Medien und Bildungsberatung) überwiegend an der VHS angesiedelt sind, die über mehrere QM-Verfahren verfügt, werden die Module i.d.R. durch bewährte QM-Verfahren der VHS zertifiziert. Nach Angabe eines Befragten ist LQW für die Qualitätssicherung des HC am besten geeignet, da die meisten VHSen damit arbeiten.

Die von der Sozialforschungsstelle Dortmund (sfs) durchgeführte wissenschaftliche Begleitung des HC, wird als eine Art NE bezeichnet, welche die Befragten insgesamt als Bereicherung empfinden. Ein Befragter gibt sogar an, die Beratung im Rahmen der wissenschaftlichen Begleitung als eine Art (indirekte) interne Personalentwicklung zu nutzten: *„Das war für mich eine persönliche Fortbildung deren Tätigkeit zu erleben. Das fand ich immer sehr gut."* (HC-SG11:Z173f.). Ebenfalls positiv empfinden die Mitglieder der Steuerungsgruppe die Mitarbeit im HC, insbesondere die enge Zusammenarbeit mit Organisationen aus unterschiedlichen Bereichen wird als ein spannender Lernprozess und eine interessante Erfahrung bezeichnet: *„Ich bin aber auch der Meinung, dass man HC als einen Lernprozess verstehen kann und jede Institution auch Dinge aus diesem Lernprozess mitnehmen kann, die auch für andere Projekte wichtig wären."* (HC-SG7:Z161ff.).

Der HC hat nach Angabe der Befragten das Potenzial, nützliche Anregungen, Ideen und Erfahrungen für die eigene (Herkunfts-)Organisation zu liefern (bspw. die eigene Öffentlichkeitsarbeit überdenken), die auf das eigene operative Geschäft übertragen und ggf. von der Herkunftsorganisation übernommen werden können. Die – etwas überspitzt formulierte – Frage, ob die im HC erworbenen Erfahrungen eine nachhaltige Rückwirkung auf die eigene Organisation haben, verneinen die Befragten und stufen diesen Anspruch als zu hoch und unrealistisch ein. Eine externe OE oder NE durchzuführen, um die Mitarbeiterbeteiligung der einzelnen Organisationen zu erhöhen, hält ein Experte für überflüssig: *„Also, ich denke das wäre zu viel des Guten“* (HC-SG8:Z589).

Im Rahmen der Steuerungsgruppe war eine inhaltlich-reflektierende Sitzung geplant, die Gegenstand der Protokollanalyse im zweiten Teil der vertiefenden Fallstudie ist (Kap. 7), zu welcher alle Mitglieder der Steuerungsgruppe eingeladen wurden. Die Besonderheit dieser Sitzung, die der HC-Koordinator organisierte, liegt im bewertenden Charakter im Sinne eines internen evaluativen Abschlussworkshops, bei dem auch finanzielle Grundsatzfragen geklärt werden sollen:

> *„Es geht mit Sicherheit darum, erst noch Mal einen Rückblick zu machen, zu sagen: Ok, was war jetzt gut? Was war nicht so gut? Und was wollen wir daraus jetzt letztendlich mitnehmen? Nach wie vor ist immer noch Thema, was wird finanziell im Jahr 2013 passieren? Weil das einfach entscheidend ist, in welcher Größe und in welcher Form man die Teile, die erhaltenswert sind, weiterführen kann.“* (HC-SG10:Z322–327).

Die Befragten sind der geplanten reflektierenden Veranstaltung der Steuerungsgruppe gegenüber ambivalent eingestellt: einerseits sind die Mitglieder insgesamt sehr optimistisch und erhoffen sich eine Klärung der Zukunftsperspektive ihres HC, andererseits bezweifeln sie zugleich, dass das neu generierte Wissen anschließend zeitnah bis zum Ende der Förderlaufzeit praktisch umgesetzt werden kann. Vorwegnehmend ist hier anzumerken, dass die reflektierende Veranstaltung der Steuerungsgruppe eine geeignete Möglichkeit bieten soll, den eigenen Nutzen zu reflektieren und zu explizieren, die gemeinsamen Ziele ggf. entsprechend der Erwartungen zu modifizieren und eine Zukunftsvision zu entwickeln.

6.5.2 Netzwerkarbeit und Kooperation

Für alle HC-Entwicklungspartner ist die Bereitschaft zu kooperieren grundlegend für ihren Fortbestand. Insbesondere das Kerngeschäft der VHS basiert größtenteils auf Netzwerkbildung und ist primär auf Kooperation und Vernetzung eingestellt. Nach der HC-Förderung sind für alle Befragten zukünftig weitere, auf Vernetzung basierende Kooperationen vorstellbar. Einige arbeiten bereits in anderen Arbeitszusammenhängen in ähnlichen Verbundprojekten oder planen nach HC weitere projektbezogene Kooperationen. Die (ehemals) beteiligten Schulen sind ebenfalls offen für zukünftige Kooperationen mit den am HC beteiligten Organisationen. Ihrerseits besteht derzeit, da sie bereits mit vielfältigen Organisationen vertikal und horizontal kooperieren, kein Kooperationsbedarf. Unter den aktuellen (Rahmen-)Bedingungen (der HC-Organisationsform/-struktur) würde ein Befragter nicht nochmal arbeiten wollen, da die Zusammenarbeit (zu) viel Zeit und Nerven gekostet und verhältnismäßig wenig gebracht hat. Die Mehrheit der Befragten bezweifelt den Sinn und Nutzen des HC, die Kooperationen hätten sich auch ohne HC durch andere laufende Programme ergeben können. Bspw. hätte das Ziel, neue Zielgruppen zu erreichen, laut eines Befragten auch ohne HC umgesetzt werden können:

> *„Ich könnte mir vorstellen, dass es auf [regionaler] Ebene möglich wäre ohne HC. Ich glaube wenn man es organisieren will, dann brauche ich keinen HC. Das kann dann die VHS mit der konkreten Berufsschule machen oder sogar mit dem Sprecherkreis irgendwie organisieren. Da brauche ich kein Gremium was drüber gestülpt wird und dann sozusagen über das ganze Land gegossen wird. Da sehe ich so die Ambivalenz auch, die da ist."* (HC-SG8:Z150–155).

Grundlegende Voraussetzungen für effektive Netzwerkarbeit und Kooperationen sind nach Meinung der Experten: einfache, überschaubare Strukturen mit wenigen Sitzungen im erweiterten Kooperationskreis, Arbeitsteilung, ein effizienter Ressourceneinsatz und klare Zuständigkeiten. Um unnötige Sitzungen zu reduzieren, ist es empfehlenswert sich auf Projektebene in einer Arbeitsgruppe einmal wöchentlich oder je nach Bedarf auch öfter zu treffen. Die erweiterten Treffen der Steuerungsgruppenmitglieder sollten ca. alle zwei bis drei Monate, statt einmal monatlich, stattfinden. Darüber hinaus ist es sinnvoll einen Beirat zu gründen, der sich einmal jährlich trifft. Eine weitere Voraussetzung ist die Klärung der rechtlichen Regelungen und organisatorischen Rahmenbedingungen im Vorfeld des jeweiligen Projekts, im Fall von HC v.a. die rechtlichen Rahmenbedingungen für die (Berufs-)Schulen. Nicht zuletzt sind eine sichere Finanzierung und klare Zuständigkeiten sehr wichtig für eine effektive Netzwerkarbeit und realistische Umsetzung der Projektziele. Bei den Zielen gilt es weniger hohe, sondern realistische Ansprüche und Ziele zu formulieren: *„Ich würde erst mal daraus lernen wollen, dass man seine Ansprüche auch nicht zu hoch hängt. Dann kann man sie nämlich gar nicht erreichen."* (HC-SG7:Z424ff.).

Einige Mitglieder der Steuerungsgruppe würden für zukünftige (Verbund-) Projekte eine kleinere Organisationsform mit weniger Verbundpartnern wählen und verstärkt die Zuverlässigkeit der Kooperationspartner einfordern, z.B. durch verbindliche Regelungen in Form von konkreten schriftlichen Vereinbarungen (z.B. durch einen Kooperationsvertrag). Um sich in Verbundprojekten besser abzustimmen, gemeinsam zu entwickeln und konstruktiv arbeiten zu können ist eine Balance zwischen Kooperation und eigener Position (identifizierbar zu sein und sich wenn nötig streiten zu können) sehr wichtig. Inhaltlich würden sich einige Befragte zukünftig auf wenige, überschaubare Themen konzentrieren und klare Aufgaben- und Zuständigkeitsbereiche zwischen den Kooperationspartnern festlegen. Seitens des Landes bzw. Auftraggebers sind eine zuverlässige Finanzierung und klare finanzielle Regelungen wünschenswert.

Eine weitere Herausforderung, die zugleich ein großes Entwicklungspotenzial von Verbundprojekten birgt, ist (laut eines Befragten) das Thema lebenslanges Lernen, bei dem unterschiedliche Bildungssysteme vereint werden müssten: das Schulsystem, dessen Subsystem berufliche Bildung und das Teilsystem der WB. Für die effektive, zukünftige Netzwerkarbeit könnten die Kooperationspartner je nach Interessen in ämter- bzw. organisationsübergreifenden Arbeitskreisen zusammengebracht werden, um ggf. vorhandene Doppelstrukturen zu vermeiden und sich abzustimmen. Ein Befragter empfiehlt, die Berufsschulen perspektivisch durch bessere Rahmenbedingungen und durch eine Mittelverteilung der HC-Gelder über den kommunalen Schulträger (statt über das HKM) zu integrieren und die am HC beteiligten Schulen als Ganztagsschulen anzuerkennen.

Der Projektorganisation und -koordination messen die Befragten eine Schlüsselfunktion bei. Der ideale Koordinator sollte ein *„guter Netzwerker oder eine gute Netzwerkerin (sein), der/die die Beteiligten zusammenbringt“* (HC11:Z508f.) und die Verantwortung für die Prozesse des Netzwerks übernimmt. Der idealtypische Zuständige sollte den Überblick behalten, Termine koordinieren und gemeinsame Sitzungen inhaltlich vor- und nachbereiten, damit es zu produktiven Diskussionen und Entscheidungen kommt. Dafür sind außerdem zusätzliche Ressourcen erforderlich, bspw. für die Vorbereitung der Treffen und des Arbeitsmaterials.

Ein weiterer grundlegender Erfolgsfaktor für die Netzwerkarbeit, der sich aus der Analyse der Experteninterviews ergibt, ist der subjektive Nutzen für die beteiligten Organisationen. Prinzipiell sollte der Ertrag aus der Zusammenarbeit höher sein als der Arbeitsaufwand, der sich für die einzelnen Organisationen ergibt: *„[Ein] Netzwerk wird auch nur solange existieren, wo der Betrag, den es für seine Teilnehmer bringt, deutlich höher als der Aufwand ist“* (HC-SG12: Z322ff.). Darüber hinaus ist es wichtig, sich auf das Wesentliche zu konzentrieren, unnötige, zusätzliche Strukturen zu vermeiden, die Gleichberechtigung der Kooperationspartner zu fördern sowie Hierarchien und Machtstrukturen transparent zu machen und ggf. aufzulösen.

6.5.3 Nachhaltigkeit: Überführung in den Regelbetrieb

Die Befragten äußern sich ambivalent gegenüber der Zukunftsfähigkeit des HC. Der gesamte HC als Landesinitiative und Verbundprojekt ist in der aktuellen Form bedingt zukunftsfähig und eher in Form eines anderen Kooperationsmodells denkbar. Vereinzelt wird sogar der Ausstieg einzelner (weiterer) Entwicklungs-/Kooperationspartner befürchtet. Vor dem Hintergrund der unklaren finanziellen Rahmenbedingungen stellt sich weniger die Frage nach dem Bestehen von HC als Gesamtkonstrukt, sondern vielmehr die Frage nach der finanziellen Sicherung der Teilprojekte:

> *„Von daher stellt sich für uns weniger die Frage, ob es mit HC eine Fortsetzung gibt, sondern dass sich eher die Frage stellt, wie können wir diese schönen, kleinen, durchaus anspruchsvollen Projekte auch vielleicht nach der HC-Phase fortsetzen."* (HC-SG7: Z28fff.).

Die Mehrheit der Befragten spricht sich für eine nachhaltige Sicherung des HC und erfolgreicher HC-Teilprojekte (wie der Bildungsberatung) nach Förderende im Jahr 2013 aus. Auf die Einrichtung und Umsetzung der in der VHS angesiedelten Bildungsberatung sind die Befragten sehr stolz und haben ein großes Interesse daran, diese nachhaltig weiterzuführen. Nachhaltigkeit herzustellen ist jedoch erfahrungsgemäß (auch in anderen Arbeitskontexten) sehr schwer und wird ebenfalls von den befragten HC-Koordinatoren kritisch bewertet (vgl. 5.5). Es gibt erste Überlegungen, die Grundkosten der Bildungsberatung langfristig zu sichern: Entweder über eine Finanzierung des Amtes oder durch eine Übernahme der VHS, die darüber hinaus bemüht ist einen befristet angestellten Mitarbeiter für die Bildungsberatung festanzustellen.[119] Im Falle einer Übernahme durch die VHS wäre die Bildungsberatung kein HC-Produkt mehr, sondern eine Leistung der VHS[120]. Die Teilprojekte werden voraussichtlich nach der Förderlaufzeit von den zuständigen Organisationen, in denen sie im Rahmen von HC umgesetzt wurden, übernommen. Bei einer nachhaltigen Weiterführung erfolgreicher Teilprojekte ergeben sich organisatorische Fragen nach den formalen Zuständigen und der internen (informellen) Machtverteilung: *„Wer legt hier wie viel institutionelle Macht auf die Waagschlage? Wer ist in so einem Projekt derjenige, der bestimmt?"* (HC-SG12:Z135f.). Eine Gefahr, dass die Marke HC zu dominant werden und den beteiligten Organisationen intern Konkurrenz machen könnte,

---

119 Als weitere Möglichkeit die Bildungsberatung zu sichern wird genannt, politische Sponsoren zu akquirieren.

120 Anm. d. A.: Nach Ende der Förderlaufzeit, d.h. seit 2013, wird die Bildungsberatung von der VHS weitergeführt, der zuständige Bildungsberater ist mit einer vollen (100%)-Stelle an der VHS angestellt.

sehen die Befragten nicht. Auf die Frage, ob die entwickelten HC-Bildungsangebote zukünftig (nach 2013) unter dem Namen HC angeboten werden (sollen), gibt es keine eindeutige Antwort. Sollten die Bildungsangebote weiterbestehen bleiben, ist der Name HC beliebig austauschbar: *„Wenn, dann bleibt von HC höchstens noch das Türschild übrig. […] Dann tut es einem manchmal in der Seele weh, wenn dann alles umsonst war.“* (HC-SG7:Z296f.).

Grundsätzlich ist eine Klärung des finanziellen Rahmens, zum einen für die Weiterführung des HC nach 2013, zum anderen für zukünftige Netzwerkarbeit und Kooperationen notwendig. Bisher fällt es den Befragten schwer konkrete Potenziale zu formulieren, da die geschilderten Ängste und Unsicherheiten der Konstruktion positiver Zukunftsaussichten entgegenwirken und inhaltliche Themen überlagern. Insgesamt ist eine Perspektive nach 2013 noch schwer abzusehen, da dies einerseits von der Finanzierungsfrage (Landesebene), andererseits von der Motivation der Entwicklungspartner (Projektebene) abhängt. Die Befragten sprechen sich für eine Weiterführung der erfolgreichen Teilprojekte in den drei Schwerpunktbereichen ‚Bildungsberatung', ‚Neue Medien' und ‚Pädagogische Konzepte' aus, die nach Förderende evtl. auch unter anderem Namen weitergeführt werden könnten. Als oberste Priorität formulieren die Experten derzeit die finanzielle Sicherung einzelner HC-Teilprojekte (im Rahmen der AG ‚Neue Medien' und der AG ‚Außerschulische Bildung' etc.) sowie der ‚HC-Bildungsberatung', wenn nötig auch in einem kleineren Rahmen.

6.6 Zusammenfassung II: Ergebnisse der Fallstudie

Die untersuchte Landesinitiative kann aufgrund des hohen Widerstandpotenzials (Austritt zwei relevanter Schulen) als ein Ausnahmefall betrachtet werden, auf den sich sowohl die auf Landesebene gesetzten organisatorisch-strukturellen Rahmenbedingungen (unklare Rechtslage, Auflage der Kooperationsvereinbarungen, Finanzierungsmodalitäten) als auch die Strukturen der Bildungslandschaf besonders deutlich auswirken. Der HC ist in einer städtischen, infrastrukturell gut ausgebauten Bildungsregion angesiedelt, in der eine große Anbietervielfalt und dementsprechend ein gewachsenes Kooperations- und Konkurrenzgefüge bestehen. Damit gehen neben positiv-bewährten Vertrauensbeziehungen auch historisch gewachsene Konfliktpotenziale einher, die sich im ausgewählten Fall u.a. in einem Spannungsfeld zwischen dem WB-System und schulischem Bildungssystem manifestieren. Die HC-Entwicklungspartner übernehmen unterschiedliche Aufgaben/Rollen und haben zum Teil differente Erwartungen, woraus sich folgende Akteurskonstellation ergibt: Die Landesebene als Auftraggeber wird auf politischer Ebene, in Abgrenzung zur operativen HC-/Verbundebene, verortet.

Die VHS, die geschäftsführende, koordinierende und inhaltlich-konzeptionelle Aufgaben übernimmt, kann als zentraler Akteur der Steuerungsgruppe charakterisiert werden. Die beteiligten Schulen lassen sich aufgrund ihrer ambivalenten Haltung gegenüber dem HC (latenter Widerstand und tendenziell wenig Kooperationsbereitschaf) und themenbezogenen Zusammenarbeit zwischen zentraler und peripherer Ebene lokalisieren. Periphere Akteure sind das beteiligte, zuständige Amt und zwei Einrichtungen aus dem außerschulischen Bildungsbereich, die nach Selbstangabe bisher wenig Erfahrung mit den Themen der HC-Programmatik gesammelt haben, aber grundsätzlich zur Förderung des lebensbegleitenden Lernens beitragen möchten.

Analog zu den in der Vorstudie erörterten Gelingensbedingungen wirken sich die individuelle Motivation und das Engagement (der Mitglieder und des Koordinators), klare Ziele und Zuständigkeiten, eine partnerschaftliche Zusammenarbeit und eine Nutzenorientierung förderlich auf HC aus. Das primäre Entwicklungspotenzial besteht aus Sicht der Befragten aufgrund der unsicheren Situation und intransparenten Strukturen in einer finanziellen Sicherung erfolgreicher Teilprojekte und Klärung rechtlicher und organisationaler Grundsatzfragen auf Landesebene, bevor konkrete Potenziale formuliert werden können. Erfahrungen mit (externen) OE-/NE-Maßnahmen hat der untersuchte HC – analog zu den Ergebnissen der Vorstudie – nicht.

Die Ziele und das Leitbild des HC werden von den Mitgliedern der Steuerungsgruppe positiv angenommen und als sinnvoll erachtet. Insbesondere in der Initiierungsphase im Jahr 2007 sei der HC sehr euphorisch und optimistisch gestartet. Inzwischen – ca. fünf bis sechs Jahre später – befindet sich der HC gegen Ende der zweiten Aufbauphase und steht vor der Herausforderung, den HC in den auf Landesebene vorgesehenen Regelbetrieb zu überführen und erfolgreiche Teilprojekte (wie die Bildungsberatung) nachhaltig zu sichern. Zum Zeitpunkt der Befragung befindet sich der HC in einer unmotivierten Phase, die Mitglieder bezweifeln – durchaus selbstkritisch – den Nutzen ihrer Arbeit im HC. Sie stellen die grundsätzliche Frage, was der HC gebracht habe und welcher Mehrwert sich aus der langjährigen Kooperation ergebe. Insbesondere die beiden HC-Erfolgsprojekte ‚Bildungsberatung' und ‚Neue Medien' werden von den Befragten als erfolgreich umgesetzt und gewinnversprechend thematisiert, darüber hinaus wird auch dem Teilprojekt ‚Außerschulische Bildung' ein hohes Potenzial zugesprochen.

7 Fallanalyse einer HC-Steuerungsgruppensitzung

„Wer zusieht, sieht mehr, als wer mitspielt" (Wilhelm Busch)

Nachfolgend werden die empirischen Ergebnisse zwei ausgewählter Beobachtungsprotokolle, die am Ende des Erhebungszeitraums (in der zweiten HC-Aufbauphase) im Rahmen der teilnehmenden Beobachtung angefertigt wurden, dargestellt. Dabei handelt es sich um zwei interne Sondersitzungen[121] der untersuchten HC-Steuerungsgruppe. Innerhalb der beiden internen, zeitlich aufeinanderfolgenden Sondersitzung sollten die bisherigen Entwicklung und die bis dato erreichten Ergebnisse reflektiert, bilanziert, mit den eigenen und auf Landesebene vorgegebenen Zielen abgeglichen sowie Perspektiven erörtert werden. Nach der ersten Sondersitzung wurde aufgrund des hohen Diskussionsbedarfs und der thematischen Komplexität einvernehmlich eine zweite, interne Sondersitzung der Steuerungsgruppe zur Fortsetzung der Bilanzierung einberufen (vgl. 3.3.4).

Zu den beiden Sondersitzungen wurden 14 Mitglieder der Steuerungsgruppe eingeladen, von denen jeweils elf Personen an den beiden Terminen teilgenommen haben. Die zu beiden Veranstaltungen eingeladenen Personen vertreten folgende HC-Entwicklungspartner, die in der Expertenbefragung charakterisiert wurden (vgl. 6.2): die VHS, das HKM[122], das zuständige Amt, die beteiligten Schulen, ein Dezernat und die außerschulischen Bildungseinrichtungen. An beiden Sondersitzungen waren jeweils drei eingeladene Mitglieder der Steuerungsgruppe verhindert, die sich im Voraus entschuldigten. Insgesamt haben einschließlich des Autors zehn Personen (neun Mitglieder der Steuerungsgruppe) in leicht differierender Konstellation an der ersten und zweiten internen, reflektierenden Sondersitzung der Steuerungsgruppe, die von der Autorin beobachtet und protokolliert wurden, teilgenommen.[123] Einleitend werden der im

121 Der offizielle Titel der internen Veranstaltung, die im Rahmen der Steuerungsgruppe stattfand, wurde anonymisiert, weshalb nachfolgend von ‚Sondersitzung 1' und ‚Sondersitzung 2' gesprochen wird.

122 Jeweils ein Vertreter des HKM war an einem der beiden Termine anwesend.

123 Aufgrund der verzögerten Bewilligung der beantragten Fördergelder für 2013 konnte die HC-Projektassistenz vorübergehend nicht im HC beschäftigt werden und dementsprechend nicht die Veranstaltung protokollieren. Das von der Autorin angefertigte, stichpunktartige Protokoll diente der HC-Koordination als Grundlage für die Anfertigung des offiziellen Protokolls.

Erhebungszeitraum im Rahmen der teilnehmenden Beobachtung dokumentierte und analysierte Entwicklungsverlauf, relevante Kernereignisse und typische Handlungsverläufe der Sitzungen (Tagesordnungspunkte, Themen und Diskussionen), komplementär zu den Ergebnissen der Expertenbefragung, thematisch gebündelt dargestellt.[124] Danach werden die empirischen Ergebnisse aus den beiden Beobachtungsprotokollen der (thematisch zusammenhängenden) HC-Sondersitzungen sequenziell und thematisch-deskriptiv gegliedert, anschließend werden aussagekräftige Einzelaspekte fokussiert und interpretiert.[125]

Wie bereits erwähnt, trifft sich die HC-Steuerungsgruppe (vgl. 6.3.1) regelmäßig, ca. einmal monatlich, um die im Vorfeld von der HC-Koordination vorbereiteten Tagesordnungspunkte (TOP)[126] zu besprechen, aktuelle Themen zu diskutieren und den Fortschritt der jeweiligen Arbeitsgruppen untereinander auszutauschen. Die nach aktuellen Gegebenheiten variierenden TOP der Steuerungsgruppe lassen sich grob in folgende Themenfelder gliedern: Berichte aus dem übergeordneten HC-Sprecherkreis, aus der AG „HC und Kommunale Verwaltung" und aus den HC-internen AGs, aktuelle Informationen[127] und Organisatorisches/Verschiedenes. Die zentralen Themen und inhaltlichen Schwerpunktdiskussionen der vier im Erhebungszeitraum[128] beobachten Steuerungsgruppensitzungen[129] waren: die Weiter-/Überführung des HC und Erörterung der Finanzierungsmodalitäten im Zuge des neuen, hessischen WB-Gesetzes; der Transferprozess der am Modellprojekt ‚Selbstverantwortung Plus' beteiligten beruflichen Schulen bzw. die Integration von Schulen für Erwachsene

124 Die Ergebnisse der beiden Erhebungs-/Auswertungsmethoden sind gleichwertig zu betrachten.

125 Die beiden Kurzprotokolle wurden zusammengefasst und anonymisiert (da lediglich aus zeitlich-organisatorischen Gründen zwei Termine stattfanden). Diese werden nachfolgend zur intersubjektiven Nachvollziehbarkeit in chronologisch-gegliederten Sequenzen abgebildet.

126 Thematische Zusammenfassung aus den internen HC-Protokollen, die regalmäßig an alle Steuerungsgruppenmitglieder, die teilgenommen bzw. nicht teilgenommen haben, verschickt werden. Zur Gewährleitung der Anonymität sind die Ordnungspunkte nicht systematisch-chronologisch geordnet und beispielhaft aufgeführt.

127 Diese sind kontextabhängig von aktuellen (bildungs-)politischen Entwicklungen und beziehen sich auf hessische Veranstaltungen, wie bspw. anstehende regionale Kooperationsvereinbarungen, Gesetzesentwürfe/-beschlüsse oder die Hessische Weiterbildungskonferenz im Dezember 2011.

128 Beobachtung der HC-Steuerungsgruppe: August 2011-Juni 2012.

129 Die beiden HC-Sondersitzungen werden hier nicht berücksichtigt, sondern nachfolgend dargestellt.

in berufliche Schulen; sowie die Entwicklung von HC-übergreifenden Mindestanforderungen und Qualitätsstandards für die Bildungsberatung. Die beobachtete Steuerungsgruppe strebt einstimmig eine Überführung des HC in das Regelsystem an, womit die Notwendigkeit regionale Kooperationsvereinbarungen abzuschließen einherging/-geht. Obwohl dieses Thema in der Steuerungsgruppe durchaus kontrovers diskutiert wurde, erarbeitete der HC-Koordinator im Auftrag der Mitglieder der Steuerungsgruppe einen Förderantrag (einschließlich der Finanzplanung) für das Folgejahr.

Bereits in einer Steuerungsgruppensitzung Ende 2011 wurde die potenzielle Weiterführung der Leitprojekte ‚Neue Medien', ‚HC-Bildungsberatung' und ‚Pädagogische Konzepte' diskutiert. Die Mitglieder der Steuerungsgruppe stellten sich die Grundsatzfrage, ob sie den HC für die Umsetzung ihrer Projekte bräuchten. Ein Austritt aus HC könne nicht kompensiert werden bzw. zu einer „Inselposition" und einem „Ausklinken" aus relevanten bildungspolitischen Prozessen führen und hätte fatale Auswirkungen auf die Positionierung in der regionalen, hessischen Bildungslandschaft – da sind sich die Mitglieder größtenteils einig. Das Jahr 2012 wird in der Steuerungsgruppe für die HC-Startinitiativen als „Jahr der Entscheidung" thematisiert. Anfang 2012 erfolgte die Abstimmung und Vorbereitung der internen Sondersitzung(en) – die Gegenstand der Fallanalyse ist/sind. Hierzu wurden gezielt Fragen, Ideen und Schwerpunkte gesammelt, Vorüberlegungen angestellt („soll die Veranstaltung den Charakter eines Ausstiegsszenarios haben oder sollen wertvolle Teilprojekte weitergeführt werden?") sowie erste Meinungen und Perspektiven kontrovers ausgetauscht („gute Kooperationen mit Potenzial; HC als Ressourcenverschwendung; HC als Strukturierungsmaschine").[130] Alle Mitglieder sind sich einig, dass die fünf- bis sechsjährige Zusammenarbeit und die Ergebnisse des HC gemeinsam wertschätzend und positiv resümiert und reflektiert werden sollen. Sie erklärten sich bereit, bis zur Veranstaltung individuelle Leitfragen vorzubereiten.

7.1 Fallbeschreibung: Ziele und Intentionen

Wie aus der Ergebnisdarstellung der Experteninterviews, die im Rahmen der Fallstudie durchgeführt wurde, ersichtlich wird (vgl. 5.2), berichten die Mitglieder über eine tendenziell demotivierte Atmosphäre und Stagnation im Vergleich zur euphorischen und motiviert gestarteten HC-Startinitiative im Jahr 2007. Die HC-Steuerungsgruppe beschloss einstimmig zu Begin 2012, im Rahmen

130 Quelle: Zitate aus dem Gedankenprotokoll/Vor-Ort-Aufzeichnung des Autors (keine wörtlichen Aussagen der Mitglieder).

der Steuerungsgruppe eine gesonderte Veranstaltung zur kritischen Reflexion der Ergebnisse der ersten und zweiten Aufbauphase (vgl. 4.5) und (Weiter-)Entwicklung durchzuführen. Hintergrund dieses Entschlusses war die auslaufende Landesförderung und die Forderung, 2013 den HC in einen Regelbetrieb zu überführen. Ziel der einberufenen Steuerungsgruppensitzung war es, die inzwischen fünf- bis sechsjährige Entwicklung und die Ergebnisse der „geförderten Aufbauphase zu reflektieren und kritisch zu betrachten" (Quelle: internes Dokument). Neben den genannten landespolitischen Vorgaben und Anforderungen wurde mehrheitlich seitens der Mitglieder der Wunsch geäußert, die projektförmig organisierte Initiative sowie die gemeinsame Kooperation zu resümieren und ein gemeinsames Konzept zur Umsetzung und Weiterführung des HC zu entwickeln. Die eingeladenen Mitglieder der Steuerungsgruppe wurden in der Einladung zur Sondersitzung aufgefordert, sich im Hinblick auf das Auslaufen der Landesförderung spätestens Anfang 2013 Gedanken zu den Fragen nach gemeinsamen Zielen und zukünftigen Handlungsoptionen zu machen und sich zu positionieren.

Fragestellungen des Workshops

Rückblickend wurde folgenden im Vorfeld kommunizierten Fragen nachgegangen: Was ist entstanden, was nicht, wo waren Grenzen? Inwiefern konnten Leitlinien und Konzepte gelebt werden? Im Hinblick auf das Auslaufen der Förderung im Jahr 2013 wurden perspektivisch folgende Fragen[131] fokussiert: Was soll weiterentwickelt/angeschlossen werden? Was soll beibehalten werden und wovon will man sich trennen? In welcher Form und mit welchen Beteiligten soll was fortgesetzt werden? Welche Ziele sind damit verbunden? Welche Ressourcen sind dafür nötig? Was passiert bspw. mit der Beratungsstelle ab 2013? Unter/mit welchem Namen, Konzept und Auftrag wird sie weitergeführt? Welche finanziellen und räumlichen Ressourcen sind vorhanden? Die reflektierende Steuerungsgruppensitzung sollte ermöglichen[132]:

- „die geleistete Arbeit sichtbar zu machen und Ergebnisse zu sichern;
- den Grad der Umsetzung des Konzepts einschätzen zu können (wie weit sind wir gekommen, wo waren Grenzen, was war leistbar, was nicht [und] warum nicht?);

131 Quelle: Offizielle (interne) Einladung und Gedächtnisnotizen aus dem Beobachtungsprotokoll.

132 Quelle: Offizielles (internes) Protokoll der HC-Sondersitzung.

- [die] Interessen und Motive für Kooperation deutlich zu machen (oder die Grenzen der Interessen und Motive);
- das Potenzial der einzelnen Ergebnisse für eine Weiterführung – in welchem Rahmen auch immer – gemeinsam einschätzen zu können [und]
- die Bedeutung des Programms HESSENCAMPUS als Dach und Entwicklungsrahmen für die Entstehung der Ergebnisse einschätzen zu können (wären diese auch ohne HC entstanden/hätten diese ohne HC entstehen können?)".

Wie bereits erwähnt, waren sich die Mitglieder der Steuerungsgruppe einig, dass eine reflektierende Bilanzierung eine offene, kritikfähige und illusionslose Diskussion voraussetzt. Die interne HC-Sondersitzung sollte weder einer evtl. abzuschließenden Kooperationsvereinbarung zwischen Land und Kommune dienen noch das Ende des hiesigen HC vorwegnehmen. Die Ergebnisreflexion sollte primär für die Erarbeitung zukünftiger Kooperationsszenarien genutzt werden.

7.2 Analyse des Beobachtungsprotokolls „HC-Sondersitzung"

Die inhaltlich-temporäre Entwicklung der untersuchten HC-Steuerungsgruppe, die einerseits aus der subjektiven Expertenbefragung der Steuerungsgruppenmitglieder (Kap. 6), andererseits aus der deskriptiven Darstellung des Untersuchungsgegenstandes (4.5) ersichtlich geworden sein sollte, mündete in der internen HC-Sondersitzung gegen Ende der zweiten Aufbauphase.[133] Die Veranstaltung ‚gesonderte Steuerungsgruppensitzung' fand in externen Räumlichkeiten (in der Nähe der VHS) statt, für die interne Bilanzierung wurden etwa dreieinhalb Stunden angesetzt. Die ausgelagerten, für die Mitglieder der Steuerungsgruppe sozusagen externen Räumlichkeiten befanden sich außerhalb des gewohnten Umfeldes, in einer ruhigen, für alle eingeladenen Mitglieder gut zugänglichen Lage. Die Veranstaltung fand in einem großen, lichtdurchfluteten Seminarraum statt, sodass in einer ungestörten Atmosphäre gearbeitet werden konnte. Die komplexe Fallsituation erforderte für die Beobachtung und Protokollierung des Geschehens eine Konzentration auf ausgewählte, für die Forschungsfrage(n) der Studie relevante Aspekte. Analog zum inhaltlichen Zusammenhang der beiden zeitlich aufeinanderfolgenden Sitzungen werden die

133 Diese Veranstaltung stellt gleichzeitig das Ende der teilnehmenden Beobachtung dar und markiert den (vorläufigen und ergebnisoffenen) Endpunkt der Falluntersuchung; nach dem Rückzug aus dem Feld wurde über den Gatekeeper (Herr F.) Kontakt gehalten und die Entwicklung des untersuchten HC weiterverfolgt.

beiden angefertigten Protokolle ebenfalls zusammenhängend in ihrer spezifischen Chronologie dargestellt und interpretiert.[134]

Die Organisationsform der Steuerungsgruppe erscheint insofern geeignet für eine themen- und interaktionsbezogene Analyse, als dass sie eine Plattform für einen HC- und arbeitsgruppenübergreifenden Informationsaustausch bietet, auf der sowohl inhaltlich-operative, organisatorische als auch strategisch-bildungspolitische Anliegen (vgl. TOP: Berichte, Aktuelles) ausgetauscht werden (können). Die detaillierte Darstellung und Analyse dieser Sondersitzung(en) ist aus zwei Gründen von wissenschaftlichem Interesse: Zunächst stellt sie eine Art Entwicklungshöhepunkt des beobachteten und mittels der subjektiven Deutungshorizonte der Experten nachgezeichneten Entwicklung der Steuerungsgruppe dar. Darüber hinaus diskutieren und reflektieren die Mitglieder der Steuerungsgruppe in diesem selbstinitiierten Setting ihre Ergebnisse und ihren bisherigen Entwicklungsverlauf – jenseits der Routine der monatlichen Steuerungsgruppe und in ungewohntem Umfeld – auf einer Metaebene. Dieses Reflexionsvorhaben kann als eine Form von interner (impliziter) OE/NE interpretiert werden (vgl. Kap. 8).

Nachfolgend wird zunächst das gesamte, anonymisierte Original-Beobachtungsprotokoll der ersten und zweiten Sondersitzung prozessfolgend in inhaltliche Teilabschnitte gegliedert und abgebildet. Die jeweiligen Sequenzen (dem Originalabschnitt nach) werden nachfolgend paraphrasiert, systematisch-analytisch geordnet und (theoretisch) interpretiert. Beide Protokolle lassen sich inhaltlich grob nach den folgenden Themenblöcken gliedern: 1) Einstieg – Begrüßung und (theoretische) Einführung (vgl. 7.3), 2) Hauptteil: Diskussion und Projektreflexion (vgl. 7.4) und 3) Resümee – Überleitung, Ausblick und Fazit (vgl. 7.5). Die beiden zusammengefassten Beobachtungsprotokolle der internen Sonderveranstaltung der Steuerungsgruppe lassen sich darüber hinaus – differenzierter betrachtet – in neun Abschnitte gliedern, die der während der (Simultan- und Gedächtnis-)Protokollierung erstellten Untergliederung folgen und in ihrer sequenziellen Abfolge den Verlauf der beiden Sondersitzungen wiedergeben:

1) Vorbereitung (der ersten HC-Sondersitzung)
2) Begrüßung und Einstieg

134 Um die zugesicherte Anonymität der anwesenden Mitglieder zu gewährleisten, wurden alle personalen Angaben, Ortsbezeichnungen und weitere Daten, die Auskunft über den konkreten Fall und die beteiligten Personen geben könnten, durch Pseudonyme (oder Bezeichnungen in eckigen Klammern, bspw. [Ort]) ersetzt.

3) Einstieg und theoretischer Input
4) Diskussion zum Thema Eigennutzen
5) Netzwerkanalyse
6) Zwischenresümee und erster Ausblick
7) Einstieg und Fortsetzung (der ersten HC-Sonderveranstaltung)
8) Projektbilanz (Priorisierung der Ergebnisse)
9) Gesamtbilanz und Organisatorisches

Die chronologische Darstellung der Protokollsegmente[135] und Interpretationsergebnisse erfolgt jeweils nach der gleichen Dramaturgie: Zunächst wird der jeweilige Abschnitt des Original-Protokolls, dessen Abbildung die intersubjektive Überprüfbarkeit des Materials ermöglichen soll, vorangestellt. Die neun Sequenzen werden (Abschnitt für Abschnitt) chronologisch und deskriptiv-paraphrasierend aufbereitet und in Bezug auf die empirischen Ergebnisse aus der Expertenbefragung der HC-Steuerungsgruppe (Kap. 6) analysiert. Anschließend werden die Abschnitte in einem zweiten Schritt systematisch-analytisch untersucht, d.h. die relevanten, zentralen Leitthemen werden (jenseits der Sequenzialität des Materials) entlang von thematisch aussagekräftigen Zwischenüberschriften zusammengefasst. In einem weiteren, dritten Schritt werden die einzelnen Textsegmente hinsichtlich erster theoretischer Überlegungen abstrahiert. Diese erste Abstraktion der Ergebnisse auf theoretischer Ebene erfolgt entlang des Materials und wird im Rahmen der Ergebnissynthese (Kap. 8) materialübergreifend spezifiziert. Die Ergebnisdarstellung schließt mit einer kurzen, deskriptiven Zusammenfassung (vgl. 7.5) des Veranstaltungsverlaufs der beiden Sondersitzungen und der relevanten, systematisch-analytisch abstrahierten Themenblöcke des Beobachtungsprotokolls ab.

135 Das Originalprotokoll wird zur Wahrung der Anonymität nicht vollständig abgebildet (vereinzelt wurden ‚heikle' Stellen verfremdet oder rausgenommen). Das in Abschnitte unterteilte, anonymisierte Originalprotokoll dient der Verifizierung und Validität des Materials, sodass der interessierte Leser den protokollierten Verlauf nachvollziehen und der Argumentation und Interpretation folgen kann. Einzelne Passagen wurden aus Gründen des Datenschutzes und der zugesicherten Anonymisierung des Falls bzw. der beteiligten Personen abgewandelt, personale Angaben wurden geändert und mit Pseudonymen versehen. Auf den sequenziell-inhaltlichen Ablauf der untersuchten Sonderveranstaltung hat dies keinen Einfluss, da die für die Untersuchung der Forschungsfrage relevanten Sequenzen ausgewählt und interpretiert wurden.

7.3 Einstieg – Begrüßung und (theoretische) Einführung

7.3.1 Vorbereitung (I. Abschnitt)

> *Ich komme um 12:00 Uhr in Herr F.s[136] Büro in [Ort], um mit ihm das/die Material/ Verpflegung in den Seminarraum im/n [Ort] zu transportieren. Der Seminarraum hat eine offene, transparente Atmosphäre; durch die Lage direkt am [Ort] mit Blick auf [Ort] und einem Ausblick auf [Landschaft/Kulisse]. Vor Ort bereiten wir gemeinsam mit Frau B. den Workshop vor. Ich koche Café, Herr F. und Frau B. bringen vorbereitete Plakate an eine Wand an und verteilen das Material auf den Tischen.*
>
> *Herr F. erwartet mich bereits und wir fahren nach einer kurzen Zusammenfassung bisheriger Schwierigkeiten zur Vorbereitung der ersten Sondersitzung zum nahegelegenen Veranstaltungsort. Herr F. berichtet über Komplikationen, die im Vorfeld stattgefunden haben und fast zu einer Absage der Sondersitzung geführt hätten. Ein Mitglied der Steuerungsgruppe habe sich vehement gegen die interne Veranstaltung, die einerseits zur Reflexion, andererseits zur Entwicklung möglicher Zukunftsszenarien beitragen sollte, ausgesprochen. Das Argument war, dass es sinnlos und kontraproduktiv sei über die Zukunft im HC entstandener Produkte und deren Übertragbarkeit zu diskutieren, bevor endgültig – seitens des Landes – Stellung zu Finanzierungsfragen etc. bezogen würde. Nach längerem Hin- und Her wurden die Akteure des Landes eingeladen an der Sondersitzung teilzunehmen. Er berichtet weiterhin von dem Problem des Ausfalls der HC-Projektassistenz, die eine neue Stelle in der VHS-Verwaltung habe.*
>
> *Vor Ort bereiten wir gemeinsam mit Frau B. die Sitzung vor. Zwischendurch ergibt sich ein kurzes Gespräch mit Frau B., die mich nach dem Thema meiner Dissertation fragt und mir von ihrem Werdegang berichtet.*
>
> *Bis 13:30 treffen allmählich alle Teilnehmenden ein, Frau A. kommt als Erste und begrüßt uns. Die allmählich eintreffenden Mitglieder begrüßen sich gegenseitig, verteilen sich im Raum und betrachten den schönen Ausblick auf [Ort].*

Der Handlungsablauf wird im Beobachtungsprotokoll aus einer involvierten Ich-Perspektive geschildert. Das Ich beteiligt sich aktiv an der organisatorischen Vorbereitung der (rund 1,5 Stunden später) bevorstehenden Veranstaltung, indem es zunächst eng mit Herr F. – der den Beobachter bereits erwartet – interagiert, gemeinsam mit ihm zum Seminarraum fährt, die Sitzung vorbereitet und das Material sowie die Verpflegung in den Seminarraum transportiert. Der Beobachter widmet sich in seiner Eingangsbeschreibung zunächst dem Veranstaltungsort, der

136 Herr F. (Pseudonym) ist der ‚Türöffner' der Autorin, HC-Koordinator der untersuchten Steuerungsgruppe und zugleich Initiator und Moderator der internen Sonderveranstaltung(en).

als direkt und zentral erreichbar charakterisiert wird, insbesondere dem „*Ausblick*“ wird im Beobachtungsprotokoll eine besondere Bedeutung beigemessen. Aus der Beschreibung des Ich ergibt sich ein räumlich-zeitlicher Bruch, die Szenerie wechselt unvermittelt vom „*Büro*“ zum „*Seminarraum*“. Das Ich beschreibt – sozusagen vorwegnehmend – den Seminarraum (vor Ort), der sich durch eine offene und transparente Atmosphäre auszeichnet. Die externen, gut erreichbaren und nahe (an der VHS) gelegenen Räumlichkeiten stellen für die Mitglieder der Steuerungsgruppe eine räumliche Veränderung dar, die durch den offenen ‚Aus-Blick‘ einen ebensolchen ‚Rück-Blick‘ auf die vergangene fünf- bis sechsjährige Zusammenarbeit im HC ermöglicht bzw. ermöglichen soll.

Im zweiten Absatz findet retrospektiv erneut ein etwas unvermittelter Szenenwechsel statt, indem der gemeinsame Weg zum Veranstaltungsort beschrieben wird. Herr F. informiert das Ich auf dem gemeinsamen Weg zum Veranstaltungsort über die bisherigen Schwierigkeiten, die fast zu einer Absage der HC-Sonderveranstaltung geführt hätten. Die Interaktionen zwischen dem Ich und Herr F. lassen sich als vertraulich interpretieren. Herr F. erwartet den Beobachter bereits, informiert ihn direkt über den aktuellen Stand und gibt sehr vertrauliche, interne Informationen preis. Da zu diesem Zeitpunkt noch keine weiteren Interaktionspartner anwesend sind, erhält das Ich durch die gemeinsame Vorbereitung vor der Veranstaltung eine Art Exklusivzugang zu internen Problemen und Schwierigkeiten. Der Fokus von Herr F.s kurzer Zusammenfassung liegt auf dem internen Widerstand eines Mitgliedes der Steuerungsgruppe, der die Sinnhaftigkeit der reflektierenden Veranstaltung aufgrund der nach wie vor ungeklärten Finanzierungsfragen in Frage stellt. An diesem internen Widerstand des Mitglieds wird das Spannungsfeld zwischen Autonomie und Anhängigkeit des HC gegenüber der Landesebene verdeutlicht, das bereits in der Expertenbefragung sowohl auf HC-übergreifender (5.3.7) als auch auf HC-interner Ebene (vgl. 6.3.1) ersichtlich wird. Das kritisch angebrachte Argument des Mitglieds, aufgrund der ungeklärten finanziellen Rahmenbedingungen seitens des Landes sei es zu Komplikationen und Verzögerungen bei der Initiierung und Planung der (einstimmig initiierten) gesonderten Steuerungsgruppensitzung gekommen, wird erläutert. Nach „*längerem hin und her*“, das zeitliche Verzögerungen und interne Komplikationen impliziert, wurden schließlich die Akteure des Landes/HKM trotz des Widerstandes eines Mitglieds zur internen Veranstaltung eingeladen. Im Hinblick auf die in der Expertenbefragung der Steuerungsgruppe geäußerte tendenziell demotivierte, skeptische und desillusionierte Grundstimmung und die verhärteten Fronten zwischen einigen Mitgliedern des HC und dem HKM (vgl. 6.3.1) ist diese vorsichtig-kritische Haltung des Mitglieds nicht verwunderlich. Dieser zitierte Widerstand des Mitglieds gibt erste Hinweise auf das komplexe Beziehungsgeflecht zwischen den HC-Entwicklungspartnern.

Die Entscheidung der Steuerungsgruppe, die Landesebene partizipativ einzubeziehen, deutet einerseits auf die Bereitschaft der Steuerungsgruppe hin, offen und transparent mit ihren Produkten, Ergebnissen und dem Entwicklungsverlauf ihres HC umzugehen und sich nach außen zu öffnen. Andererseits ist die Landesebene bzw. das HKM als HC-Entwicklungspartner offizieller Bestandteil des HC, was eine Einladung durchaus erforderlich macht, wonach die Einladung als selbstverständlich betrachtet werden kann. Dieser längere Entscheidungsprozess, der letztlich zur Integration (Einladung) der Landesebene führte, deutet auf ein Abwägen möglicher Vor- und Nachteile der Mitglieder hin, die eine offizielle Einladung der HKM-Vertreter mit sich bringen könnte. Insbesondere der Einwand, es könne *„kontraproduktiv"* sein über die Zukunftsfähigkeit und Übertagbarkeit der HC-Produkte/-Ergebnisse zu diskutieren, ist ein weiterer Indikator für die von den beteiligten HC-Mitgliedern nicht kalkulierbaren, riskanten Zukunftsaussichten der untersuchten Landesinitiative HC (vgl. 6.5.3).

Eine weitere Problematik stellt der Ausfall der HC-Projektassistenz dar, die zwar eine neue Stelle in der VHS-Verwaltung habe, aber nicht mehr für HC zuständig sei und deshalb nicht an der Sonderveranstaltung teilnehmen könne. Die Gründe für diesen Wegfall werden im Protokoll nicht näher ausgeführt. Inwiefern sich dieser Verlust auf den Ablauf der Sondersitzung auswirken könnte, wird ebenfalls nicht näher kommuniziert bzw. bleibt unerwähnt. Da die Mitarbeiterfluktuation, insbesondere die ungeklärte Finanzierung der HC-Projektassistenz, bereits in der Expertenbefragung der Steuerungsgruppe kritisch kommuniziert und ihr – neben der HC-Koordination – eine Schlüsselfunktion beigemessen wurde (vgl. 6.4.3), liegt es nahe, dass der Wegfall der Projektassistenz in den unsicheren Rahmenbedingungen (vgl. 6.4.3) begründet ist und einen verunsichernden, tendenziell demotivierenden Einfluss auf den weiteren Entwicklungsprozess des HC haben könnte.

Im dritten Absatz des ersten Abschnitts ändert sich die Szenerie ebenfalls etwas unvermittelt, das Ich befindet sich wieder im Seminarraum, in dem ein weiterer Akteur, Frau B., anwesend ist. Frau B. wird an dieser Stelle nicht näher vorgestellt. Frau B. und Herr F. bereiten die Sitzung inhaltlich vor, indem sie die im Vorfeld vorbereiteten Plakate anbringen und das Material auf dem Tisch verteilen. Der Beobachter kocht derweil Café. Durch den kurzfristigen Aus-/Wegfall der HC-Projektassistenz erhalten die gemeinsamen Vorbereitungen der Sondersitzung eine interessante, doppeldeutige Komponente: Das Ich beobachtet das Geschehen und übernimmt (durchaus bereitwillig) die Aufgaben, die möglicherweise die Projektassistenz übernehmen würde (Materialtransport,

Café kochen). Die gemeinsamen Vorbereitungen *„vor Ort"* werden vom Ich im weiteren Verlauf zur Kontaktaufnahme (*„kurzes Gespräch"*) mit Frau B. genutzt, indem fachliche und berufliche Informationen ausgetauscht werden. Diese kurze Interaktion zwischen Frau B. und dem Ich kann als erste, neugierig-vorsichtige, gegenseitige Sondierung, die sich auf die Themen Dissertation und beruflicher Werdegang[137] fokussiert, gedeutet werden.

Bis zum offiziellen Beginn der Sondersitzung treffen alle Teilnehmer ein (vierter Absatz). Das aktiv-involvierte Ich wird in der Beschreibung des Auftretens eines weiteren Akteurs (Frau A., die als erste den Raum betritt) aus einer Wir-Perspektive geschildert (*„Frau A. begrüßt uns"*). Diese Beschreibung deutet darauf hin, dass sich der Beobachter durch die gemeinsame Vorbereitung bereits zu Beginn der Sitzung mit der Gruppe identifiziert. Frau A. wird an dieser Stelle ebenfalls nicht näher erläutert. Das Begrüßungsritual der allmählich eintreffenden Mitglieder der Steuerungsgruppe und Gäste wird durch eine Verteilung im Raum und die Betrachtung des schönen Ausblicks abgelöst. Wie bereits im ersten Absatz dieses Abschnitts, gewinnen die räumliche Beschreibung und der Ausblick an Bedeutung. Die Akteure richten ihren Blick auf eine außengelegene Kulisse. Der eingangs neutral beschriebene Ausblick wird im dritten Absatz mit dem Attribut *„schön"* versehen. Durch den Raumwechsel wurde ein neutraler, neuer Handlungsraum eröffnet, in dem sich die Akteure begegnen, austauschen und einen *„Ausblick"* bzw. Zukunftsperspektiven erarbeiten können. Die externen Räumlichkeiten können als geschützter Raum interpretiert werden, der einen gemeinsamen Rück- und Ausblick begünstigt und den nötigen Rahmen für die anstehende Reflexion bietet.

Im ersten Abschnitt gibt es zeitlich-räumliche Sprünge und Szenenwechsel, erste Akteure betreten die Szenerie, diese werden (zunächst) nicht näher vorgestellt. Herr F.s Schilderungen der im Vorfeld stattgefundenen Komplikationen scheinen diesen Abschnitt zu dominieren und betten die Veranstaltung inhaltlich in den aktuellen Stand der Dinge ein. Die allmählich eintreffenden Akteure bewegen und verteilen sich in dem ungewohnten Raum, den sie offen erkunden. Diese räumliche Sondierung des neuen Seminarraums stellt eine geeignete Ausgangsbasis dar, um die Ergebnisse aus einer anderen, vermutlich offeneren und neutraleren Perspektive heraus zu reflektieren und gemeinsame Zukunftsszenarien zu konstruieren.

---

137 Der detaillierte Werdegang wird zu Gewährleistung der Anonymisierung und an dieser Stelle nicht näher ausgeführt.

Genese der Veranstaltung – Widerstand, Kontinuität und Erwartungen

Inhaltlich bestimmen die Genese und die Vorbereitung der Veranstaltung den ersten Abschnitt des Protokolls, der Leser wird in die Schwierigkeiten und Erwartungen, die mit der Planung verbunden waren, eingeführt und lernt die zentralen Personen (den Koordinator Herr F. und die Moderatorin Frau B.) kennen. Die Personen bzw. einzelnen Mitglieder der Steuerungsgruppe werden an dieser Stelle (noch) nicht eingeführt, lediglich Herr F. wird – offensichtlich als ein Hauptakteur des Protokolls – vorgestellt und seine Beziehung zum Ich erläutert. Der erste Abschnitt dient vorrangig zur zeitlich-chronologischen Einbettung der internen, reflektierenden Veranstaltung in den Entwicklungsverlauf des HC und zur Explikation der im Vorfeld damit verbundenen Probleme und Schwierigkeiten. Diese manifestieren sich im internen Widerstand eines Mitglieds und in der Problematik der personellen Fluktuation. Beide Aspekte, Widerstand und Fluktuation, lassen sich aus den Aussagen der Experten (vgl. 6.4.3/6.4.6) zur allgemeinen Entwicklung des untersuchten HC nachvollziehen und werden in beiden Materialsorten hervorgehoben. Weiterhin werden die Räumlichkeiten der Veranstaltung thematisiert, sodass der lokale Raumbezug als Ermöglichung einer alternativen Perspektiveinnahme betrachtet werden kann, der zur Entwicklung innovativer Zukunfts-perspektiven an Relevanz gewinnt. Die chronologisch gegliederten Schlagworte des ersten Abschnitts sind: „*Seminarraum*", „*Vorbereitung*", „*Komplikationen*", ‚Widerstand' („*hatte sich vehement gegen die interne Veranstaltung […] gewehrt*") und ‚personelle Fluktuation' („*Problem des Ausfalls der HC-Projektassistenz*"). Insbesondere die internen Schwierigkeiten (Widerstand/Komplikationen), die beinahe die interne, reflexive Veranstaltung verhindert hätten und zu zeitlichen Verzögerungen geführt haben, werden hervorgehoben. In diesem Zusammenhang erhält das Spannungsfeld zwischen dem Auftraggebersystem (Landesebene) und dem Teilnehmersystem (Ebene der Steuerungsgruppe), das bereits in der Expertenbefragung im Zusammenhang mit den Kommunikationsstrukturen/-prozessen evident wurde (vgl. 6.4.7), zusätzlich an Bedeutung. Dieses Spannungsfeld gibt einen ersten Hinweis auf die unterschiedlichen (Handlungs-)Logiken, Interessen und Erwartungshorizonte der beiden (Sub-)Systeme.

Das Widerstandsphänomen zieht sich wie ein roter Faden durch die Materialsorten und wird auf unterschiedlichen Ebenen evident: (1) interner Widerstand auf Ebene Steuerungsgruppe (seitens eines Mitglieds), (2) interner Widerstand auf Netzwerk-/Kooperationsebene innerhalb der Entwicklungspartner (seitens der ausgestiegenen regionalen Schulen) und (3) externer Widerstand auf Ebene der relevanten Umwelten (seitens der Bildungsanbieter in der regionalen

Bildungslandschaft). Am Beispiel des im Protokoll dokumentierten internen Widerstands auf Ebene der Steuerungsgruppe, aus dem zeitliche Verzögerungen resultierten, stellt sich die grundlegende Frage nach dem Einbezug und Ausschluss von Akteuren (Vertreter des HKM) und der Frage, wer zum System gehört und wer nicht? Die Landesvertreter befinden sich in einer ambivalenten Position: Einerseits lassen sie sich aufgrund ihrer Rolle (vgl. 6.2.1) und ihrer formalen Entscheidungsbefugnis klar dem Auftraggebersystem (vgl. König 2005; 4.3.2) zuordnen. Andererseits sind sie als offizielle Entwicklungspartner zugleich (auch) inhaltlich-relevante Akteure und somit ein integraler Bestandteil der Steuerungsgruppe, was für eine Integration in die geplante Sonderveranstaltung sprechen würde.

Ein weiteres wichtiges Thema ist der Umgang mit Fluktuation, das ein generelles Problem in Netzwerken darstellt, woraus sich Fragen nach personaler Kontinuität von Kooperationen und Netzwerken ergeben, die Einfluss auf ihre Nachhaltigkeit haben. Bezugnehmend auf die theoretischen Erörterungen zum Lebenszyklus von Netzwerken (vgl. 3.2.3) streben Netzwerke primär eine Sicherung ihrer/s Existenz bzw. Kooperationsverbundes an (vgl. Simon 2007). Diese könne neben administrativ-organisatorischen Rahmenbedingungen und finanziellen Ressourcen primär über die Konstanz tragender Schlüsselpersonen wie den Koordinator und weitere tragende Akteure gewährleistet werden (vgl. Schäffter 2004; Wolf/Matalik 2006). Betrachtet man die zentrale Rolle der VHS, die Aufgabe der Projektassistenz (vgl. 6.2.2) und ihre Schlüsselposition für das Gesamtnetzwerk HC wird ersichtlich, dass eine tragende Person weggefallen ist, deren Leistung nicht unmittelbar kompensiert werden kann. Greift man das Phasenmodel von Elsholz (2006) auf, befinden sich alle HC-Startinitiativen (inklusive des untersuchten HC) im Jahr 2012 im Übergang von der Stabilisierungsphase zur Transfer- und Verstetigungsphase. Als grundlegend für die erfolgreiche Bewältigung dieser Übergangsphase können u.a. die personale Kontinuität und Ergebnissicherung – die in Form der Veranstaltung angestoßen werden soll – betrachtet werden.

Analog zu den unterschiedlichen Logiken des Auftraggeber- und Teilnehmersystems, auf die in den nachfolgenden Abschnitten näher eingegangen wird, lassen sich unterschiedliche implizite und explizite (in der Einladung formulierte) Erwartungen ableiten. Die impliziten Erwartungen der Teilnehmer lassen sich in der offiziellen Zielformulierung, den individuellen Wünschen oder Zwecken (die mit dem jeweiligen Nutzen zusammenhängen) lokalisieren – wobei die individuellen Erwartungen den Zielen der Veranstaltung entgegengesetzt sein können. Die Vertreter der Landesebene haben (auf politisch-übergeordneter Programmebene) möglicherweise andere Erwartungen als die Mitglieder der Steuerungsgruppe, deren primäres Ziel in der Sicherung des HC (auf organisationsbezogen-individueller

Projektebene) liegen könnte. Die unterschiedlichen Nutzenorientierungen, Erwartungen und Logiken werden im weiteren Protokollverlauf thematisiert. Im diesem ersten Abschnitt können die externen, ungewohnten Räumlichkeiten als eine Art kollektiver Hoffnungsträger deklariert werden. Die Erwartungen der Teilnehmer schwingen implizit mit, werden jedoch nicht konkretisiert. Es ist allerdings davon auszugehen, dass die Akteure gerade aufgrund der bevorstehenden internen Veranstaltung(en) – ungeachtet der organisatorischen Schwierigkeiten und des internen Widerstandes – hohe Erwartungen in die Veranstaltung setzen, ein realistisches Zukunftsszenario für ihren HC zu entwickeln und auf dieser Grundlage seine Zukunft bzw. die einzelnen Teilprojekte zu sichern.

7.3.2 Begrüßung und Einstieg (II. Abschnitt)

Pünktlich um 13:30 Uhr beginnt die Veranstaltung, alle angemeldeten Personen sind anwesend, drei Personen haben sich im Voraus entschuldigt. Herr F. begrüßt alle Anwesenden, stellt Frau B., die die erste Veranstaltung moderiert, und die Beobachterin vor. Er weist darauf hin, dass die Inhalte des Workshops bzw. Aussagen der Teilnehmer anonymisiert werden. Er nennt drei Personen, die heute nicht dabei sein können und sich entschuldigt haben. Zu Beginn erläutert er die Ziele des heutigen Workshops, die einerseits in einer Art Resümee der HC-Aktivitäten seit 2007, andererseits in einer Art Reflexion liegen, die eine Entwicklung zukünftiger Szenarien anregen soll.

Des Weiteren wird Herr W. begrüßt und das Wort an ihn abgegeben. Er vertritt heute Frau S. und betont, dass er weniger auf der operativen Ebene an HC beteiligt war, sondern für die Administration und das Antragswesen der Initiative zuständig war bzw. ist. Da das Land Hessen Entwicklungspartner im Verbund HC ist, gibt es seitens des HKM ein großes Interesse an einer landesweiten Bilanzierung der Einzelinitiativen. Herr W. begrüßt das Vorhaben des HC [XY] eine bilanzierende, interne Veranstaltung durchzuführen sehr und ist gespannt auf die Inhalte der heutigen Sitzung. Er betrachtet dieses Vorhaben eingebettet in eine umfangreiche Bilanzierungsreihe der Landesinitiative HC (2007-2012/13), die sich auf die Bereiche Bildungsberatung, neue Medien etc. bezieht. Neben der quantitativen Bedeutung einer Bilanz gäbe es auch eine hohe inhaltliche Relevanz auf regionaler Ebene. Herr W. betont, dass HC [XY] in seiner Entwicklung einige Hindernisse überwinden musste und auf Koordinations- bzw. Verbundebene durchaus Probleme gehabt hätte.

Er appelliert darauf, die Entwicklungspartner sollten trotz aller Probleme und Widerstände an einem Strang ziehen, um gemeinsam mehr zu erreichen. Das HKM habe ein großes Interesse an einer HC-übergreifenden Bilanz, zu der es in den nächsten Jahren einiges beitragen möchte. Derzeit würden alle HC-Einzelinitiativen, die 2007 gestartet sind, bilanziert. Die Bilanzierung beziehe sich auf die Ebenen der Produktentwicklung, die unter dem Label HC stattgefunden haben – im Hinblick auf eine Stärkung der Kerneinrichtungen – und betreffen die HC-Leitthemen (Bildungsberatung, neue Medien, Übergänge etc.).

Der zweite Abschnitt startet mit dem *„pünktlichen Beginn"* der Veranstaltung, bei der fast alle eingeladenen Personen (bis auf drei entschuldigte Mitglieder) anwesend sind. Die Eröffnung der ersten Sondersitzung durch Herr F. scheint einem formalisierten Ablauf zu folgen: Zu Beginn begrüßt der Koordinator alle Anwesenden, stellt anschließend die Gäste der Sondersitzung, d.h. die Moderatorin Frau B. und die Beobachterin, vor. Der Hinweis, dass die Inhalte und Aussagen der Teilnehmer anonymisiert werden kann einerseits als eine Geste zum Vertrauensaufbau, andererseits als ein Appell an die Beobachterin, die den geschützten Rahmen der Veranstaltung zu wahren hat, interpretiert werden. Anschließend dokumentiert Herr F., dass sich drei Personen bzw. Mitglieder bereits im Vorfeld entschuldigt haben. Die Gründe für die Abwesenheit dieser eingeladenen Mitglieder werden nicht thematisiert.[138]

Nach der offiziellen Begrüßung aller Anwesenden und der kurzen Vorstellung des heutigen Referenten und der Beobachterin sowie einer Anwesenheitsbestandsaufnahme fasst Herr F. den Anlass und die Ziele der Veranstaltung zusammen. Neben dem Rückblick auf die gemeinsame Zusammenarbeit und der Projektreflexion werden die Anwesenden aufgefordert ein Zukunftsszenarium zu entwickeln bzw. dieses anzustoßen. Die Veranstaltung kann als Resümee einer vergangenen Entwicklung und zugleich als ein Impuls zur (Weiter-)Entwicklung des HC interpretiert werden. Der Zeitbezug erhält hier eine interessante Dimension: Vergangenes und Zukünftiges werden in einem (ergebnisoffenen) Prozess gegenwärtig (re-)konstruiert.

Nach der (offiziellen) Begrüßung von Herr W. – der seine Kollegin Frau S. vertritt – wird direkt das Wort an ihn abgegeben. Durch diese formelle Geste wird dem Landesvertreter Herr W. eine herausgehobene Rolle zugewiesen, da er als erste Person (vor der Moderatorin und den Teilnehmern) zur Rede aufgefordert wird. Herr W. äußert sich zu den Aufgaben, der Rolle und den Zuständigkeiten der Landesebene, die er hauptsächlich auf operativ-administrativer Ebene (Projektabwicklung und das Antragwesen) verortet. Er betont weiterhin das große Interesse des Landes an einer *„landesweiten Bilanzierung der Einzelinitiativen"* und *„begrüßt das Vorhaben des HC"*. Dieses Statement verdeutlicht zum einem das (persönliche) Interesse an der aktuellen Sitzung und bringt die positiv-wertschätzende Einstellung bzw. das Wohlwollen des Sprechers gegenüber den Anwesenden sowie seine Neugier auf die Inhalte der Sitzung zum Ausdruck.

---

138 An dieser Stelle eröffnet sich die Frage, welche Personen nach dem Differenzierungskriterium Anwesend vs. Abwesend zum (Teilnehmer-)System der Steuerungsgruppe gehören.

Zum anderen kann das von Herrn W. geäußerte Interesse an einer Bilanzierung auf Ebene der Einzelinitiativen darauf hindeuten, dass (neben der wissenschaftlichen Begleitung durch die sfs und die Programmevaluierung von PwC) ebenfalls eine inhaltliche Evaluierung/Bilanzierung der regionalen Einzelinitiativen (v.a. der Startinitiativen) fokussiert wird. Dieses Interesse ist grundsätzlich – optimistisch betrachtet – als ein positives bis neutrales Interesse oder als Unterstützungsangebot zu bewerten. In Anbetracht des langen *„hin- und her"* (vgl. 6.3.1) vor der Sondersitzung bzgl. der Überlegungen die Vertreter der Landesebene einzuladen und des in der Expertenbefragung geäußerten Widerstandes sowie der diffusen Ängste (vgl. 5.4.6), lässt dieses Interesse vielfältige Deutungen zu. Es könnte möglicherweise von den Akteuren auch als ein Versuch der gezielten Einflussnahme, Interessensvertretung oder -durchsetzung aufgefasst werden, was einen erheblich nachteiligen und demotivierenden Einfluss auf den Verlauf und die Kommunikation (während) der Veranstaltung, ggf. in Form von Widerstand und nicht transparenter Kommunikation, zur Folge haben könnte.

Herr W. bettet das Vorhaben des HC in eine *„umfangreiche Bilanzierungsreihe"* ein, die neben einer (intendierten) Stärkung der Kerneinrichtungen eine hohe regional-inhaltliche Relevanz besäße. Die aktuellen Bilanzierungsaktivitäten aller HC-Startinitiativen beziehen sich auf die Produkte bzw. auf die drei Leitthemen, die unter dem Label HC entwickelt wurden. Er etikettiert den HC mit der Bezeichnung *„Sonderrolle"*, da die untersuchte Initiative in der Vergangenheit *„Hindernisse, Probleme und Widerstände"* überwinden musste. Die offene Thematisierung dieser Entwicklungsproblematiken auf Verbundebene gibt einen ersten Hinweis auf das reziproke Vertrauensverhältnis der Entwicklungspartnerschaft und die Tatsache, dass das HKM über die spezifischen ‚Besonderheiten' des HC informiert ist. Herr W.s Apell *„an einem Strang zu ziehen, um gemeinsam mehr zu erreichen"* kann einerseits als ein aufbauender Motivationsversuch, anderseits als eine präskriptive Homogenisierungsgeste (*„Beschwörung eines gemeinsamen Geistes"* vgl. 6.2.1) gedeutet werden.

(Bilanzierungs-)Interessen der Landesebene vs. Existenzsicherung des HC

Die im ersten Abschnitt angerissenen und nicht näher spezifizierten Interessen des Landes sind das dominierende Thema des zweiten Abschnitts, die in Form der Begrüßungsrede von Herr W., als Repräsentant des Landes, teilweise direkt, zum Teil indirekt artikuliert werden. Die Interessen des HKM lassen sich folgendermaßen pointiert zusammenfassen: Der Auftraggeber hat sowohl *„ein großes Interesse an einer landesweiten Bilanzierung der Einzelinitiativen"* (Projektebene) als auch ein *„großes Interesse an einer HC-übergreifenden Bilanz"* und einer *„umfangreiche(n)*

Bilanzierungsreihe der Landesinitiative HC" (Programmebene), woraus die Landesvertretung eine *„hohe inhaltliche Relevanz auf regionaler Ebene"* ableitet. Die impliziten Ziele und Erwartungen der anwesenden Landesvertretung liegen in der *„Produktentwicklung, unter dem Label HC"*, einer Stärkung der hessischen Bildungslandschaft durch Öffentlichkeitsarbeit) und gleichzeitig in einer *„Stärkung der Kerneinrichtungen"* (Organisationsebene) sowie in der Initiierung einer summativen Evaluation auf Programm- und Projektebene.

Parallel und zum Teil diametral zu den mit der Veranstaltung verbundenen Interessen der Landesvertretung (Programmebene) liegen die Interessen der Akteure des HC (Projektebene): Die Interessen der Mitglieder der Steuerungsgruppe spiegeln sich in den vorab formulierten Zielen und Intentionen der internen Sondersitzung (vgl. 7.1), die sich vornehmlich auf die (finanzielle) Sicherung, den Ausbau und die langfristige Weiterführung einzelner bewährter HC-Leitprojekte sowie der damit einhergehenden Weiterbeschäftigung des Personals beziehen. Überspitzt formuliert, kann daraus geschlossen werden, dass das Land eher das große Ganze auf übergeordneter HC-Ebene (übergreifende Bilanzierungsreihe) im Blick hat und sich die Mitglieder der Steuerungsgruppe auf die individuelle Mikroebene ihres HC konzentrieren. Sie sind primär an der (Weiter-)Entwicklung und langfristigen Sicherung des eigenen HC – letztlich der eigenen Organisation – interessiert. Neben der Differenzierung von HC-übergeordneter Programmebene und HC-spezifischer Projektebene befinden sich die beiden Akteure Land und die am HC beteiligten Organisationen in einem reziproken Abhängigkeitsverhältnis. Der HC ist abhängig von der finanziellen Förderung und Unterstützung des Landes, das HKM hingegen ist auf die Umsetzung der Ziele durch die einzelnen HC-Verbünde und deren Kooperations- und Leistungsbereitschaft angewiesen. Dennoch herrscht in dieser Beziehungskonstellation ein klares (formales) Ungleichgewicht zwischen dem Auftraggeber- und Auftragnehmersystem, da das HKM letztlich über die Existenz und Finanzierung der Einzelinitiativen entscheidet. Aus den zum Teil divergierende Interessen, Rollen und Akteurskonstellationen (vgl. 6.2), die ggf. zu Interessenskonflikten führen können und in der Vergangenheit bereits zu Missverständnissen, Unklarheiten und Verzögerungen geführt haben (vgl. 6.4.3), lassen sich unterschiedliche Handlungslogiken ableiten: Das HKM als Geldgeber und Förderer übernimmt eine kontrollierend-überprüfende Funktion und ‚fordert' Produkte und Ergebnisse (Bildungsangebote etc.) ein, die der HC als Dienstleister und Geförderter ‚liefern' und legitimieren muss. Die Handlungsmodi bewegen sich demnach in einem Spannungsfeld aus Legitimation und Kontrolle. Daraus ergibt sich die Frage nach dem Umgang mit den Informationen und Ergebnissen der Veranstaltung, der sich u.U. auf die Offenheit der Teilnehmer auswirken kann. Trotz der unterschiedlichen Logiken des Auftraggebers (HKM) und des Auftragnehmers (HC) sind gemeinsame Schnittmengen und Überschneidungspunkte erkennbar, die in der (Ergebnis-)Bilanzierung und der Erörterung nachhaltiger Perspektiven liegen.

7.3.3 Einstieg und theoretischer Input (III. Abschnitt)

Frau B. stellt sich anhand ihres Lebenslaufs bzw. ihrer Erfahrungen vor. Sie sei über ein Projekt auf HC aufmerksam geworden und wurde angefragt, die heutige Sitzung zu moderieren. (Sie weist auf eine Tagung zum Thema Netzwerke hin.)

Bezugnehmend auf die Ziele der Sitzung und auf die intendierte Bilanzierung gibt Frau B. einen theoretischen Input zum Thema Netzwerke. Ihre These lautet: „Netzwerke werden (in der Praxis) stakt moralisiert und mit überhöhten Ansprüchen überladen". Als Konsequenz entwickelten daraus sich häufig eine Art „Herumdrucksen", wenn etwas nicht wie geplant funktioniere. Ihre Folgerung daraus ist, dass die potenzielle Schwäche von Netzwerken aus unklaren Annahmen von Kooperationen und Netzwerken resultiere. Die Tragfähigkeit von Strukturen sei oft nicht gegeben, nachhaltige Effekte nach Förderungslaufzeit würden selten erreicht.

Frau B. stellt folgende Erfolgsfaktoren bzw. Thesen für gelingende Kooperationen vor, anhand deren die Reflexion des HC und die Diskussion angeregt werden sollen:

- *Wenn keine Existenzgefährdung für die Akteure vorhanden ist, gibt es keine interne Konkurrenz und es wird kooperiert. Wenn die Gefahr zu groß wird (Konkurrenz zu hoch), findet keine Kooperation statt (entweder/oder-Frage).*
- *Ausreichende Spielräume begünstigen Netzwerke; starre organisatorisch-rechtliche und finanzielle Regulatoren begrenzen Kooperationsbeziehungen und Netzwerke.*
- *Der Eigennutzen entscheidet über den Umfang, die Qualität und die Art der Kooperation, nicht der Gemeinnutzen. In diesem Sinne gewährleisten Fördermittel per se keine Nachhaltigkeit nach Ablauf der Förderungslaufzeit, da sich der individuelle Nutzen dann erschöpft hat.*
- *Innovationen benötigen (nach Schubert[139]) einen hohen Nutzen für alle Beteiligten und sind auf den Dimensionen „strategische Ausrichtung, gemeinsame Planung/Durchführung" von Kooperationsverbünden (vgl. Auswertungsmatrix) zu verorten.*

Nach der offiziellen Begrüßung stellt sich Frau B. vor und ihren Bezug zu HC dar. In diesem Abschnitt des Protokolls wird der eingangs eingeführte Akteur, Frau B., deutlicher konturiert, sie tritt erstmals aktiv in Erscheinung. An dieser

139 Die Moderatorin unterlegt ihre Thesen mit Quellenangaben und gibt soziologische Literaturhinweise.

Stelle erfolgt auch ein inhaltlich-thematischer Abschnittswechsel von der offiziellen Begrüßung zur Projekt- und Ergebnisreflexion. Der Projektkoordinator Herr F. tritt (vorläufig) in den Hintergrund und wird von Frau B. abgelöst. Die persönliche Vorstellung anhand des Lebenslaufs und der Erfahrungen können als ein Versuch gedeutet werden, die eigenen Kompetenzen und Fähigkeiten hervorzuheben und somit das Vertrauen und die Akzeptanz der Steuerungsgruppe zu gewinnen. Die Bezugnahme auf ein Projekt über das die Kooperation zustande gekommen sei wird sozusagen als Verbindungsglied zur heutigen Moderation herangezogen. Der Hinweis auf eine Tagung zum Thema Netzwerke könnte ebenfalls der Unterstreichung von Frau B.s Expertise auf diesem Fachgebiet dienen – oder schlichtweg einen informatorisch-werbenden Zweck besitzen.

Im Anschluss an ihre kurze Vorstellung führt Frau B. auf einer thematisch-theoretischen Ebene in die heutige Reflexion und den Ziel-/Ergebnisabgleich ein. Sie bezieht sich dabei auf die zuvor von Herr F. vorgestellten Ziele der internen Sitzung. Mit ihrer Kernthese, Netzwerke seien stark moralisiert und mit (zu) hohen Ansprüchen überladen, was langfristig zu einem Verhalten des *„Herumdrucksens“* bei *„Ungeplantem“* führen könne, bringt sie einen neuen Aspekt in die Steuerungsgruppe ein. Durch diese einleitende Kernthese wird zum einen eine transparente Thematisierung latenter Schwierigkeiten und Probleme ermöglicht, indem Netzwerke vom Mythos des Erfolgs und dem starken (theoretisch hergeleiteten) Moralisierungsdruck befreit werden. Zum anderen zeigt die Moderatorin nachfolgend die möglichen Konsequenzen (*„Schwächen“*), die sich aus (moralisch-)überhöhten Ansprüchen ergeben können (*„unklare Annahmen“*) und die strukturell begründet seien. Sie fordert dadurch die Teilnehmenden indirekt auf, die potenziellen oder akut vorhandenen Schwächen ihrer Initiative zu reflektieren und zu kommunizieren. Mit der darauffolgenden Formulierung, dass nahhaltige Effekte nach Auslaufen der Projektförderung nur selten erreicht würden, könnte Frau B. beabsichtigen, die Anwesenden von ihren vermeintlich moralisierenden, unrealistischen Vorstellungen und Erfolgsmythen zu befreien. Frau B. erschafft somit eine für die Veranstaltung strategisch-günstige Ausgangslage, indem sie die Beteiligten von ihren eignen, (in der Expertenbefragung formulierten) erhöhten Ansprüchen befreit. Die strukturelle Begrenztheit von Kooperationen und Netzwerken und die Herstellung von Nachhaltigkeit wird zu einem generalisierten, netzwerkimmanenten Problemfeld erklärt.

Nach der einleitenden Kernthese wirft Frau B. vier weitere (theoretisch begründete) Thesen bzw. Erfolgsfaktoren in Sinne von Gelingensbedingungen auf, die im Protokoll gegliedert aufgelistet sind und als Grundlage für die intendierte Reflexion und Diskussion herangezogen werden. Formuliert man Frau B.s Ausführungen umgekehrt, bemisst sich die potenzielle Kooperationsbereitschaft von

Akteuren nach dem Grad ihrer Existenzgefährdung und nimmt proportional zu dieser ab. D.h. je mehr die Akteure nach objektiven oder subjektiven Kriterien ihre Existenz gefährdet sehen und je höher die (wahrgenommene) Konkurrenz ist bzw. eingeschätzt wird, desto weniger bereit sind sie zu kooperieren. Dies wird als eine *„Entweder-oder-Frage“* thematisiert, sodass angenommen werden kann, dass sich eine akute oder latente Existenzgefährdung (z.B. *„interne Konkurrenz“*) und Kooperation gegenseitig ausschließen. Vernetzung und Kooperation bewegt sich dieser These nach in einem Spannungsfeld zwischen Kooperation und Konkurrenz. Insbesondere der in der Expertenbefragung bereits thematisierte Aspekt der internen Konkurrenz (vgl. 5.3.6) erscheint besonders interessant, da in Netzwerken paradoxerweise nicht intendierte (interne) Konkurrenz gerade durch Kooperation entstehen kann. Insbesondere in der Fallstudie (vgl. 6.4.5) betonen die Befragten, sich intern keine Konkurrenz zu machen, sondern diese durch die Schaffung von Win-Win-Situationen zu vermeiden und Konkurrenzen möglichst transparent zu thematisieren. Die an HC beteiligten Schulen geben bspw. an, eine Art Konkurrenzkartell gebildet zu haben, um sich stärker in der regionalen Bildungslandschaft positionieren zu können (vgl. 6.2.3). Aus diesem Grund sehen die Mitglieder der Steuerungsgruppe – unabhängig von der hohen Anbieterdichte in der regionalen Bildungslandschaft – keine Gefahr, dass interne Konkurrenzen entstehen könnten oder dass die Marke HC und die gemeinsam entwickelten Bildungsangebote zu dominant werden könnten (vgl. 6.5.3).

Aus den, nachfolgend zunächst paraphrasierten, Thesen lassen sich die für Netzwerke und Kooperationen erfolgsrelevanten Themen (ausreichend) Spielraum, Nutzenorientierung und Innovation ableiten. Diese werden nachfolgend als generalisierbare Gelingensbedingungen von Kooperationen und Netzwerken betrachtet, näher erörtert und durch (erste) theoretischen Übergelungen ergänzt. Über diesen Thesen steht die Annahme der potenziellen Schwäche von Netzwerken, die sich mit den aus theoretischer Perspektive herausgearbeiteten Grenzen von interorganisationalen Netzwerken deckt (vgl. 3.2.1). Neben den meist sehr hohen und positiv konnotierten Erwartungen und dem antizipierten ökonomischen, sozialen und organisationalen Mehrwerten (vgl. Bretschneider/Nuissl 2003; Dresselhaus 2006; Nuissl 2006; Heidenreich 2009; Schäffter 2004; Schubert 2008, u.w.) – wie Kostenersparnissen, regionalen Leistungs- und Wettbewerbsvorteilen, einer einheitlichen Zielorientierung, Synergieeffekten und dezentralen Organisationsstrukturen – existieren zeitliche-organisationale und strukturelle Determinanten. Diese manifestieren sich, insbesondere in stattlich geförderten und subventionierten (regionalen) Netzwerken und Kooperationsverbünden, in den jeweiligen Rahmenbedingungen oder auch

Spielräumen (Projekt- und Förderlaufzeiten, finanziellen Ressourcen und Zielvorgaben) sowie in individuellen Faktoren wie Motivation, Engagement und Leistungsfähigkeit – die von der jeweiligen Nutzenorientierung der Akteure abhängen. Innovation stellt einen organisational-ökonomischen Mehrwert von Netzwerken dar, ein möglicher Nutzen besteht für die Netzwerkakteure u.a. in der Förderung des Innovationswettbewerbs (vgl. Heidenreich 2000), woraus sich letztlich Wettbewerbsvorteile für den Bildungsstandort und die beteiligten Bildungsorganisationen ergeben können. Soziale Innovationen, zu denen Bildungsprodukte/-angebote und Konzepte gezählt werden können, hängen von strukturell-organisatorischen Handlungsspielräumen (vgl. Küpper/Ortmann 1988) und – folgt man der vierten These – ebenfalls von der Nutzenorientierung der Akteure ab.

Spiel – Spielraum (zweite These)

In der zweiten These wird die Relevanz ausreichender Spielräume und das sich aus daraus ergebende Spannungsfeld zwischen programmatischen Vorgaben und individueller Handlungsfreiheit verdeutlicht: Operative Spielräume werden hier als Gelingensbedingungen diskutiert, die entweder – sofern sie ausreichend sind – Netzwerke und Kooperationen begünstigen oder in Form von reglementierenden Spielräumen begrenzen können. Im Online-Duden (2014c) wird Spielraum als ein „gewisser Freiraum, der den ungehinderten Ablauf einer Bewegung, das ungehinderte Funktionieren von etwas ermöglicht, gestattet" und als „Möglichkeit, sich frei zu bewegen, sich in seiner Tätigkeit frei zu entfalten" definiert. Die Moderatorin Frau B. bringt den Begriff des Spielraums, der bereits in der Expertenbefragung der Steuerungsgruppe (vgl. 6.4.2./6.4.3.) erwähnt und als Handlungs-/Entscheidungsspielraum der Entwicklungspartner diskutiert wurde, sozusagen von außen in die Sitzung ein. Zum einen verfügten die befragten HC-Kooperationspartner, zum Teil organisational-institutionell bedingt, über unterschiedliche Handlungsspielräume: die VHS verfüge im Gegensatz zu den Schulen über einen hohen Spielraum, da sie ihre Angebote eigenständig gestalten könne. Zum anderen empfindet die Mehrheit der Mitglieder der Steuerungsgruppe die Rahmenbedingungen und Vorgaben des Landes als einschränkend, thematisiert ihren nicht ausreichenden (Handlungs-)Spielraum und fordert (insbesondere für die beteiligten Schulen) größere Spielräume. Zunächst einige Überlegungen zum Einflussfaktor Spielraum (zweite These), der in der Ergebnissynthese (vgl. 8.1) erneut aufgegriffen und vertieft wird. Die Wortkomposition Spielraum setzt sich aus den beiden Wörtern ‚Spiel' und ‚Raum' zusammen und kann unterschiedliche Bedeutungen haben: ein Spielraum kann einen abgegrenzten oder offenen räumlichen (Spiel-)Platz bezeichnen und wird oft in theaterpädagogischen, (vor-)schulischen oder erlebnispädagogischen Kontexten verwendet. Ein Spielraum steht darüber hinaus für die Möglichkeit oder den ‚Frei-Raum', der zur Verfügung steht selbstbestimmt zu handeln, sich zu bewegen, zu gestalten und frei über etwas zu entscheiden. Dabei kann ein Akteur über unterschiedlich viel, ausreichend oder keinen Spielraum (im Vergleich zu einem anderen Akteur) verfügen.

Nutzen und Nutzenorientierung (dritte These)

In der dritten These formuliert die Moderatorin Frau B., dass der individuelle Eigennutzen über die Qualität und Güte der Kooperation und Vernetzung entscheide und dementsprechend dem Gemeinnutzen/-wohl übergeordnet sei. Anknüpfend an die Eingangsthese, nachhaltige Effekte würden nach der Förderlaufzeit in Verbundprojekten/Netzwerken nur selten erreicht, bezieht sie diese auf die Nutzenthematik. Führt man die These weiter, erschöpft sich der individuelle Nutzen – sofern die Beteiligten überwiegend extrinsisch motiviert sind – nach Ablauf der Förderlaufzeit, sobald ein oder mehrere individuelle Ziele erreicht sind. Daraus lässt sich schließen, dass neben der finanziellen Förderung ein weiterer materieller oder ideeller Nutzen für die Beteiligten vorhanden sein sollte, damit das Netzwerk Bestand hat.

Wie bereits in den praxisfeldbezogenen Bezügen erläutert, zeichnen sich regionale Netzwerke durch gemeinsame und individuelle Ziele und ein Nebeneinander von ökonomischen, sozialen und organisationalen Mehrwerten aus (vgl. Reupold/Strobel 2009; Jütte 2002; Heidenreich 2009; Schubert 2008). Die individuelle Kooperationsbereitschaft von Organisationen und Einzelpersonen resultiert u.a. aus einer hohen Nutzenorientierung im Sinne von strategischen Kosten-Nutzen-Abwägungen (vgl. Payer 2009; Williamson 1990). Einige Mitglieder der Steuerungsgruppe sind inzwischen mit dem Kosten-Nutzen-Verhältnis tendenziell unzufrieden (6.3.3.). Bedenkt man die Relevanz des individuellen Nutzens, erscheint es grundlegend zu sein, dass die beteiligten Akteure ihren individuellen Nutzen explizieren und ihre eigenen organisationsspezifischen Ziele (bspw. in Form eines gemeinsamen Ziel-Ergebnisabgleichs) offenlegen, um mikropolitische Spiele und damit verbundene Konkurrenzbeziehungen oder die Durchsetzung von Eigeninteressen und gegenseitige Einflussnahme (vgl. Crozier/Friedberg 1993) zu minimieren. Die jeweilige Nutzenorientierung der Akteure könnte eine motivierende Wirkung entfalten, sodass ein über die projektgebundene Kooperation hinausgehender Mehrwert generiert werden könnte. Dies bestätigen auch die Ergebnisse aus der

Vorstudie, in der die befragten Koordinatoren hervorheben, dass die Motivation sich an einem Netzwerk zu beteiligen vom individuellen Nutzen abhänge (vgl. 5.1.1). Hierbei wurde der Nutzen, der sich aus HC für ländliche Regionen ergebe, tendenziell höher eingeschätzt als der Nutzen für städtische Regionen mit einem differenzierten, vielfältigen (Bildungs-)Anbietermarkt (vgl. 5.1.2). Insbesondere dem Vorhandensein klar formulierter Ziele, aus denen sich ein spezifischer Nutzen sowohl für die Entwicklungspartner als auch für die jeweilige Zielgruppe (Lerner) ergebe, wurden von den HC-Koordinatoren hoch eingeschätzt (vgl. 5.2.3 und 5.2.5).

Innovation (vierte These)

Frau B.s vierte These befasst sich mit dem Aspekt der Innovation (im Sinne von Neuerung), die ebenso wie Kooperationsbereitschaft und Nachhaltigkeit einen hohen individuellen Nutzen voraussetzt. Die Moderatorin ordnet den Innovationsbegriff in Kombination mit einem bestehenden Eigennutzen einer Auswertungsmatrix – der im weiteren Verlauf die Erträge und Projektergebnisse zugeordnet werden sollen (vgl. fünfter Abschnitt 7.3.2) – den beiden inhaltlichen Dimensionen „strategische Ausrichtung, gemeinsame Planung/Durchführung von Kooperationsverbünden“ zu, die im nachfolgenden Abschnitt näher ausgeführt werden.

Nach Schumpeter (1961) bezeichnet Innovation eine technische oder wirtschaftliche Erneuerung und neuartige Verbindung von (bisher unverbundenen) Produkten, Verfahren, Geschäfts- und Managementmodellen sowie Produktionsfaktoren. Als innovativ im engeren Sinne gelten Produkte, Dienstleistungen und wirtschaftliche oder technische Erfindungen und Verfahren, sobald sie sich erfolgreich auf dem jeweiligen Anbietermarkt erprobt, bewährt und nachhaltig etabliert haben. Aus diesen Zusammenhang von Innovation und Nachhaltigkeit (bzw. nachhaltiger Implementierung) ergibt sich eine ambivalente Herausforderung, da Neuerungen Zeit benötigen, um erprobt und verbreitet zu werden, bevor sie auf dem Markt etabliert werden können. Der ursprünglich betriebswirtschaftlich geprägte Innovationsbegriff lässt sich nur bedingt auf immaterielle Produkte wie Bildungsangebote und -dienstleistungen übertragen, weshalb es sich anbietet den Begriff hier dezidiert auf soziale Innovation einzugrenzen. Unter sozialer Innovation wird u.a. die Gestaltung neuer Lehr-/Lernformen im Bildungswesen verstanden. Das Zentrum für Soziale Innovationen in Wien (2014) betont in seinem Internetauftritt den Nachhaltigkeitsaspekt folgendermaßen: „Ähnlich wie neue Produkte und Verfahren erst als Innovation gelten, sobald Erfindungen marktfähig werden, müssen soziale Innovationen nachhaltigen

Nutzen für Zielgruppen erbringen". Diese Definition greift die, von Frau B. in ihren theoretisch-basierten Thesen ausgeführten Aspekte Innovation, Nachhaltigkeit und (zielgruppenspezifischen) Nutzen auf, wodurch die Interdependenz dieser Einflussfaktoren ersichtlich wird. Übertragen auf Netzwerke und Kooperationen bedeutet dies, dass diese Aspekte gleichermaßen berücksichtigt werden und sich bestenfalls in einem ausgewogenen Verhältnis befinden sollten. Optimale Rahmenbedingungen wären – denkt man diese These weiter – dann gegeben, wenn (1) keine (akute) Existenzgefährdung bestünde, (2) ausreichend, flexible Spielräume (für alle Akteure) vorhaben wären und (3) die Beteiligten über einen hohen (intrinsisch motivierten) Eigennutzen verfügten, der auch nach Ende der Förderlaufzeit Bestand hätte.

Überleitend zur inhaltliche Diskussion und Reflexion der HC-Ergebnisse und Produkte lassen sich aus der theoretischen Einführung von Frau B. drei Spannungsfelder konturieren, in denen sich die beteiligten Akteure bewegen und die in den nächsten beiden Abschnitten (4 und 5) aufgegriffen werden: Autonomie vs. Abhängigkeit (Selbstbestimmung und Anpassung), Regulation/Steuerung vs. Freiraum/Potenzialität (geringer und ausreichender Spielraum) und individueller (Eigen-)Nutzen vs. Gemeinnutzen. Aus den Thesen wird die Notwendigkeit von ausreichenden Spielräume in Form von flexiblen, organisatorisch strukturellen Rahmenbedingungen und einer hohen, individuellen Nutzenorientierung ersichtlich, die sich (sowohl hinderlich als auch förderlich) auf die Motivation, Kooperations-/Leistungsbereitschaft, das Innovationspotenzial und letztlich auf den Erfolg von Netzwerken auswirken können.

7.4 Hauptteil: Diskussion und Projektreflexion

7.4.1 Diskussion zum Thema Eigennutzen (IV. Abschnitt)

Zwei Vertreter der VHS steigen als Erste in die Diskussion ein und stellen die Frage nach den Grundlagen und ihren Motiven sich am HC [XY] zu beteiligen. Eine Person meldet sich zu Wort: „Es ist sinnvoll nach den eigenen Motiven zu schauen".

Die Spielräume seien im HC durch das HKM gesetzt worden. Die politische Dimension schaffe Spielräume und gleichzeitig Grenzen durch formale Vorgaben und die System-umgebung (Stadt/Landkreis; Land Hessen; Dezernat). Die anwesenden Mitglieder der Steuerungsgruppe resümieren, im eigenen HC gäbe es einen geringen Bewegungsraum. Ein weiteres Mitglied bezieht sich bei den Kriterien auf die Zielsetzung im Handlungssystem und fragt nach dem Eigennutzen eines der außerschulischen Entwicklungspartner, der sehr zwiespältig sei, da er (laut Selbstangabe) freiwillig am HC teilgenommen habe und kein direkter Nutzen zu verzeichnen sei. Die außerschulische Bildungsorganisation verspricht sich aus der Kooperation eine stärkere Profilierung in der (außerschulischen) Bildungslandschaft. Frau B. betont, dass der Eigennutzen u.U. schwer zu bestimmen sei, wenn aus strategischen Gründen gemeinnützig gehandelt würde.

Daraufhin stellen die restlichen Teilnehmer ihre individuellen Motive vor: Die Motive der VHS lägen hauptsächlich in der Projektakquise, die eine Erweiterung des Alltagsgeschäfts darstelle, und in der Erprobung neuer Lehr-/Lernformen. Allgemein ließen sich die HC-Themen leicht ins Programm der VHS integrieren. Die beteiligten Schulen betrachten ihre Kooperation im HC als eine Ergänzung ihres Angebots im Rahmen der regionalen Bildungslandschaft und möchten ihre Eigenständigkeit wahren.

Das zuständige Amt fordert, die Spielräume sollten ausgelotet werden und nicht als Ausrede bzw. Alibi für bequemes Handeln dienen. Die regionalen Schulen würden keinen Eigennutzen sehen und seien zu selbstbewusst. Ein Teilnehmer wirft die Frage auf, wie der Rahmen so verändert werden könne, dass die Schulen so geschwächt werden, damit sie ihre Komfortzone verließen und zur Kooperation „gezwungen" würden.

Ein weiterer Teilnehmer unterstellt dem HKM die Absicht, eine neue Aufstellung des WB-Sektors zu initiieren und neue Aufgaben durch eine Veränderung der Zielgruppe zu generieren. Er rät zur Reflexion der nicht intendierten Folgen, die sich aus der Kooperation ergeben, die Strukturveränderungen nach sich ziehen könnten und versucht damit das vorsichtige Verhalten der Schulen zu erklären.

Herr F. resümiert die Entwicklung des HC [XY] folgendermaßen: Es habe ein großes Spektrum im HC gegeben, die er als eine „Diskrepanz zwischen ganz groß und ganz klein" bezeichnet. Es seien viele „große Visionen und kleinteilig, nette Projekte" initiiert und umgesetzt worden, die mit „vielen kleinen Problemen" verbunden wären. Auf operativer HC-Ebene es habe wenig Handlungsspielraum/ -fähigkeit gegeben.

Der vierte Abschnitt kann als erster Hauptteil bezeichnet werden, da an dieser Stelle zunächst zwei Mitglieder[140] der Steuerungsgruppe inhaltlich in die Diskussion einsteigen und die Frage nach der grundlegenden Motivation der Mitglieder, sich am HC zu beteiligten, stellen. Dadurch werden die anderen Mitglieder indirekt aufgefordert und ermutigt, ihre individuellen Motive zu benennen und eine transparente Diskussionsgrundlage zu schaffen. Dies wird durch die Aussage einer Person („*es ist sinnvoll nach den eigenen Motiven zu schauen*") verdeutlicht. Aus dieser Aufforderung lässt sich ableiten, dass der theoretische Input der Moderatorin von den sich äußernden Mitgliedern auf HC transferiert und als sinnvoll angenommen wird.

140 Zur Sicherstellung der Anonymität wurden die Aussagen der Beteiligten bei der Protokollanfertigung zusammengefasst und lediglich abweichende Einzelaussagen oder extreme Positionierungen gesondert erfasst.

Im zweiten Absatz des vierten Abschnitts wird das Spannungsfeld bzw. ambivalente Verhältnis zwischen freiem Spiel-/Bewegungsraum und Begrenzung thematisiert. Wie bereits im dritten Abschnitt herausgearbeitet, können Spielräume durch (externe) finanzielle und räumliche Rahmenbedingungen begrenzt, eingeschränkt oder erweitert werden, sodass sich die Akteure in unterschiedlichem Maße (frei) darin bewegen, handeln und Entscheidungen treffen können. Das Resümee der Steuerungsgruppe, dass es im HC einen geringen Spielraum gegeben habe, betont die bipolare Ausprägung von Spielräumen, die sich aus der Gleichzeitigkeit von Ermöglichung und Begrenzung (durch formale Vorgaben) ergibt. Der HC und die einzelnen Mitglieder der Steuerungsgruppe werden mit einer paradoxen Situation konfrontiert: Einerseits werden sie zum eigenständigen Handeln aufgefordert, andererseits werden den gesetzten Spielräumen Regulatoren (Vorgaben des Landes) entgegengesetzt, die die *„Bewegungs- und Handlungsfreiheit"* der Akteure (nach Selbstangabe) einschränken.

Ein „weiteres" der Steuerungsgruppe meldet sich zu Wort, wendet sich direkt an den Vertreter der außerschulischen Bildungseinrichtung und fragt ihn, bezugnehmend auf Frau B.s Kriterien-Matrix (vgl. Abschnitt 5), nach seinem Eigennutzen. Das Mitglied weist auf die ambivalente Situation des außerschulischen Entwicklungspartners hin, der – nach Ansicht des Fragenden – keinen direkten Nutzen verfolge und sich vornehmlich freiwillig am HC beteilige. Die beiden an HC beteiligten außerschulischen Bildungseinrichtungen wurden in der Expertenbefragung der Steuerungsgruppe den peripheren Akteuren zugeordnet. Ein Vertreter (der ‚Bildungseinrichtung 2') gab an, sich neben seinem persönlichen Interesse aus pragmatischen Gründen (Finanzierungsaspekt; Weiterführung eines bestehenden Konzepts) an HC zu beteiligen (vgl. 6.2.4). Die periphere Positionierung dieses Akteurs erfordert für die in der Sitzung Anwesenden möglicherweise eine Klärung und Explikation des individuellen Nutzens. Daraufhin wird im Protokoll der Nutzen der außerschulischen Einrichtung, der in einer stärkeren Profilierung in der Bildungslandschaft liege, zusammengefasst. An dieser Stelle weist die Moderatorin auf die Problematik der Nutzenbestimmung hin: Wenn strategische Beweggründe im Spiel seien, würden die Akteure ihr Verhalten den vermeintlich gewünschten Erwartungen, im Sinne einer Gemeinwohlorientierung, anpassen. Diese Zusatzinformation könnte sich sowohl auf die Stellungnahme der außerschulischen Einrichtung beziehen als auch eine allgemeine Information und Ergänzung der von Frau B. formulierten Thesen darstellen.

Da in der Stellungnahme kein gemeinwohlorientierter Nutzen formuliert wird, ist der Einschub der Moderatorin im Protokoll eher als Ergänzung zu deuten, in der sie auf die Doppeldeutigkeit, die sich aus der amivalenten Forderung, gemeinnützig zu Handeln und der Notwendigkeit einen eigenen Nutzen zu verfolgen, ergibt. Da anschließend die restlichen Mitglieder – womit alle anwesenden Mitglieder gemeint sind – ihre individuellen Motive vorstellen, kann die Frage nach dem Nutzen des außerschulischen Bildungsträgers als eine Art Auftakt gedeutet werden, dem sich die anderen Anwesenden anschließen. Die Motive der VHS, die über eine vergleichsweise hohe Projekt- und Kooperationserfahrung verfügt (vgl. 6.2.2.), decken sich überwiegend mit den eigenen Angaben aus der Expertenbefragung: hier ergeben sich vielfältige thematische, konzeptionelle und programmatische Überschneidungen zwischen der VHS und HC. Die protokollierten Motive *„Projektakquise als Erweiterung des Alltagsgeschäfts und Erprobung neuer Lehr-/Lernformen"* sind pragmatische Beweggründe, die durchaus anschlussfähig an HC sind. Sie korrespondieren mit der flexiblen Organisationsstruktur und den spezifischen Rahmenbedingungen (Spielräumen) der VHS. Weiterhin werden im Protokoll die Motive der beteiligten Schulen zusammengefasst, die besonders darauf bedacht seien, ihre Eigenständigkeit zu bewahren. Daraus lassen sich, äquivalent zu den Ergebnissen aus der Expertenbefragung, die bereits mehrfach skizzierten Spannungsfelder Autonomie–Eigenständigkeit und Abhängigkeit–Anpassung ableiten. Ähnlich wie die VHS, bestehen ihre ebenfalls als pragmatisch zu wertenden Motive in einer Erweiterung des regionalen Bildungsangebots. Im Gegensatz zur VHS sind die Schnittmengen der Schulen – insbesondere der Berufsschulen – allerdings zu gering, um sich langfristig an HC zu beteiligen (vgl. 6.4.4). Die Angst der Berufsschulen durch bildungspolitische Reformierungsmaßnahmen (im Rahmen von HC) instrumentalisiert zu werden und an Autonomie zu verlieren, steht dem individuellen Nutzen diametral entgegen und kann als erste Bestätigung von Frau B.s Eingangsthese(n) betrachtet werden.

Die Forderung des zuständigen Amtes, die Spielräume *„auszuloten"* und nicht im Sinne eines Alibis hinzunehmen, provoziert einen weiteren Teilnehmer zur Frage, inwiefern die beteiligten Schulen zur Kooperation verpflichtet werden könnten. Durch die Formulierung des Amtes, dass die vorhandenen Spielräume als *„Ausrede/Alibi für bequemes Handeln"* dienen könnten, wird in Erwägung gezogen, dass die subjektiv nicht ausreichenden Spielräume insbesondere für die Berufsschulen einen nachteiligen Effekt haben könnten. Da diese starren, begrenzten Spielräume hauptsächlich die Schulen betreffen, diese keinen Eigennutzen sehen, sehr selbstbewusst und gut aufgestellt seien (vgl. 6.2.3), ist diese Annahme naheliegend. Hier stellt ein Teilnehmer die Frage nach einer gezielten Modifikation der Rahmenbedingungen, die eine *„Schwächung"* und Eingrenzung der *„Komfortzone"* der (Berufs-)Schulen zur Folge hätte, um diese zur Kooperation zu *„verpflichten"*. Dieser Vorschlag ist durchaus als widersprüchlich zu betrachten, da Kooperationen und Netzwerke (idealtypisch) auf Freiwilligkeit beruhen und die Beteiligung der (Berufs-)Schulen an HC auf Landesebene zugleich obligatorisch, d.h. förderungsrelevant, ist (vgl. 4.4.2).

Ein Teilnehmer mutmaßt, dass der (anwesende) Vertreter im Auftrag des HKM den WB-Bereich reformieren möchte und empfiehlt, die nicht intendierter Folgen (Strukturveränderungen, Aufgabenneuverteilungen, Veränderungen der Zielgruppe/des Bildungssektors) zu reflektieren. Aus den nicht intendierten Folgen, bspw. der Generierung gleicher Zielgruppen, könnten sich HC-interne Konkurrenzen entwickeln, die – bezugnehmend auf die Eingangsthese – die Kooperationen im HC existenziell gefährden könnten. Der zitierte Teilnehmer hebt die latenten Befürchtungen, die bereits in der Expertenbefragung thematisiert wurden, hervor und versucht das vorsichtige Verhalten der Schulen nachzuvollziehen. Die Reaktion der Landesvertretung auf diesen kritischen Einwand erfährt der Leser an dieser Stelle des Protokolls nicht. Diese Unterstellung scheint für sich zu stehen, losgelöst von einer dialogischen Sequenz bzw. Antwort.

Abschließend fasst der Koordinator Herr F. im letzten Absatz des vierten Abschnitts die Entwicklung des HC bezugnehmend auf die Diskussion der ersten Sitzung zusammen. Er betritt mit seiner resümierenden Stellungnahme erneut in seiner integrativen die Szenerie Funktion. Herr F. hebt die wahrgenommene Diskrepanz zwischen *„ganz groß und ganz klein"*, d.h. zwischen hohen Zielen, Ansprüchen und Visionen und den *„kleinteiligen, netten Projekten"* hervor, die von *„vielen kleinen Problemen"* begleitet worden seien. Diese Diskrepanz wurde bereits in der Expertenbefragung (vgl. 6.5.2) angedeutet und wird hier aufgegriffen, um das subjektiv wahrgenommene Ungleichgewicht von Zielen und Ergebnissen zu verdeutlichen. Die kleinteiligen Projekte scheinen mit den diversen, kleinen Problemen im HC zu korrespondieren, denen die großen Visionen (Vorgaben und Leitziele des Landes) entgegenstehen. Herr F.s Formulierung, es habe zu wenig Handlungsspielraum auf operativer Ebene gegeben, ist ein Indikator für die (subjektiv wahrgenommene) eingeschränkte Handlungs- und Entscheidungs-freiheit im *„pädagogischen Alltag"* des HC (vgl. 6.4.7).

Individuelle Kooperationsmotive und organisatorische Diskrepanzen

Die inhaltlichen Schlüsselwörter des vierten Abschnitts sind *„Motive der Kooperation"*, *„politische Dimension"*, *„geringer Bewegungsraum"*, *„wenig Handlungsspielraum/-fähigkeit (auf operativer Ebene)"* und *„Diskrepanz"* (zwischen ganz groß und ganz klein). Die dokumentierten Kooperationsmotive der Akteure bestehen hauptsächlich in der Ergänzung und Erweiterung bestehender Bildungsangebote, des Organisationsprofils, der Zielgruppe oder der Kooperationsbeziehungen. Neben pragmatisch-ökonomischen Motiven (wie der Profilierung in der regionalen Bildungslandschaft, Projekt- und Zielgruppenakquise und Stärkung von Wettbewerbsvorteilen) können organisational-strategische Motive abgeleitet werden, die sich auf die (innovative) Entwicklung und Erprobung von Bildungskonzepten beziehen. Rein ideelle Motive werden aus dem Protokoll – entgegen der moralisierenden Erwartung von Netzwerken – nicht ersichtlich. Die überwiegend ökonomischen und strategischen Motive der Entwicklungspartner, zu denen auch die politisch-strategischen (Leit-)Ziele des Landes (Förderung des LLL) gezählt werden können, sollten sich im Idealfall decken und nicht im Widerspruch zueinander stehen. Am Beispiel der beteiligten Schulen wird ersichtlich, dass das Bedürfnis nach Autonomie und Selbstbestimmung einem durchaus vorhandenen, organisatorisch-strategischen Nutzen (z.B. Ergänzung des Angebots) entgegenstehen kann. Die mangelnde Beteiligung der Schulen wird auf den geringen Nutzen zurückgeführt, der sich aus ihrer vorteilhaften Positionierung in der Bildungslandschaft (Konkurrenzkartell, Bevorzugung seitens des zuständigen Amtes etc.), ihrer strukturellen Stärke (gut ausgebaute Bildungslandschaft) und individuellen Faktoren (großes Selbstbewusstsein) ergibt. Daraus lässt sich pointiert schließen: je höher die institutionelle Unabhängigkeit (Ressourcen, Infrastruktur etc.), desto geringer ist die Kooperationsnotwendigkeit und -bereitschaft, womit Frau B.s These (Relevanz des Eigennutzens) bestätigt wäre.

Der von einigen der Mitglieder(n) subjektiv empfundene geringe Bewegungs- und Handlungsspielraum wurde bereits im letzten Abschnitt durch Frau B.s Thesen eingeführt. Wie am Beispiel des HC ersichtlich wird, hat die politische Dimension auf geförderte Netzwerke einen hohen Einfluss und wirkt sich entweder determinieren oder begünstigend auf den Spiel- und Handlungsfreiraum der Akteure aus. Der Kritikpunkt, die Handlungsspielräume seien v.a. auf operativer Ebene zu gering gewesen sowie die Forderung des zuständigen Amtes, die Spielräume *„auszuloten"* und nicht als Rechtfertigung für die eigene Bequemlichkeit zu benutzen, erweitern den Einfluss-/Verantwortungsbereich auf die Ebene der Mitglieder. Daraus lässt sich ableiten, dass der (Handlungs-)Spielraums von der Landesebene bzw. durch die politisch gesetzten Rahmenbedingungen (Zielvorgaben, vertragliche Rahmenvereinbarungen, Gesetztesregelungen und Ressourcen) vorgebeben ist. Diese bestimmen – verfolgt man die Spielanalogie (vgl. Neuberger 2006) weiter – den Spielraum und die vorherrschenden Spielregeln. Die Spieler können das Spiel (konkreter: den HC) durch ihre Spielzüge (politics) mitgestalten, indem sie die Spielräume individuell ausloten und ihre Strategien (policy) an die (vom HKM) vorgegebenen Spielregeln (polity) anpassen. Diese metaphorische Interpretation wird den komplexen Interaktionen, Prozessen und Strukturen des HC nur bedingt gerecht und soll die reziproken Beziehungsverhältnisses zwischen Land und HC verdeutlichen (vgl. 7.3.2).

Im Zusammenhang mit dem geringen Handlungsspielraum wird zum einem das vorhandene *„große Spektrum“*, zum anderen die Diskrepanz zwischen *„ganz groß und ganz klein“* resümiert, an dessen beiden Polen sich *„große“* Visionen und viele *„kleine Projekten“* entgegenstehen. Diese Diskrepanz bildet die unterschiedlichen Logiken des Auftraggeber- und Auftragnehmersystems (Programm- vs. Projektebene) ab: Die großen Visionen spiegeln die übergeordneten, programmatischen Zielvorgaben und Leitziele[141] der Landesebene wider. Die vielen *„kleinteilige(n), nette(n) Projekte“*, die mit *„viele(n) kleine(n) Probleme“* einhergehen, repräsentieren hingegen die Umsetzung der Leitziele im Rahmen der (vor-)gegebenen Möglichkeiten im HC. Aus dieser Diskrepanz lassen sich dichotome Handlungslogiken ableiten, die einerseits in der Zieldefinition (Land), andererseits in der Zielumsetzung und -interpretation (HC) bestehen. Die Integration dieser beiden Logiken erfordert klar kommunizierte, realisierbare Zielvorgaben (seitens des Landes) sowie eine effiziente Bündeldung vorhandener, regionaler Kompetenzen und zielgerichtete Kooperationen (auf Seite der HC-Einzelinitiativen).

7.4.2 Netzwerkanalyse (V. Abschnitt)

Übertragung der HC[XY]-Teilprojekte in die Kriterien-Matrix zur Netzwerkanalyse:

An einer Wand sind drei Plakate mit einer Kriterien-Matrix angebracht, der die Gruppe spezifische Merkmale des HC, d.h. die Ergebnisse der HC-Teilprojekte, zuordnen soll. Die Moderatorin stellt das Modell anhand von Beispielen vor und fordert die Teilnehmer (nach einer kurzen Pause) auf, die einzelnen HC-Teilprojekte nach folgenden Kriterien zuzuordnen:

- *geplante, aber nicht realisierte Ergebnisse;*
- *geplante und realisierte Ergebnisse*[142]*;*
- *geplante und realisierte, aber nicht fortgeführte Ergebnisse.*

141 Vernetzung regionaler, hessischer Bildungseinrichtungen zur Entwicklung von (zielgruppenorientierten) Bildungsangeboren zur Förderung des lebensbegleitenden Lernens; perspektivisch eine Überführung der Einzelinitiativen/Bildungsangebote in den Regelbetrieb nach Ende der Förderlaufzeit (vgl. 4.5).

142 Die ‚HC-Bildungsberatung‘ wird (als sichtbarste Stelle) exemplarisch als Erstes genannt.

Herr F. stellt die Ergebnisse des HC anhand einer (zuvor erstellten) Bilanz-/Produktliste vor. Die Gruppe arbeitet anhand dieser Produktliste die HC-Teilprojekte systematisch ab und ordnet sie der Matrix zu. Die Ergebnisse/Produkte der HC-Teilprojekte Bildungsberatung, Übergänge und AG Außerschulische (Weiter-)Bildung werden diskutiert und bearbeitet.

Zuordnung der ‚HC-Bildungsberatung'

Als erstes wird die Bildungsberatung dem Bereich geplante und realisierte Ergebnisse zugeordnet und in der Kategorie „Umfang/Tiefe" den Dimensionen „operative Ebene/ Angebote/ Aktivitäten" mit der Intensität „verbindliche Kooperation" verortet, mit Potenzial zur „gemeinsamen Planung/Durchführung". Es wurde auch diskutiert, ob Elemente einer „strategischen Ausrichtung/Angebots- und Finanzplanung" vorhanden seien – eine Möglichkeit wird dort gesehen.

Herr M.-W. stellt die Frage nach dem politischen Spielraum des HC im Zusammenhang mit einem konstruktiven Umgang mit den an HC beteiligten Schulen. Die regionale Bildungsberatung gelte als ein hessenweiter Sonderfall, da es in der regionalen Bildungslandschaft mehrere konkurrierende Bildungsberatungen gäbe. Er eröffnet die Diskussion mit der Frage, ob dies ein möglicher Grund für die Schwierigkeiten in der Kooperation mit den Schulen sein könnte. Die nachfolgende Diskussion erreicht eine grundlegende Ebene, indem die Frage nach der HC-Existenz(-fähigkeit) gestellt wird: Was ist der HC bzw. ist der HC ein notwendiger Initiator für Kooperationen und braucht es dazu den HC? Herr F.s Einschätzung nach habe HC entscheidende, konzeptionelle Rahmenbedingungen geschaffen und mit Sicherheit Kooperationen initiiert, die unter anderen Bedingungen nicht zustande gekommen wären. Die konzeptionelle Forderung neue Strukturen zu schaffen sei nur bedingt umgesetzt worden, da die „treibende Kraft" schwach und nicht durchgängig vom ideellen „Geist des HC" beflügelt gewesen sei. Als positiver Effekt könne verzeichnet werden, dass HC „als Marke" in der regionalen Weiterbildungslandschaft sichtbar geworden sei, die VHS als einen sehr präsenten Akteur in den Hintergrund gedrängt und offene Kooperationen – auch außerhalb des klassischen WB-Bereichs, z.B. im Bereich der außerschulischen Bildung – ermöglicht habe. Die Anwesenden merken selbstkritisch an, dass die einzelnen kooperierenden Organisationen nicht ganzheitlich im System dächten, es sei eine Aufgabe der Steuerungsgruppe für mehr übergeordnete Koordination zu sorgen. Dieses Ziel sei teilweise erreicht worden. Herr W. merkt an, HC habe im Rahmen der gegebenen Vorgaben und Spielräume, Strukturen in der Bildungslandschaft verändert, demnach wäre ein Nutzen auf kommunal-lokaler Ebene vorhanden. HC habe darüber hinaus einen Raum für durchaus eigennützige Kooperationen eröffnet. Ein Teilnehmer äußert sehr selbstkritisch, die Ziele der Bildungsberatung seien nicht in vollem Umfang erreicht worden. Zusammenfassend ergibt sich aus der Diskussion zur Bildungsberatung, dass eine Grenze im HC erreicht wurde, die nicht defizitär zu sehen sei und nicht zwangsläufig überwunden werden müsste.

Thema Übergänge

Das Projekt [A] wurde dem Bereich „geplante, aber nicht realisierte Ergebnisse" zugeordnet, es sei wegen fehlender Ressourcen gescheitert, da es keinen konzeptionellen Rahmen gegeben habe. Im Projekt [B] habe es ebenfalls Widerstände, Ängste und organisationkulturelle Grenzen gegeben, die das Projekt scheitern ließen. Alle formalen und strukturellen Voraussetzungen seien hier erfüllt: inhaltlich sei das Projekt sehr gut vorbereitet gewesen, die Umsetzung sei jedoch an Widerständen und Ängsten seitens der beteiligten Schulen gescheitert.

Das erste Projekt wird in der Gruppe wie folgt diskutiert: Die Erfahrung mit dem [A-]Projekt wird als ein klassisches Beispiel für die demotivierende Mentalität und typische Haltung der Schulen herangezogen. Eine Person fasst die Diskussion sinngemäß folgendermaßen zusammen: Wenn man etwas nicht will, dann werden Grenzen aufgezeigt und Zuständigkeiten hin und her zugewiesen. Schulleitungen haben teilweise mehr Spielräume als sie zugeben und sich eingestehen wollen. Eine typische Aussage sei: „Ich bin nicht zuständig". Am Beispiel von Projekt [A] sei die Transparenz nicht hoch genug gewesen, um alle Beteiligten zu motivieren und Ängste/Widerstände zu überwinden. Als Gründe für die Schwierigkeiten bei der Umsetzung diskutiert die Gruppe folgende Hindernisse: einige Projektes seien zu anspruchsvoll („zu groß") geworden; es habe ein „Zuviel des Guten" gegeben; die Kooperation sei ausgereizt und übertrieben groß angelegt; im HC habe es umständliche Strukturen gegeben, welche die Umsetzung behindert hätten. HC sei überkoordiniert worden, es sei besser „kleine Brötchen zu backen". Aus diesen Anmerkungen ergeben sich Fragen nach der Struktur- und Prozessqualität des HC: Passen die Kooperationspartner zusammen? Handelt es sich um ein Vertrauensverhältnis? Haben sich daraus Abkürzungen der Dienstwege ergeben? Die Kooperation müsste auch auf Mitarbeiterebene funktionieren (bspw. Schulleiter-Lehrer-Verhältnis), wenn die Mitarbeiter nicht überzeugt seien, wäre es schwierig. In diesem Zusammenhang fällt das Stichwort Eigennutzen. Im gesamten Projekt Übergangsmanagement habe es zu viele Widerstände und keine oder nur wenig Kooperation gegeben: Die Lehrer konnten nicht überzeugt und freigestellt werden, die Standesdünkel und Vorurteile der Schulen gegen Kooperationen mit der Wirtschaft und das Konzept an sich seien der größte hemmende Faktor. In diesem, an sich gut konzipierten, Themenfeld hätten sich keine gewachsenen Kooperationsstrukturen über alle HC-Phasen hinweg entwickeln können. Die Gruppe merkt in Bezug auf die Erfolgskriterien an, man sollte nicht naiv sein und durchaus strategisch vorgehen.

AG Außerschulische (Weiter-)Bildung

Das Projekt [C] wurde in dem Bereich „geplante und realisierte Ergebnisse" verortet, der/dem Umfang/Intensität „strategische Projekte/verbindliche Kooperation" zugeordnet und mit hohem Potenzial bewertet. Einleitend wird kurz der aktuelle Stand dieser AG geschildert: durch einen neuen AG-Koordinator, der im vergangenen Jahr eingestellt wurde, habe diese/s AG/Teilprojekt eine neue Dynamik bekommen – die AG betrachtet dies als eine sehr gute Investition. Eine Weiterbildung für Fachkräfte sei geplant, die derzeit spezifiziert (ein Flyer wird gedruckt) und im Herbst durchgeführt werden soll. Die Akteure dieser AG geben ihren Nutzen preis und thematisieren ihre Erwartungen. Die Interessen einer der beiden außerschulischen Bildungseinrichtungen sind die Erweiterung und Profilierung des Bildungsangebots, womit ein nachhaltiger Nutzen verbunden wird. Das Interesse der VHS liegt im Rahmen dieser AG in der Entwicklung und Erprobung einer Weiterbildungsreihe, die man alleine nicht anbieten könne. Der Kooperationspartner aus dem außerschulischen Bildungsbereich habe in dieser Konstellation die Funktion, das Renommee der geplanten Weiterbildung im Sinne eines Qualitätsnachweises zu erhöhen. Die andere außerschulische Bildungseinrichtung[143] *habe eher eine konzeptionelle und beratende Funktion. Sie sei sehr breit aufgestellt und verfüge über zahlreiche Kontakte, die den Kooperationspartnern einen Zugang zu anderen Zielgruppen ermöglichten.*

Die ersten Reaktionen aus der Gruppe lassen sich folgendermaßen zusammenfassen: die drei Entwicklungspartner seien durch einen Beschluss des HKM zufällig zusammengekommen und hätten unter „natürlichen Umständen" möglicherweise nicht zusammengefunden. Die Finanzierungsfragen seien ein sehr dominantes Thema im HC und hätten sich eher als nachteilig erwiesen, da jährlich neue Gelder beantragt werden mussten und dadurch nicht langfristig geplant werden konnte (bspw. Personal). Das Konkurrenzverhältnis wird im HC auf einer neutralen Ebene gesehen, dennoch habe jede Einrichtung ihre eigenen Felder und Zielgruppen, die miteinander nicht in eine interne Konkurrenz treten sollten.

Im fünften Anschnitt des Beobachtungsprotokolls, der das inhaltliche Kernstück der ersten reflektierenden Steuerungsgruppensitzung darstellt, wird ein interner Ziel-/Ergebnisabgleich vorgenommen, indem die Ergebnisse der im Zeitraum 2007–2012 entstandenen HC-Teilprojekte einer Kriterien-Matrix zugeordnet werden. Zunächst werden die zur Netzwerkanalyse konzipierte – nach Wirkungsintensität, Umfang und Tiefe gegliederte – Kriterien-Matrix sowie die drei angebrachten Plakate (Quelle: interne Dokumente und Materialen, erstellt nach Frau B.) abgebildet und erläutert:

143 Der Vertreter ist nicht anwesend und kann keine Auskunft zum spezifischen Nutzen geben.

Abbildung 8: Systematik zur Bestandsaufnahme und Analyse von Kooperationen

Wirkungsintensität

Umfang\Tiefe	Information, Austausch und Abstimmung	Verbindliche Kooperation	Gemeinsame Planung und Durchführung
Operative Ebene Angebote und Aktivitäten			
Strategische Projekte Methoden, Instrumente & Innovationen			
Strategische Ausrichtung, Angebots- und Finanzplanung			

Voraussetzungsvolle Bedingungen

Die horizontalen und vertikalen Dimensionen sind Indikatoren, anhand derer die Wirkungsintensität gemessen werden kann. Die horizontal angeordneten Dimensionen *„Information, Austausch und Abstimmung"*, *„verbindliche Kooperation"* und *„gemeinsame Durchführung"* gegen Auskunft über den Verbindlichkeitsgrad (Tiefe) der Kooperation. In einem losen Netzwerk seien ein Informationsaustausch und (inhaltliche) Abstimmung durchaus ausreichend und zweckmäßig. Entsprechend der HC-Ziele, z.B. im Hinblick auf eine gemeinsame Angebotsplanung und Umsetzung der Bildungsangebote, wären allerdings verbindliche Kooperationen und eine gemeinsame Planung und Umsetzung wünschenswert. Die vertikalen Dimensionen bilden den Umfang der Ergebnisse (Bildungsangebote, Maßnahmen und Konzepte) ab und reichen von Angeboten auf operativer Ebene (Bildungsberatung), die sich ergänzend zum bestehenden Angeboten implementieren lassen, über die strategische Entwicklung innovativer Projekte bis hin zur gemeinsamen konzeptionell-strategischen Angebots- und Finanzplanung.

Abbildung 9: Vorlage „geplante und realisierte Ergebnisse"

1. Geplante und realisierte Ergebnisse

Umfang\Tiefe	Information, Austausch und Abstimmung	Verbindliche Kooperation	Gemeinsame Planung und Durchführung
Operative Ebene Angebote und Aktivitäten			
Strategische Projekte Methoden, Instrumente & Innovationen			
Strategische Ausrichtung, Angebots- und Finanzplanung			

Abbildung 10: Vorlage „geplante/realisierte, aber nicht fortgeführte Ergebnisse"

2. Geplante und realisierte, aber nicht fortgeführte Ergebnisse

Umfang\Tiefe	Information, Austausch und Abstimmung	Verbindliche Kooperation	Gemeinsame Planung und Durchführung
Operative Ebene Angebote und Aktivitäten			
Strategische Projekte Methoden, Instrumente & Innovationen			
Strategische Ausrichtung, Angebots- und Finanzplanung			

Abbildung 11: Vorlage „geplante, aber nichtrealisierte Ergebnisse“

3. Geplante, aber nicht realisierte Ergebnisse

Umfang\Tiefe	Information, Austausch und Abstimmung	Verbindliche Kooperation	Gemeinsame Planung und Durchführung
Operative Ebene Angebote und Aktivitäten			
Strategische Projekte Methoden, Instrumente & Innovationen			
Strategische Ausrichtung, Angebots- und Finanzplanung			

Dem initiierten Ziel-/Ergebnisabgleich liegt eine evaluierende Komponente zugrunde. Die drei Plakate zu den *„geplanten und realisierten Ergebnissen“*, *„geplanten und realisierten, aber nicht fortgeführten Ergebnissen“* und den *„geplanten und nicht realisierten Ergebnissen“* sollen eine systematische Reflexion der HC-Ergebnisse und Produkte auf einer Metaebene ermöglichen. Die Kriterien-Matrix kann dabei als eine Art Hilfsmittel betrachtet werden.[144] Bevor die Teilnehmer die Ergebnisse zuordnen diskutieren, fasst Herr F. die Ergebnisse anhand einer *„(zuvor erstellten) Bilanz- und Produktliste“*[145] zusammen. Herr F. übernimmt mit seiner proaktiven Handlung (Erstellung der Ergebnisliste) erneut die leitende Ko-Moderation der Sitzung. Zur Ergänzung des Beobachtungsprotokolls lassen sich die Inhalte von Herr F.s Ergebnisliste wie folgt skizziert: In der (dreiseitigen) Liste sind die Ergebnisse, die im Zeitraum 2007–2012 entstanden sind, auf einer vertikalen Achse unter der Kategorie *„Handlungsfelder“* angeordnet. Hierunter fallen übergeordnete Handlungsfelder wie *„Koordination und Steuerung“* (bspw. Geschäftsordnung

144 Im achten Abschnitt werden die Teilprojekte/Ergebnisse der Kriterien-Matrix zur Übersicht zugeordnet.

145 Anm. d. Autors: Die Liste wurde während der Veranstaltung ausgeteilt und dem Autor zur Verfügung gestellt. Im Hinblick auf die Gewährleistung der Anonymität werden lediglich – ergänzend zum Beobachtungsprotokoll – die HC-Teilprojekte und Handlungsfelder ausgeführt.

der Steuerungsgruppe) und die HC-Leitprojekte ‚Bildungsberatung', ‚Neue Medien/SGL', ‚Übergangsmanagement' sowie das Projekt ‚Außerschulischen Bildung'. Auf der horizontalen Achse werden die Ergebnisse nach den Kategorien *„Ergebnisse – Konzept, Prozess, Instrumente"*, *„Ergebnisse für Fachkräfte des HC und von Kooperationspartnern"* und *„Ergebnisse – Produkte für Nutzer"* gegliedert. Bei der letztgenannten Kategorie wird zwischen *„realisiert"*, *„nicht realisiert"* und *„nicht mehr realisiert"* differenziert (der Realisierungsgrad ist farblich markiert). In der ersten Kategorie *„Ergebnisse – Konzept, Prozess und Instrumente"* sind die Erträge jedes HC-(Teil-)Projekts aufgelistet. Von insgesamt 18 im vergangenen Förderzeitraum generierten Konzepte oder Projekte konnten 16 umgesetzt, lediglich zwei konnten (wegen mangelnder Ressourcen) nicht realisiert werden.

Zuordnung des Teilprojekts HC-Bildungsberatung

Durch die Überschrift *„Bildungsberatung"* wird im Protokoll zur inhaltlichen Diskussion und Zuordnung der Ergebnisse übergeleitet. Die Anwesenden beginnen zunächst mit dem Teilprojekt Bildungsberatung, das von Frau B. exemplarisch im Rahmen der Vorstellung der Kriterien-Matrix genannt und von den Experten als Erfolgsprojekt thematisiert wurde (vgl. 5.2.5; 5.5; 6.5.3). Die Steuerungsgruppe ordnet die Bildungsberatung ebenfalls der Matrix auf dem ersten Plakat auf operativer Ebene (*„Angebote und Aktivitäten"*) als verbindliche Kooperation zu. Die Teilnehmer sehen in diesem verbindlichen Kooperationsprojekt die Möglichkeit, dass es sich zu einem Projekt mit *„gemeinsamer Planung und Durchführung"* und *„strategischen Ausrichtung"* entwickeln könnte, was eine nachhaltige Implementierung nach der HC-Förderlaufzeit zur Folge hätte.

Im Zusammenhang mit der Bildungsberatung wirft ein weiterer Teilnehmer, Herr M.-W., die Frage nach dem *„politischen Spielraum"* und einem *„konstruktiven Umgang"* mit den, an der Bildungsberatung beteiligten, Schulen auf. Die latente Konkurrenzsituation in der regionalen Bildungslandschaft und geringe Einbindung der beteiligten Schulen hätten dazu geführt, dass die Bildungsberatung als ein *„landesweiter Sonderfall"* betrachtet würde. Herr M.-W. stellt einen möglichen Zusammenhang zwischen der kompetitiven Bildungslandschaft und der mangelnden Beteiligung der regionalen Schulen (vgl. 6.1; 6.4.5) her, woraufhin die Diskussion eine grundlegende Ebene erreicht. Die Anwesenden erörtern anschließend die zentralen Fragen nach der Definition (*„Was ist der HC? Ein notwendiger Initiator für Kooperationen?"*), nach der Legitimation und nach dem Nutzen des HC (*„Braucht es dazu den HC?"*). Mit diesen Fragen knüpft Herr M.-W. an die Fragestellung der internen Sitzung an (*„Was ist entstanden?"* und

„Wären diese Ergebnisse auch ohne HC entstanden/hätten entstehen können?“) und zieht inhaltliche Bezüge zur theoretischen Grundthese der Moderatorin. Herr F. bezieht im Protokoll als erster Stellung und beantwortet die Frage nach dem Ertrag des HC positiv, seiner Meinung nach seien *„konzeptionelle Rahmenbedingungen“* geschaffen und *„Kooperationen initiiert“* worden. Zugleich relativiert er den generierten Ertrag und wägt die Vorteile und Grenzen des HC gegeneinander ab. Einerseits seinen aufgrund der *„schwachen“*, *„nicht durchgängigen treibenden Kraft“* und des geringen *„ideellen Geistes“* keine neue Strukturen geschaffen worden. Andererseits wird HC als *„Marke“* thematisiert, die bildungsbereichsübergreifende *„offen Kooperationen“* in der regionalen Bildungslandschaft – jenseits von bewährten Kooperationsstrukturen (bspw. der Dominanz der VHS) – ermöglicht habe.

Ähnlich positiv bewerten die Experten der Steuerungsgruppe bewertet (vgl. 6.5.; 6.5.2) die diagonalen Kooperationen und die gesammelten *„wertvollen Erfahrungen“*, die im Rahmen von HC initiiert und unter anderen Umständen nicht zustande gekommen wären. Die Kritik, die treibende Kraft sei schwach gewesen, kann mit der Aussage eines Mitglied *„es ist diffus, weil man sich gar nicht über den gemeinsamen Geist wahrscheinlich verständigen kann.“* (HC-SG8:Z128f.) relativiert werden. Unklar bleibt an dieser Stelle, was die Mitglieder unter der treibenden Kraft und dem ideellen Geist verstehen und inwiefern sie sich selbst für das Gelingen des HC verantwortlich fühlen. Die beiden Begriffe Kraft und Geist bezeichnen zwei gegensätzliche Größen. Unter Kraft wird der Einsatz von (physischer/physikalischer) Energie im Sinne von Materie verstanden. Der Begriff Geist bezeichnet kognitive Bewusstseinsprozesse (Denken, Planen, Konstruieren) oder immaterielle (religiöse) Motive. Damit deckt die Verwendung dieser Begriffe die gesamte Bandbreite physisch-materieller und geistig-immaterieller Einflüsse ab, die phasenweise nicht ausreichend stark gewesen seien, um neue Strukturen entstehen zu lassen.

Auf die offene Frage, inwiefern die Akteure für das Gelingen des HC verantwortlich wären, reflektiert die Gruppe ihre Entwicklung selbstkritisch: die Akteure würden nicht *„ganzheitlich“* bzw. *„systemisch“* denken (Schule vs. Weiterbildung) und die Steuerungsgruppe habe die Aufgabe für mehr übergeordnete Koordination zu sorgen – diese sei nur teilweise erreicht worden. Positiver äußert sich Herr W., der den Nutzen von HC auf *„kommunaler und lokaler Ebene“* verdeutlicht. Er betont, dass HC die strukturellen (Handlungs-)Spielräumen erweitert habe, dies widerspricht der allgemeinen Wahrnehmung der Steuerungsgruppe, im HC habe es auf operativer Ebene zu wenig Handlungsspielraum gegeben. Aus dieser Diskrepanz lässt sich ableiten, dass auf organisatorischer (Landes-)Ebene durchaus ausreichend Spielräume vorhanden seien, die nicht ausreichend im operativen pädagogischen Tagesgeschäft ausgelotet bzw. wahrgenommen wurden. Die anwesenden Mitglieder ziehen – laut Protokoll – nach der ersten Diskussion das Fazit, dass die eigene Bildungsberatung eine *„natürliche"* Grenze erreicht habe, was ein Teilnehmer am *„nicht Erreichen"* der HC-Leitziele festmacht. In Bezug auf die diskutierten Spielräume und die Zuordnung der Bildungsberatung kann geschlussfolgert werden, dass die Handlungsspielräume im HC durchaus ausgelotet und genutzt wurden.

Zuordnung des Teilprojekts Übergänge

Als nächstes wird das Teilprojekt Übergänge kritisch reflektiert und auf dem dritten Plakat (*„geplante, aber nicht realisierte Ergebnisse"*) platziert. Einleitend zu diesem Projekt wird bereits vorweggenommen, dass es sich dabei um ein aufgrund mangelnder Ressourcen und eines nicht vorhandenen konzeptionellen Rahmens *„gescheitertes Projekt"* handelt. Unmittelbar nach der Bewertung dieses Teilprojekts werden die Gründe dokumentiert: Widerstände, Ängste (seitens der Schulen), Intransparenz und kulturelle Grenzen werden für das Scheitern dieses Projekts als hinderliche Einflussfaktoren herangezogen, obwohl die formalstrukturellen Voraussetzungen und Rahmenbedingungen erfüllt gewesen seien. Erneut wird hiermit das vorhandene Spannungsfeld zwischen den beteiligten Schulen und WB-Organisationen verdeutlicht. Einzelne Projekte (Projekt A) werden teilweise stereotypisch für die Einstellung und Haltung der Schulen herangezogen. Die zusammenfassende, typisierende Aussage einer Person *„wenn man etwas nicht will, dann werden Grenzen aufgezeigt und Zuständigkeiten hin und her zugewiesen"* kann sich kontextuell auf das (antizipierte) Verhalten der beteiligten Schulen und zugleich auf das eigene Verhalten beziehen (blinder Fleck). Entgegen des Tenors, die Schulen hätten im Vergleich zu WB-Einrichtungen wie der VHS zu wenige Spielräume, entgegnet ein Teilnehmender, die Schulen verfügten über größere Spielräume als sich die Schulleiter eingestünden. Die typisierende Aussage *„ich bin nicht zuständig"* kann demnach als ein Alibi der Schulen gedeutet werden, die möglicherweise keinen hohen individuellen Nutzen aus der Kooperation ziehen (vgl. 7.4.1). Klare institutionellen Zuständigkeiten, die weder zu Beginn der HC-Entwicklung in der Steuerungsgruppe klar formuliert noch im Jahr 2012 vollständig geklärt seien (vgl. 6.2.3; 6.4.3), können als ein wichtiger Erfolgsfaktor für Förderprogramme, Kooperationen und Netzwerke gedeutet werden.

Die Teilprojekte A und B im Bereich Übergänge seien zu anspruchsvoll angelegte Projekte, in denen es ein *„zu viel des Guten"* und *„umständliche Strukturen"* gegeben habe. Insbesondere die konstatierte Diskrepanz zwischen anspruchsvollen, ambitionierten Projekten, Überkoordination und wenig Ertrag, greift die geschildete Diskrepanz zwischen *„ganz groß und ganz klein"* wieder auf. Die geäußerte Redewendung *„kleine Brötchen backen"* kann als Apell interpretiert werde, sich zurückzunehmen, die eigenen Ansprüche zurückzuschrauben und das Projekt mit geringerer Intensität bzw. ausgewogenerem Energie- und Ressourceneinsatz zu betreiben. *„Kleine Brötchen"* können in Analogie zum Brot (-erwerb) monetäre Erträge, Lohn und Arbeit symbolisieren und als eine Metapher für geringen Erfolg interpretiert werden.

Relevante Fragen, die sich aus der Diskussion zum Teilprojekt Übergänge ergeben und im Protokoll in Bezug zur Struktur- und Prozessqualität des HC gesetzt werden, sind die Frage nach dem Passungs-/Vertrauensverhältnis der Kooperationspartner und nach den Kommunikationskanälen (Dienstwegen). Aus den aufgeworfenen Fragen lässt sich ableiten, dass die Mitglieder die Kooperation als solche kritisch hinterfragen und die Qualität dieser Zusammenarbeit erörtern möchten. Die Frage nach der Passung und Zusammensetzung der Kooperationspartner erscheint hier seit Längerem überfällig, da sich der HC bereits am Ende der zweiten Aufbauphase befindet und Fragen solcher grundsätzlicher Art bereits geklärt sein könnten/sollten. Insbesondere Einbezug auf Mitarbeiterebene wird von den Anwesenden sowie von den befragten HC-Koordinatoren in der Vorstudie (vgl. 5.3.5) und den Mitgliedern der Steuerungsgruppe (6.4.6.) für notwendig erachtet, damit Kooperation gelingen könne. Das vermeintliche Scheitern der Teilprojekte im Bereich Übergänge wird – neben *„fehlenden Ressourcen"* – auf vorhandene Widerstände der beteiligten Schulen (Standesdünkel/ Vorurteile) gegen diagonale Kooperationen (mit Wirtschaftsunternehmen) zurückgeführt. Die Anmerkung es handle sich um ein *„gut konzipiertes Themenfeld"* steht konträr zum vorhergehenden Resümee, es habe im Projekt A keinen konzeptionellen Rahmen gegeben. Was sich hinter dem abschießenden Fazit zum Thema Übergänge *„man sollte nicht naiv sein und durchaus strategisch vorgehen"* verbirgt, erschließt sich dem Leser nicht auf den ersten Blick. Dieses Fazit lässt sich mit der thematisierten Diskrepanz zwischen groß angelegtem Projekt und mangelnder Umsetzbarkeit bzw. geringem Ertrag interpretieren. Der Apell nicht naiv vorzugehen, könnte bedeuten, die Kooperationspartner in Hinblick auf das richtige Passungsverhältnis auszusuchen, den (Eigen-)nutzen der Akteure offenzulegen und realistische Ziele zu setzen bzw. *„kleinere Brötchen zu backen"*.

Zuordnung des Teilprojekts „Außerschulische (Weiter-)Bildung"

Als letztes werden in der ersten reflektierenden Steuerungsgruppensitzung die Ziele mit den Ergebnissen des Teilprojekts *„Außenschulische (Weiter-)Bildung"* abgeglichen. Das HC-Teilprojekt C wird – ebenso wie die Bildungsberatung – dem ersten Plakat *„geplante und realisierte Ergebnisse"* als ein verbindliches Kooperationsprojekt mit hohem Potenzial zugeordnet. Die einleitend geschildete Einstellung eines neuen (externen) AG-Koordinators wird als *„gute Investition für die AG"* betrachtet und habe sich positiv auf ihre Dynamik ausgewirkt. Durch den Einbezug des AG-Koordinators wurde in dem, nach Selbstangabe der AG-Mitglieder, wenig strukturierten Projekt (vgl. 6.3.2) aus systemtheoretischer Perspektive eine Beobachtung zweiter Ordnung (vgl. Baecker 2011) eröffnet.

Inhaltlich sei für den Herbst 2012 eine Weiterbildung für Fachkräfte geplant, für die ein Flyer gedruckt wird. Es handelt sich bei diesem gemeinsamen (geplanten) Bildungsangebot demnach um die konkrete Umsetzung eines gemeinsamen Produkts, aus dem sich für die Beteiligten ein individueller Nutzen ergibt. Diesen Nutzen sowie ihre Erwartungen geben die Mitglieder der AG preis, was auf eine transparente Kommunikation hindeutet. Bereits zu Beginn der Diskussion zum Thema Eigennutzen gibt ein Vertreter aus dem außerschulischen Bildungsbereich bereitwillig Auskunft über die nicht eindeutig benennbaren, tendenziell pragmatischen Motive (kein direkter Nutzen) seiner Einrichtung. Im folgenden Abschnitt nennen die beiden Vertreter der außerschulischen Bildungseinrichtungen – in Ergänzung zur eingangs erläuterten stärkeren Profilierung in der Bildungslandschaft – die Erweiterung und Profilierung ihres Bildungsangebots als nachhaltigen, individuellen Nutzen. Die Kooperation in der AG hat demnach die Funktion, das operative Tagesgeschäft und das bereits bestehende Bildungsangebotsspektrum zu erweitern und möglicherweise eine größere Zielgruppe zu erreichen. Für die VHS ergibt sich aus der Zusammenarbeit, neben der Möglichkeit eine Weiterbildungsreihe zu entwickeln und zu erproben, ein Prestigegewinn. Durch die Kooperation mit einer renommierten Einrichtung soll die Qualität des Bildungsangebots gewährleistet werden. Dem individuellen Nutzen nach zu urteilen ergänzen sich die beteiligten Akteure der AG (VHS und Bildungsorganisation 1 und 2) gut, nehmen unterschiedliche Funktionen und Aufgaben wahr und stehen in einem komplementären Nutzenverhältnis zueinander. Für die außerschulischen Bildungseinrichtungen ergibt sich aus der Kooperation mit einem gut aufgestellten WB-Anbieter die Perspektive, sich stärker in der regionalen Bildungslandschaft zu positionieren. Gleichzeitig profitiert die VHS von den zahlreichen Kontakten der außerschulischen Bildungsorganisationen (evtl. neue Zielgruppen). Für alle Beteiligten ergeben sich Synergieeffekte in Bezug auf die Angebotsentwicklung, -erprobung und -umsetzung.

Der fünfte Abschnitt schließt mit der grundlegenden Frage nach der Legitimation des HC. Aus der vorhergehenden Diskussion wird ersichtlich, dass die beiden Teilprojekte, Bildungsberatung und Weiterbildung für Fachkräfte, als geplante und realisierte Projekte erfolgreich bewertet wurden. Die Kooperation im Verbund HC und die Konstruktion von HC werden hingegen kritisch hinterfragt. Die Gruppe äußert sich zu dieser Grundsatzfrage diplomatisch, indem die *„Zufälligkeit"* der Kooperation zwischen den drei HC-Entwicklungspartnern hervorgehoben wird. Die Formulierung *„natürliche Umstände"* weist auf die systemische Kontextgebundenheit der unterschiedlichen Bildungsbereiche (Schule vs. WB) hin. Im Umkehrschluss würde die Formulierung des natürlichen Umstands bedeuten, dass es sich bei HC um einen *„unnatürlichen"* Umstand – im Sinne eines künstlichen Konstrukts oder Netzwerks – handelt, das im Vergleich zur natürlichen Kooperation nicht auf dem Prinzip von Freiwilligkeit und Reziprozität basiert. Betrachtet man die Genese und Intentionen der Landesinitiative (vgl. 4.5), liegt ein solcher (voreiliger) Rückschluss für den untersuchten Fall nahe, da die beteiligten Entwicklungspartner auf gesetzlicher Grundlage zur Kooperation motiviert wurden. Außerdem wird aus der Vorstudie ersichtlich (vgl. 5.1.1.), dass der HC in einigen Regionen auf bereits bestehende Kooperationen und Netzwerke aufgebaut hat und dementsprechend eine Kooperationsbereitschaft/-erfahrung vorausgesetzt werden kann. Im untersuchten Fall symbolisiert die Formulierung ‚unter natürlichen Umständen' die regionale städtische Bildungslandschaft (vgl. 6.1), die sich durch eine gut ausgebaute Infrastruktur mit vielfältigen Kooperationsmöglichkeiten und zugleich hohen Konkurrenzdruck auszeichnet.

Wie bereits aus der Expertenbefragung der Steuerungsgruppe ersichtlich wurde, sind die finanzielle Förderung von HC und die damit einhergehenden unsicheren Rahmenbedingungen (vgl. 5.3.7; 5.3.8) – äquivalent zum letzten Absatz des fünften Abschnitts – ein dominantes Thema. Insbesondere die aufwendige, jährliche Beantragung der Fördergelder habe zu Verzögerungen geführt und langfristige Planungen erschwert. Im Hinblick auf den Ausfall der HC-Projektassistenz, die der reflektierenden Steuerungssitzung nicht beiwohnen und dementsprechend die Sitzung nicht protokollieren könnte, erhält dieser Aspekt aktuelle Brisanz.

Die Konkurrenzthematik sei hingegen im HC nicht präsent und wird als neutral beschrieben. Die Mitglieder grenzen ihre Organisation, Zielgruppe und Felder tendenziell voneinander ab. Zugleich sind die Kooperationen auf eine Vermeidung interner Konkurrenzen ausgerichtet, was aus der Formulierung, die Einrichtungen sollten nicht miteinander in eine interne Konkurrenz treten, ersichtlich wird. Im fünften Abschnitt werden die drei bilanzierten Teilprojekte teilweise sehr (selbst-)kritisch, transparent reflektiert sowie der individuelle Nutzen der Entwicklungspartner kommuniziert. Der Grad der Zielerreichung wird der Diskussion nach, trotz erfolgreicher Umsetzung der geplanten Projekte Bildungsberatung und außerschulische (Weiter-)Bildung, relativ gering im Vergleich zu den eigenen ambitionierten Zielen und landespolitischen Vorgaben eingeschätzt. Die größten hemmenden Einflussfaktoren stellen, folgt man der Diskussion, die beschriebenen Vorurteile und der (HC-interne) Widerstand der beteiligten Schulen dar. Aus der Diskussion ergeben sich weitere Leitfragen nach dem Vertrauensverhältnis und nicht zuletzt nach der Nützlichkeit des HC.

Grenzen und Strategien

Aus dem dokumentierten Ziel-Ergebnisabgleich der HC-Teilprojekte Bildungsberatung, Übergänge und Außerschulische (Weiter-)Bildung kristallisieren sich – aus systematisierend-analytischer Perspektive – die beiden Themen projektbezogene Grenzen (von Projekten) und Strategien heraus. Mit den Potenzialen von WB-Netzwerken hängen gleichzeitig auch ihre Grenzen zusammen, die am Beispiel der resümierten Bildungsberatung als eine Art Potenzialausschöpfung aufgefasst werden können, da dieses Teilprojekt als erfolgreich bewertet und für erhaltenswert erklärt wurde. Adaptiert man die Entwicklung des HC bzw. der Bildungsberatung auf das Entwicklungsphasenmodell nach Schubert (2008), ist davon auszugehen, dass dieses Teilprojekt die Orientierungs-, Initiierungs-, Aufbau- und Realisierungsphase erfolgreich bewältigt hat und sich zum Zeitpunkt der Veranstaltung in der (politisch erwünschten) Verstetigungsphase (vgl. Wolf/Matalik 2006; Elsholz 2006) befindet. In diesem Fall sind die Grenzen entwicklungsbedingt und als natürlich zu betrachten; im Gegensatz zu den strukturell bedingten Begrenzungen, die aus den diskutierten, mangelnde Zuständigkeiten erwachsen und sich kontraproduktiv auf die Kooperationen auswirken können. Unklare Regelungen und Zuständigkeiten, eine erhöhte Dynamik, Phänomene wie Widerstand, Ängste, Vorurteile, Standesdünkel und eine zunehmende Komplexität werden auch aus netzwerktheoretischer Perspektive als potenzielle Grenzen von Netzwerken thematisiert (vgl. Dresselhaus 2006), die durch ein professionelles Netzwerkmanagement kompensiert werden können. Diese netzwerkimmanenten Grenzen im Bereich WB decken sich mit den im zweiten Kapitel rezipierten theoretischen Erkenntnissen.

Da es sich bei HC um kein loses Netzwerk, sondern einen politisch initiierten, vertraglich und gesetzlich geregelten Kooperationsverbund handelt, der sowohl auf Landes- als auch auf Kommunalebene durch übergeordnete Gremien wie den HC-Sprecherkreis und die HC-Steuerungsgruppe (Binnensteuerung) gesteuert wird, kann an dieser Stelle nicht von einem klassischen, simplen Netzwerkmanagement gesprochen werden. Die komplexe Steuerungs-/Organisationsform des HC (auf mehreren Ebenen) impliziert Vorteile und Nachteile gleichermaßen.

Die Vorteile bestehen in einer Dezentralisierung durch die Verantwortungsdelegation auf Einzelinitiativebene und einer geteilten Verantwortungsübernahme durch die Entwicklungspartnerschaft zwischen Land und Kommunen. Außerdem ergibt sich ein potenzieller Mehrwert aus dem HC-übergreifenden Austausch und den (vordefinierten) Leitzielen bei gleichzeitiger regionaler Interpretation und Umsetzungsvarianz der Ziele – im Sinne von Vielfalt. Nachteile, die sich aus der angesprochenen Komplexität der HC-Steuerungsstrukturen ergeben, liegen in den *„umständlichen Strukturen"* und der Überkoordination des HC, worauf die Mitglieder u.a. die genannten Diskrepanzen (vgl. 7.4.1) zurückführen. Alleine aufgrund des Umfangs der Landesinitiative mitsamt ihrer vielfältigen regionalen Besonderheiten und Menge an Kooperationspartnern wäre es schwierig ein übergreifendes HC-Management umzusetzen, weshalb ein professionelles Netzwerkmanagement auf Ebene der Einzelinitiative anzusiedeln wäre.

Positiv bewertet wurde, dass der HC durch *„seine Strukturvorgaben und Spielräume, Strukturen in der Bildungslandschaft verändert"* und eine geeignete Kooperationsplattform geschaffen habe – was fraglos positive Erträge (u.a. Nutzen auf kommunaler Ebene) sind. Zugleich gibt es die Befürchtung, der HC (insbesondere die Bildungsberatung) könne in der regionalen Bildungslandschaft als Konkurrenz wahrgenommen werden. Hieraus ergeben sich für die Landesinitiative möglicherweise negative, nicht intendierte Nebeneffekte, denen durch gezielte öffentlichkeitswirksame Maßnahmen entgegengewirkt werden könnte. Im Fall der mangelnden Beteiligung der regionalen Schulen wird diskutiert, inwiefern die akute Konkurrenzthematik ein Grund dafür sein könnte. Trotz der Bemühung interne Konkurrenzen zwischen den Entwicklungspartnern zu vermeiden, stellt die Etablierung des HC als Marke einerseits einen in Hinblick auf die Öffentlichkeitsarbeit positiven Nebeneffekt dar, andererseits erhöht diese jedoch die Gefahr für die eigene Organisation sowie für die Anbieter der Bildungslandschaft zur Konkurrenz zu werden.

Ergänzend zu der bereits erörterten Spielraumthematik lässt sich diese im fünften Abschnitt auf die Landesebene erweitern. Hier stellt sich die Frage, welchen Einfluss das Land auf die Beteiligung der Schulen habe und über welche politischen Spielräume das Land verfüge, um die regionalen Schulen zur Kooperation zu *„zwingen"* oder (bessere) Anreize zu schaffen. Die Anwesenden diskutieren mögliche Gründe für den Widerstand der Schulen – der eine Grenze für das Teilprojekt Übergänge darstellt – und versuchen geeignete Strategien zu finden. Die Integration eines externen AG-Koordinators im Teilprojekt Außerschulische (Weiter)-Bildung kann als eine gelungene Strategie und *„gute Investition"* betrachtet werden, die maßgeblich zur Entwicklung einer produktiven Dynamik in dieser AG beigetragen hat. Die Suche nach strategischen Lösungen für den Umgang mit dem Widerstand der Schulen und das strategische Vorgehen der AG unterstreichen die Relevanz der Forderung *„man sollte nicht naiv sein und durchaus strategisch vorgehen"*.

Wie bereits in den organisationstheoretischen Überlegungen dargestellt (vgl. Meisel/Feld 2009), umfasst die Organisationsstrategie – die sich auf Netzwerke übertragen lässt – die Visionen, das Leitbild, die Ziele, die Funktions- und Arbeitsbereiche, das Angebotsprogramm und das Zukunftsmanagement der Geschäftsstrategie. Im Fall von HC ist zum Zeitpunkt der Erhebung eine akute Klärung der Zukunftsperspektiven und langfristigen (eigenen) Ziele – unabhängig von der Landesförderung – notwendig. Das strategische Leitbild und die Vision spiegeln die Systemidentität einer WB-Organisation/-Netzwerks wider, sie geben Auskunft über die internen und externen Arbeitsstrukturen/-beziehungen (Motivation und Identifikation der Mitglieder) und sollten dementsprechend strategisch bspw. in Form eines Netzwerksmanagements reflektiert werden.

7.4.3 Zwischenresümee und erster Ausblick (VI. Abschnitt)

Der HC-Koordinator resümiert die heutige Veranstaltung folgendermaßen[146]*: HC wurde teilweise als eine Form von Verpflichtung/Zwang wahrgenommen und es hat sehr lange gedauert, sich zu verständigen und eine gemeinsame Kommunikationsebene zu finden bzw. die gleiche Sprache zu sprechen. Ohne HC hätte man die Mühen sicher nicht auf sich genommen und sich möglicherweise freundlich nach kurzer Zeit verabschiedet.*

Abschließend gibt er einen Ausblick für die nachfolgende Veranstaltung. Bei der gemeinsamen Planung der nächsten Steuerungsgruppe beschließen die Anwesenden die interne Ergebnisreflexion fortzusetzen und sind sich einig, dass es sinnvoll ist, perspektivisch eine Mehrebenen-Reflexion bspw. in Form einer externen OE (mindestens zwei Mal jährlich) *durchzuführen. Die Ergebnisse der heutigen Sondersitzung seien zunächst (für heute) ausreichend, die restlichen Teilprojekte sollten jedoch in einem zeitnahen Treffen aufgegriffen und in der Matrix ergänzt werden. Für die Terminplanung wird der [Datum/Uhrzeit] in den Räumlichkeiten eines Entwicklungspartners festgehalten. Vorläufige Themen des zweiten Teils sind – neben der Fortsetzung des begonnenen Ziel-/Ergebnisabgleichs – Nachhaltigkeit, Finanzplanung und evtl. weitere allgemeine Themen.*

Der Koordinator fasst die Diskussion des fünften Abschnitts zusammen und benennt die Notwendigkeit eine *„gleiche Sprache"* und gemeinsame Kommunikationsebene zu finden als eine große Herausforderung. Durch die Formulierung,

146 Um 16:45 verlässt Herr W. wie angekündigt die Sitzung.

HC sei als eine Art *„Verpflichtung und Zwang"* wahrgenommen worden, fasst er die Stellungsnahmen der Mitglieder, die Kooperationen wären vermutlich ohne HC nicht zustande gekommen (*„natürliche Umstände"*), zusammen. Die spekulative Formulierung, dass man sich ohne HC nach kurzer Zeit freundlich verabschiedet hätte, kann als ein Versuch gedeutet werden die Leitfrage *„was wäre, wenn es HC nicht gegeben hätte?"* stellvertretend für die Gruppe zu beantworten. Die beiden Aspekte subjektiv empfundene Kooperationsverpflichtung und sprachliche Barriere (vgl. 6.3.3) sind die zentralen Schlagworte dieses Abschnitts, aus denen sich die beiden Dichotomien Verpflichtung/Zwang vs. Freiwilligkeit (vgl. 7.4.1) und Verständnis vs. Missverständnis als zwei Dimensionen von Kooperation und Kommunikation ableiten lassen.

Die Erwartung der Anwesenden, die Zukunftsperspektive von HC zu klären, wurde in der (ersten) Sitzung noch nicht hinreichend beantwortet. Der gemeinsame Beschluss die interne Reflexion der heutigen, ersten Veranstaltung in dem vorgegebenen Zeitrahmen zu beenden und in der nächsten Steuerungsgruppensitzung fortzuführen, gibt einen ersten Hinweis auf die Sinnhaftigkeit einer solchen Veranstaltung. Die Intention, perspektivisch weitere Mehrebenen-Reflexionen im Rahmen regelmäßiger interner oder externer OE-Maßnahmen durchzuführen, verdeutlicht die Nachfrage der Gruppe nach internen – bisher, abgesehen von QM-Verfahren, im untersuchten HC nicht wahrgenommenen – Entwicklungsmaßnahmen. Der sechste Abschnitt kann als Überleitung zur zweiten Veranstaltung, die dem gemeinsamen Beschluss, die interne Ergebnisbilanzierung zeitnah fortzusetzen entsprang und in einer verbindlichen Terminvereinbarung mündete, betrachtet werden. Die gemeinsame Festlegung vorläufiger Themen für die kommende Steuerungsgruppensitzung kann als ein Versuch gedeutet werden, (noch) mehr Verbindlichkeit in der Steuerungsgruppe herzustellen und sich inhaltlich auf die Fortsetzung des Ziel-Ergebnisabgleichs vorzubereiten.

7.5 Resümee – Überleitung, Ausblick und Fazit

7.5.1 Einstieg und Fortsetzung (VII. Abschnitt)

Kleine Gruppen unterhalten sich vor der Sitzung, es gibt wie gewohnt Tee, Café und Kekse. Frau V. beglückwünscht Herr M. zu einem Preis, welcher der [Organisation] verliehen wurde, die Atmosphäre ist freundschaftlich und angenehm. Die Dazukommenden begrüßen sich, eine kleine Gruppe unterhält sich mit Frau S. vor Sitzungsbeginn.

Herr F. eröffnet offiziell die Sitzung, bedankt sich bei Frau V. für die Möglichkeit den Raum im/n [Organisation] nutzen zu können und begrüßt Frau S., die das HKM vertritt.

Er verweist auf die letzte Sitzung am [Datum], die der Ergebnissicherung, Reflexion und weiteren Planung dienen sollte – neben möglichen Zukunftsszenarien. Im ersten Workshop wurden folgende Fragen bearbeitet: 1)Was hat HC geleistet? 2)Wo waren Grenzen?

Herr F. resümiert den ersten Workshop sinngemäß folgendermaßen: Nach einen theoretischen Input wurden die HC-Teilprojekte einzeln durchgegangen und in eine entwickelte Matrix, im Sinne eines Rasters für die Netzwerkanalyse, zugeordnet. Die heutige Folgeveranstaltung war nicht geplant und auch nicht abzusehen. Da die Steuerungsgruppe in der letzten Sitzung nicht alle Themen bearbeitet habe und die Frage nach erhaltenswerten HC-Teilprojekten nicht hinreichend beantwortet wurde, sei es das Ziel des zweiten Workshops noch offengeblieben Fragen zu klären. Außerdem hätten sich ausgehend von der These, dass jede Organisation, die sich an einem Netzwerk beteiligt, auch einen spezifischen (unausgesprochenen) Nutzen verfolge, zusätzliche Fragen ergeben: Welchen Eigennutzen verfolgen die Kerneinrichtungen und wie wird die Einrichtung durch das Netzwerk gestärkt? Frau S. merkt an, dass sich auch andere HC-Initiativen sich für die Reflexion interessierten und ebenfalls eine durchführen möchten – der HC [XY] könne als Vorbild dienen.

Der siebte Abschnitt, in dem der Beginn der zweiten reflektierenden Steuerungsgruppe dargestellt wird, beginnt mit einer Beschreibung der Szenerie vor der Sitzung. Im Vergleich zur Eingangsbeschreibung im ersten Abschnitt befindet sich die Beobachterin direkt im Veranstaltungsraum, in dem sich bereits „*kleine Gruppen unterhalten*". Das Ich tritt an dieser Stelle im Vergleich zum ersten Abschnitt (Interaktion mit Herr F.) wenig bzw. gar nicht in Erscheinung. Die Handlung wird aus einer neutralen Beobachterperspektive geschildert, in der sich das Ich vom Geschehen distanziert. Die Formulierung „*wie gewohnt*" gibt einen Hinweis darauf, dass sich die Veranstaltung – wie im sechsten Abschnitt angekündigt – in den Räumlichkeiten eines Entwicklungspartners stattfindet, in denen ‚gewöhnlich' die Steuerungsgruppensitzungen stattfinden. Die beschriebene Atmosphäre und Szenerie der zweiten Sitzung wirkt freundlich, angenehm und verhältnismäßig routiniert („*es gibt wie gewohnt Café, Tee und Kekse*"). Diese Beschreibung kontrastiert mit den Anfangsbetrachtungen der ersten reflektierenden Veranstaltung, in denen der Szenerie (externe Räumlichkeiten) und deren Umgebung (Ausblick) mehr Aufmerksamkeit geschenkt wird. Der Umgang der Mitglieder untereinander ist offensichtlich freundlich und wertschätzend (Glückwunsch und gegenseitige Begrüßung). Im ersten Abschnitt werden die drei Akteure Frau V., Herr, M. und Frau S. erwähnt, ohne dass diese näher erläutert werden. Aufgrund der gesonderten Begrüßung und namentlichen Nennung von Frau S. als Vertreterin des HKM und der Beschreibung der Eingangssituation („*eine kleine Gruppe unterhält sich mit Frau S.*") kann ihr eine einflussreiche

Rolle – als Gast der Steuerungsgruppe – unterstellt werden. Herr F. eröffnet die zweite Veranstaltung und nimmt ebenso wie in der ersten internen Veranstaltung eine koordinierend-moderierende Rolle ein.

Durch die zeitlich-pragmatische Verteilung der Ergebnisreflexion auf zwei interne Veranstaltungen ergibt sich ein Bruch bzw. eine Pause, die dadurch überwunden wird, dass Herr F. – der Koordinator und Moderator der zweiten Sondersitzung – offiziell die Sitzung eröffnet. Er bedankt sich bei Frau V. für die Bereitstellung der Räumlichkeiten, begrüßt Frau S. gesondert und gibt einleitend die zentralen Diskussionsergebnisse der ersten Veranstaltung wieder. Herr F.s Resümee wird im Protokoll sinngemäß zusammengefasst. Die Ergebnissicherung, Reflexion und Planung der ersten Sitzung orientierte sich – laut Protokoll – an den beiden Leitfragen: *„Was hat HC geleistet“* und *„wo waren Grenzen“*? Herr F. hebt nach seinem kurzen Resümee der ersten Sitzung hervor, dass die heutige Folgeveranstaltung nicht ursprünglich nicht beabsichtigt gewesen sei und aufgrund der offenen Fragen und (noch) nicht beendeten Ergebnisreflexion beschlossen wurde. Das Ziel der zweiten Veranstaltung sei es, ungeklärte und zum Teil neu generierte Fragen zu beantworten, die sich aus den theoriebasierten Kernthesen ergeben haben (Eigennutzen vs. Gemeinnutzen). Die Fokussierung des Resümees auf diese Fragen und auf den Nutzenaspekt lässt darauf schließen, dass Frau B.s theoretische Einleitung und Kernthesen einen nachhaltigen Erkenntnis- und Reflexionsprozess ausgelöst und das System Steuerungsgruppe irritiert haben. Frau S. hebt – ebenso wie Herr W. – die Vorbildfunktion des HC hervor, die sich aus der reflektierenden Steuerungsgruppensitzung für andere interessierte HC ergeben könnte. Ihre Anmerkung kann, ebenfalls wie Herr W.s kurze Ansprache zu Beginn der ersten Veranstaltung, als eine Anerkennungsgeste und Befürwortung der selbstinitiierten Ergebnisreflexion interpretiert werden, demnach kann der untersuchten Initiative eine Vorreiterfunktion zugeschrieben werden.

7.5.2 Projektbilanz (VIII. Abschnitt)

Zum Einstieg in die Diskussion bringt Herr F. [der die heutige Sitzung moderiert] die Originalplakate des letzten Workshops an eine für alle gut sichtbare Wand an (Frau V. hilft ihm dabei) und nutzt diese zum (Wieder-)Einstieg in die Diskussion. Mit Hinweis auf das – in der letzten Sitzung verteilte – Paper mit den HC-Ergebnissen soll(en) nun fortgefahren und weitere HC-Themen/Projekte in die Matrix hinzugefügt werden. Herr F. fragt in die Runde: Wo sind wir stehen geblieben?

Die Gruppe hilft beim Einstieg in die Diskussion, Herr M. plädiert im Hinblick auf die Zeit dafür, nicht jedes Projekt einzeln abzuarbeiten, sondern sich auf die „zukunftsträchtigen“ Projekte zu konzentrieren. Weitere Teilnehmer stimmen zu. Herr F. ist dennoch dafür, alle Themen nacheinander einzuordnen, um HC [XY] als Ganzes zu bilanzieren („wenn die Kategorien gefüllt sind“). Es sollten Prioritäten gesetzt werden, da bspw. Frau P. nicht anwesend ist und niemand nähere Informationen über die neuen Medien habe.

Diskussion/Zuordnung des Projekts ‚Neue Medien‘

Die drei Teilprojekte im Bereich „Selbstorganisiertes Lernen mit neuen Medien“ [Projektnamen] werden der Matrix zugeordnet. Die Fortbildungen werden dem Bereich „geplante und realisierte Ergebnisse“, auf operativer Ebene (Tiefe) mit einer Kooperationsintensität von „Information, Austausch, Abstimmung“ verortet. Das Selbstlernzentrum und die Zusatzangebote im Bereich ‚Neue Medien‘ werden der Kategorie „geplante und realisierte, aber nicht fortgeführte Ergebnisse“ und den gleichen Dimensionen zugeordnet. Erneut wird die Frage gestellt: Hätte das auch ohne HC stattgefunden, wenn es notwendig geworden wäre? Herr M. äußert sich überzeugt, dass es ohne HC nicht so kostengünstig und hochwertig realisiert worden wäre, auch wenn dies durchaus möglich sei. Er verweist auf den Kooperationsaspekt, es mache Sinn es gemeinsam zu machen und gemeinsam die Plattform zu nutzen. Diese Vernetzung wird in der Gruppe als sehr sinnvoll und das Projekt als nachhaltig betrachtet. Eine Weiterführung des Teilprojekts ‚Neue Medien‘ sei auch ohne HC geplant, die Online-Angebote sollen als Ergänzung zum Unterricht dienen. Herr F. beschreibt die Entwicklung nüchterner: HC habe dazu beigetragen, dass das Projekt breiter aufgesetzt werden konnte, allerdings leider nicht so breit wie anfangs geplant. Die realisierbare Nachhaltigkeit der neuen Medien‘ sollte vom Zuständigen bei den beteiligten Schulen und Kooperationspartnern erfragt werden. Weiterhin werden folgende Teilprojekte der neuen Medien der Kriterien-Matrix zugeordnet und diskutiert:

Weiterbildung für Fachkräfte (operative Ebene/Information, Austausch, Abstimmung)

- *Es stellt sich die Frage, ob es zukünftig um eine Sicherung des Projekts gehen sollte und mehr Potenzial in dieser Fortbildung stecke. Diese grundsätzliche Frage wird diskutiert und mit Feilen, die in Richtung „verbindliche Kooperation“ und „strategische Projekte“ zeigen, verdeutlicht.*

Buchbare Angebote zum Selbstlernen

- *Die VHS hat buchbare Angebote zum Selbstlernen/Blended-Learning entwickelt, die auch ohne HC zustande gekommen wären, diese wurden jedoch durch die HC-Förderung angestoßen und werden auch nach HC von der VHS weitergeführt.*

Selbstlernzentrum

- *Ein Selbstlernzentrum wurde aufgebaut und mit PCs ausgestattet, sei aber hinter seinen Zielen und dem ursprünglichen Konzept zurückgeblieben. Die Steuerung des Projekts sei zu groß geworden und die Relevanz zu gering, da die örtliche Bindung der*

Nutzer weggefallen sei. Es wurde zwar umgesetzt und habe ein eigenes Profil entwickelt, jedoch selten (überwiegend von Besuchern der/s [Organisation]) genutzt.

Zusatzangebote an Schulen

- *Die Kooperation gestaltete sich in diesem Projekt sehr kompliziert. Es sei eher als ein zusätzliches Standardangebot nützlich, da die Nachfrage sehr gering sei. In diesem Zusammenhang wird das [Projekt] aufgeworfen. Das Scheitern dieses Projekts wird als ein Beleg für Frau B.s These genutzt, dass der Eigennutzen einer Organisation über dem Gemeinschaftsnutzen/Gemeinwohl steht. In diesem Projekt sei der Nutzen für die Schulen nicht hoch genug gewesen und auch nicht höher als der Nutzen für die Schüler – auch wenn diese davon profitiert hätten. Diese Ambivalenz wird in der Gruppe diskutiert und als eine mögliche Erklärung für das Scheitern einzelner Teilprojekte und Kooperationen herangezogen. Die Steuerungsgruppe betrachtet die Nutzenthematik auch als sehr relevant für andere Kooperationszusammenhänge, Netzwerke und Folgeprojekte.*

Übergangsmanagement

Das Übergangsmanagement wird nur kurz angerissen, da es bereits in der letzten Sitzung diskutiert und dem Bereich „geplante, aber nicht realisierte Ergebnisse" zugeordnet wurde. Der Projektschwerpunkt habe sich nur schwach entwickelt, eine Neuauflage des Schwerpunktprojekts in diesem Bereich sei allerdings geplant.

Dienstleitungen kommunales Bildungsmanagement

Das kommunale Bildungsmanagement wird als nicht intendiertes Projekt genannt, das zufällig aus regionalen Kontakten – als eine Art „Zufallsprodukt mit Potenzial" – entstanden sei. Da es überwiegend aus [Organisation]-Mitteln finanziert werde, plädiert Herr M. dafür, es als [Organisation]-Angebot zu verbuchen und aus der HC-Ergebnisliste zu nehmen, da man sonst Ergebnisse unter HC subsumiere, die nichts damit zu tun hätten.

Priorisierung der Ergebnisse und Diskussionsverlauf[147]

Nach der Zuordnung der Teilprojekte stellt sich heraus, dass sich nur wenige auf der Ebene einer strategischen Ausrichtung mit Zukunftsaussicht befinden. Hier stellt Herr F. folgende Fragen, die er an die Gruppe richtet und auf Anmerkungen wartet: Welche Projekte haben das Potenzial sich weiterzuentwickeln? Was ist dazu notwendig? Frau S.

147 Der Diskussionsverlauf wurde während der Protokollierung bereits in Themenblöcken zusammengefasst.

verweist auf die Kooperationsverträge und einen Paragraphen, der die Forderung beinhaltet, dass die Leistungen von den Entwicklungspartnern partnerschaftlich getragen werden und die Ressourcen von allen Akteuren aufgebracht werden müssen. Es entsteht eine lebhafte Diskussion mit Frau S. über die HC-Finanzierung: Herr M. spricht die Finanzierungsengpässe und Konsolidierungsprogramme an, auf die Frau S. ausweichend reagiert.[148] *Herr F. schreibt folgende Fragen an eine Flipchart und fordert die Gruppe auf, diese Fragen zu klären bzw. konkret über die Zukunft des HC zu entscheiden:*

- *Was soll fortgesetzt werden?*
- *Wofür?*
- *Wozu Kooperation?*
- *Welche?*

Herr M.s Meinung nach seien die HC-Projekte gut, aber auch fremdgesteuert. Herr F. sieht vorhandene Parallelen zu [einem Projekt]. Frau S. betont den Dienstleitungsgedanken des HC, wonach interessante Themen generiert und der Nutzen der Kurse/Angebote geprüft werden müssten. Da die angebotenen HC-Maßnahmen das System verändern könnten (z.B. Notengebung in Schulen, Änderungen der Lehrpläne etc.), könnte es zu Strukturkonflikten kommen. Herr M. stellt die Frage nach der Finanzierung des Projekts [D], in dem es zu einem Nutzenkonflikt zwischen einer Schule und der VHS gekommen sei und folgert daraus, im Bezug zur These, dass ein gefördertes Netzwerk nicht nachhaltig sei wenn die Finanzierung wegfalle, der ideelle Nutzen sei auf beiden Seiten nicht hoch genug.

Der achte Abschnitt stellt, analog zum fünften, einen zweiten inhaltlichen Hauptteil der Folgeveranstaltung dar, in dem die Ergebnis-/Projektbilanzierung fortgesetzt und offengebliebene sowie neu generierte Fragestellungen diskutiert werden. Im ersten Absatz dieses Abschnitts wird Herr F.s Rolle und Funktion, die in der Moderation besteht, konkretisiert. Mittels der Originalplakate der ersten Sitzung (vgl. 7.2.5), die Herr F. an einer Wand platziert, werden die beiden Veranstaltungen zeitlich und inhaltlich miteinander verknüpft und zum „*(Wieder-)Einstieg in die Diskussion*“ genutzt. Diese Funktion übernimmt auch die Ergebnisübersicht (Paper) der ersten Sitzung. Herr F. achtet darauf, die mitgebrachten Plakate an „*einer für alle gut sichtbaren Wand*“ zu platzieren, wodurch

148 Anm. d. A.: Die Frage der Finanzierung der erhaltenswerten HC-Projekte ist zum Zeitpunkt der Veranstaltung noch ungeklärt.

möglicherweise allen Anwesenden Partizipationsmöglichkeiten eröffnet und die Mitglieder zur aktiven Mitarbeit aufgefordert werden sollen. Mit der Frage *„Wo sind wir stehengeblieben?“* versucht Herr F. die Gruppe zu aktivieren und die Inhalte und Diskussionspunkte ins Gedächtnis zu rufen bzw. an die letzte Sitzung anzuknüpfen. Diese Frage markiert sozusagen den Wiedereinstig in die Diskussion und grenzt die einleitende Zusammenfassung von der anschließenden Projektbilanzierung ab.

Die Teilnehmer steigen gemeinsam in die Diskussion ein und klären zunächst gemeinsam eine sinnvolle Vorgehensweise. Der Vorschlag von Herr M., ergebnisorientiert vorzugehen und sich auf die *„zukunftsträchtigen Projekte“* zu konzentrieren, wird trotz der Zustimmung weiterer Mitglieder auf Herr F.s Verdeutlichung der Sinnhaftigkeit einer chronologischen, *„ganzheitlichen“* Vorgehenseise hin, abgelehnt. Dennoch wird eine ziel- und ergebnisorientierte Projektbilanzierung angestrebt, indem Prioritäten gebildet und die noch ausstehenden Projekte der Kriterien-Matrix zugeordnet werden.

Zuordnung der (Teil-)Projekte im Bereich ‚Neue Medien‘

Zunächst werden die drei Teilprojekte des Projekts ‚Neue Medien‘ in der Matrix verortet. Das Teilprojekt *„Fortbildungen für Fachkräfte“* wird auf dem ersten Plakat dokumentiert, bei den anderen beiden Teilprojekten *„Selbstlernzentrum und Zusatzangebote“* handelt es sich um geplante und realisierte, aber nicht fortgeführte Projekt. Die nachhaltige Weiterführung der ‚Neuen Medien‘ bzw. der Online-Angebote ist – laut Protokoll – auch nach Förderlaufzeit komplementär zum operativen pädagogischen Unterricht geplant.

Bevor im Protokoll die einzelnen Teilprojekte der neuen Medien bilanziert werden, wird zunächst wiederholt die Leitfrage diskutiert: *„Hätte das [d.h. die Projekte/Kooperationen/Ergebnisse] auch ohne HC stattgefunden, wenn es notwendig geworden wäre?“* Diese kritische Nachfrage kommt an dieser Stelle relativ unvermittelt und greift die Grundsatzdiskussion nach der Existenzberechtigung, Legitimation und Notwendigkeit des fünften Abschnitts wieder auf, die offensichtlich (noch) nicht hinreichend geklärt wurde. Herr M., der in der Eingangsbeschreibung zu einem Preis beglückwünscht wurde, ergreift als erster das Wort und hebt die ausgewogene Kosten-Nutzen-Relation (*„kostengünstig und hochwertig“*) und den Kooperationsaspekt des HC hervor. Sowohl die Kooperationen, denen HC eine Plattform geboten habe, als auch die Vernetzung werden von den Beteiligten als sinnvoll und nachhaltig wertgeschätzt. Aus Herr M.s Überzeugung lässt sich ableiten, dass sich hier ein individueller, ökonomischer Nutzen in Form von (indirekte) Einsparungen in Kombination mit hoher Qualität einstellt. Herr F. betont die potenziell höhere Breitenwirkung („*breiter aufgesetzt*") der ‚Neuen Medien'. Unter Breitenwirkung kann einerseits die erreichbare Zielgruppe, andererseits die tatsächliche Nutzung und Nachfrage der Bildungsangebote verstanden werden. Auch könnten unter der Formulierung „*breiter aufgesetzt*" die Größe des Projekts und die Menge der Kooperationspartner gefasst sein. Im durchaus sehr erfolgreichen Projekt ‚Neue Medien' – so lässt sich schließen – ist HC, ähnlich wie die erfolgreiche Bildungsberatung, hinter seinen eigenen Ansprüchen zurückgeblieben. Die antizipierte Nachhaltigkeit ist ein Erfolgsindikator für die Zielerreichung der ‚Neuen Medien' in Bezug auf die Überführung in den Regelbetrieb (vgl. 4.5). Allerdings sollte laut Protokoll die „*realisierbare Nachhaltigkeit*" der ‚Neuen Medien' mit den beteiligten Kooperationspartnern abgestimmt und ihre Bereitschaft zur Weiterführung erfragt werden. In der Expertenbefragung betrachten die Mitglieder der Steuerungsgruppe die Nachhaltigkeit des HC gespalten (vgl. 6.5.3) und schätzen die Weiterführung einzelner Projekte wie ‚HC-Bildungsberatung', ‚Neue Medien' und ‚Pädagogische Konzepte' für bedingt realistisch ein, da dafür eine finanzielle Sicherung notwendig sei. Diese Einstellung erklärt die vorsichtige Stellungnahme der Anwesenden zur Nachhaltigkeit des Teilprojekts ‚Neue Medien'. Diese Aspekte verdeutlichen die Komplexität des Verbundprojektes, die eine nachhaltige Implementierung des HC bzw. einzelner Teilprojekte beeinflusst.

Das Teilprojekt „*Fortbildung für Fachkräfte*" wird auf dem ersten Plakat markiert, ihm wird ein hohes Potenzial zur Weiterführung zugesprochen. Das Teilprojekt „*Buchbare Angebote zum Selbstlernen*" wurde ebenfalls erfolgreich abgeschlossen und soll als Blended-Learning-Angebot der VHS weitergeführt werden – obwohl die Angebote auch unabhängig von HC realisiert hätten werden können. Das Selbstlernzentrum wurde hingegen zunächst realisiert und aufgebaut, aber aufgrund der geringen Nachfrage bzw. des geringen Nutzens für den Lerner und der aufwendigen Projektsteuerung nicht weitergeführt. Offensichtlich sind in den Aufbau dieses Projekts erhebliche zeitliche und materielle Ressourcen eingeflossen („*mit PCs ausgestattet*"), sodass ein „*eigenes Profil*" entwickelt werden konnte. Die im vierten Abschnitt resümierte Diskrepanz zwischen zu großem Projekt und zu geringer Relevanz wird an diesem Projekt ersichtlich.

Im Teilprojekt „*Zusatzangebote an Schulen*", das als gescheitert bezeichnet wird, sei die Nachfrage ebenfalls sehr gering, erschwerend komme die komplizierte Kooperation mit den beteiligten Schulen hinzu. Die geringe Umsetzbarkeit dieses Projekts versuchen die Mitglieder mittels der These, der Eigennutzen sei für den Erfolg von Kooperationen entscheidend, zu rekonstruieren. Für die ohnehin weniger zur Kooperation motivierten, an HC beteiligten Schulen sei der Nutzen – unbeachtet des potenziellen Nutzens für die Schüler – nicht ausreichend hoch gewesen bzw. nicht höher als der Nutzen für die Schüler. Folgt man Frau F.s These entscheidet letztlich die kooperierende Organisation/Institution, hier die Schulen, anhand ihres individuellen Nutzens über die Realisierung des Projekts. Im durchaus vorhandenen Nutzen für die Zielgruppe (Schüler) und subjektiv niedrigen Nutzen für die Kooperationspartner (Schulen) sehen die Mitglieder eine Ambivalenz, die in der Gruppe diskutiert und als Erklärungsmodell für das *„Scheitern"* herangezogen wird. Neben der – in der Gruppe als sehr relevant erachteten – Nutzenthematik könnten sich die Einflussfaktoren (interner) Widerstand, diffuse Ängste und (mangelnde) Motivation, die bereits in der Expertenbefragung erörtert wurden, demotivierend auf dieses Teilprojekt ausgewirkt haben. Herr F.s theoretischer Input, insbesondere seine Kernthese, wird von den Mitgliedern häufig zitiert und punktuell für Projekte, die ‚geplant und realisiert, aber nicht weitergeführt' oder ‚nicht realisiert' wurden, als Erklärungsversuch herangezogen. Die Formulierung, diese Thematik sei auch für *„andere Kooperationszusammenhänge, Netzwerke und für Folgeprojekte"* relevant, verdeutlicht die Übertragbarkeit des (neu eingeführten) theoretischen Inputs auf die Praxis.

Das bereits in der ersten reflektierenden Sitzung diskutierte Teilprojekt ‚Übergänge/Übergangsmanagement' wird im zweiten Teil lediglich kurz erläutert. Es wird auf dem dritten Plakat dokumentiert und ergänzend erwähnt, dass eine *„Neuauflage"* des Projekts – trotz seiner schwachen Entwicklung – geplant sei. Als nicht intendiertes Ergebnis wird abschließend das Teilprojekt *„Dienstleistungen kommunales Bildungsmanagement"* diskutiert, das ebenfalls über ein hohes Potenzial verfüge und einer bestimmten Bildungsorganisation zugeschrieben wird. Herr M. verbucht dieses Projekts als ein Bildungsangebot eines Entwicklungspartners (nicht als HC-projekt) und macht dies an der Finanzierung über die Mittel der entsprechenden Organisation fest. Diese Geste kann als Abgrenzungsversuch der Organisation gedeutet werden, ihr Revier zu markieren und aufgrund der eigenen Finanzierung einen Anspruch auf das Projekt zu verbuchen. Unabhängig davon, dass es durchaus berechtigt und wahrheitsgemäß ist, die *„Dienstleistungen"* aus der HC-Ergebnisliste zu streichen, wird diese Interaktion im Hinblick auf das Spannungsfeld Abgrenzung vs. Anpassung interessant. Der Entwicklungspartner grenzt sich mit seinen Dienstleistungen von den anderen Entwicklungspartnern ab. Dadurch versucht diese Organisation ihre Autonomie im interdependenten Kooperationskontext des HC zu wahren und verfolgt einen spezifischen Eigennutzen (möglicherweise Profilierung, Angebotserweiterung, Marktdominanz etc.), der diplomatisch mit dem Argument, die Ergebnisse nicht fälschlicherweise unter HC subsumieren zu wollen, vor der Gruppe legitimiert wird.

Visualisierung der Ergebnisse in Form einer Gesamtbilanz

Nachfolgend werden die, in den beiden internen Reflexions-Sitzung bilanzierten und der Kriterien-Matrix zugeordneten, Teilprojekte (erstellt nach den internen Originalplakaten) der Übersicht halber dargestellt:

Abbildung 12: Übersicht „geplante und realisierte Ergebnisse“

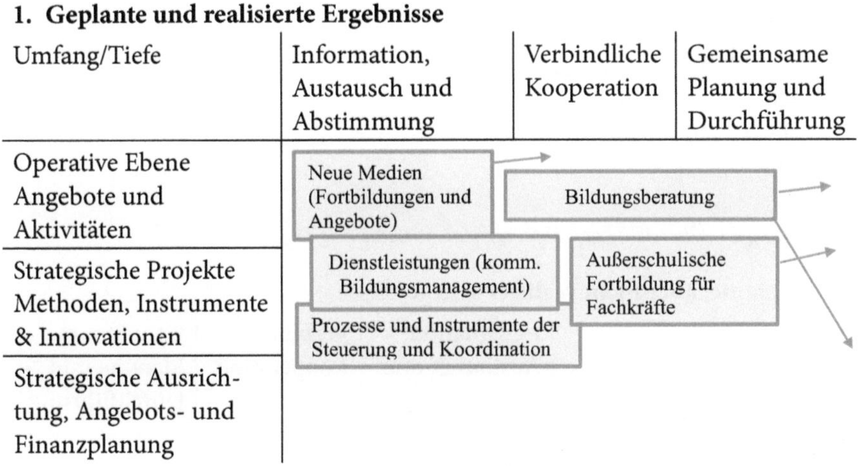

Die unter geplanten und realisierten Ergebnissen subsummierten Projekte können als erfolgreiche oder erfolgsversprechende Projekte mit hohem Potenzial zur intensiveren Kooperation (gemeinsame Durchführung und Planung bzw. verbindlichen Kooperation) und nachhaltigen Weiterführung (Implementierung) betrachtet werden – dies wird durch die Pfeile symbolisiert. Die Mitglieder konstatieren, dass zum Zeitpunkt der Bilanzierung lediglich die Bildungsberatung strategisch operieren kann. In diesem Zusammenhang werden die Entwicklungspotenziale und Bedingungen der resümierten Projekte diskutiert.

Abbildung 13: Übersicht „geplante/realisierte, aber nicht fortgeführte Ergebnisse"

2. Geplante und realisierte, aber nicht fortgeführte Ergebnisse

Umfang/Tiefe	Information, Austausch und Abstimmung	Verbindliche Kooperation	Gemeinsame Planung und Durchführung
Operative Ebene Angebote und Aktivitäten	Neue Medien (Selbstlernzentrum, Zusatzangebote an Schulen)		
Strategische Projekte Methoden, Instrumente & Innovationen			
Strategische Ausrichtung, Angebots- und Finanzplanung			

Abbildung 14: Übersicht „geplante, aber nicht realisierte Ergebnisse"

3. Geplante, aber nicht realisierte Ergebnisse

Umfang/Tiefe	Information, Austausch und Abstimmung	Verbindliche Kooperation	Gemeinsame Planung und Durchführung
Operative Ebene Angebote und Aktivitäten	← Perspektive? Neuer Versuch?		
Strategische Projekte Methoden, Instrumente & Innovationen			Übergänge/ Übergangsmanagement (Projekt A/B)
Strategische Ausrichtung, Angebots- und Finanzplanung			

Die Gesamtbilanz fällt mit vier geplanten und realisierten, einem realisierten und nicht weitergeführten und einem nicht realisierten Projekt insgesamt positiv aus – insbesondere wenn man das Potenzial der realisierten Projekte und die Neuauflage des ‚Übergangsmanagements' berücksichtigt. Im weiteren Diskussionsverlauf beruft sich Frau S. auf die förderungsrelevanten Kooperationsvereinbarungen, in denen die partnerschaftliche Leistungserbringung und

Ressourcenaufwendung dokumentiert werden (sollen), woraufhin eine *„lebhafte Diskussion"* entsteht. Mit ihrem Hinweis bringt Frau S. die Vorgaben des Landes, Rahmenbedingungen und Spielräume, in denen die Projekte umgesetzt und weitergeführt werden können, ein. Die Erwähnung der Kooperationsvereinbarungen kann als Versuch gedeutet werden, die Akteure auf ihre Rechte und Pflichten hinzuweisen.

Die Frage nach der HC-Finanzierung, die zum Zeitpunkt der Protokollierung noch nicht geklärt ist, wird kontrovers diskutiert. Frau S. und Herr M. beziehen unterschiedliche Standpunkte: Herr. M. beruft sich auf vertragliche Regelungen, wohingegen Frau S. die vorhandenen Finanzierungsengpässe anspricht. Das *„ausweichende"* Verhalten von Frau S. kann auf die Vorsicht, Unwissenheit oder strategische Kommunikation, keine verbindlichen Aussagen treffen zu wollen, zurückgeführt werden. Diese Finanzierungsdiskussion wird im Protokoll nicht näher ausgeführt und von den Fragen nach der Zukunftsfähigkeit von HC, die Herr F. an die Flipchart schreibt, unterbrochen. Die Frage *„Was soll fortgesetzt werden"* bezieht sich auf einen konkreten, abgrenzbaren Gegenstand (Projekte). Die beiden Adverbien *„wofür"* und *„wozu"* implizieren die mehrfach diskutierte Grundsatzfrage nach dem Sinn des HC. Das Pronomen *„welche"* erfordert eine Konkretisierung, womit eine Aufforderung an die Gruppe eine (verbindliche) Entscheidung zu treffen, verbunden sein kann. Die aufgeworfenen Leitfragen dienen einerseits der strukturierten Diskussion, andererseits können sie eine Konsens- und Entscheidungsfindung gezielt anregen.

Der spezifische Nutzen für die Zielgruppe (Adressatenebene) erscheint im Protokoll von den Mitgliedern zu wenig beleuchtet zu sein. Sie ist allerdings nicht unerheblich, bedenkt man das nicht weitergeführte Selbstlernzentrum (neue Medien), das trotz des individuellen Nutzens (Profilierung) aufgrund der geringen Nachfrage nicht weitergeführt werden konnte. Ein weiterer interessanter Aspekt sind die intendierten Strukturveränderungen, die sich durch HC ergeben, zu *„Strukturkonflikten"* führen und das *„System"* verändern könnten. In Bezug auf die weitere These, dass die Nachhaltigkeit eines Projekts von dessen Finanzierung abhänge, wird ein Projekt, in dem es zu einem Nutzenkonflikt zwischen der VHS und einer Schule gekommen sei, aufgeworfen. Aufgrund des geringen individuellen Nutzens und des akuten Nutzenkonflikts – in der Expertenbefragung mit dem Stichwort *„ideologische(n) Grabenkämpfe"* (HC-SG11:Z334) charakterisiert – wird die Nachhaltigkeit dieses Projekts angezweifelt.

Die zu Beginn der ersten Veranstaltung von Frau B. aufgeworfenen Thesen werden von der Gruppe zueinander in Beziehung gesetzt und ergeben ein komplexes, reziprokes Gefüge von Gelingensbedingungen: Grundlegend für erfolgreiche, nachhaltige Kooperationen sind demnach ein dem Gemeinwohl übergeordneter, transparent kommunizierter, individueller Nutzen und gleichzeitige eine Zielgruppenorientierung. Die Gruppe hat sich bei der internen Projektbilanzierung größtenteils an Frau B.s Thesen und Kriterien-Matrix sowie an Herr F.s Ergebnisliste orientiert. Die Nutzenthematik hat im Rahmen der Projekt- und Kooperationsbilanzierung als sehr relevant herauskristallisiert.

Erträge der Kooperation im HC

Aus dem internen Ziel-Ergebnisabgleich der HC-Teilprojekte, der im Rahmen der ersten Veranstaltung begonnen (vgl. 6.4.2) und im Verlauf der zweiten Veranstaltung systematisch komplettiert wurde, lassen sich – quer zur Kriterien-Matrix – folgende Erträge zusammenfassen:

- *Soziale Erträge*: bildungsträgerübergreifende Vernetzung und Kooperationen, gemeinsame Kooperationspattform und Kommunikationsstrukturen, Erfahrungsaustausch (auf informeller Ebene), Generierung einer gemeinsamen Sprache, Einblick in fremde Kontexte bzw. Umwelten, Aufbau von tragfähigen Kooperationsstrukturen;
- *Ökonomische Erträge*: Ressourcen- und Kostenersparnisse (durch die Landesfinanzierung) und Bündelung vorhandener Ressourcen sowie gemeinsame Raumnutzung;
- *Organisationale Erträge*: Erweiterung des Angebotsspektrums, höhere Breitenwirkung (Projektumsetzung in größerem Rahmen, z.B. im Bereich der ‚Neuen Medien'), Zielgruppenakquise, Eröffnung von Anschlussmöglichkeiten (z.B. für weitere Kooperationen oder Drittmittelprojekte);
- *Politische Erträge*: Strukturveränderungen in der regionalen Bildungslandschaft und Aufbau von Bildungsstrukturen zur Förderung des lebensbegleitenden Lernens.

Vergleicht man die im Beobachtungsprotokoll thematisierten, projektbezogenen Erträge mit den Aussagen der Mitglieder der Steuerungsgruppe überwiegen die sozialen Erträge auf Individualebene (vgl. 6.5). Wie aus dem Protokoll ersichtlich wird, ergeben sich aus der Zusammenarbeit im HC weitere Erträge für die beteiligten Organisationen, die Zielgruppen und die Bildungsregionen. Eine Herausforderung besteht nach der Projektförderung v.a. in der Transferierung dieser Erträge und persönlichen Erfahrungen in zukünftige Kooperationsprojekte, in das operative Alltagsgeschäft oder in weitere politische Programme.

7.5.3 Gesamtbilanz und Organisatorisches (IX. Abschnitt)

Gesamtbilanz

Herr F. lenkt den Fokus zurück auf die (auf der Flipchart dokumentierten) Fragen zur HC-Bilanzierung. Auf die Frage „Was soll weiter fortgesetzt/entwickelt werden" äußert sich zunächst niemand, weshalb direkt auf die Frage nach dem „Wofür (Dach)?" eingegangen wird. Anschließend widmet sich die Gruppe erneut der Frage nach der Fortsetzung der Projekte, bevor die Zukunft des HC und die Weiterführung der Bildungsberatung diskutiert werden.

Wofür (HC als Dach?): HC sei ein…

- *ein bilaterales Forum;*
- *eine Verzahnung von Kommunen und Land;*
- *eine Legitimation für die Projekte;*
- *ein Treiber für strategische und konzeptionelle Entwicklungen;*
- *ein neutralisierender Faktor bei Konkurrenz;*
- *eine Marke mit Mehrwert;*
- *könne konzeptionelle Zusammenhänge herstellen;*
- *eine strategische Option für Übergeordnetes.*

Was soll fortgesetzt werden? Von wem? Mit welchen Finanzen?

Die ‚HC-Bildungsberatung' sei politisch erwünscht und nützlich. Die Frage nach der Finanzierung, nachhaltigen Umsetzung und personellen Ausstattung erweist sich allerdings als schwierig und sorgt für gereizte Stimmung. Es sei notwendig, dass ein Teil der Personalkosten (eine Person) übernommen werden. Eine Person betont, man könnte die Bildungsberatung nicht „einstampfen", stellt aber zugleich die Frage, wer es fortsetzen sollte. Die Kooperationen und Zuständigkeiten müssten neu verhandelt und geklärt werden. Evtl. sei eine Übernahme durch die Stadt oder VHS möglich, ebenfalls sei ein Neustart in Form eines Kooperationsmodells mit einer Steuerung durch Land und Kommune denkbar.[149] *Die Gruppe diskutiert ein neues Konzept, in dem die Bildungsberatung die Kernaufgaben der Schulen auffangen (die Lehrkräfte zur Verfügung stellen und prinzipiell alle Schüler beraten) und somit zu mehr Synergie beitragen könnte. Dies müsste allerdings durch das HKM verordnet werden und für alle Lehrer verpflichtend sein, da eine freiwillige Beteiligung, wie man an HC [Name] gesehen habe, unproduktiv wäre. Dafür wird eine Übergangszeit angedacht. Wenn das neue Konzept nicht umgesetzt werden könne oder nicht gewünscht sei, wird die Bildungsberatung durch die VHS weitergeführt, aber in kleinerem Umfang und ohne Ausbau. Die Finanzierung würde in diesem Fall intern*

---

149 Wie bereits erwähnt, wird die Bildungsberatung nach Förderlaufzeit von der zuständigen VHS weitergeführt.

geklärt werden. Ein möglicher Nutzen für die Schulen, der sich aus einer Beteiligung am neuen Konzept ergeben könnte, läge in der internen Organisationsentwicklung der Schulen: „Was haben die Schulen davon, wenn sie bestimmte Bereiche neu aufstellen?“. An das HKM wird der Vorschlag gerichtet, neue Zielvereinbarungen zu entwerfen und den Arbeitsauftrag zu klären, andernfalls würden zwangsläufig eigene Ziele gesetzt werden müssen, was Aktionismus zur Folge hätte. Für die ‚HC-Bildungsberatung‘ sollte zunächst ein neues Konzept mit Inhalten aufgestellt und anschließend die Finanzfrage geklärt werden. Die ‚AG Außerschulische Bildung‘ soll in kleinerem Umfang fortgesetzt werden. Herr F. gibt ein kurzes Resümee der heutigen Sondersitzung und beendet sie offiziell.

Allgemeine Themen der Steuerungsgruppe und aktueller Stand

Es wurde ein neues Kooperationsprojekt beantragt, dessen Chancen zur Bewilligung gut stehen würden. Herr P., ein externer Experte, wird in der kommenden Sitzung anwesend sein, in der die Sicherung der Bildungsberatung ein zentrales Thema sein soll. Weiterhin wird Neues aus dem Sprecherkreis ausgetauscht. Herr M. bringt ein neues Projekt ein und fragt, inwieweit es ins Programm passe, woraufhin eine kurze Diskussion über mögliche Partner, Träger und eine Anbindung an ein bestehendes HC-Teilprojekt entsteht.

Im letzten Abschnitt werden unter der Überschrift „*Gesamtbilanz*“ die, auf den Plakaten (Kriterien-Matrix) bilanzierten, Ergebnisse anhand der zuvor im achten Abschnitt aufgeworfenen Leitfragen (auf der Flipchart) reflektiert und dokumentiert. Im ersten Absatz dieses Abschnitts wird der chronologische Ablauf aufgehoben. Auf die Frage, welches Projekt konkret fortgesetzt werden sollte, möchte sich zunächst offensichtlich niemand äußern. Da die zukünftige Finanzierung des HC noch nicht geklärt sei und die Frage im Rahmen der Veranstaltung eine verbindliche Antwort oder Entscheidung provoziert, halten sich die Anwesenden möglicherweise zurück. Die Frage nach dem „*Wofür*“ und unter welchem „*Dach*“, d.h. welchem Entwicklungspartner das Projekt nutzen soll, wird vorgezogen. Die Antworten werden im Protokoll gesondert dargestellt. Auf die Frage nach dem Sinn und Zweck des HC erarbeitet die Gruppe acht Merkmale heraus. Der HC wird als bilaterales Forum zur Verzahnung von Kommunen und Land definiert, der zugleich eine Legitimationsfunktion für die Projekte habe. Die aktivierende und harmonisierende Funktion von HC wird durch die Formulierungen „*Treiber für strategische und konzeptionelle Entwicklungen*“, „*neutralisierender Faktor bei Konkurrenz*“ und „*konzeptionelle Zusammenhänge herstellen*“ verdeutlicht.

HC sei eine „*Marke mit Mehrwert*“, worin dieser Mehrwert besteht und mit welchen Attributen diese Marke wahrgenommen wird bleibt unspezifisch. Im Hinblick auf den Sinn und Zweck des HC könnten die Antworten folgendermaßen umformuliert werden: Der spezifische Mehrwert von HC liegt in der kooperativen Verzahnung von Kommunen und Land, d.h. in der funktionssystemübergreifenden Kooperation, Initiierung, Einbettung und Integration strategisch-konzeptioneller Entwicklungen auf einer regional-übergeordneten Ebene mit potenziell hoher Breitenwirkung (HC als Marke). In der Gesamtbilanz wird auf die Frage, welches Projekt fortgesetzt werden soll, die Weiterführung der politisch erwünschten ‚HC-Bildungsberatung' diskutiert. Das Teilprojekt ‚Neue Medien' und die geplante ‚Fortbildung im Bereich außerschulische Bildung' sollen in *„kleinerem Umfang"* weitergeführt werden. Das außerschulische Bildungsprojekt befindet sich zum Zeitpunkt der Reflexion in Vorbereitung. Die Teilprojekte der ‚Neuen Medien', die in der Expertenbefragung als *„hessenweiter Selbstläufer"* bezeichnet werden (vgl. 6.3.2), befinden sich (noch) auf operativer Ebene mit Potenzial zu verbindlichen Kooperationen.

Die Mitglieder der Steuerungsgruppe haben ein großes Interesse daran, die Bildungsberatung weiterzuführen und sich zu Finanzierungsmöglichkeiten bereits Gedanken gemacht (vgl. 6.5.3). Als problematisch erweist sich in der Diskussion jedoch die (nach wie vor ungeklärte) Frage nach der Finanzierung. Die *„gereizte Stimmung"*, die dieser Diskussionspunkt bei den Anwesenden hervorruft, verdeutlicht die – dramatisch ausgedrückt – existenzielle Relevanz und Aktualität, die mit der Frage nach der Finanzierung der Bildungsberatung einhergehen. Die indirekt geäußerte Befürchtung eines Akteurs, die Bildungsberatung könnte *„eingestampft"* werden, drückt ebenfalls diese diffusen, existenziellen Befürchtungen aus. In diesen Bedenken wird die Abhängigkeit der Akteure von den strukturellen Rahmenbedingungen deutlich. Insbesondere die personelle Ausstattung der Bildungsberatung stellt eine Herausforderung für die nachhaltige Weiterführung dar, was Neuverhandlungen der Zuständigkeiten zwischen den beteiligten Entwicklungs- und Kooperationspartner erfordere.

Weiterhin ungeklärt ist auch die Frage geblieben, welche Organisation die Bildungsberatung fortsetzen soll, denkbar wäre eine Weiterführung von Seiten der Stadt oder der VHS ggf. in *„kleinerem Umfang"*, wie es von den Mitgliedern im Rahmen der Expertenbefragung angedacht und nach Förderende (durch die VHS) umgesetzt wurde. Die Mitglieder entwerfen eine Alternative in Form einer neuen Steuerungsform durch Land und Kommune und eines neuen Konzepts, in dem die beteiligten Schulen mehr in die Bildungsberatung einbezogen werden sollen. Die Gruppe wendet sich an die anwesende Vertreterin des HKM, stellt das neue Konzept vor und appelliert an ihre Entscheidungsbefugnis (*„müsste durch das HKM verordnet werden"*). Sie fordert das HKM direkt auf *„neue Zielvereinbarungen zu entwerfen und die Auftragsklärung zu klären"*. Da die Akteure der Steuerungsgruppe die Schulen bisher nicht mit den bilateralen Verhandlungen zu einer nahhaltigen Zusammenarbeit motivieren konnten, müssten diese aus ihrer Sicht vom HKM *„verpflichtet"* werden. Unabhängig von der Realisierbarkeit des *„neuen Konzepts"* möchte die VHS die Bildungsberatung auch in kleinerem Rahmen weiterführen und ist bereit, die offenen Finanzierungsfragen intern zu klären.

Die Gruppe stellt Überlegungen an, welcher Nutzen sich aus dem integrativen Konzept (Beteiligung von Lehrkräften) für die beteiligten Schulen ergeben könnte und sieht diesen in einer internen OE (*„Bereiche neu aufstellen"*). Die aufgeworfene Frage nach dem Nutzen, der sich für die beteiligten Schulen ergeben könnte, zeigt das Interesse der Mitglieder an einer produktiven Kooperation. Die Gruppe erhofft sich eine gezielte Unterstützung des Landes und kommuniziert ihre Anliegen transparent, auch auf die Gefahr hin, sich dadurch angreifbar zu machen. Sollte das HKM keine Hilfestellung durch neue Zielvereinbarungen und Auftragszuweisungen leisten, müsste der untersuchte HC notgedrungen *„eigene Ziele"* setzen, die in *„Aktionismus"* ausarten könnten. Aktionismus im Sinn eines übertriebenen Betätigungsdrangs könnte u.U. zu einem umgangssprachlich ‚blinden Aktionismus', fern jeglicher Zielgerichtetheit, führen. Perspektivisch wird das konkrete Vorgehen zur Weiterführung der Bildungsberatung, das einerseits in der Konzeptentwicklung, andererseits in der Klärung der Finanzierung besteht, diskutiert. Abschließend tritt Herr F. im vorletzten Absatz des neunten Abschnitts in seiner moderierenden Funktion wieder in Erscheinung, fasst die zweite Veranstaltung zusammen und beendet die Sitzung *„offiziell"*.

Der inhaltlich-reflektierende Teil der zweiten Veranstaltung endet mit der Entscheidung, die ‚HC-Bildungsberatung' in noch unbestimmtem Umfang und die ‚Fortbildung im Bereich außerschulische Bildung' in kleinerem Umfang weiterzuführen.[150] Für die Verstetigung der Bildungsberatung wird eine strategische Vorgehensweise entwickelt, indem drei Perspektiven aufgezeigt werden. Im letzten Abschnitt des Protokolls werden aktuelle Themen der Steuerungsgruppe und Organisatorisches thematisiert. An dieser Stelle vollzieht sich ein inhaltlicher Schnitt, die Gruppe wendet sich nach der reflektierenden, zugleich retro- und prospektiven Diskussion der (Teil-)Projekte wieder aktuellen, organisatorischen Themen zu. Aus den allgemeinen Themen und Informationen (neu beantragtes Kooperationsprojekt, Ankündigung eines Gastes, Vorstellung eines neuen

150 Anm. d. A. zum aktuellen Stand (2014): Die ‚HC-Bildungsberatung' wird in kleinerem Umfang von der VHS und einer kooperierenden Schule weitergeführt. Die Personalkosten (des Bildungsberaters) wurden nach der Förderlaufzeit von der VHS und dem zuständigen Amt übernommen. Die geplante ‚Fortbildung für Fachkräfte' der ‚AG Außerschulische Weiterbildung' konnte erfolgreich realisiert und angeboten werden.

Projekts) wird ersichtlich, dass der Entwicklungsprozess des untersuchten HC nach der Ergebnisbilanzierung nicht abgeschlossen ist. Die Weiterführung der Bildungsberatung wird auch in der kommenden Sitzung der Steuerungsgruppe ein Thema sein. Demnach wurde im HC durch die beiden projektbilanzierenden Veranstaltungen ein ergebnisoffener Prozess angestoßen. Die routinierten Abläufe der Steuerungsgruppe wurden durch die beiden Sondersitzungen unterbrochen und gehen am Ende der zweiten Sitzung wieder in die gewohnten TOPs („*Neues aus dem Sprecherkreis*") über. Auf der Tagesordnung stehen, neben der Sicherung und Weiterführung der erfolgreich umgesetzten Projekte, die Akquise weiterer Kooperationsprojekte und die Einbindung „*mögliche Partner*". Die untersuchte Steuerungsgruppe ist bemüht, programmatische Schnittstellen zu ermitteln, Anschlussmöglichkeiten zu generieren und steht vor der Herausforderung, Bewährtes und Neues trotz unsicherer Rahmenbedingungen miteinander zu verzahnen.

(Zukunfts-)Perspektiven und Nachhaltigkeit

Der neunte und letzte Abschnitt behandelt die beiden Themen Perspektiven und Nachhaltigkeit: Nachdem alle HC-Projekte systematisch hinsichtlich ihres Ertrags, Zielerreichungsgrades und Potenzials bewertet wurden, sollen verbindliche Vereinbarungen getroffen werden. Zum Zeitpunkt der Veranstaltung ist die weitere Entwicklung nur bedingt abzusehen, die Akteure befinden sich in einer riskanten, unsicheren Situation und stehen vor der Herausforderung, Entscheidungen unter unklaren Zukunftsprognosen zu treffen, die erhebliche Konsequenzen für ihre Organisation haben können. Die Entwicklung verschiedener Zukunftsszenarien und Handlungsmöglichkeiten kann als Versuch mit Unsicherheit, Unplanbarkeit und Risiko umzugehen gedeutet werden. Anstatt sich verbindlich auf eine Entscheidung festzulegen (z.B. Finanzierung der Bildungsberatung über die VHS) entwerfen die Mitglieder der Steuerungsgruppe alternative Finanzierungsmodelle („*neues Konzept*"). Anstelle von besser kalkulierbaren Risiken, die aus theoretischer Perspektive ein Mehrwert von Kooperation und Vernetzung sind (vgl. Tippelt 2009), ergeben sich für die Akteure mehr Unabwägbarkeiten. Diese Operation der Potenzierung von Möglichkeiten und Perspektiven stellt eine Handlungsstrategie der Akteure auf Projektebene dar, die darauf abzielt, ihren (fiktiven) Handlungsspielraum zu vergrößern und anstatt einer defensiven Position eine proaktive, selbstbestimmte Haltung einzunehmen.

Die Bildungsberatung soll als politisch erwünschtes Leitprojekt weitergeführt werden, in diesem Punkt sind sich alle Entwicklungspartner einig. Obwohl im fünften Abschnitt die *„Grenzen“* dieses Teilprojekts resümiert wurden und die regionalen Schulen parallel eigene Beratungsangebote implementiert haben (vgl. 7.4.2), werden unterschiedliche Zukunftsperspektiven und Finanzierungsmöglichkeiten konstruiert. Bezugnehmend auf das Ungleichgewicht zwischen dem Auftraggeber- und Auftragnehmersystem im ersten Abschnitt kann diese Entscheidung als Anpassungsgeste an die Programmatik des Landes interpretiert werden. Losgelöst von den Spekulationen über die Motive der geplanten Weiterführung der ‚Weiterbildung für Fachkräfte‘, kann konstatiert werden, dass alle Beteiligten durchaus strategisch vorgeben und ihre jeweiligen Interessen vertreten. Neben der programmatisch erwünschten Überführung des HC in den Regelbetrieb und Fortsetzung der Leitprojekte ergeben sich Fragen nach den Zuständigkeiten und der (neuen) Auftragsklärung im HC, deren Bearbeitung dem Verantwortungsbereich des HKM zugewiesen wird. Wie bereits aus den theoretischen Überlegungen ersichtlich wurde (vgl. Bretschneider/Nuissl 2003), sind klare Ziel-, Kooperationsvereinbarungen und Zuständigkeiten wesentliche Gelingensbedingungen von WB-Netzwerken.

7.6 Zusammenfassung III: Ergebnisse des Beobachtungsprotokolls

Der Handlungsablauf der reflektierenden Steuerungsgruppensitzungen mitsamt der thematisch-theoretischen Einführung, des intendierten Ziel-Ergebnisabgleichs, den interaktiven Operationen (Diskussion und Zuordnung der Projekte etc.) und (impliziten) Einstellungen der Anwesenden wird durch ein partiell involviertes, hauptsächlich beobachtendes Ich vermittelt. Das Vermittlungsmedium tritt zu Beginn des Protokolls stärker in Erscheinung und bleibt im Sitzungsverlauf im Hintergrund. Die beiden Akteure Herr F. und Frau B. haben eine moderierende Funktion und übernehmen konzeptionell-inhaltliche Aufgaben (Erstellung der Ergebnisliste oder Kriterien-Matrix). Die erste Veranstaltung findet in ungewohnter Umgebung bzw. externen Räumlichkeiten statt, was den geladenen Mitgliedern der Steuerungsgruppe und Gästen eine neue Perspektive im Sinne eines ‚Aus-Blicks‘ eröffnet und eine geeignete Ausgangsbasis schafft, um Zukunftsperspektiven zu entwickeln. Die zu erörternden bilanzierenden Leitfragen des Workshops sind: Was hat HC gebracht? Hätten die Projekte/Vorhaben auch ohne die Landesinitiative HC durchgeführt werden können? Wenn nein, was ist der Mehrwert der Kooperation im HC? Welcher Nutzen ergibt sich für die beteiligten Einrichtungen? Was soll fortgesetzt werden und mit welchem Ziel? Der untersuchte HC wird im Sitzungsverlauf aufgrund seiner regionalspezifischen Besonderheiten als *„Sonderfall“* diskutiert. Aus dem Diskussionsverlauf lassen sich – entsprechend der Expertenbefragung – folgende paradoxe Dichotomien ableiten:

- Eigennutzen vs. Gemeinnutzen/-wohl
- Freiwilligkeit vs. Verpflichtung/Zwang
- Finanzierung (Förderlaufzeit) vs. Nachhaltigkeit (nach Förderlaufzeit)
- Konkurrenz vs. Kooperationsbereitschaft
- Autonomie vs. Symbiose
- Abgrenzung vs. Anpassung und Verständnis vs. Missverständnis

Die zentralen Themen der beiden Sitzungen sind: Spielräume, Nutzenorientierung, Projektreflexion, Nachhaltigkeit und Finanzierung. Die durch die Landesebene vorgegebenen, zugleich ermöglichenden und determinierenden Spielräume wurden von den Mitgliedern der Steuerungsgruppe im Sinne einer Gewinnspanne ausgelotet. Die strukturell-organisatorischen Rahmenbedingungen können als politischer Spielraum interpretiert werden, innerhalb dessen sich die Akteure mittels mikropolitischer Spiele selbst positionieren und ihre Handlungsspielräume aushandeln. Neben den ermöglichenden Strukturvorgaben des HKM auf Programmebene (Ressourcen und konzeptioneller Rahmen) haben weitere Faktoren einen Einfluss auf den Realisierungsgrad des HC: der interne und externe Widerstand der beteiligten Schulen und weiterer Anbieter aus der regionalen Bildungslandschaft sowie organisationskulturelle Grenzen (diffuse Ängste, Standesdünkel, Vorurteile etc.) haben phasenweise zu Konflikten und Umsetzungsschwierigkeiten einzelner HC-Teilprojekte geführt.

Ebenfalls einen hohen Einfluss übt die Nutzenorientierung der Mitglieder, die zwischen den beiden Polen individueller Nutzen vs. Gemeinwohl/Gemeinnutzen austariert werden muss, auf ihre Motivationen und letztlich den Bestand des HC und einzelner Projekte aus. Die Mitglieder kommunizieren transparent – in Anwesenheit der Landesvertretung – ihre Nutzenerwartungen, die u.a. in einer Erweiterung (bestehender) Angebote, Profilierung und Positionierung der eigenen Organisation in der regionalen Bildungslandschaft und Sicherung von Wettbewerbsvorteile bestehen. Aus Sicht des HKM, das den Dienstleistungscharakter des HC betont, bemisst sich der Mehrwert nach dem Nutzen für die Zielgruppe, woraus sich für die beteiligten Organisationen durchaus ein Nutzenkonflikt ergeben kann – sollte der individuelle Nutzen für die eigene Organisation geringer sein als der Nutzen für die Zielgruppe.

Die aus dem Protokoll abgeleiteten unterschiedlichen Handlungslogiken des Landes und des HC, die mit ihren jeweiligen Perspektiven (Programm- und

Projektebene) einhergehen, lassen sich in die komplementären Operationsweisen Kontrolle vs. Legitimation (vgl. 7.3.1) und Zieldefinition vs. Zielumsetzung/-interpretation (vgl. 7.4.1) übersetzen. Daraus ergeben sich Implikation für die strategische Ausrichtung und Interessenvertretung der Akteure: Während der HC vorrangig die Existenz seines HC auf Projektebene sichern und erfolgreiche Teilprojekte (bestenfalls mit Unterstützung des Landes) weiterführen möchte, intendiert das Land die Überführung der Einzelinitiativen in den Regelbetrieb. Das HKM besitzt in der Akteurskonstellation der Steuerungsgruppensitzung aufgrund seiner kontrollierenden, steuernden Funktion und formalen Weisungsbefugnis einen Hybridstatus. Es ist im Rahmen der Entwicklungspartnerschaft ‚auf Augenhöhe' zugleich ein partnerschaftliches Mitglied der Steuerungsgruppe und – aufgrund seiner Position als Geld- und Auftraggeber – eine übergeordnete Kontrollinstanz. Durch seine (vor der ersten Veranstaltung von einem Mitglied kritisch diskutierte) Anwesenheit ergeben sich reziproke Beobachtungsverhältnisse (vgl. 2.2.3), da die unterschiedlichen Logiken des Auftraggebersystem (HKM) und Auftragnehmersystems (Mitglieder der Steuerungsgruppe) im Rahmen des gemeinsamen (initiierten) Veranstaltungssystems strukturell gekoppelt werden (vgl. König 2005). Das verbindende Element der beiden sozialen Subsysteme der Landesinitiative HC sind das Ziel und zugleich die Erwartung, in der internen Veranstaltung gemeinsame, nachhaltige Zukunftsperspektiven für HC (sowohl auf Projekt- als auch auf Programmebene) zu entwickeln.

Quer zur chronologischen Abfolge des Beobachtungsprotokolls können generalisierbare Einflussfaktoren abgeleitet werden, die in Netzwerken und Kooperation evident sind. Am Beispiel des untersuchten HC lassen sich (interne und externe) Widerstandsphänomene, divergierende Interessen und Erwartungshaltungen beobachten, die mit den unterschiedlichen Logiken des Auftraggeber- und Auftragnehmersystems korrespondieren. Weiterhin wird der Beziehungsaspekt als eine Herausforderung der HC-Initiative bzw. von Kooperationsverbünden allgemein diskutiert. Es gelte tragfähigen Beziehungen aufzubauen, alle Entwicklungspartner (v.a. die Berufsschulen) zu integrieren, synergiegenerierende Nutzenschnittmengen zu diskutieren und eine gemeinsame Sprache zu finden. Anhand des internen Ziel-Ergebnisabgleich unter Berücksichtigung der Struktur- und Prozessdimension wurden Nachhaltigkeitsaspekte und die Diskrepanz zwischen Zielen und Ergebnissen (*„große Visionen und kleinteilig, nette Projekte"*) diskutiert.

Der auf Landesebene vorgegebene Handlungsspielraum, der von den Einzelinitiativen individuell ausgelotet werden sollte, bestimmt die jeweiligen Operationen und Strategien der Akteure sowie letztlich die Resultate des HC. Diese sind durchaus positiv zu bewerten, betrachtet man die interne Bilanzierung. Insgesamt konnten fünf von sieben geplanten HC-Leitprojekten realisiert werden, drei davon haben sich aus dem Anfangsstadium eines gemeinsamen (Informations-) Austauschs zu einer ‚verbindlichen Kooperation mit gemeinsamer Bildungsangebotsplanung‘ und einem hohen Nachhaltigkeitspotenzial entwickelt. Die Entwicklung von Zukunftsperspektiven und eine nachhaltige Implementierung der entstandenen Bildungsangebote ist für die Akteure im HC – stellvertretend für zeitlich befriste und politisch initiierte WB-Netzwerke – eine große Herausforderung. Diese haben WB-Netzwerke, laut den praxisfeldbezogenen Überlegungen (vgl. 3.2.3), generell zum erfolgreichen Übergang aus der Projektumsetzungsphase in die Verstetigungsphase zu meistern.

Der untersuchte HC befindet sich zum Zeitpunkt der Beobachtung in einem ergebnisoffenen, riskanten Prozess, da die Finanzierung und Nachhaltigkeit (der erhaltenswerten Teilprojekte) noch nicht hinreichend geklärt sind. Die Akteure setzen sich proaktiv für die Weiterführung der Teilprojekte ‚HC-Bildungsberatung‘ und ‚Neue Medien‘ sowie für die Umsetzung der ‚Fortbildung für Fachkräfte‘ im außerschulischen Bereich ein. Außerdem bemühen sie sich um eine Verbesserung der Kooperationsbeziehung zu den beteiligten Schulen. Alle HC-Entwicklungspartner haben ein starkes Interesse daran, die erfolgreichen und erfolgsversprechenden Teilprojekte weiterzuführen, sodass die interne Reflexion – langfristig betrachtet – eine Art Zwischenbilanz darstellt, mit der die Akteure das Ziel verfolgen, den HC nach 2013 in den Regelbetrieb zu überführen oder einzelne Teilprojekte, unabhängig von HC, weiterzuführen.[151]

151 Anm. d. A.: Der untersuchte HC konnte nicht in vollem Umfang in den Regelbetrieb überführt werden und hat sich nach weiteren ‚Rettungsversuchen‘ aufgelöst. Erfreulicherweise konnte die Bildungsberatung – wie bereits mehrfach angemerkt – in kleinerem Umfang von der VHS und aus Mitteln des zuständigen Amtes weitergeführt werden (Stand: Juli 2014).

8 Ergebnissynthese und Fazit

„Kooperationen mögen einiges kosten – und doch: Sie lohnen sich“ (Dollhausen/Mickler 2012)

In den theoretisch-praxisfeldbezogenen und empirischen Kapiteln wurde der zentralen Fragestellung nachgegangen, welche Entwicklungspotenziale sich in aktuellen, verstetigten WB-Netzwerken (am Beispiel von HC) beobachten lassen. Diese prospektive Fragestellung soll nachfolgend entlang der verschiedenen Unterfragen und unterschiedlichen Materialsorten erneut aufgegriffen und am Beispiel der politisch initiierten Landesinitiative HC beantwortet werden. Die Ergebnisse aus der explorativen Expertenbefragung von sechs ausgewählten HC-Koordinatoren (Vorstudie) ermöglichten eine schärfere Konturierung des Untersuchungsgegenstands und eröffneten den Feldzugang zum Fall. Parallel zu ebenfalls sechs im Rahmen der Fallstudie durchgeführten Experteninterviews wurde eine interne Steuerungsgruppe beobachtet. Die teilnehmende Beobachtung mündete in einer selbstinitiierten, reflektierenden ‚Sonderveranstaltung‘, in der die Mitglieder der Steuerungsgruppe gemeinsam mit Vertretern des HKM ihre Ergebnisse bilanzierten und Zukunftsszenarien zur Weiterführung einzelner Teilprojekte und letztlich zur – programmatisch geforderten – Überführung ihres HC in den Regelbetrieb entwickelten.

Nach einer materialübergreifenden Zusammenfassung der letzten drei Kapitel anhand der peripheren Forschungsfragen und einem kurzem Resümee der zentralen Merkmale des HC werden die Ergebnisse losgelöst von der Sequenzialität mit den im zweiten Kapitel herausgearbeiteten organisations- und netzwerktheoretischen Bezügen – aus einer system- und spieltheoretischen Perspektive heraus – verzahnt, systematisiert, abstrahiert und auf WB-Netzwerke im Allgemeinen übertragen. Entsprechend der unterschiedlichen Materialsorten, Experteninterview und Beobachtungsprotokoll, werden die subjektiven Deutungshorizonte der Experten respektive der HC-Koordinatoren und Steuerungsgruppenmitglieder (Sichtweisen, Einstellungen und Sinnstrukturen) und die in der Fallstudie beobachteten Interaktionen, institutionellen Handlungsroutinen, feldrelevanten Themen und Akteurskonstellationen zusammenhängend dargestellt. Ziel dieser Vorgehensweise ist es dabei, materialübergreifende, thematische Schnittstellen, typisierende Positionen sowie kooperations- und netzwerktypische Potenziale und Grenzen herauszuarbeiten. Die empirischen Ergebnisse aus dem untersuchten Fall lassen sich auf weitere politisch initiierte, bildungsbereichsübergreifende (diagonale) Netzwerke im Bereich WB (z.B.

regionale Kooperationsverbünde und Netzwerke, Förderinitiativen, zum Teil auch auf lose Netzwerke) übertragen.[152]

Zusammenfassung der empirischen Ergebnisse entlang der Fragestellungen

Aus den empirischen Ergebnissen der Expertenbefragungen im Rahmen der Vorstudie (Kap. 5) und Fallstudie (Kap. 6) konnten Aussagen zu jeweils sechs Themenfeldern[153] generiert werden, die sich systematisch-analytisch auf organisationaler Ebene verorten lassen. Die Analyse des Beobachtungsprotokolls (Kap. 7) ergab Ergebnisse zur Definition (Beschaffenheit) des HC, seinen Strukturen und Prozessen (typischen Merkmalen), Akteurskonstellationen, netzwerkimmanenten Phänomenen sowie zu den subjektiven Motiven, Erwartungen und Einstellungen der Akteure. Die generierten Ergebnisse lassen sich insgesamt in zehn Themenfelder gliedern:

- *Organisatorisch-strukturelle Rahmenbedingungen*: Die Landesinitiative HC und ihre Einbettung in die hessische Bildungslandschaft;
- *Regionale Bildungslandschaft*: Städtische Strukturen und Anbietervielfalt;
- *Rolle, Aufgaben und Selbstverständnis* der HC-Entwicklungspartner;
- *Prozesse und Strukturen* der untersuchten HC-Steuerungsgruppe;
- *Gelingensbedingungen I/II*: Förderliche und hinderliche Einflussfaktoren;
- *(Handlungs-)Spielraum* als ermöglichender und determinierender Faktor;
- Kooperationsförderliche und -unterstützende *Nutzenorientierung*;
- *netzwerkimmanente Spannungsfelder/Antagonismen* (bspw. Zwang vs. Freiwilligkeit) und *Handlungslogiken* (Auftraggebersystem vs. Auftragnehmersystem);
- *Netzwerkentwicklung* im Rahmen von Organisationsentwicklung und -beratung und
- *HC-Entwicklungspotenziale I/II*: Kurz-, mittel- und langfristige Visionen; (zukünftige) Netzwerkarbeit/Kooperation und Nachhaltigkeit.

152 An dieser Stelle wird nicht explizit auf alle Ergebnisaspekte eingegangen, sondern es werden entlang der unterschiedlichen Materialsorten komprimierte Themenfelder herausgearbeitet, die Überschneidungspunkte aufweisen.

153 Die empirischen Ergebnisse aus den Expertenbefragungen der Vor- und Fallstudie wurden in jeweils sechs Themenblöcken (vgl. Kap. 5 und 6) zusammengefasst. Da es inhaltliche Überschneidungen gibt und sich gemeinsame Aussagen ableiten lassen, wurden Ergebnisse zu insgesamt zehn Themenfeldern generiert.

Handelt es sich bei der Landesinitiative HC um ein loses WB-Netzwerk, eine eigenständige Organisationsform oder eine Hybridform (aus Organisation und Netzwerk)?

Wie bereits aus den Ergebnissen der Experteninterviews ersichtlich wurde, handelt es sich bei der Landesinitiative HC aufgrund ihrer vertraglichen Basis (Kooperationsvereinbarungen) und der verbindlichen Entwicklungspartnerschaft zwischen Land, Kommunen und HC nicht um ein loses, rein selbstorganisiertes Netzwerk. Im Vergleich zu einem losen WB-Netzwerk ist der HC durch die auf Landesebene entwickelten Zielvorgaben und Aufbauphasen hoch formalisiert. Zugleich verfügen die regionalen HC-Einzelinitiativen über keine eigene Rechtsform, was eine Einbindung aller Entwicklungspartner und die Überführung des HC in den Regelbetrieb erschwert. Da neben den formalisierten, politisch gesetzten Rahmenbedingungen von den Koordinatoren beabsichtigt wird, die Autonomie ihrer Kerneinrichtung zu wahren und die Akteure projektbezogen kooperieren, kann HC als ein hybrides Netzwerk oder eine alternative Mischform bezeichnet werden. Des Weiteren zeichnet sich der HC durch die strategische Ausrichtung der Leitziele (z.B. Förderung des LLL, Entwicklung der Bildungsregion(en), inhaltliche Verzahnung bestehender Bildungsangebote) und seine komplexen Koordinierungs- und Steuerungsinstrumente (AGs, Sprecherkreis, Steuerungsgruppen etc.) aus. Die genannten Merkmale sprechen für eine alternative, hybride Organisationsform des HC.

Welche organisatorisch-strukturellen Rahmenbedingungen (Umwelten und regionale Bildungslandschaften) beeinflussen die Landesinitiative HC?

Analog zur definitorischen Klärung des HC (vorhergehende Frage) kann konstatiert werden, dass der HC über hoch-formalisierte, organisatorisch-strukturelle Rahmenbedingungen (Kooperationsvereinbarungen, gesetzliche Grundlagen etc.) verfügt. Diese wurden auf Landesebene vorgegeben und im Beobachtungsprotokoll als *„Spielraum"* thematisiert. Die individuellen Spielräume wurden im untersuchten Fall von den Beteiligten ausgelotet und für *„nicht ausreichend"* erklärt. Der Fall kann aufgrund seiner spezifischen Einbettung in die regionalstädtische Bildungslandschaft (gewachsenes Kooperations- und Konkurrenzgefüge, infrastrukturell gut ausgebaute Bildungsregion, große Anbietervielfalt) als ein ‚Ausnahmefall' betrachtet werden. Auf HC-übergeordneter Ebene konnte herausgearbeitet werden, dass die HC-Leitprojekte (Bildungsberatung, Übergänge, pädagogische Konzepte) sowie die Rahmenbedingungen und Vorgaben des Landes regional unterschiedlich interpretiert und umgesetzt wurden. Daraus ergaben sich – entsprechend der regionsspezifischen Kooperations- und Infrastrukturen, Zielgruppendemografien und unterschiedlichen Beitrittszeitpunkte – individuelle Entwicklungstempi. Im untersuchten Fall beeinflussten insbesondere die geringe Kooperationsbereitschaft bzw. der Widerstand der regionalen Schulen und die, am Ende der zweiten Aufbauphase noch nicht ausreichend geklärten, (gemeinsamen) langfristigen Ziele und Finanzierungsmodalitäten die Zusammenarbeit in der Landesinitiative HC. Neben diesen organisations- und kooperationsbezogenen Binnenfaktoren wirkten sich die umgebenden Umwelten (Bildungslandschaft, positiv-bewährte Kooperationsbeziehungen in der Region, Zielgruppen etc.) sowohl förderlich als auch hinderlich auf die Resultate (bspw. Angebote) des untersuchten HC aus.

Welche(s) Aufgaben, Ziele und Selbstverständnis verfolgen/haben die Akteure und wie positionieren sie sich in der jeweiligen Bildungslandschaft?

Ebenso heterogen wie die einzelnen regionalen HC-Landesinitiativen sind die individuellen Aufgaben, Ziele und das Selbstverständnis der beteiligten HC-Entwicklungspartner (Land, Kommunen, VHSen, Berufsschulen und Schulen für Erwachsene), womit durchaus ambivalente Interessen und Positionierungen verbunden sind. Anhand des Fallbeispiels konnten die Entwicklungspartner in zentrale Akteure (VHS), periphere Akteure (zuständiges Amt und außerschulische Bildungsträger) und weitere Akteure (regionale Berufsschulen und Schulen für Erwachsene) klassifiziert werden. Das HKM wurde als Auftraggeber auf administrativ-politischer Ebene – in Abgrenzung zur operativen HC-/Verbundebene – verortet. Aus diesen Positionierungen ergaben sich im Gesamtnetzwerk für die VHS überwiegend geschäftsführende, koordinierende und inhaltlich-konzeptionelle Aufgaben, die federführend vom HC-Koordinator und der HC-Projektassistenz übernommen wurden. Die regionalen Schulen beteiligten sich hingegen projekt- und themenbezogen (bspw. im Rahmen des Teilprojekts ‚Übergänge'), woraus sich für diese eine hybride Positionierung zwischen zentraler und peripherer Ebene ergibt. Die peripheren Akteure, d.h. das zuständige Amt (als Verwaltungseinrichtung) und die beiden außerschulischen Bildungsträger, die sich selbst als nicht klassische WB-Organisation definieren, sind ebenfalls projekt- bzw. themenbezogen beteiligt, interessieren sich für bildungspolitische Themen und möchten durch ihre Beteiligung zur Förderung des lebenslangen Lernens beitragen. Alle Akteure identifizieren sich mit den Leitzielen des HC und setzen sich zugleich kritisch mit diesen auseinander.

Welche förderlichen und hinderlichen Einflussfaktoren (Gelingensbedingungen) auf die Zusammenarbeit im HC lassen sich aus den subjektiven Deutungsmustern der Akteure ableiten?

Aus den empirischen Ergebnissen der Experteninterviews konnten normative Gelingensbedingungen abgeleitet werden, die vielmehr als ‚bewährte Handlungsmaximen', nicht als dogmatische Richtlinien zu verstehen sind, und Vernetzung-/ Kooperationsprozesse begünstigen können. Die entlang der unterschiedlichen Materialsorten generierten, kooperationsförderlichen und -hinderlichen Einflussfaktoren lassen sich in individuell-personale, strukturell-organisationale und kulturell-organisationale Gelingensbedingungen systematisieren:

- *Individuell-personal*: (intrinsische) Motivation; individuelles Engagement (der Mitglieder, insbesondere des Koordinators als Schlüsselperson); Einklang von persönlichem Nutzen und Gemeinwohlorientierung;
- *Strukturell-organisational*: gewachsene (bewährte) Kooperationsstrukturen; organisationale Nutzenorientierung; Partizipationsangebote (auf Mitarbeiterebene); flexible Steuerungs-/Regulationsinstrumente und Rahmenbedingungen (auf Programm- und Projektebene); klare Zielvorgaben und Zuständigkeiten; ausreichende (Handlungs-)Spielräume und organisationale Interpretationsfreiheit;
- *Kulturell-organisational*: langfristige, vertrauensbasierte Kooperationsbeziehungen; transparente Kommunikation; konstruktiver, aufgeklärter Umgang mit Konkurrenz-, Widerstandphänomenen und diffusen Ängsten; Interessensausgleich/Konsens sowie partnerschaftliche Zusammenarbeit ‚auf Augenhöhe'.

Welche Erfahrungen wurden bisher/werden aktuell mit OE-Maßnahmen im HC gemacht? (nachträglich erweiterte Fragestellung)

Weder die HC-Koordinatoren noch die Mitglieder der Steuerungsgruppe gaben an, bisher im Rahmen von HC Erfahrungen mit OE-Maßnahmen gemacht zu haben. Die durchgeführten Aktivitäten des HC, die lediglich im erweiterten Sinne zur internen OE und Qualitäts- oder Personalentwicklung gezählt werden können, beziehen sich hauptsächlich auf interne Maßnahmen auf Mitarbeiter- und Leitungsebene. Die genannten OE-/NE-Maßnahmen dienten v.a. zum internen Austausch, zur Informationsgewinnung oder zur gezielten Beratung (bspw. Fragen nach der Rechtsform des HC). Dehnt man allerdings den OE-Begriff weiter aus, kann die beobachtete interne Reflexionsveranstaltung der Steuerungsgruppe als ein Versuch gedeutet werden, das WB-Netzwerk/den HC weiterzuentwickeln. Die Mitglieder erarbeiten mit Hilfe von OE- bzw. Evaluationsinstrumenten (theoretisch fundierte Netzwerkanalyse anhand der Kriterien-Matrix, indirekt auch Nutzenanalyse) mögliche Zukunftsszenarien und reflektieren gemeinsam mit allen beteiligten Kooperationspartnern (inklusive des HKM) ihre fünf- bis sechsjährige Zusammenarbeit. Einige Mitglieder sprechen sich sogar für weitere, extern moderierte Mehrebenen-Reflexionen (vgl. 6.4.3) und OE-Maßnahmen aus. Dies spricht für die Notwendigkeit und antizipierte Wirksamkeit solcher Formate, sofern eine Bereitschaft von allen Beteiligten vorhanden ist sowie die Veranstaltung inhaltlich gut vor-/nachbereitet und moderiert wird. Die Beobachtung der insgesamt zweitägigen Reflexionsveranstaltung, die als eine intern initiierte OE-Maßnahme interpretiert werden kann, ermöglichte einen offenen Austausch, eine effektive Bilanzierung und die Entwicklung realistischer Zukunftsszenarien.

Welche (direkten und indirekten) Entwicklungspotenziale formulieren die HC-Akteure?

Die in der Expertenbefragung formulierten Visionen und mittel- bis langfristigen Entwicklungspotenziale beziehen sich (gegen Ende der zweiten Aufbauphase) auf die Überführung des HC in den Regelbetrieb, auf die Sicherung des operativen Geschäfts und die nachhaltige Implementierung der HC-Teilprojekte. Der Weiterführung der ‚HC-Bildungsberatung' wird, neben den ‚Neuen Medien', HC-übergreifend das größte Potenzial zur Verstetigung zugesprochen. Sowohl die HC-Koordinatoren als auch die Mitglieder der Steuerungsgruppe betonen die zum Zeitpunkt der Befragung unkalkulierbaren Rahmenbedingungen, die ihre Aussicht auf Erfolg trüben und sie an der langfristigen Existenzfähigkeit des HC zweifeln lassen. Die weitere Entwicklung des HC hänge von den (noch) unklaren landespolitischen Rahmenbedingungen ab, dies macht eine zeitnahe Klärung der rechtlich-organisationalen Grundsatzfragen, Finanzierungsmodalitäten und Verantwortlichkeiten auf Landesebene erforderlich. Des Weiteren werde im untersuchten Fall eine Intensivierung interner Kooperationsbeziehungen (Schulen) angestrebt. Aus der Protokollanalyse kann abgeleitet werden, dass die Akteure grundsätzlich an einer Weiterführung des HC interessiert sind, sich aber zugleich in einer desillusionierten Phase befinden, in der sie die Erträge der gemeinsamen Kooperation im Rahmen von HC selbstkritisch reflektieren und bilanzieren (müssen). Dies wird aus den wiederkehrenden Grundsatzfragen, was der HC gebracht, welchen Mehrwert er generiert und welchen (individuellen) Nutzen die Kooperation für die Akteure habe, ersichtlich. Die interne Veranstaltung endet mit dem Beschluss, aktiv an der Weiterführung der Bildungsberatung zu arbeiten, die geplante Fortbildung für Fachkräfte im außerschulischen Bereich konzeptuell umzusetzen und diese als gemeinsames Bildungsangebot der AG durchzuführen – beides ist aus heutiger Sicht gelungen.

Generalisierbarkeit der empirischen Ergebnisse

Die empirischen Ergebnisse sind in Hinblick auf zwei Kriterien generalisierbar: zum einen aufgrund der *theoretisch-begrifflichen Fundierung*, zum anderen aufgrund des *Transferpotenzials* und *Abstraktionsniveaus* der generierten Einzelbefunde. Zur theoretischen Fundierung wurden system- und spieltheoretische Erklärungsmodelle bemüht und Mechanismen herausgearbeitet, die in Netzwerkkonstellationen wirksam werden: *reziproke Beobachtung*, *Aushandlung* und *Kommunikation*. Diese Modi gehen mit Spannungsverhältnissen einher, die in der Praxis professionell zu steuern und zu reflektieren sind, um eine erfolgreiche, zielorientierte Zusammenarbeit zu gewährleisten. Auf Grundlage der gewählten (system- und spiel-)theoretischen Bezüge konnten die Handlungslogiken der unterschiedlichen Akteure und Systemebenen – anhand der spezifischen Konstellation einer Entwicklungspartnerschaft – abstrahiert werden. Insbesondere die mikropolitisch-spieltheoretische Interpretation der Ergebnisse ermöglichte einen entmystifizierenden Tiefenblick in die Realität von bildungsbereichsübergreifender Kooperation und Vernetzung, die ohne diese theoretische ‚Brille' nur oberflächlich zu behandeln gewesen wäre. Der untersuchte Falls repräsentiert eine spezifische Akteurskonstellation (Typisches und Individuelles) und zeichnet sich gleichzeitig durch ein hohes Verallgemeinerungs- und Transferpotenzial (Individuelles als Möglichkeit des Allgemeinen) aus. Die vielfältigen Einzelbefunde lassen sich auf andere diagonale, interorganisationale Kooperationsnetzwerke (im Bildungswesen und angrenzender Systeme, z.B. im WB-, (Hoch-)Schulbereich oder in der Wirtschaft) übertragen. Darüber hinaus konnten strukturell-prozessuale Merkmale des Falls rekonstruiert und in verallgemeinerbare Gelingensbedingungen transferiert werden.

8.1 Netzwerke als komplexe Systeme und Spielarenen

Nach der deskriptiv-analytischen Zusammenfassung stellt sich die Frage, wie die einzelfallbezogenen Ergebnisse generalisiert und auf andere Formen von WB-Netzwerken (z.B. lose (personale) Netzwerke, ähnliche bildungspolitische

Programme oder kooperationsbasierte Vereinsstrukturen) übertragen sowie mit theoretischen, erziehungswissenschaftlichen Diskursen verzahnt werden können. Hierzu sollen die empirischen Ergebnisse zunächst aus systemtheoretischer Perspektive und anschließend unter Bezugnahme von mikropolitisch-spieltheoretischen Überlegungen interpretiert werden. Rekapituliert man die organisations- und netzwerktheoretischen Überlegungen des zweiten Kapitels, lassen sich Organisationen als kontinuierliche, dauerhafte, auf Grundlage von formalisierten und informellen Strukturen und Prozessen (mitsamt ihrer spezifischen (formalen/informellen) Organisationsstruktur, Ressourcen, Strategie und Kultur) angelegte, arbeitsteilige, zweck- und zielgerichtete Systeme auffassen. Diese grenzen sich durch vertragliche Mitgliedschaftsregelungen von ihrer, sie umgebenden, Umwelt (anderen Organisationen) ab und befinden sich zugleich in einem permanenten Austausch- und Anpassungsprozess (mit ihrer Umwelt).

WB-Einrichtungen, die (in Abgrenzung zu Organisationen anderer gesellschaftlicher Funktionssystembereiche) einen spezifischen Organisationstypus darstellen, unterscheiden sich von anderen Organisationen oder Institutionen (z.B. dem Schulwesen) durch ihren gesellschaftlichen Bildungsauftrag. Sie stehen vor der Herausforderung, sich auf einem zunehmend ausdifferenzierteren Weiterbildungsmarkt zu positionieren, der vermehrt von privatmarktwirtschaftlichen (Wettbewerbs-)Prinzipien dominiert wird. Dies macht Kooperation und Vernetzung für Bildungsorganisationen existentiell notwendig (vgl. Dollhausen/Mickler 2012; Meisel 2006; Nuissl 2009; u.w.). Organisationen im Bereich WB sind ein Teilsystem des Bildungssystems, adressieren den erwachsenen Lerner als autonomen, für den Lernprozess mitverantwortlichen Akteur, dementsprechend relevant ist die Entwicklung qualitativ hochwertiger, anschlussfähiger und zielgruppenorientierter (Weiter-)Bildungsangebote. Die Entwicklung zeitgemäßer, innovativer Bildungsangebote, die dem Diktum der (neuen) Wirtschaftlichkeit gerecht werden sollen, erfordern regionale Innovationsnetzwerke und bildungsbereichsübergreifende (diagonale) Kooperationen. Ein solches wurde im Rahmen der Fallstudie, am Beispiel des HC, untersucht und evoziert die Fragen nach geeigneten (politischen) Steuerungsformen und nach der angemessen Ausgestaltung von Handlungsspielräumen auf operativer Kooperationsebene. In Abgrenzung zu Organisationen zeichnen sich Netzwerke und Kooperationsverbünde durch eine geringe Formalisierung, flache Hierarchie, latente Strukturierung, zeitliche Begrenzung, informelle (Vertrauens-)Beziehungen sowie komplexe Kommunikations- und Aushandlungsprozesse aus. Aufgrund des Freiwilligkeitsprinzips von Netzwerken lassen sich die Akteure (insbesondere in losen Netzwerken) im Gegensatz zu Organisationsmitgliedern nicht instrumentell steuern – weshalb es sich bei Netzwerken um eine alternative Organisationsform handelt (vgl. Reupold/Strobel 2009; Schäffter 2004). Netzwerke und Kooperationen lassen sich aufgrund ihrer strukturellen Offenheit, Freiwilligkeit und Unverbindlichkeit in einem Spannungsfeld von Autonomie und Abhängigkeit verorten: (freiwillig) kooperierende, autonome Organisationen stehen in einer wechselseitigen Abhängigkeit zu ihren Kooperationspartner, verfolgen i.d.R. ein gemeinsames Ziel und verfügen über ein hohes Innovationspotenzial.

Dass in (interorganisationalen, diagonalen) Netzwerken neben gemeinsamen Zielen und moralischen Gemeinschaftsidealen auch individuelle Motive, Nutzenkalküle und Kosten-Leistungs-Erwägungen eine wichtige Rolle spielen (vgl. Dresselhaus 2006; Meisel 2006, Wohlfahrt 2006 a/b, u.w.) konnte anhand des untersuchten Fallbeispiels bestätigt werden. Netzwerkimmanente Schwierigkeiten und Risiken, die ein „Netzwerkversagen" evozieren können (vgl. Faulstich 2003), lassen sich – im Gegensatz zu klassischen Organisationsformen – auf folgende Einflussfaktoren zurückführen: tendenziell höherer Zeit- und Abstimmungsbedarf, große Teilnehmerzahl, fehlende Kontinuität, personale Fluktuation, wachsende Koordinationsprobleme, zunehmender Verhandlungsaufwand, latente Marktmechanismen und informelle Hierarchien etc. Wie aus den Aussagen und Beobachtungen der Studie deutlich wurde, sind der Umgang mit diesen Spannungsfeldern und eine aufgeklärte Kommunikation im Netzwerk (z.B. der Umgang mit Fluktuation oder Widerstand) grundlegend für erfolgreiche Kooperationsprozesse und für den Bestand von (WB-)Netzwerken. Nachfolgend werden WB-Netzwerke als autopoietische, komplexe Systeme und als mikropolitische Spielarenen, in denen unterschiedliche Organisationskulturen, Interessen, Nutzenkalküle und Handlungslogiken aufeinanderprallen, diskutiert.

WB-Netzwerke als komplexe Systeme – aus systemtheoretischer Sicht

Bezugnehmend auf die systemtheoretischen Überlegungen (vgl. 2.2) lassen sich Netzwerke und Kooperation als komplexe Systeme charakterisieren, die sich wiederum aus unterschiedlichen Funktions-/Subsystemen, in Form von „diagonalen Kooperationen" (vgl. Seitter 2013), zusammensetzen. Das Gesamtnetzwerk lässt sich in diverse Subnetze (Arbeitsgruppen, thematische Teilnetzwerke etc.) differenzieren und bildet dabei systemische Handlungslogiken heraus: WB-Netzwerke lassen sich systemtheoretisch dem Subsystem WB/EB zuordnen, das wiederum in die Untersysteme Teilnehmersystem, Auftraggebersystem, Leitungssystem und Veranstaltungssystem (vgl. König 2005) gegliedert werden kann und zugleich ein Bestandteil des gesellschaftlichen Funktionssystems ‚Bildung und Erziehung' ist. Das soziale System HC ist auf operativer

Ebene autonom, die Akteure (Entwicklungspartner) treten innerhalb des HC mit ihrer Umwelt – d.h. mit (anderen) Organisationen – mittels Kommunikation und Beobachtung in Kontakt und passen sich zur Existenzsicherung durch strukturelle Kopplung an die Erwartungen ihrer Umwelt (bspw. an die Vorgaben der Landesebene) an. Interorganisationale Kooperation und Vernetzung bilden ein neues soziales System, in dem die Kooperationspartner ihre jeweilige Herkunftsorganisation repräsentieren und v.a. die Herausforderung zu bewältigen haben, eine organisationübergreifende Netzwerkkultur und eine gemeinsame ‚Sprache' (vgl. 5.4.2; 6.3.3) zu entwickeln.

Im Rahmen der Vorstudie des untersuchten HC (vgl. 5.1.1) wird das Gesamtnetzwerk von den einzelnen Teilprojekten abgegrenzt. Die regionalen, hessischen Einzelinitiativen wiederum werden als Subsysteme der Landinitiative HC (mit dem Land als Auftraggeber) definiert: *„Um diesen Verbund herum gibt es in einem etwas weiteren Radius Netzwerkpartner, mit denen zusammen wir Dinge tun und die sich auch als unsere Kooperationspartner verstehen."* (HC-K2:184ff.). Komplexe diagonale Kooperationsverbünde wie HC, die sich über einen hohen Formalisierungsgrad, eine Vielzahl von Entwicklungs-/Kooperationspartnern und heterogene Entwicklungstempi (der Einzelinitiativen) auszeichnen, bilden autonome, strukturell offene, d.h. für weitere Kooperationspartner anschlussfähige, Subsysteme. (WB-)Netzwerke und Kooperationsverbünde sind soziale, historische Systeme, die sich durch die Umwelt-System-Differenz von anderen Systemen (Organisationen oder Netzwerken) unterscheiden und sich mittels den Operationsmodi Kommunikation und Beobachtung mit ihrer Umwelt (anderen Systemen) austauschen können. Netzwerke zeichnen sich insbesondere durch informelle Kommunikation und Vertrauen aus (vgl. Luhmann 2006), Kommunikation stellt die kleinste Einheit dar mit der soziale Systeme miteinander gekoppelt werden können. Durch ihre operative Geschlossenheit und Autopoiese operieren soziale Systeme in ihrem eigenen Kontext und erzeugen systemspezifische Operationen. Dabei bestimmen sie selbst darüber, welchen Einfluss die Umwelt auf sie ausübt. Sie können von anderen Systemen beobachtet werden und andere Systeme (Umwelten) beobachten (vgl. Baecker 2011).

Beim untersuchten Fall handelt es sich dementsprechend um ein soziales, operativ geschlossenes, autopoietisches (Funktions-)System, im Sinne einer „hybriden Mischform" (vgl. Teubner 1992), das sich von seiner Umwelt abgrenzt. Die in WB-Netzwerken interagierenden Akteure befinden sich bezugnehmend auf die Kooperationsanalogie des „dritten Raums" jenseits ihrer Herkunftsorganisationen (vgl. Feld/Seitter 2013). Sie nehmen eine hybride Vermittlerposition ein und sind zwischen ihrer Organisation und dem WB-Netzwerk zu verorten. Dies bestätigen auch die Ergebnisse der Fallstudie, in der die Mitglieder der

Steuerungsgruppe angeben, sich mit den (Leit-)Zielen des HC zu identifizieren und an der Entwicklung gemeinsamer Angebote, Standards und einer verzahnten Bildungslandschaft interessiert zu sein. Zugleich repräsentieren sie die individuellen (expliziten und impliziten) Ziele ihrer Herkunftsorganisation und verflogen einrichtungsspezifische Eigeninteressen (vgl. Seitter 2013). Die aus der doppelten Zugehörigkeit zur eigenen Organisation und dem Verbund HC konstatierte Rollendiffusion stellt eine Herausforderung dar, sowohl für die Professionsidentität der beteiligten Kooperationspartner als auch unter dem Aspekt der Corporate Identity für die Entwicklung gemeinsamer Bildungsangebote unter dem Label HC. Aus den Selbstbeschreibungen der Experten und Beobachtung(en) der Steuerungsgruppensitzung(en) lässt sich ableiten, dass die Handlungslogiken, Organisationskulturen und Deutungshorizonte der Akteure – trotz der fünf- bis sechsjährigen Zusammenarbeit – ihren jeweiligen Herkunftsorganisationen entsprechen und sich die Akteure, entsprechend ihrer Aufgabe und Rolle, unterschiedlich im HC positionieren. Die Kooperation im HC wird überwiegend als Erweiterung des operativen Geschäfts und dementsprechend als eine Zusatzaufgabe wahrgenommen. Der subjektiv empfundene Mehraufwand wird hingegen proportional sehr hoch zum antizipierten Ertrag der Kooperation eingestuft. Dies erklärt auch die Diskrepanz zwischen den kleinteiligen Projekten und großen Zielen/Visionen, die von den Beteiligten im Rahmen der internen Bilanzierung selbstkritisch konstatiert wurde.

Organisationalen Netzwerken liegen aus theoretischer Sicht zwei Funktionen zugrunde: Unsicherheitsreduktion (durch reziproke Beobachtungsmodi) und Leistungssteigerung (des eigenen Outputs). Überträgt man diese beiden Funktionen auf den untersuchten Fall wird deutlich, dass in interorganisationalen WB-Netzwerken die beiden Operationsmodi Beobachtung und Kommunikation wirksam werden. Soziale Systeme befinden sich in einer paradoxen Situationen (vgl. Simon 2007): Einerseits sind sie gegenüber ihrer Umwelt autonom und können ihre Umwelt durch Pertubation irritieren, andererseits sind sie (strukturell) abhängig und werden durch ihre Umwelt beeinflusst. Der Beobachter beobachtet das System zwar von außen (als Bestandteil der Umwelt) und stellt ein eigenes autonomes (psychisches) System dar, er kann jedoch durch den Prozess des re-entry in das beobachtete System eintreten (vgl. Baecker 2011). Durch diesen Prozess wird der Beobachter zu einem integralen Bestandteil dieses Systems, er nimmt demnach zugleich eine paradoxe Innen- und Außenperspektive ein. Nach Feld und Seitter (2013) finden in Kooperationen und Netzwerken komplexe, reziproke Umwelt-/Fremdbeobachtungsprozesse statt, aus denen sich lern- und bildungsermöglichende (interne) Operationen ableiten lassen. Kooperationen und Netzwerke bilden funktionssystemübergreifende Dienstleistungen (Adressatenperspektive), die eine Schnittstelle zwischen unterschiedlichen Funktionssystemen einnehmen. Diese können als Produzenten von Lernanlässen genutzt und als Modus organisationaler Professionalitätsentwicklung gedeutet werden, was ein reziprokes Beobachtungshandeln erfordere (vgl. ebd.).

Reziproke Beobachtung und Kommunikation als Kooperationsmodi

Reziprozität, Vertrauen und wechselseitige Beobachtungsverhältnisse sind aus systemtheoretischer Perspektive in WB-Netzwerken evident, dies bestätigen die empirischen Ergebnisse. Reziproke Beobachtungsprozesse wurden im Rahmen der Vorstudie auf netzwerkinterner Ebene, wie bereits erwähnt, unter den Aspekten des *„voneinander Lernens“* (HC-K3:251f.) und der *„freundlichen Feindbeobachtung“* (HC-K4:198) deklariert. Aus der gegenseitigen Beobachtung der Entwicklungs-/Kooperationspartner im HC kann sich einerseits ein Mehrwert für die Einzelorganisationen ergeben, andererseits können im Netzwerk potenzielle Konkurrenten diplomatisch beobachtet, relevante Entwicklungen (in der Bildungslandschaft) überblickt und (durch ihre Kontrolle) die Marktpositionen der eigenen Organisation verbessert werden. Die Akteure erhalten im Rahmen der reziproken Beobachtungsverhältnisse Zugang zu wichtigen Informationen aus den für sie relevanten Umwelten (konkurrierende Organisationen, politische Entscheidungen, Marktveränderungen etc.) und können ihre Operationen autopoietisch den Erwartungen ihrer Umwelt anpassen (vgl. 6.4.1). Im Rahmen der Fallstudie (vgl. 6.4.5) konnten diese Mechanismen bestätigt werden, neben der gegenseitigen Nutzenkommunikation und Entwicklung eines gemeinsamen Kooperationsverständnisses gehe es vorrangig um eine gegenseitige Beobachtung der Akteure. Dabei agieren die Mitglieder durchaus strategisch im Sinne der eigenen Existenzsicherung und Geschäftsfelderweiterung: *„Möglichst viel mitnehmen, wenig preisgeben und sich selbst gut darstellen“* (HC-SG8:Z418).

Im Rahmen der internen Bilanzierungsveranstaltung der Steuerungsgruppe konnten ebenfalls reziproke Beobachtungsprozesse beobachtet werden, die sich v.a. zwischen den Mitgliedern der Steuerungsgruppe (operative HC-Ebene) und der Landesvertretung (Landesebene) manifestieren. Die beiden Subsysteme repräsentieren unterschiedliche Handlungslogiken, aus denen sich zum Teil gegensätzliche Interessen ableiten lassen, die zu spezifischen Operationsmodi und Spannungsfeldern führen (*„Kontrolle vs. Legitimation“* (vgl. 7.3.1); *„Zieldefinition vs. Zielumsetzung/-interpretation“* (vgl. 7.4.1)). Analog zu den Ergebnissen der Expertenbefragung konnte anhand der Ergebnisse der Beobachtungsprotokollanalyse bestätigt werden, dass netzwerkintern – sozusagen innerhalb des

Systems der Steuerungsgruppe – komplexe Beobachtungsverhältnisse wirksam werden, indem bspw. Vermutungen zum Nutzen und zu Integrationsstrategien der nicht am HC beteiligten, regionalen Schulen angestellt werden. Die im Fall beobachtete Herausforderung, die regionalen Schulen für eine langfristige Kooperation zu motivieren und in den HC zu integrieren, könnte mit den Integrationsproblemen von Netzwerken (vgl. Schubert 2008) erklärt werden. Im untersuchten Fall können Integrationsschwierigkeiten auf Ebene des Gesamtsystems (initiativenübergreifend), zwischen Programm-/Landes- und Projekt-/Verbundebene (bspw. Widerstand vor der Veranstaltung) sowie innerhalb des HC (Austritt einzelner Akteure) konstatiert werden. Die Integration gestaltete sich sowohl zu anderen Systemen/Umwelten (Informationsfluss aus dem Sprecherkreis) als auch in der Binnenvernetzung (Widerstand der beteiligten Schulen etc.) recht problematisch. Reziproke Beobachtungsprozesse in Kooperationen und WB-Netzwerken sind demnach in den Spannungsfeldern Kooperation/Vertrauen vs. Konkurrenz/Misstrauen und Autonomie vs. Abhängigkeit zu verorten. Im Rahmen der gleichberechtigten Kooperationsbeziehungen müssen strategisch-operative Entscheidungen – mittels der Modi Beobachtung und Kommunikation – ausgehandelt werden.

Spiel, Spielraum und Kooperation – (WB-)Netzwerke aus spieltheoretischer Perspektive

Einen weiteren, theoretischen Bezugsrahmen, anhand dessen die empirischen Ergebnisse interpretiert werden können, bilden spieltheoretische Ansätze (vgl. 2.3), die nachfolgend diskutiert werden. Ein dominantes Thema des Beobachtungsprotokolls war der Einfluss von politisch-strukturellen Rahmenbedingungen (gesetzliche Regelungen, Zielvorgaben, Zeitrahmen und Ressourcen), die im untersuchten Fall unter dem Begriff des Spielraums als unzureichend thematisiert wurden. Dieser Befund korrespondiert mit der Forderung der wissenschaftlichen Begleitung nach Ressourcen, um ausreichende „Spielräume“ zur Weiterentwicklungen zu ermöglichen (Kruse/Schröder/Kaletka 2010, S. 24). Wie bereits in den Ergebnissen der Expertenbefragung(en) ausführlich dargestellt, haben die politischen Rahmenbedingungen – neben weiteren Umweltfaktoren (Nachfrage, Anbieterlandschaft, Strukturwandel etc.) und individuellen Faktoren[154] – sowohl auf HC-übergreifender als auch auf HC-interner Ebene einen

154 Zur Motivation, Kooperationsbereitschaft und zum Zeit- und Arbeitsaufwand vgl. 5.1.3; 5.2.; 6.1.; 6.3.

erheblichen Einfluss auf die Autonomie und Handlungsfähigkeit der Akteure. Die beobachte Steuerungsgruppe lässt sich als eine Spielarena interpretieren, in welcher die Mitglieder die Spieler darstellen, die landespolitischen Vorgaben und Rahmenbedingungen den Spielrahmen bilden und die Spielregeln repräsentieren. Die Spieler positionieren sich innerhalb dieser Regeln, entwickeln Spielstrategien und beeinflussen sich wechselseitig durch ihre Spielzüge. Im HC nehmen die Akteure unterschiedliche Rollen und Positionen ein, die ihrer Rolle (als Organisationsleitung) in der Herkunftsorganisation entgegengesetzt sein können, und richten ihr Verhalten nach den entsprechenden Spielregeln und dem antizipierten (individuellen) Mehrwert aus.

Nach Gebauer und Wulf (vgl. 1998, S. 187) sind Spiele eigenständige mimetische[155], durch soziale Handlung konstruierte Welten, die sich auf vorgängige Welten beziehen (Selbst- oder Fremdbezug) und in körperlichen Aufführungen bzw. Darstellungen manifestieren.[156] Spiele erzeugen innerhalb vom Spielrahmen/-raum spezifische, abgrenzbare (Spiel-)Welten, die auf soziale Welten Bezug nehmen und in Form von gesellschaftlichen Prinzipien organisiert sind. Alltagsspiele können nach unterschiedlichen Prinzipien gestaltet sein: Konkurrenzprinzip (Schule, Uni, Beruf etc.), Zufallsprinzip (Lotto, Glückspiele etc.), Darstellungsprinzip (Karneval) und Rauschprinzip. Neben Konkurrenz, Rekord, Leistung, Selbstbehauptung/-darstellung, Manipulation, Regeländerung etc. können auch Aspekte wie Kooperation, Spaß, Vergnügen, Glücksspiel (Passivität, Spielsucht) oder Spannung im Spiel enthalten sein. Demnach besteht ein Spielraum aus Spielern (Akteuren), Gesten, Mit- und Gegenspielern, Konkurrenten, Verbündeten, Zuschauern, Vorspielern etc. Die jeweiligen Spielpositionen (körperlich und mental) sind von der gesamten Spielkonstellation abhängig und werden in Bezug auf die Positionen und Strategien der Mitspieler gewählt (vgl. ebd., S. 223). Das Grundprinzip des Spiels besteht – im Gegensatz zur Komplexitätsreduktion sozialer Systeme – im Komplexitätsaufbau, in einer Außenorientierung und Körperlichkeit/Präsenz. Das Spiel bildet den Gegensatz zu Arbeit, Zwang, Ernst und Routine, dient der Übertreibung und Selbstpräsentation und zeichnet sich durch

155 Mimesis (nach Platon: Nachahmung, Darstellung und Ausdruck; nach Aristoteles: symbolisches Medium) ist ein Begriff der Ästhetik und bezeichnet eine körperliche Bewegung bzw. Darstellung (Spiel, Geste, Ritual).

156 Dem Menschenbild des Homo Ludens (nach Huizinga 1956) nach, strebt der Mensch nach zweckbefreitem Spielen als sinnfreie Handlung, die frei von konventionellen Zwängen ist.

eine Vielfalt der Verständnisse (Multiperspektivität: reale und fiktive Identitäten) aus. Einfache und komplexe Spiele (z.B. ein Theaterstück) können nach zwei Funktionen differenziert werden: der Zeigefunktion ((Neu-)Interpretationen von Alltagshandlungen) und dem Ordnungsprinzip (Organisation von Kultur). Spiele sind i.d.R. ohne Konsequenzen und bieten als nicht wirkliche Welten, in Abgrenzung zum Alltag, einen Freiraum. Die zukünftigen Entscheidungen, Ereignisse und Ergebnisse des Spiels sind ungewiss, bestehende Zustände (Beziehungen und Konstellationen) können durch den Spielverlauf beeinflusst oder verändert werden (grundsätzliche Chancengleichheit und Symmetrie).

Aushandlung von Handlungsspielräumen als Kooperationsmodus

Übertragen auf WB-Netzwerke, handelt es sich bei Kooperation und Vernetzung – analog zu komplexen Spielen – ebenfalls um sozial konstruierte Handlungen der unterschiedlichen Akteure (Spielern, Mitspielern, Zuschauern etc.). Diese bewegen sich in einem spezifischen Spielraum (Rahmenbedingungen), können von anderen Spielwelten (Netzwerken, Systemen oder Umwelten) abgegrenzt werden, drücken sich in körperlichen und kognitiven Handlungen[157] aus und folgen einem Ordnungsprinzip. Im Gegensatz zu Spielen haben die Handlungen der Akteure in Netzwerken allerdings Konsequenzen zur Folge und sind als reale, sozial konstruierte Welten zu verstehen. Folgt man dieser Spielmetapher schaffen WB-Netzwerke für die kooperierenden Organisationen alternative, zum operativen Alltagsgeschäft der Herkunftsorganisation abgegrenzte, in sich geschlossene Spiel- und Freiräume.

Der Psychologe Gregory Bateson prägte, wie im zweiten Kapitel kurz angerissen, das Konzept der „Schismogenese" zur Erklärung sozialer Verhaltensmuster, dem das Grundprinzip der permanenten Bewegung und des gesellschaftlichen Wandels zugrunde liegen. Demnach besitzen soziale Interaktionen eine dynamische, spielerische Komponente – entweder durch Ausgleich oder durch Abgrenzung.[158] Bateson (1988) unterscheidet in seiner Typologie zwei Grundformen der Schismogenese: Bei der *symmetrischen Schismogenese* herrscht Gleichheit zwischen den Handlungspartnern, beide verfolgen das gleiche Ziel,

157 Z.B. Entscheidungen, Kooperations- und Konkurrenzmechanismen, aktive Teilnahme, Boykott/Widerstand.

158 Nach Bateson (1988) enthält das Spiel ein logisches Paradox: alle Aussagen sind (lediglich) im Rahmen des Spiels wahr und kontextgebunden, werden jedoch von den Spielern als real erlebt.

was zu Differenzierung, Konkurrenz und Wettkampf führen (Interaktion durch Vorbild, Nachahmung und Angleichung) und den Gegenspieler zu einer Verhaltensänderung veranlassen kann. Bei der *komplementären Schismogenese* sind die Ziele, das Verhalten und die Wahrnehmung grundsätzlich unterschiedlich (komplementär) und das Prinzip von Dominanz vs. Unterordnung vorherrschend. Der Unterlegene ordnet sich dabei dem Überlegenen durch Verhaltensweisen wie Unterstützung oder Abhängigkeit unter, was den Überlegenen zu einer Verhaltensänderung veranlassen kann. Ziel der komplementären Schismogenese ist die Stärkung der eigenen Position durch das Hervorheben der Stärken des Gegenspielers. Die Akteure interagieren – je nach dem Gleich- oder Ungleichgewicht – entweder kooperativ im Sinne von Angleichung und Imitation (komplementär) oder nach dem Konkurrenzprinzip (symmetrisch). Für die Mitglieder der Steuerungsgruppe lassen sich daraus zwei Handlungsoptionen ableiten: Komplementäre Unterordnung/Anpassung an den überlegenen Auftraggeber (Ungleichgewicht) oder symmetrische Schismogenese im Sinne des Konkurrenz-/Kooperationsprinzips mit gleichstarken Mitspielern. Bei der Wahl ihrer Spielstrategie streben die Spieler (HC-Entwicklungspartner) in Anlehnung an Croziers und Friedbergs (1993) Spieltheorie die Verringerung ihrer persönlichen Ungewissheitszone an. Dabei versuchen sie, systematisch ihren eigenen Spielraum zu erweitern und den Handlungsspielraum der Gegenspieler zu verringern, bspw. mittels (politischen/m) Vorgaben/Zwang, Widerstand oder dem Einsatz von Ressourcen (Fördermittel, Leistung, weitere Ressourcen). Das primäre Ziel der Spieler ist der Erhalt der Handlungsfähigkeit des eigenen Systems, die sie mit unterschiedlichen mikropolitischen Strategien zu sichern versuchen. Die (Mit-)Spieler können den Spielverlauf und Ausgang der Spiels durch ihre, an die Spielregeln (polity) angepassten, Strategien (policy) und kalkulierten Spielzüge (politics) beeinflussen (vgl. Neuberger 2006).

Die Kooperation im HC lässt sich als komplexes, dem Konkurrenz- und Kooperationsprinzip (vgl. Dresselhaus 2006) folgendes und nach dem Ordnungsprinzip strukturiertes Spiel interpretieren. Den Spielrahmen bilden dabei die formalrechtlichen und strukturellen Vorgaben des Landes, die Spieler sind alle beteiligten Entwicklungs- und Kooperationspartner. Die offiziellen Spielregeln gibt der Auftraggeber (das HKM) vor, in Form von Teilnahmebedingungen, Ausschlusskriterien (bspw. Unterzeichnung von Kooperationsvereinbarungen) und einem festgelegten Spielraum/-rahmen (z.B. Finanzierungsmodalitäten, Förderzeitraum). Mikropolitisch (vgl. Neuberger 2006) betrachtet, sind die beteiligten Organisationen sehr heterogen, verfügen über unterschiedliche Ressourcen und sind dementsprechend ungleich, was für eine asymmetrische Schismogenese spricht. Dies kann am Beispiel der regionalen Schulen belegt werden, denen von den Befragten eine institutionelle Stärke, Unabhängigkeit und vorteilhafte Aufstellung in der Bildungslandschaft (Monopolbildung) bescheinigt wurde, die u.a. zur geringen Beteiligung (Widerstand) am HC führte. Insbesondere das Ungleichgewicht zwischen Land (HKM) und operativer Verbundebene (HC) führte im untersuchten Fall zu der Kritik, die Spielräume seien zu gering und zur Forderung (des zuständigen Amtes), die Spielräume *„auszuloten"*, um den organisationalen Einfluss-/Verantwortungsbereich zu erweitern. Wie aus den Ergebnisdarstellungen hervorgeht, handelt es sich bei den HC-Entwicklungspartnern formal um eine gleichberechtigte Partnerschaft auf Augenhöhe und dementsprechend um eine symmetrische Beziehung, in der Konkurrenz- und Kooperationsmechanismen evident werden. Das folgende Zitat beschreibt treffend die Entwicklungspartnerschaft zwischen Land, Initiativen und Kommunen: ‚gleiche Augenhöhe' sei ein „Kürzel für einen komplizierten, mehrdimensionalen Prozess des Ausbalancierens und Aushandelns" (Kruse/Schröder/Kaletka 2010, S. 82).

8.2 Ausblick – Entwicklungspotenziale von Weiterbildungsnetzwerken

Abschließend werden die eruierten Entwicklungspotenziale von WB-Netzwerken und die sich daraus ergebenden theoretischen und praktischen Implikationen erläutert sowie weitere Forschungsbedarfe aufgezeigt. Das Ziel dieser Arbeit war es, eine zugleich retro- und prospektive Momentaufnahme des Entwicklungsverlaufs eines aktuellen, politisch initiierten WB-Netzwerks abzubilden, dessen strukturale und prozessuale Dynamiken zu untersuchen und daraus Entwicklungspotenziale abzuleiten. Diesem Ziel lag die zentrale Leitfrage zugrunde:

Welche Entwicklungspotenziale lassen sich in aktuellen, verfestigten Weiterbildungsnetzwerken (am Beispiel des HESSENCAMPUS [HC]) beobachten?

Die Formulierung von Entwicklungspotenzialen setzt zunächst eine detaillierte Beschreibung des zu entwickelten (Untersuchungs-)Gegenstandes in Form einer empirischen Moment-/Bestandaufnahme voraus, dies wurde am Beispiel des HC gewährleistet. Das Ziel dieser Arbeit war es nicht, normativ-wertende Kriterien abzuleiten, vielmehr konnten im untersuchten Fall sowohl Erfolge als auch Schwierigkeiten beobachtet werden, aus denen sich ‚neutrale' Handlungsempfehlungen für Netzwerke im Bereich WB ableiten lassen. Beim untersuchten HC handelt es sich um einen besonders ergebnisoffenen, dynamischen Prozess. Auch wenn die untersuchte Initiative nicht verstetigt werden konnte, verfügt HC über vielfältige *mehrdimensionale Entwicklungspotenziale*[159], die sich auf drei Ebenen systematisieren lassen:

- *Programmatische Ebene (bildungspolitisch)*: HC als landespolitisches Entwicklungsvorhaben mit strukturbildenden Potenzialen (Regional- und Wirtschaftsentwicklung);
- *Institutionell-organisatorische Ebene (kommunal-regional)*: HC als partnerschaftliche Verbundorganisation mit organisatorischen, pädagogisch-professionellen Potenzialen;
- *Adressatenebene (pädagogisch-didaktisch)*: HC als innovativer Bildungsanbieter/-dienstleister mit Lern- und Bildungspotenzialen für den „erwachsenen Lerner".

Bildungspolitisch betrachtet handelt es sich bei der Landesinitiative HC um ein bildungsreformerisches Strukturaufbauprogramm zur Erhöhung der Bildungsbeteiligung, durch das langfristig (Bildungs-)Infrastrukturen in den jeweiligen, beteiligten Regionen verändert werden sollen. Neben dem Ertrag für die Zielgruppe des erwachsenen Lerners auf Adressatenebene hat der HC im Hinblick auf die regionale Integration (vgl. Kruse/Schröder/Kaletka 2010) ein hohes Potenzial zur Regional- und Wirtschaftsentwicklung (Verzahnung der Angebote, Integration von HC in die hessische Bildungskoordination etc.). Auf institutionell-organisatorischer Ebene, die im Rahmen dieser Arbeit untersucht wurde, lässt sich anhand der empirischen Ergebnisse konstatieren, dass der untersuchte HC sein pädagogisch-professionelles Potenzial, das in der Entwicklung gemeinsamer, bildungsbereichsübergreifender Angebote bestand, nicht vollständig ausgeschöpft hat. Aufgrund des Austritts relevanter Akteure und der diversen internen und externen Widerstandsphänomene konnten nicht alle initiierten (erfolgsversprechenden) Projekte weitergeführt und letztlich der untersuchte HC nicht (wie geplant) in den Regelbetrieb überführt werden. Auf Adressatenebene wäre es empirisch interessant, in weiteren (Längsschnitt-)Studien zu untersuchen, welche Lern- und Bildungspotenziale, die sich für den ‚Nutzer' bzw. erwachsenen Lerner aus den erfolgreich implementierten HC-Bildungsangeboten (z.B. der Bildungsberatung) ergeben, tatsächlich ausgeschöpft werden.

159 Im Rahmen dieser Studie wurde die institutionell-organisatorische Ebene über den Zugang der Koordinatoren/Mitglieder der Steuerungsgruppe untersucht. Die Adressatenebene konnte aufgrund der geringen Implementierung der Bildungsangebote im Untersuchungszeitraum (noch) nicht empirisch untersucht werden.

Theoretische Implikationen

Wie bereits eingehend erläutert, können Kooperationen und Netzwerke als komplexe Systeme und zugleich kooperative und kompetitive Spielarenen interpretiert werden, die spezifische Freiheitsgrade und Handlungsspielräume beinhalten. Diese beiden theoretischen Zugänge stellen komplementäre Perspektiven dar, aus denen sich theoretische Implikationen auf Struktur-, Prozess- und Interaktionsebene ableiten lassen (Quelle: eigene Darstellung):

Abbildung 15: Theoretische Implikationen

	Struktur-/Prozessebene	*Interaktionsebene*
WB-Netzwerke	als soziale Systeme	als mikropolitische Spielfelder
Charakteristika	Interorganisationale Netzwerke setzen sich aus Subsystemen (Akteuren) zusammen und passen ihre Handlungen an die Umwelt(erwartungen) an	Politische Rahmenbedingungen bestimmen die Spielregeln (polity), nach denen die Akteure ihre Strategien (policy) und Spielzüge (politics) ausrichten
Logiken	Akteure sind Repräsentanten ihrer Herkunftsorganisation(kultur)	Akteure handeln strategisch im Sinne ihres Eigennutzens
Operationsmodi	Kommunikation und reziproke Beobachtung	Aushandlung

WB-Netzwerke können als soziale Systeme betrachtet werden, die sich aus Subsystemen (Arbeitsgruppen, thematischen Kooperationen etc.) und individuellen Akteuren, die ihre jeweilige Herkunftsorganisation repräsentieren, zusammensetzen. Die systemtheoretischen Bezüge dienen sozusagen zur Klärung des strukturellen ‚Rahmens'. Die Akteure treten über Kommunikation und Beobachtung miteinander und mit ihrer Außenwelt in Kontakt. Aus spieltheoretischer Perspektive bewegen sich die Akteure in klar definierten Spielfeldern, versuchen ihre individuellen Handlungsspielräume zu erweitern und ihre Ungewissheitszonen zum Erhalt ihrer Existenzfähigkeit zu verringern. Dabei operieren sie strategisch im Sinne der (Eigen-)Interessen ihrer Organisation. In Aushandlungsprozessen richten die Spieler ihre Strategien und Spielzüge nach den politisch gesetzten Rahmenbedingungen zur Maximierung ihrer Einflussbereiche, Handlungsspielräume und

Gestaltungsfreiheiten aus. Diese theoretische Bezugnahme ermöglicht eine tiefgehende Untersuchung der dynamischen Interaktionen innerhalb von Kooperations- und Vernetzungszusammenhängen, sozusagen auf den ‚Hinterbühnen' der bildungspolitischen Programmatiken und organisationalen Selbstinszenierungen. Aus diesen theoretischen Überlegungen lässt sich schlussfolgern, dass reziproke Beobachtung, Kommunikation und Aushandlung als zentrale Operationsmodi in WB-Netzwerken wirksam sind.

Netzwerkimmanente Spannungsfelder

Vernetzungsaktivitäten implizieren für die beteiligten Organisationen einen Komplexitätsaufbau – entgegen der von Organisation angestrebten Komplexitätsreduktion – und können, je nach spezifischen strukturellen Vorgaben, Kooperationsstrukturen und Rahmenbedingungen mit einer Erhöhung oder Einschränkung der individuellen Handlungsfähigkeit einhergehen. Aus den empirischen Ergebnissen lassen sich folgende netzwerkimmanente Spannungsfelder und Antagonismen abstrahieren, die es in (WB-)Netzwerken und Kooperationen auszubalancieren gilt (Quelle: eigene Darstellung):

Abbildung 16: Netzwerkimmanente Spannungsfelder und Antagonismen

Kooperation	Konkurrenz
Freiwilligkeit	Verpflichtung/Zwang
Vertrauen	Misstrauen
Strukturelle Öffnung	Strukturelle Geschlossenheit
Verständnis	Missverständnis
Autonomie	Symbiose
Anpassung	Abgrenzung
Legitimation	Kontrolle
Zielumsetzung/-interpretation	Zieldefinition/-vorgaben
Interessensausgleich/Konsens	Widerstand/Dissens

In der Forschungsliteratur werden interorganisationale Netzwerke überwiegend positiv assoziiert und mit vielfältigen Vorteilen, aber auch mit Problemen und Schwierigkeiten belegt (vgl. 3.2.1). Dies verdeutlichen auch die empirischen Ergebnisse: In der Praxis können Vernetzungsaktivitäten mit (sehr zeitaufwendigen) Aushandlungsprozessen, einschränkenden Steuerungs- und Regulierungsmechanismen, wechselseitigen Verpflichtungen und Zwängen, latenten (netzwerkinternen/-externen) Konkurrenzen und Widerständen sowie Interessensdifferenzen verbunden sein. Der Erfolg und die Zielerreichung eines

WB-Netzwerks sind maßgeblich vom (reziproken) Vertrauen in die Verlässlichkeit und Leistungsfähigkeit der Kooperationspartner sowie der individuellen Motivation und der Ziel-/Nutzenorientierung der Akteure abhängig. Da (WB-)Netzwerke zeitlich befristet sind, sollten diese zumindest für einen mittelfristigen Zeitraum stabil sein, um verlässlich operieren zu können. Dieser Aspekt ist nicht zu unterschätzen: „Kooperation in vernetzten Strukturen bewirken nicht nur produktive Synergien, sondern erfordern auch Ressourcen: in erster Linie Zeit." (Meisel/Feld 2009, S. 26). Ein Ziel und zugleich eine große Herausforderung von (WB-)Netzwerken und Kooperationen besteht im aufgeklärten Umgang und Ausgleich der netzwerkimmanenten, potentiell-hemmenden Konkurrenz- und Widerstandsphänomene, die Feld und Seitter (2013) als Systemirritationen interpretieren. Aus systemtheoretischer Sicht nimmt die Organisation diese Irritationen aus ihrer Umwelt auf und entwickelt autopoietische Operationen zur erfolgreichen Bewältigung dieser Phänomene. Analog dazu müssen die diskutierten Spannungsfelder (vgl. Abb. 15), die potenzielle Irritationen darstellen, organisations-/netzwerkintern bearbeitet werden.

Praktische Implikationen – praxisleitende Handlungsempfehlungen

Für die Praxis von WB-Netzwerken und kooperierenden Einzelorganisationen ergibt sich aus den netzwerkimmanenten Spannungsfeldern ein Handlungsbedarf sowohl in Hinblick auf die Koordination, Steuerung und Organisation der Kooperations-/Vernetzungsprozesse als auch auf organisationsinterner Ebene (vgl. Abb. 18; Quelle: eigene Darstellung).

Abbildung 17: Handlungspraktische Implikationen

Koordination/Organisation	*Profession/Reflexion*
Realistische Zielvereinbarung und ggf. Zielmodifikation	Entwicklung einer gemeinsamen Kooperations-/Netzwerkkultur
Handlungsspielräume und ‚passende' Rahmenbedingungen aushandeln	Aufgeklärt-reflexiver Umgang mit Konkurrenz-, Widerstand- und Machtphänomenen
	Institutionelle Mehrsprachigkeit als Kommunikationsparadigma
Nutzen-/Potenzialanalyse	‚Geregelter' Interessensausgleich, Kompromiss und Partizipation
	Ausgewogene Nähe-Distanz-Relation
Qualitäts-/Ergebnissicherung	Personalentwicklung/ interne OE

Insbesondere in der Initiierungsphase ist es empfehlenswert, realistische Ziele zu setzen (ggf. zu modifizieren) und überprüfbare Kriterien zu vereinbaren. Analog dazu ist es in dieser Phase notwendig, die eigene Organisationskultur zu reflektieren und – trotz möglicher Vorurteile – eine gemeinsame Kooperations-/Netzwerkkultur zu entwickeln. Hierbei sollten möglichst alle Beteiligten über aktuelle Entwicklungen informiert und in relevante Entscheidungen einbezogen werden. Dass dieser Prozess durchaus mit Konflikten einhergehen kann, lässt sich am untersuchten Fall belegen. Eine pädagogisch-professionelle Herausforderung besteht in einem aufgeklärten Umgang mit Konkurrenz, Widerstand und Macht. Um Missverständnisse zu neutralisieren, die auf unterschiedlichen systemspezifischen Handlungslogiken und Organisationskulturen beruhen, ist es ratsam, eine institutionelle Mehrsprachigkeit zu generieren und die ‚Sprache' (Termini, Bedeutungskontexte etc.) der anderen Organisationen zu lernen. Wie aus der Untersuchung ersichtlich wird, sind ausreichende Handlungsspielräume und passende Rahmenbedingungen kooperationsförderlich. Als eine konkrete OE-/NE-Maßnahme eignen sich bspw. eine Nutzen-/Potenzialanalyse sowie eine systematische Ergebnissicherung, wie sie im Rahmen der internen Sondersitzungen der Steuerungsgruppe durchgeführt wurden.

Forschungsdesiderate

Die empirischen Ergebnisse dieser Arbeit lassen sich in der erwachsenenpädagogischen Organisationsforschung verorten (vgl. Dollhausen/Feld/Seitter 2010). Sie erlauben Aussagen zur internen Strukturierung und Prozessgestaltung von WB-Organisationen, ihrem Abhängigkeitsverhältnis zur Umwelt (System-Umwelt-Differenz), ihren politisch-rechtlichen, finanziellen und programmatischen Rahmenbedingungen sowie den spezifischen Handlungsspielräumen und Logiken der Akteure. Die Ergebnisse sind prinzipiell auch auf weitere diagonale, interorganisationale, funktionssystemübergreifende, politisch initiierte Netzwerke und Kooperationen übertragbar.

Wie bereits in der Beschreibung der methodischen Vorgehensweise reflektiert wurde, hat jede Methodologie ihre Grenze. Ebenso die, zur Beantwortung der Fragestellung gewählte, qualitative Einzelfallstudie, die aufgrund der geringen Fallzahl und Fallbezogenheit eine eher begrenzte Gültigkeit und einen lokalen Anwendungsbezug besitzt (vgl. Bude 2005; Brüsenmeister 2000; Lamnek 2005; Flick 2004). Um der hypothesengenerierenden Funktion von Fallstudien gerecht zu werden, lassen sich aus den empirischen Ergebnissen drei Thesen (im Sinne von Annahmen) ableiten, die als Anregung für weitere Forschungsarbeiten dienen sollen:[160]

- *Das Vorhandensein konzeptioneller Rahmenbedingungen, flexibler Strukturen und ausreichender Handlungsspielräume auf operativer Ebene fördert und begünstigt Kooperationen;*
- *In Kooperationen und (WB-)Netzwerken steht der individuelle Nutzen über dem Gemeinwohl: Je höher der antizipierte, individuelle oder organisationale Nutzen, desto höher ist die Kooperationsbereitschaft der Akteure;*
- *Je höher die organisationale Unabhängigkeit und Stärke der Akteure, desto geringer sind ihre Kooperationsnotwendigkeit und -bereitschaft bzw. desto höher ist ihr Widerstand.*

Der Beitrag dieser Arbeit liegt – ergänzend zu empirischen Forschungsbeiträgen und Programmevaluationen (vgl. Dollhausen/Feld/Seitter u.a. 2013; Tippelt/Reupold/Strobel 2009; Emminghaus/Tippelt/Reupold 2009; Kruse/Schröder/Kaletka 2010; Stahl/Schreiber 2003 etc.) – hauptsächlich in ihrer explorativ-felderschließenden Funktion. Hieran könnten sowohl quantitative als auch qualitative, erziehungswissenschaftliche Forschungsvorhaben anschließen. Vorstellbar wäre bspw. die standardisierte Erhebung eines Gesamtnetzwerks (z.B. in Form einer Programmevaluation des HC) oder die Untersuchung eines egozentrierten Netzwerks von professionellen WB-Akteuren, um vertiefende Einblicke in individuelle Vernetzungsmechanismen aus einer personenzentrierten Perspektive heraus zu generieren. Ebenfalls könnte die ursprünglich aufgeworfene (und nachträglich erweiterte) Fragestellung dieser Arbeit nach dem Einfluss von OE/NE auf die interne, organisationale Gestaltung von WB-Netzwerken (vgl. Feld 2011) untersucht werden. Das Ziel einer solchen Studie könnte es sein, konzeptionelle Maßnahmen zur effektiven Gestaltung und Entwicklung von interorganisationalen WB-Netzwerken zu entwerfen. Dies würde allerdings zunächst eine systematische Erfassung von Netzwerken erfordern, die solche Maßnahmen in Anspruch genommen haben bzw. diese aktiv nutzen (bspw. eine breitflächig Erhebung in Form einer quantitativen Befragung).

Im Untersuchungsfeld HC ließen sich nach Ablauf der Strukturaufbauforderung die Potenziale auf Adressatenebene untersuchen: Welche Wirkung haben die

160 Die überspitzt formulierten Thesen erheben keinen Anspruch auf Vollständigkeit und sind als Impulse gedacht, die es kritisch zu hinterfragen, empirisch zu untersuchen oder erfahrungsbasiert zu reflektieren gilt.

einzelnen Leitprojekte (z.B. Bildungsberatung) auf die Zielgruppe? In welchem Maße wurde das programmatische Ziel, die Bildungsbeteiligung Erwachsener zu erhöhen, erreicht? Hier sind sowohl evaluative Längsschnittuntersuchungen (z.B. standardisierte ‚Beratungsevaluationen') und vergleichende Analysen (z.B. zum Nutzerverhalten in städtischen Ballungszentren vs. ländlichen Regionen) als auch biographische Einzelfalluntersuchungen (Typologien) denkbar.

Im Hinblick auf die zunehmende Regionalisierung und den ‚Vernetzungsboom' (vgl. Castells 2001) der vergangenen Jahre und Jahrzehnte in nahezu allen gesellschaftlichen Funktionsbereichen – im und jenseits des (Weiter-)Bildungssystems – sind weitere, (inter-)disziplinäre Forschungsarbeiten wünschenswert.

Literaturverzeichnis

Bachmann, G. (2009): Teilnehmende Beobachtung. In: Kühl, S./Strodtholz, P./ Taffertshofer, A. (Hrsg.): Handbuch Methoden der Organisationsforschung. Quantitative und Qualitative Methoden. Wiesbaden, S. 248–271.

Baecker, D. (2011): Niklas Luhmann. Einführung in die Systemtheorie. 6. Aufl., Heidelberg.

Baitsch, C./Müller, B. (2001): Moderation in regionalen Netzwerken. München/ Mering.

Bateson, G. (1988): Ökologie des Geistes: anthropologische, psychologische, biologische und epistemologische Perspektiven. 2. Aufl., Frankfurt am Main.

Bommes, M./Tacke, V. (2011): Das Allgemeine und das Besondere des Netzwerks. In: Bommes, M./Tacke V. (Hrsg.): Netzwerke in der funktional differenzierten Gesellschaft. Wiesbaden, S. 25–50.

Bretschneider, M./Nuissl, E. (2003): ‚Lernen in der Region' aus Sicht der Erwachsenenbildung. In: Matthiesen, U./Reutter, G. (Hrsg.): Lernende Region – Mythos oder lebendige Praxis? Bielefeld, S. 35–55.

Brüsenmeister, T. (2000): Qualitative Sozialforschung. Ein Überblick. Wiesbaden.

Bude, H. (2005): Die Kunst der Interpretation. In: Flick, U./Kardorff v. G./Steinke, I. (Hrsg.): Qualitative Forschung. Ein Handbuch. 4. Aufl., Reinbeck bei Hamburg, S. 569–578.

Castells, M. (2001): Der Aufstieg der Netzwerkgesellschaft. Teil 1 der Trilogie: Das Informationszeitalter. Opladen.

Christakis, N. A./Fowler J. H. (2009): Connected. Die Macht sozialer Netzwerke und warum Glück ansteckend ist. Frankfurt/Main.

Crozier, M./Friedberg, E. (1993): Die Zwänge kollektiven Handels: über Macht und Organisation. Neuausgabe. Frankfurt am Main.

Deutscher Bildungsrat (1970): Empfehlungen der Bildungskommission. Strukturplan für das Bildungswesen. Bad Godesberg.

Dittmar, N. (2009): Transkription. Ein Leitfaden mit Aufgaben für Studenten, Forscher und Laien. 3. Aufl., Wiesbaden.

Dollhausen, K. (2013): Netzwerke als Impulsgeber für die Selbststeuerung und Organisationsentwicklung von Weiterbildungseinrichtungen. In: Dollhausen, K./Feld, T. C./Seitter, W. (Hrsg.): Erwachsenenpädagogische Kooperations- und Netzwerkforschung. Wiesbaden, S. 13–31.

Dollhausen, K./Feld, T. C./Seitter, W. (Hrsg.) (2013): Erwachsenenpädagogische Kooperations- und Netzwerkforschung. Wiesbaden.

Dollhausen, K./Mickler, R. (2012): Kooperationsmanagement in der Weiterbildung. Bielefeld.

Dresselhaus, G. (2006): Netzwerkarbeit und neue Lernkultur. Theoretische Grundlagen und praktische Hinweise für eine zukunftsfähige Bildungsregion. Münster.

Elsholz, U. (2006): Strategien zur Verstetigung von Netzwerkarbeit. Ausgewählte Ergebnisse aus dem Kontext des BMBF- Programms „Lernkultur Kompetenzentwicklung". In: Report 4/2006 (Hrsg.): Netzwerke. Bonn, S. 37–47.

Emminghaus, C./Tippelt, R./Reupold, A. (2009): Regionales Kooperationsmanagement: Soziale und kooperative Gelingensbedingungen. In: Emminghaus, C./Tippelt, R. (Hrsg.): Lebenslanges Lernen in regionalen Netzwerken verwirklichen. Abschließende Ergebnisse zum Programm „Lernende Regionen – Förderung von Netzwerken". Bielefeld, S. 181–198.

Ernst, S. (2010): Prozessorientierte Methoden in der Arbeits- und Organisationsforschung. Eine Einführung. Wiesbaden, S. 57–69.

Fangerau, H./Halling H. (Hrsg.) (2009): Netzwerke: allgemeine Theorie oder Universalmetapher in den Wissenschaften? Bielefeld.

Fatke, R. (2010): Fallstudien in der Erziehungswissenschaft. In: Friebertshäuser, B./Langer, A./Prengel, A. (Hrsg.): Handbuch qualitative Forschungsmethoden in der Erziehungswissenschaft. 3. Aufl., Weinheim/München, S. 159–172.

Faulstich, P. (2003); „Bildungsmanagement" im vernetzten Support. In: Gieseke, W. (Hrsg.): Institutionelle Innensichten der Weiterbildung. Bielefeld, S. 111–127.

Feld, T. C. (2007): Volkshochschule als ‚lernende Organisation'. Entwicklung eines Anforderungsprofils unter Berücksichtigung theoretischer Ansätze organisationalen Lernens sowie einer innerorganisationalen und außerorganisationalen Perspektive. Hamburg.

Feld, T. C. (2011): Netzwerke und Organisationsentwicklung in der Weiterbildung. Bielefeld.

Feld, T. C./Kraft, S./May, S./Seitter, W. (2013): Engagierte Beweglichkeit. Weiterbildung in öffentlicher Verantwortung. Wiesbaden.

Feld, T. C./Seitter, W. (2013): Kooperative Bildungsarrangements als Erkenntnisgegenstand eines kooperativen Forschungsarrangements. In: Dollhausen, K./

Feld, T. C./Seitter, W. (Hrsg.): Erwachsenenpädagogische Organisationsforschung. Wiesbaden, S. 185–198.

Fisher, R./Ury, W./Patton, B. (2000): Das Harvard-Konzept. Sachgerecht verhandeln – erfolgreich verhandeln. 19. Aufl., Frankfurt am Main u. a.

Flick, U. (1999): Qualitative Forschung. Theorie, Methoden, Anwendung in Psychologie und Sozialwissenschaften. Hamburg.

Flick, U. (2005): Triangulation in der qualitativen Forschung. In: Flick, U./ Kardorff, v. G./Steinke, I. (Hrsg.): Qualitative Forschung. Ein Handbuch. 4. Aufl., Reinbeck bei Hamburg, S. 309–318.

Flick, U./Kardorff, v. G./Steinke, I. (Hrsg.) (2012): Qualitative Forschung. Ein Handbuch. 8. Aufl., Reinbeck bei Hamburg.

Franz, M. (2014): Widerstand in kooperativen Bildungsarrangements. Wiesbaden.

Friedberg, E. (1995): Ordnung und Macht. Dynamiken organisierten Handelns. Wien.

Fuchs, B. (2007): Qualitative Methoden der Erziehungswissenschaft. Darmstadt.

Garfinkel, H. (1976): Studies in Ethnomethodology. Englewood Cliffs/NJ.

Gnahs, D. (2004): Region als Rahmenbedingung für Weiterbildung und selbstgesteuertes Lernen. In: Brödel, R. (Hrsg.): Weiterbildung als Netzwerk des Lernens. Differenzierung der Erwachsenenbildung. Bielefeld, S. 191–203.

Graz, D. (2010): Objektive Hermeneutik. In: Friebertshäuser, B./Langer, A./ Prengel, A. (Hrsg.): Handbuch Qualitativer Forschungsmethoden der Erziehungswissenschaft. 3. Aufl., Weinheim/München, S. 249–261.

Gebauer, G./Wulf, C. (1998): Spiel, Ritual, Geste. Mimetisches Handeln in der sozialen Welt. Reinbeck bei Hamburg.

Heidenreich, M. (2000): Regionale Netzwerke in der globalen Wissensgesellschaft. In: Weyer, J. (Hrsg.): Soziale Netzwerke. Konzepte und Methoden der sozialwissenschaftlichen Netzwerkforschung. München, S. 87–110.

Helmcke, M. (2008): Handbuch für Netzwerk- und Koordinationsmanagement. Bielefeld.

Hessisches Kultusministeriums (Hrsg.) (2009): HESSENCAMPUSinside 2009/10. Entwicklung in Partnerschaft: Prozesse und Perspektiven. Regionale Profile und hessisches Modell. Wiesbaden.

Hessisches Kultusministerium (Hrsg.) (2013): HESSENCAMPUSinside 2013. Erfolg durch Zusammenarbeit. Übergänge in den Regelbetrieb – regionale Profile und landesweite Schwerpunkte. Wiesbaden.

Holzer, B. (2008): Netzwerke und Systeme. Zum Verhältnis von Vernetzung und Differenzierung. In: Stegbauer, C. (Hrsg.): Netzwerkanalyse und Netzwerktheorie. Ein neues Paradigma in den Sozialwissenschaften. Wiesbaden, S. 155–164.

Huizinga, J. (1956): Homo Ludens: vom Ursprung der Kultur im Spiel. Hamburg.

Jansen, D. (2003): Einführung in die Netzwerkanalyse. 2. Aufl., Opladen.

Jones, G. R./ Bouncken, R. B. (2008): Macht in Organisationen. In: Organisation: Theorie, Design und Wandel. 5.Aufl., München, S. 306–328.

Jütte, W. (2002): Soziales Netzwerk Weiterbildung. Bielefeld.

Kade, J./Nittel, D./Seitter, W. (2007): Einführung in die Erwachsenenbildung/ Weiterbildung. 2. Aufl., Stuttgart.

Kade, J./Seitter, W. (2009): Selbstbeobachtung als Strukturierung des Lernens in Organisationen. In: Göhlich, M./Weber, S. M./Wolff, S. (Hrsg.): Organisation und Erfahrung. Beiträge der AG Organisationspädagogik. Wiesbaden. S. 137–146.

Kämper, E./Schmidt, J. (2000): Netzwerke als strukturelle Kopplung. Systemtheoretische Überlegungen zum Netzwerkbegriff. In: Weyer, J. (Hrsg.): Soziale Netzwerke: Konzepte und Methoden der sozialwissenschaftlichen Netzwerkforschung. München, S. 211–236.

Kelle, U./Kluge, S. (2010): Von Einzelfall zum Typus. Fallvergleich und Fallkontrastierung in der qualitativen Sozialforschung. 2. Aufl., Wiesbaden.

Kil, M. (2003): Organisationsveränderungen in Weiterbildungseinrichtungen: empirische Analysen und Ansatzpunkte für Entwicklung und Forschung. Bielefeld.

König, E. (2005): Personale Systemtheorie und Erwachsenenbildung. In: König, E./Vollmer, G. (Hrsg.): Systemisch Denken und Handeln. Weinheim/Basel, S. 118–135.

Küchler, v. F./Schäffter, O./Ellerbrock, R./Meisel, K. (Hrsg.) (1997): Organisationsentwicklung in Weiterbildungseinrichtungen. Frankfurt am Main.

Kühl, S./Trinczek (2002): Experteninterview. In: Kühl, S./Strodtholz, P. (Hrsg.): Methoden der Organisationsforschung: ein Handbuch. Reinbeck bei Hamburg, S. 33–69.

Kuper, H. (2004): Netzwerke als Form pädagogischer Institutionen. In: Böttcher, W./Terhart, E. (Hrsg.): Organisationstheorien in pädagogischen Feldern. Wiesbaden, S. 237–253.

Kuper, H./Thiel, F. (2009): Erziehungswissenschaftliche Institutionen- und Organisationsforschung. In: Tippelt, R./Schmidt, B. (Hrsg.): Handbuch Bildungsforschung. 2. Aufl., Wiesbaden, S. 483–497.

Küpper, W./Felsch, A. (2000): Organisation, Macht und Ökonomie. Mikropolitik und Interaktionstheoretische Beiträge zu Profession, Organisation und Beratung. Wiesbaden.

Küpper, W./Ortmann, G. (Hrsg.) (1988): Mikropolitik. Rationalität, Macht und Spiele in Organisationen. Opladen.

Lamnek, S. (2005): Qualitative Sozialforschung. 4. Aufl., Basel.

Larcher Klee, S. (2009): Organisation. In: Andresen, S./Casale, R./Gabriel, T. u.a. (Hrsg.): Handwörterbuch Erziehungswissenschaft. Weinheim/Basel, S. 637–649.

Liebold, R./Trinczek, R. (2009): Experteninterview. In: Kühl, S./Strodtholz, P./Taffertshofer, A. (Hrsg.): Handbuch Methoden der Organisationsforschung. Quantitative und Qualitative Methoden. Wiesbaden, S. 32–56.

Loose, A. (2009): Netzwerkbeziehungen: Zwischen (blindem) Vertrauen und (umfassender) Kontrolle. In: Ahlers-Niemann, A./Freitag-Becker, E. (Hrsg.): Netzwerke – Begegnungen auf Zeit. Zwischen Uns und Ich. Berlin, S. 41–56.

Lüders, C. (2005): Beobachtungen im Feld und Ethnographie. In. Flick, U./Kardorff, v. G./Steinke, I. (Hrsg.): Qualitative Forschung. Ein Handbuch. 4. Aufl., Reinbeck bei Hamburg, S. 384–401.

Lueger, M. (2010): Interpretative Sozialforschung: Die Methoden. 1. Aufl., Wien.

Luhmann, N. (2006): Organisation und Entscheidung. 2. Aufl., Wiesbaden.

Luhmann, N. (1984): Soziale Systeme. Grundriss einer allgemeinen Theorie. 1 Aufl., Frankfurt am Main.

Mayring, P. (2010): Qualitative Inhaltsanalyse. Grundlagen und Techniken. 11. Aufl., Weinheim/Basel.

Meisel, K. (Hrsg.) (2006): Zukunftsfeld Weiterbildung: Standortbestimmungen für Forschung, Praxis und Politik; Ekkehard Nuissl von Rein zum 60. Geburtstag. Bielefeld.

Meisel, K./Feld, T. C. (2009): Veränderungen gestalten. Organisationsentwicklung und -beratung in Weiterbildungseinrichtungen. Münster.

Meuser, M./Nagel, U. (2009): Experteninterview und der Wandel der Wissensproduktion. In: Bogner, A./Littig, B./Menz, W. (Hrsg.): Experteninterviews. Theorien, Methoden und Anwendungsfelder. 3. Aufl., Wiesbaden, S. 35–60.

Mickler, R. (2011): Synergie als Kooperationspostulat – Thematisierungsformen und Umgangsweisen von Volkshochschulen. In: Report 4/2011 (Hrsg.), S. 27–36.

Mickler, R. (2013): Kooperation in der Erwachsenenbildung: Die Volkshochschule als Teil eines Bildungs- und Kulturzentrums. Wiesbaden.

Minderop, D./Stolzbacher, C. (Hrsg.) (2007): Bildungsnetzwerke und regionale Bildungslandschaften. Ziele und Konzepte, Aufgaben und Prozesse. München.

Neubauer, W. (2003): Organisationskultur. Stuttgart.

Neuberger, O. (2006): Mikropolitik und Moral in Organisationen. 2. Aufl., Stuttgart.

Nohl, A. M. (2006): Interview und dokumentarische Methode. Anleitungen für die Forschungspraxis. Wiesbaden.

Nuissl, E. (Hrsg.) (2006): Regionale Bildungsnetze: Ergebnisse zur Halbzeit des Programms „Lernende Regionen – Förderung von Netzwerken". Bielefeld.

Nuissl, E. (2009): Weiterbildung/Erwachsenenbildung. In: Tippelt, R./Schmidt, B. (Hrsg.): Handbuch Bildungsforschung. 2. Aufl., Wiesbaden, S. 405–419.

Nuissl, E./Strobel, C. (2012): Entgrenzungen in der Erwachsenenbildung/ Weiterbildung – Von der singulären Institution zur vernetzten Organisation. In: Arnold, R. (Hrsg.): Entgrenzungen des Lernens. Internationale Perspektiven für die Erwachsenenbildung; dem scheidenden Direktor des Deutschen Instituts für Erwachsenenbildung (DIE), Ekkehard Nuissl von Rhein. Bielefeld, S. 192–214.

Oakley, A. (2000): Experiments in knowing: gender and method in social science. Cambridge.

Parsons, T. (2005): Das System moderner Gesellschaften. 7. Aufl., München.

Priddat, B.P. (2010): Organisation als Kooperation. Wiesbaden.

Payer, H. (2009): Organisation, Kooperation, Netzwerk – Fließende Übergänge zwischen fester und loser Koppelung. In: Ahlers-Niemann, A./Freitag-Becker, E. (Hrsg.): Netzwerke – Begegnungen auf Zeit. Zwischen Uns und Ich. Berlin, S. 23–39.

PricewaterhouseCoopers (2012): Bericht zur Evaluation von HESSENCAMPUS. Im Auftrag des Hessischen Kultusministeriums (Hrsg.). Interner Bericht, Frankfurt am Main.

Reupold, A./Strobel, C. (2009): Lernen und Erfahrung in interorganisationalen Netzwerken. In: Göhlich, M./Weber S. M./Wolff, S. (Hrsg.): Organisation und Erfahrung. Beiträge der AG Organisationspädagogik. Wiesbaden, S. 227–239.

Reupold, A./Strobel, C. /Tippelt, R. (2009): Vernetzung in der Weiterbildung: Lernende Regionen. In: Tippelt, R./Hippel, A. (Hrsg.): Handbuch Erwachsenenbildung/Weiterbildung. 3.Aufl., Wiesbaden, S. 569–583.

Rittelmeyer, C. (2010): Methoden hermeneutischer Forschung. In: Friebertshäuser, B./Langer, A./Prengel, A. (Hrsg.): Handbuch Qualitativer Forschungsmethoden der Erziehungswissenschaft. 3. Aufl., Weinheim/München, S. 235–248.

Rosenstiel, v. L. (2005): Organisationsanalyse. In: Flick, U./Kardorff, v. E./Steinke, I. (Hrsg.): Qualitative Forschung. Ein Handbuch. 4. Aufl., Reinbeck bei Hamburg, S. 224–238.

Schäffter, O. (2001): Weiterbildung in der Transformationsgesellschaft: zur Grundlegung einer Theorie der Institutionalisierung. Hohengehren.

Schäffter, O. (2003): Erwachsenenpädagogische Organisationstheorie. In: Gieseke, W. (Hrsg.): Institutionelle Innensichten der Weiterbildung. Bielefeld. S. 59–81.

Schäffter, O. (2004): Auf dem Weg zum Lernen in Netzwerken – Institutionelle Voraussetzungen für lebensbegleitendes Lernen. In: Brödel, R. (Hrsg.): Weiterbildung als Netzwerk des Lernens. Differenzierung der Erwachsenenbildung. Bielefeld, S. 29–46.

Schein, E. H. (2010): Organizational Culture and Leadership. 4 ed., San Francisco.

Schemmann, M./Seitter, W. (Hrsg.) (2014): Weiterbildung in Hessen. Eine mehrperspektivische Analyse. Wiesbaden.

Schemmann, M./Seitter, W. (2010): Weiterbildungsbericht Hessen. Hrsg. vom Landeskuratorium für Weiterbildung und Lebensbegleitendes Lernen in Zusammenarbeit mit dem Hessischen Kultusministerium. Wiesbaden.

Schemmann, M. (2006): Weiterbildungsnetzwerke aus Sicht des soziologischen Neo-Institutionalismus. In: Report 4/2006 (Hrsg.): Netzwerke. Bonn, S. 9–16.

Scholz, H. (2003): Müssen periphere Regionen anders lernen? Schwierigkeiten einer Ostdeutschen Altindustrieregion. In: Matthiesen, U./Reutter, G. (Hrsg.): Lernende Region – Mythos oder lebendige Praxis? Bielefeld, S. 115–144.

Schubert, H. (Hrsg.) (2008): Netzwerkmanagement. Koordination von professionellen Vernetzungen – Grundlagen und Beispiele. Wiesbaden.

Schumpeter, J. A. (1961): Konjunkturzyklen. Eine theoretische, historische und statistische Analyse des kapitalistischen Prozesses. Band I., Göttingen.

Seitter, W. (2013): Professionelles Handeln im Kooperations- und Vernetzungskontext. In: Dollhausen, K./Feld, T. C./Seitter, W. (Hrsg.): Erwachsenenpädagogische Kooperations- und Netzwerkforschung. Wiesbaden, S. 34–48.

Siebert, H. (2003): Vernetztes Lernen. Systemkonstruktivistische Methoden der Bildungsarbeit. München.

Simon, F. B. (2007): Einführung in die systemische Organisationstheorie. Heidelberg.

Stahl, T./Schreiber, R. (2003): Regionale Netzwerke als Innovationsquelle. Das Konzept der ‚Lernenden Region' in Europa. Frankfurt/Main.

Stegbauer, C. (Hrsg.) (2010): Netzwerkanalyse und Netzwerktheorie. Ein neues Paradigma in den Sozialwissenschaften. Wiesbaden.

Sydow, J./Windeler, A. (Hrsg.) (2000): Steuerung von Netzwerken. Konzepte und Praktiken. Wiesbaden.

Tacke, V. (2011): Soziale Netzwerkbildungen in Funktionssystemen der Gesellschaft. Vergleichende Perspektiven. In: Bommes, M./Tacke V. (Hrsg.): Netzwerke in der funktional differenzierten Gesellschaft. Wiesbaden, S. 89–118.

Teubner, G. (1992): Die vielköpfige Hydra: Netzwerke als kollektive Akteure höherer Ordnung. In: Krohn, W./Küppers, G. (Hrsg.): Emergenz: Die Entstehung von Ordnung, Organisation und Bedeutung. Frankfurt. S. 189–219.

Tippelt, R. (2009): Erfahrungspotenziale durch vernetzte Organisationen. Zur Stärke dezentraler Beziehungen. In: Göhlich, M./Weber S. M./Wolff, S. (Hrsg.): Organisation und Erfahrung. Beiträge der AG Organisationspädagogik. Wiesbaden, S. 77–91.

Tippelt, R./Reupold, A./Strobel, C./Kuwan, H. (Hrsg.) (2009): Lernende Regionen – Netzwerke gestalten. Teilergebnisse zur Evaluation des Programms „Lernende Regionen – Förderung von Netzwerken". Bielefeld.

Weber, S. (Hrsg.) (2002): Vernetzungsprozesse gestalten. Erfahrungen aus der Beraterpraxis mit Großgruppen und Organisationen. Wiesbaden.

Weber, S. (2004): Organisationsnetzwerke und pädagogische Temporärorganisation. In: Böttcher, W./Terhart, E. (Hrsg.): Organisationstheorien in pädagogischen Feldern. Wiesbaden, S. 253–269.

Weber, S. (2006): Systemreflexive Evaluation von Netzwerken und Netzwerkprogrammen. Eine methodologische Perspektive. In: Report 4/2006 (Hrsg.): Netzwerke. Bonn, S. 17–25.

Weyer, J. (2000): Soziale Netzwerke. Oldenburg.

Williamson, O. E. (1990): Die Ökonomischen Institutionen des Kapitalismus: Unternehmen, Märkte, Kooperationen. Aus d. Amerikanischen übers. von Streissler, M. Tübingen.

Willke, Helmut (2006): Systemtheorie – 1. Grundlagen: eine Einführung in die Grundprobleme der Theorie sozialer Systeme. 7. Aufl. Stuttgart.

Windeler, A. (2001): Unternehmungsnetzwerke. Konstitution und Strukturation. Bielefeld.

Wohlfahrt, U. (Hrsg.) (2006a): Kooperation und Vernetzung in der Weiterbildung. Orientierungsrahmen und Praxiseinblicke. 1. Aufl., Bielefeld.

Wohlfahrt, U. (Hrsg.) (2006b): Netzwerkarbeit erfolgreich gestalten. Orientierungsrahmen und Impulse. 1. Aufl., Bielefeld.

Wolf, G./Matalik S. E. (2006): Themennetze und die systematische Erzeugung von Neuem. Eine Systematisierung am Beispiel der Lernenden Region. In: Report 4/2006 (Hrsg.): Netzwerke. Bonn, S. 26–36.

Zech, R./Dehn, C./Tödt, K./Rädiker, S./Mrgalla, M./Schunter, J. (2010): Organisationen in der Weiterbildung. Selbstbeschreibungen und Fremdbeschreibungen. Wiesbaden.

Online-Quellen

Bildungsserver Hessen (2014): Modellprojekt Selbstverantwortung Plus, URL: http://selbstverantwortungplus.bildung.hessen.de/ (Stand: 25.4.20 14).

Duden online Wörterbuch (2014a): Stichwort „Potenzial", URL: http://www.duden.de/suchen/dudenonline/potenzial (Stand: 20.11.2014).

Duden online Wörterbuch (2014b): Stichwort „Entwicklungspotenzial", URL: http://www.duden.de/rechtschreibung/Entwicklungspotenzial (Stand: 20.11.2014).

Duden online Wörterbuch (2014c): Stichwort „Spielraum", URL: http://www.duden.de/rechtschreibung/Spielraum (Stand: 20.11.2014).

Gabler Wirtschaftslexikon (2014), Stichwort: Organisation. In: Springer Gabler Verlag Online (Hrsg.), URL: http://wirtschaftslexikon.gabler.de/Archiv/773/organisation-v6.html (Stand: 11.3.2014).

Gesetz zur Förderung der Weiterbildung und des lebensbegleitenden Lernens im Lande Hessen (Hessisches Weiterbildungsgesetz – HWBG [neu]) (2011), URL: http://www.hessencampus.de/index.php?eID=tx_nawsecuredl&u=0&file

=fileadmin/Content/pdf/Bildungsberatung/HWBG_2011.pdf&t=1387279790 &hash=a0cb0755f694413e92e7b19cf384a2f913d16109 (Stand: 11.9.2013).

Granovetter, M. S. (1973): The Strength of Week Ties. American Journal of Sociology; Volume 78, Issue 6, p. 1360–1380, URL: http://sociology.stanford.edu/people/mgranovetter/documents/granstrengthweakties.pdf (Stand: 11.3.14).

Hessisches Kultusministerium (Hrsg.) (2014): Hessencampus, URL: www.hc-hessencampus.de (Stand 24.4.2014).

Hessisches Kultusministerium (Hrsg.) (2014): Erklärung zur Entwicklungspartnerschaft Zentren Lebensbegleitendes Lernen (ZLL), URL: http://www.hessencampus.de/ueber-uns/downloads/ (Stand: 24.4.2014).

Hessisches Kultusministerium (Hrsg.) (2009a): Kultusministerin Henzler betont die Bedeutung Lebenslangen Lernens auf dem Jahresforum Hessencampus in Frankfurt. Pressemitteilung vom 27.11.2009, URL: http://verwaltung.hessen.de/irj/HKM_Internet?rid=HKM_15/HKM_Internet/nav/52e/52e07f78-a645-901b-e592-697ccf4e69f2,78a472f5-4714-521f-012f-31e2389e4818,,,11111111-2222-3333-4444-100000005004%26_ic_uCon_zentral=78a472f5-4714-521f-012f-31e2389e4818%26overview=true.htm&uid=52e07f78-a645-901b-e592-697ccf4e69f2 (Stand:11.9.2013).

Hessisches Kultusministerium (2009b): Rede der Hessischen Kultusministerin anlässlich des Jahresforums HESSENCAMPUS. Pressemitteilung vom 27.11.2009, URL: http://verwaltung.hessen.de/irj/HKM_Internet?rid=HKM_15/HKM_Internet/nav/52e/52e07f78-a645-901b-e592-697ccf4e69f2,e7a03adf-d852-1f01-2f31-e2389e481851,,,11111111-2222-3333-4444-100000005004%26_ic_uCon_zentral=e7a03adf-d852-1f01-2f31-e2389e481851%26overview=true.htm&uid=52e07f78-a645-901b-e592-697ccf4e69f2 (Stand: 11.9.2013).

Hessisches Kultusministerium (Hrsg.) (2010a): Rahmenvereinbarungen über den Aufbau von HC Lebensbegleitenden Lernen für die Jahre 2010–2013, URL: http://www.hessencampus.de/ueber-uns/downloads/ (Stand: 24.4.2014).

Hessisches Kultusministerium (Hrsg.) (2010b): Regierungserklärung von Kultusministerin Henzler zum Schuljahresbeginn 2010/2011. Pressemitteilung vom 28.09.2010, URL: http://verwaltung.hessen.de/irj/HKM_Internet?rid=HKM_15/HKM_Internet/nav/52e/52e07f78-a645-901b-e592-697ccf4e69f2,74ccd454-085b-21f0-12f3-1e2389e48185,,,11111111-2222-3333-4444-100000005004%26_ic_uCon_zentral=74ccd454-085b-21f0-12f3-1e2389e48185%26overview=true.htm&uid=52e07f78-a645-901b-e592-697ccf4e69f2 (Stand: 11.9.2013).

Hessisches Kultusministerium (Hrsg.) (2011a): Landesweite Leitlinie für die HC-Bildungsberatung Lebensbegleitendes Lernen, URL: http://www.hessen-campus.de/ueber-uns/downloads/ (Stand: 11.9.2013).

Hessisches Kultusministerium (Hrsg.) (2011b): Kultusministerin Henzler: Neues Weiterbildungsgesetzt ist wichtiger Schritt zur Modernisierung der außerschulischen Weiterbildung und des Lebensbegleitenden Lernens in Hessen. Pressemitteilung vom 07.06.2011, URL: http://verwaltung.hessen.de/irj/HKM_Internet?rid=HKM_15/HKM_Internet/nav/52e/52e07f78-a645-901b-e592-697ccf4e69f2,9d6108e7-4889-6031-f012-f31e2389e481,,,11111111-2222-3333-4444-100000005004%26_ic_uCon_zentral=9d6108e7-4889-6031-f012-f31e2389e481%26overview=true.htm&uid=52e07f78-a645-901b-e592-697ccf4e69f2 (Stand: 11.9.2013).

Hessisches Kultusministerium (Hrsg.) (2012): Orientierungsrahmen zur „Grundlegenden Funktionsfähigkeit" von HC zum Zeitpunkt des Eintritts in das Regelsystem, URL: http://www.hessencampus.de/ueber-uns/downloads/ (Stand: 11.9.2013).

Kommission der Europäischen Gemeinschaften (Hrsg.) (2003): Memorandum über Lebenslanges Lernen, URL: http://www.bologna-berlin2003.de/pdf/MemorandumDe.pdf (Stand: 11.9.2013).

Leibniz-Graduate School (2010), URL: http://www.lgs-ae.de/ (Stand:11.9.2013).

Lernerorientierte Qualitätstestierung (2013), URL: http://www.artset-lqw.de/cms/ (Stand: 11.9.2013).

Kruse, W./Schröder, A./Kaletka, C./Pelka, B. (2009): Hessencampus 2007–2009. Ein Zwischenbericht aus der Perspektive der wissenschaftlichen Begleitforschung. In: Hessisches Kultusministerium (Hrsg.), URL: http://www.sfs.tu-dortmund.de/odb/Repository/Publication/Doc/1295/sfs_Zwischenbericht_HC_2010.pdf (Stand: 28.11.2014).

Kruse, W./Schröder, A./Kaletka, C./ Pelka, B. (2010): Hessencampus 2007–2010. In: Hessisches Kultusministerium. (Hrsg.), URL: http://www.sfs.tu-dortmund.de/odb/Repository/Publication/Doc/1295/sfs_Zwischenbericht_HC_2010.pdf (Stand: 28.11.2014).

Schemmann, M./Seitter, W. (2014): Bildungsberatungsbericht HESSENCAMPUS 2013. Im Auftrag des Hessischen Kultusministeriums (Hrsg.), URL: http://www.vhs-in-hessen.de/cmx/download.php?file=./f/cmx_4d739b25a5ac5/cmx_4bbc760d7b047/cmx53c3a32874aaa/FS53c3a33c4d629.pdf&filename= (Stand: 28.11.2014).

Sozialforschungsstelle Dortmund (2013), URL: http://www.sfs-dortmund.de/v2/rubriken/projekte/projektsuche/projektsuche.php?Id=14 (Stand: 11.9.13).

Studiumdigitale der Goethe-Universität Frankfurt (2013), URL: http://www.megadigitale.uni-frankfurt.de/ (Stand:11.9.2013).

Hessischer Volkshochschulverband (2013), URL: http://www.vhs-in-hessen.de/ (Stand: 11.9.2013).

Verbund regionaler Qualifizierungszentren, URL: http://www.bildungsberatung-verbund.de/ (Stand: 11.9.2013).

Weiterbildung Hessen (2013), URL: http://www.weiterbildunghessen.de/aktuell/ (Stand: 11.9.13).

Zentrum für soziale Innovation Wien (2014), URL: https://www.zsi.at/de/about_us/mission_statement_and_vision (Stand: 24.4.2014).

www.ingramcontent.com/pod-product-compliance
Ingram Content Group UK Ltd.
Pitfield, Milton Keynes, MK11 3LW, UK
UKHW041119041026
8980IPUK00024B/99

9 783631 663165